Ernst Fürlinger

Handwerker der Hoffnung

Ernst Fürlinger

HANDWERKER DER HOFFNUNG

Papst Franziskus und der interreligiöse Dialog

Tyrolia-Verlag • Innsbruck-Wien

Titelbild: Papst Franziskus mit seinen Freunden Omar Abboud (links) und Rabbiner Abraham Skorka bei der Klagemauer in Jerusalem, 26. Mai 2014. © Vatican Media.

MIX
Papier aus verantwortungsvollen Quellen
FSC® C106954

Nachhaltige Produktion ist uns ein Anliegen; wir möchten die Belastung unserer Mitwelt so gering wie möglich halten. Über unsere Druckereien garantieren wir ein hohes Maß an Umweltverträglichkeit: Wir lassen ausschließlich auf FSC®-Papieren aus verantwortungsvollen Quellen drucken und verwenden Farben auf Pflanzenölbasis. Wir produzieren in Österreich und im nahen europäischen Ausland, auf Produktionen in Fernost verzichten wir ganz.

Mitglied der Verlagsgruppe „engagement“

Umschlaggestaltung: Tyrolia-Verlag, Innsbruck
Layout und digitale Gestaltung: Tyrolia-Verlag, Innsbruck
Druck und Bindung: Florjancic, Maribor
ISBN 978-3-7022-4099-8 (*gedrucktes Buch*)
ISBN 978-3-7022-4113-1 (*E-Book*)
E-Mail: buchverlag@tyrolia.at
Internet: www.tyrolia-verlag.at

Inhaltsverzeichnis

Vorwort des Herausgebers

Am Beginn der COVID-19-Pandemie im Frühjahr 2020 entschied ich mich dafür, den lang gehegten Plan in die Tat umzusetzen und an einem Buch über Papst Franziskus aus der Perspektive des interreligiösen Dialogs zu arbeiten.

Auf einer sachlichen Ebene handelt es sich um die Fortsetzung meines Buches „Der Dialog muss weitergehen. Ausgewählte vatikanische Dokumente zum interreligiösen Dialog (1964–2008)“, das 2009 erschien. Auf einer persönlichen Ebene war es eine Art und Weise, um mit der globalen Krise umzugehen, indem ich mich mit einer weltweit wirksamen Persönlichkeit auseinandersetzte, die der tiefgreifenden gegenwärtigen „Polykrise“ (Edgar Morin) konstruktive und zukunftsweisende Perspektiven entgegensetzt.

Mit dem Buchprojekt schuf ich einen Grund, mich in das faszinierende und inspirierende Wirken von Papst Franziskus zu vertiefen und mich mit seinem Beitrag im Feld der interreligiösen Beziehungen intensiv zu beschäftigen. Der Papst setzt dabei neue Akzente, innovative Schritte und bedeutende Initiativen, vor allem in den Beziehungen zum Islam, die viel zu wenig bekannt sind. Franziskus engagiert sich mit aller Kraft und mit der Macht seines Amtes für den entscheidenden Ansatz in der Coronakrise, aber auch in den anderen planetaren Krisen wie dem Klimawandel und dem Artensterben: globale Kooperation und Solidarität, die Überwindung kurzsichtiger nationaler Interessen auf dem einen Planeten, in der einen Atmosphäre. Er stellt damit für viele Menschen weltweit – vor allem für die Armen, Ausgeschlossenen und Abgehängten, die von diesen Krisen am stärksten getroffen werden – eine Quelle der Hoffnung dar.

Der Band sammelt zentrale Texte von Papst Franziskus zum interreligiösen Dialog, jeweils versehen mit Einleitungen, die den Kontext beschreiben. Ich verstehe das Buch als Geschenk an Papst Franziskus aus Anlass des 10-jährigen Jubiläums seines Amtsantritts im März 2013.

Ernst Fürlinger

Vorwort

Michael Louis Kardinal Fitzgerald, MAfr

Zur Einführung in diese interessante Studie über den Ansatz von Papst Franziskus möchte ich die Rolle der letzten Päpste bei der Umsetzung des Dokuments des Zweiten Vatikanischen Konzils *Nostra aetate*, der Erklärung über die Beziehungen der Kirche zu den Menschen anderer Religionen, hervorheben. Es fällt auf, wie oft sie sich in ihren Reden auf dieses Dokument bezogen haben; alle Beispiele aufzuzählen, wäre mühsam, aber die Häufigkeit ist sicherlich beeindruckend. Doch über die formale Lehre hinaus sind die Beispiele ihres Handelns wichtig. Ich möchte hier einige davon in Erinnerung rufen.

Es wäre gut, mit Johannes XXIII. zu beginnen. Er war es, der das Konzil einberief, und – obwohl die Frage des interreligiösen Dialogs in der Voruntersuchung kaum angesprochen wurde – beauftragte Johannes XXIII. nach dem Empfang eines führenden jüdischen Gelehrten aus Frankreich, Jules Isaac, Kardinal Bea, den Leiter des Sekretariats zur Förderung der Einheit der Christen, mit der Ausarbeitung eines Dokuments über die Beziehungen der Kirche zu den Juden. Bekanntlich wurde dieses Dokument auf die Beziehungen zu den Muslimen und zu den Anhängern aller anderen Religionen ausgedehnt.

Nach dem Tod von Johannes XXIII. leitete Papst Paul VI. das Konzil weiter auf das Ziel der Erneuerung der Kirche hin. Von großer Bedeutung ist seine erste Enzyklika *Ecclesiam suam*, in der er betonte, dass die Sendung der Kirche alle Menschen betrifft und dass die Kirche mit allen, Gläubigen und Nichtgläubigen, im Dialog stehen muss. Doch Papst Paul zeigte dies durch sein eigenes Handeln

Anfang 1964 beschloss er, ins Heilige Land zu pilgern, und während dieser bemerkenswerten Reise besuchte er nicht nur die heiligen Stätten, sondern umarmte auch Patriarch Athenagoras und traf mit jüdischen und muslimischen Autoritäten zusammen. Später, bei seinem Besuch in Uganda im Jahr 1969, nutzte er die Gelegenheit, mit muslimischen Führern zusammenzutreffen und über sie „die großen muslimischen Gemeinschaften in ganz Afrika" zu begrüßen. Während er der katholischen und anglikanischen Märtyrer Ugandas gedachte, erinnerte er auch an „jene Bekenner des muslimischen Glaubens, die im Jahr 1848 als erste den Tod erlitten, weil sie sich weigerten, die Gebote ihrer Religion zu übertreten"[1]. Ich erinnere mich lebhaft daran, wie Papst Paul VI. eine Delegation aus Saudi-Arabien unter der Leitung des dortigen Justizministers in Audienz empfing. Als er unter den Geschenken, die ihm überreicht wurden, einen Gebetsteppich fand, schlug er spontan vor, dass die Gruppe gemeinsam beten sollte. Es folgte ein tiefer Moment des stillen Gebets, der die Atmosphäre im Saal völlig veränderte.

Es gäbe so viel über das Pontifikat des Heiligen Johannes Paul II. zu sagen. Zunächst ist seine Lehre zu erwähnen. In seiner allerersten Enzyklika *Redemptor hominis* hat er seine Überzeugung zum Ausdruck gebracht, dass der Sohn Gottes durch die Menschwerdung mit allen Menschen verbunden ist, auch mit denen, die verschiedenen Religionen angehören. Auch in seiner Ansprache an die römische Kurie kurz vor Weihnachten 1986 und vor allem in seiner Missionsenzyklika *Redemptoris missio* betonte er den umfassenden Einfluss des Heiligen Geistes. Auch in seinem Handeln zeigte Johannes Paul II. die Bedeutung, die er dem interreligiösen Dialog beimaß. Bei seinen zahlreichen apostolischen Reisen sorgte er stets dafür, dass ein Treffen mit den Führern der verschiedenen Religionen auf dem Programm stand. Besonders erwähnenswert ist, dass er die Einladung von König Hassan II. von Marokko annahm, im August 1985 in Casablanca vor muslimischen Jugendlichen zu sprechen. Nicht zu vergessen ist auch der Weltgebetstag für den Frieden, der am 27. Oktober 1986 in Assisi stattfand, und an dem zahlreiche Vertreter muslimischer Gemeinschaften teilnahmen. Dieses Ereignis, das von Millionen von Menschen im Fernsehen verfolgt wurde, war ein sicheres Zeichen für die Christen und vor allem für die Katholiken, dass es richtig und notwendig ist, die Beziehungen zu den Muslimen sowie zu den Menschen anderer Religionen zu pflegen. Es ist auch wichtig, zur Kenntnis zu nehmen, was Papst Johannes Paul II. anlässlich seines Besuchs am 26. November 1979 zu der kleinen katholischen Gemeinde in Ankara (Türkei) sagte:

> „Wenn ich also an Ihre Mitbürger, aber auch an die große islamische Welt denke, dann bringe ich heute erneut die Wertschätzung der katholischen Kirche für diese religiösen Werte zum Ausdruck. Wenn ich an dieses geistige Erbe denke und an den Wert, den es für die Menschheit und für die Gesellschaft hat (...), frage ich mich, ob es nicht gerade heute, wo Christen und Muslime in einen neuen Abschnitt der Geschichte eingetreten sind, dringend notwendig ist, die geistigen Bande, die uns verbinden, anzuerkennen und weiterzuentwickeln, um im Na-

men der ganzen Menschheit – wie das Konzil uns auffordert – ‚soziale Gerechtigkeit, moralische Werte, Frieden und Freiheit zu schützen und zu fördern'".[2]

Zu Beginn seines Pontifikats erklärte Benedikt XVI. eindeutig, dass er in Treue zur Lehre von *Nostra aetate* in die Fußstapfen seiner Vorgänger treten werde. Während seiner apostolischen Reisen traf er mit Vertretern verschiedener Religionen zusammen, darunter auch mit Muslimen. Ich war selbst dabei, als er anlässlich des Weltjugendtags in Sydney (Australien) mit Religionsführern zusammentraf, und ich kann bezeugen, dass diese Führer von ihrer Begegnung mit dem Papst begeistert waren. Sie waren nicht nur von seinen Worten, sondern auch von seinem bescheidenen Auftreten beeindruckt. In einer Rede vor Vertretern muslimischer Gemeinden in Köln im August 2005 sagte Benedikt: „Der interreligiöse und interkulturelle Dialog zwischen Christen und Muslimen darf nicht auf eine Saisonentscheidung reduziert werden. Tatsächlich ist er eine vitale Notwendigkeit, von der zum großen Teil unsere Zukunft abhängt."[3] Obwohl seine Rede in der Universität Regensburg im September 2006 viele Muslime verärgerte, traf Papst Benedikt weiterhin mit Vertretern islamischer Gemeinschaften zusammen und brachte wiederholt seinen Respekt vor dem Islam zum Ausdruck. Man könnte sogar sagen, dass diese Rede den christlich-muslimischen Dialog auf eine neue Ebene gebracht hat, indem sie muslimische Gelehrte dazu anregte, zu antworten und die Initiative „A Common Word" vorzuschlagen.

Papst Franziskus hat sein Bestreben, den interreligiösen Dialog zu fördern, deutlich gemacht. In einer Sonderaudienz nach der Eröffnung seines Pontifikats sagte er: „Ich grüße auch Sie alle, liebe Freunde, die Sie anderen religiösen Traditionen angehören, und danke Ihnen herzlich; allen voran die Muslime, die Gott als den einen, lebendigen und barmherzigen Gott verehren und ihn im Gebet anrufen, und Sie alle. Ich weiß Ihre Anwesenheit sehr zu schätzen: In ihr sehe ich ein greifbares Zeichen des Willens, in gegenseitiger Wertschätzung und in der Zusammenarbeit zum gemeinsamen Wohl der Menschheit zu wachsen."[4] Einige Tage später betonte er in einer Ansprache an die beim Heiligen Stuhl akkreditierten Mitglieder des Diplomatischen Korps die Bedeutung des Dialogs: „Es ist wichtig, den Dialog zwischen den verschiedenen Religionen zu intensivieren, und ich denke dabei besonders an den Dialog mit dem Islam. Bei der Messe zum Beginn meines Dienstes habe ich die Anwesenheit so vieler ziviler und religiöser Führer aus der islamischen Welt sehr geschätzt."[5] Bei seinem Besuch im Heiligen Land wurde er von seinem Freund Rabbi Skorka und dem Imam der Moschee von Buenos Aires begleitet. Die drei reisten gemeinsam zum Gebet an der Westmauer, den einzigen Überresten des jüdischen Tempels. Auf diesen Besuch folgte das Friedensgebet in den Vatikanischen Gärten, an dem Präsident Peres und Präsident Mahmoud Abbas teilnahmen. Papst Franziskus hat auch herzliche Beziehungen zum Großimam von al-Azhar geknüpft, mit dem er das Dokument über die menschliche Geschwisterlichkeit erarbeitet hat, ein Dokument, auf das er in seiner Enzyklika *Fratelli tutti* Bezug genommen und es ausführlich zitiert hat.

Es lohnt sich sicherlich, den Beitrag von Papst Franziskus zum interreligiösen Dialog genauer zu untersuchen, und deshalb ist diese Studie von Ernst Fürlinger sehr zu begrüßen.

Dr. theol. *Michael Louis Fitzgerald*, geb. 1937 in England, wurde 1961 als Priester und Mitglied der Gesellschaft der Afrikamissionare „Weisse Väter“ ordiniert, 1992 als Bischof. Er war 1987–2002 Sekretär des Sekretariats für Nichtchristen (später: Päpstlicher Rat für den Interreligiösen Dialog), 2002–2006 Präsident des Rats, von 2006–2012 Apostolischer Nuntius in Ägypten. Im Oktober 2019 folgte seine Erhebung zum Kardinaldiakon. Er lebt seit 2018 in Liverpool. Veröffentlichungen u. a.: mit R. Caspar: *Signs of Dialogue. Christian Encounter with Muslims*, 1992; mit J. Borelli: *Interfaith Dialogue. A Catholic View*, 2006; mit Biju Michael (Hgg.), *Christian-Muslim Dialogue. FS in Honour of P. G. Gianazza*, 2017.

Dank

Dank ergeht an: Kardinal Michael Fitzgerald, Rabbiner Dr. Abraham Skorka, Professor Luis Liberman, Rabbiner Ale Avruj, Rabbiner David Rosen, Professorin Dr. Cristina Calvo, Rabbiner Gilbert S. Rosenthal, Mons. Indunil Janakaratne Kodithuwakku K. (Sekretär des Dikasteriums für den Interreligiösen Dialog im Vatikan), Fr. Paulin Batairwa Kubuya (Untersekretär), Professor Dr. Philip Cunningham, Br. Dr. Niklaus Kuster OFM, Scheich Mohammed Al-Hilli, Imam Senad Kusur, Dr. Alfred Friedl, Christa Leitenbauer.

Für Rückmeldungen zu Teilen des Textes danke ich Univ.-Prof. em. Dr. Martin Jäggle, Rabbiner Arie Folger, PD Dr. Stefan Silber, Prof. em. Dr. Christian Troll SJ, Prof. Dr. Tobias Specker SJ.

Für die finanzielle Förderung des Buches danke ich der Österreichischen Bischofskonferenz und der Deutschen Bischofskonferenz.

Herrn Mag. Gottfried Kompatscher, Leiter des Tyrolia-Verlags, danke ich für die Aufnahme des Buches ins Programm und Mag. Helene Daxecker-Okon für die Betreuung des Buches.

Abkürzungen

AAS	Acta Apostolicae Sedis
AL	Nachsynodales Schreiben *Amoris laetitia*
EG	Apostolisches Schreiben *Evangelii gaudium*
FrRu NF	Freiburger Rundschau, Neue Folge. Zeitschrift für christlich-jüdische Begegnung
FT	Enzyklika *Fratelli tutti* über die Geschwisterlichkeit und die soziale Freundschaft
LS	Enzyklika *Laudato si'* über die Sorge für das gemeinsame Haus
NA	Zweites Vatikanisches Konzil: Erklärung *Nostra aetate* über das Verhältnis der Kirche zu den nichtchristlichen Religionen
OR dt.	L'Osservatore Romano. Wochenausgabe in deutscher Sprache
PL	*Patrologiae latinae*, hg. Jacques-Paul Migne, 217 Bde. (1844–1855)
QA	Nachsynodales Apostolisches Schreiben *Querida Amazonia*
TRE	Theologische Realenzyklopädie
ZMR	Zeitschrift für Missionswissenschaft und Religionswissenschaft

Zitate aus Enzykliken und Schreiben werden mit der jeweiligen Abkürzung und der Zahl des Paragraphen angegeben.

Quelle der päpstlichen Dokumente ist die Homepage des Vatikans: www.vatican.va/content/francesco/de.html

I. EINFÜHRUNG

Der Beitrag von Jorge Bergoglio/ Papst Franziskus zum interreligiösen Dialog

Ernst Fürlinger

„Wir müssen eine ‚Kultur der Begegnung' schaffen, eine Kultur der Freundschaft, eine Kultur, in der wir Brüder und Schwestern finden."[6]

1. Ein in vielfacher Hinsicht historisches Pontifikat

Am 13. März 2013 wurde Kardinal Jorge Mario Bergoglio SJ, Erzbischof von Buenos Aires (geb. 1936), zum neuen Papst gewählt. Mit seinen ersten öffentlichen Worten vom Balkon auf dem Petersplatz aus formulierte er die Überschrift über sein Pontifikat:

> „Und nun beginnen wir diesen Weg (…), einen Weg der Geschwisterlichkeit,[7] der Liebe, des Vertrauens zwischen uns. Lasst uns immer füreinander beten. Lasst uns beten für die ganze Welt, dass es eine große Geschwisterlichkeit geben möge."[8]

Das Prinzip der universalen Geschwisterlichkeit aller Menschen ist seine Leitorientierung auch für die Beziehungen zwischen den Angehörigen der verschiedenen Religionen. Es ist der rote Faden, der sich durch sein Wirken zieht – von dieser ersten Begrüßung der Gläubigen, seiner ersten Botschaft zum Weltfriedenstag (1. Jänner 2014) über das Programm des Pontifikats *Evangelii gaudium* (2013) bis zum „Dokument über die menschliche Geschwisterlichkeit für den Weltfrieden und das Zusammenleben" (2019)[9] und der Enzyklika *Fratelli tutti* (2020).

Die Wahl von Kardinal Bergoglio ist in mehrerer Hinsicht historisch: Er ist der erste Papst seit 1300 Jahren – seit Gregor III. (731–741), der aus Syrien stammte –, der nicht aus Europa kommt und der dem Jesuitenorden angehört. Er ist der erste Kardinal, der Papst wurde und nicht am Zweiten Vatikanischen Konzil teilgenommen hatte. Er ist der erste Papst, der aus einer Familie von Migranten stammt, die aus Europa nach Lateinamerika gingen. Er ist der erste Papst, der den Namen Franziskus gewählt hat.

So wie das Pontifikat von Johannes Paul II. umfasst auch seine Tätigkeit mehrere pionierhafte Ereignisse in der Papstgeschichte, vor allem im Verhältnis zum Islam: Er ist der erste Papst in der Geschichte, der die Arabische Halbinsel betrat und dort einen Gottesdienst feierte[10], eine Ansprache in einer Moschee hielt (siehe S. 155ff, Nr. 24)[11], den Irak besuchte und einen Großayatollah traf[12], und gemeinsam mit einer muslimischen Führungspersönlichkeit eine Erklärung verfasste und unterzeichnete (S. 190ff, Nr. 34). Er ist der erste in der Geschichte der Päpste, der interreligiöse Freundschaften in sein öffentliches Wirken aktiv einbezieht und damit ein Modell des interreligiösen Dialogs der Freundschaft lebt.

Zum ersten Mal in der Kirchengeschichte ist die Leitung einer der ältesten globalen Institutionen an einen Angehörigen der lateinamerikanischen katholischen Kirche übergegangen. Es ist ein bedeutendes Element der tektonischen geistesgeschichtlichen Verschiebungen, die mit der Dezentrierung Europas einhergehen, dem „Ende des kognitiven Imperiums“[13] und gleichzeitig der „Anerkennung der Vielfalt an Möglichkeiten, die Welt kennenzulernen und in ihr zu leben“ .[14] Genau diese Anerkennung passiert, wenn Papst Franziskus die Perspektiven der lateinamerikanischen Theologie und Kirche in der Tradition der kontinentalen Bischofsversammlungen von Medellín (1968), Puebla (1979), Santa Domingo (1992) und Aparecida (2007) von der Spitze der katholischen Kirche her einbringt – vor allem das Paradigma einer „armen Kirche für die Armen“, der Option für die Armen. Sie passiert, wenn er Vorstellungen aus der traditionellen andinen Philosophie aufnimmt, u. a. in seiner Enzyklika *Laudato si'*.

Sein Pontifikat zeigt eine neue Phase in der Kirche an: Der Eurozentrismus ist am Rückzug. Dieser Prozess erfolgt innerhalb der katholischen Kirche nicht zuletzt durch die Kardinalsernennungen durch Papst Franziskus, durch die das Gewicht der Bischofssitze in Asien, Afrika und Lateinamerika im Kardinalskollegium gestärkt wird.

Die paradigmatische Wende in der katholischen Weltkirche in diesem Pontifikat betrifft auch das Verständnis des interreligiösen Dialogs. Das Modell dafür, das Jorge Mario Bergoglio bereits in seiner Zeit in Argentinien praktizierte, gewinnt durch den Papst an globaler Resonanz. Es legt den Akzent auf die gemeinsame praktische Kooperation für soziale Gerechtigkeit, Frieden und die Sorge um die Schöpfung. Aus der Sicht von Franziskus stehen alle (vgl. LS 14) vor der Herausforderung, den schmerzvollen „Schrei der Erde und den Schrei der Armen“ (LS 49) nicht zu ignorieren, zu verdrängen, sondern zu hören und auf ihn zu antworten.

Franziskus: ein Name als Programm

Die Wahl des Namens des heiligen Franz von Assisi (1181/82–1226) ist Programm. Der Papst erzählte nach der Wahl in einer Ansprache, warum er sich Franziskus nennen wollte:

> „Ich erzähle Ihnen eine Geschichte. Bei der Wahl saß neben mir der emeritierte Erzbischof von São Paulo und frühere Präfekt für den Klerus Kardinal Hummes – ein großer Freund, ein großer Freund! Als die Sache sich etwas zuspitzte, hat er mich bestärkt. Und als die Stimmen zwei Drittel erreichten, erscholl der übliche Applaus, da der Papst ge-

> wählt war. Und er umarmte, küsste mich und sagte mir: ‚Vergiss die Armen nicht!‘ Und da setzte sich dieses Wort in mir fest: die Armen, die Armen. Dann sofort habe ich in Bezug auf die Armen an Franz von Assisi gedacht. Dann habe ich an die Kriege gedacht, während die Auszählung voranschritt bis zu allen Stimmen. Und Franziskus ist der Mann des Friedens. So ist mir der Name ins Herz gedrungen: Franz von Assisi. Er ist für mich der Mann der Armut, der Mann des Friedens, der Mann, der die Schöpfung liebt und bewahrt. Gegenwärtig haben auch wir eine nicht sehr gute Beziehung zur Schöpfung, oder? Er ist der Mann, der uns diesen Geist des Friedens gibt, der Armut. … Ach, wie möchte ich eine arme Kirche für die Armen!“[15]

In einer seiner ersten Ansprachen nach seiner Wahl, an das Diplomatische Korps am Vatikan, nannte der neue Papst als einen der ersten Gründe für die Wahl des Namens Franziskus „die Liebe, die Franziskus zu den Armen hatte. Wie viele Arme gibt es noch in der Welt! Und welchen Leiden sind diese Menschen ausgesetzt!“ (S. 89, Nr. 2). Als zweiten Grund bezog er sich auf ihn als Friedensstifter: „Franziskus von Assisi sagt: Arbeitet, um den Frieden aufzubauen!“[16]

Franz von Assisi wird auch mit einer dialogischen Haltung gegenüber den Muslimen verbunden. Berühmt ist sein Besuch beim Sultan von Ägypten und Syrien Muhammad Malek al-Kāmil (1180–1238), der zur Zeit der Belagerung von Damiette durch ein Kreuzfahrerheer im September 1219 erfolgte.[17] Es wäre unhistorisch, das heutige Dialogdenken eins zu eins auf Franz von Assisi im 13. Jahrhundert zu projizieren.[18] Vieles spricht aber dafür, diese ungewöhnliche gewaltlose interreligiöse Begegnung inmitten eines Krieges als Beispiel für eine friedliche Verständigung zwischen Christen und Muslimen zu interpretieren.[19] Papst Franziskus stellte sich in die Kontinuität dieses historischen Treffens, indem er am 800. Jahrestag der Begegnung des Sultans und des Heiligen Franz von Assisi zusammen mit dem ägyptischen Großimam der al-Azhar Aḥmad al-Ṭayyib am 4. Februar 2019 in Abu Dhabi ein gemeinsames Dokument unterzeichnete.

Für den Papst ist dieses Treffen mit dem Sultan eine Begebenheit im Leben des heiligen Franz, „die uns sein Herz ohne Grenzen zeigt, das fähig war, den Graben der Herkunft, der Nationalität, der Hautfarbe und der Religion zu überspringen“[20]. Gerade die Initiativen von Papst Franziskus für die Verständigung mit dem Islam zeigen, wie sehr er sich mit diesem Aspekt des Wirkens seines Namensgebers identifiziert.[21]

2. Ein Handwerker des interreligiösen Dialogs und des sozialen Zusammenhalts in Argentinien

Franziskus charakterisiert die Friedensarbeit als Handwerk. Eine Ethik des Handwerks zeichnet sich durch Sorgfalt und Ehrlichkeit aus. Handwerk braucht Zeit und Geduld, nicht nur Technik, sondern auch Herz, nicht nur Können, sondern auch Freude. Über dieses Handwerk, den Frieden zu bauen, sprach der Papst bei der Generalaudienz am 28. Mai 2014, nach seiner Reise nach Jordanien, Palästina und Israel. Es gehe darum, im Alltag die Haltungen der Geschwisterlichkeit und der Versöhnung zu praktizieren, um „Baumeister" des Friedens zwischen den Kulturen und Religionen zu werden:

> „Den Frieden schafft man, indem man ihn von Hand aufbaut! Es gibt keine Friedensindustrie, nein. Man schafft ihn Tag für Tag, als Baumeister, und auch mit offenem Herzen, damit das Geschenk Gottes komme."[22]

Dieses Handwerk der Begegnung, um den Frieden zwischen den unterschiedlichen Gruppen zu bewahren und zu stärken, hat Franziskus lange, bevor er Papst wurde, gelernt, geübt und weiterentwickelt. Es ist ein Glücksfall für den interreligiösen Dialog, dass gerade ein Mensch mit der Erfahrung von Migration in der eigenen Herkunftsfamilie, mit großer kultureller und religiöser Vielfalt im Einwanderungsland Argentinien, mit vielfachen, langjährigen interreligiösen Freundschaften, mit interreligiöser Kooperation im Kontext von Krisen Papst wurde.

Immigrationsland Argentinien

Argentinien ist durch eine große kulturelle und religiöse Vielfalt geprägt, die primär ein Ergebnis der Immigration ist, die ab dem 19. Jahrhundert von der argentinischen Republik gezielt gefördert wurde, um das Land und seine Wirtschaft zu entwickeln. Nachdem die Förderung der Zuwanderung in der ersten Verfassung von 1853 verankert wurde, setzte eine Massenzuwanderung aus Europa ein, vor allem aus Italien und Spanien, aber auch aus Frankreich, Österreich, Deutschland, Großbritannien, Belgien und der Schweiz.[23] 1914 waren 30 % der argentinischen Bevölkerung im Ausland geboren, bei einer Gesamtbevölkerung von 7,8 Millionen. Der Ausländeranteil war doppelt so hoch wie in den USA zu dieser Zeit.[24] Die Familie von

Jorge Bergoglio gehörte zu den Migranten aus Europa in den 1920er-Jahren: Seine Großeltern und sein Vater wanderten 1929 aus dem Piemont nach Argentinien aus.

Die Migration veränderte auch die religiöse Zusammensetzung der argentinischen Gesellschaft. Die jüdische Bevölkerung wuchs in der ersten Hälfte des 20. Jahrhunderts stark an. Lebten um 1900 nur rund 6700 Juden in Argentinien, so hatte das Land fünf Jahrzehnte später bereits die fünftgrößte jüdische Bevölkerung weltweit und die zweitgrößte jüdische Gemeinschaft in der westlichen Hemisphäre.[25] Laut Zensus 1947 war die Gesamtbevölkerung Argentiniens auf 15,8 Millionen gestiegen (Buenos Aires: 4,2 Millionen), hatte sich also seit 1914 verdoppelt. Davon waren 94 % römisch-katholisch, 4 % protestantisch oder orthodox und 1,6 % „israelitisch" (rund 249.000 Personen).[26] Zur gegenwärtigen Zusammensetzung der argentinischen Bevölkerung nach religiöser Zugehörigkeit existieren unterschiedliche Angaben. Eine Studie des argentinischen „National Council for Technical and Scientific Research" (CONICET) von 2016 nennt folgende Daten: 76,4 % Katholiken, 9 % Protestanten (Pfingstkirchen, Freikirchen, Lutheraner usw.), Zeugen Jehovas 1,2 %, 1,2 % andere Religionen (inkl. Juden, Muslime, Buddhisten, Hindus u. a.), 0,9 % Mormonen, 11,3 % ohne religiöses Bekenntnis.[27]

Jorge Bergoglio wuchs mit religiöser Pluralität als alltäglicher, selbstverständlicher Realität auf. Über seine Schulzeit sagte er: „Für uns war es absolut normal, dass wir an derselben Schule verschiedene Religionen hatten."[28]

Jüdisch-christlicher Dialog in Buenos Aires

Beim jüdisch-christlichen Dialog führte Bergoglio eine Tradition weiter, die in Buenos Aires direkt nach dem Zweiten Vatikanum begonnen hatte.

Der Bibelwissenschaftler an der Theologischen Fakultät Buenos Aires Jorge Mejía (1923–2014) wirkte als Peritus am Konzil mit. In Buenos Aires arbeitete er eng mit Rabbiner Marshall T. Meyer zusammen; 1967 gründeten sie gemeinsam das *Instituto Superior de Estudios Religiosos*, um das gegenseitige Verständnis und die Zusammenarbeit von Katholiken, Protestanten und Juden zu fördern.[29] 1977 wurde Mejía zum Sekretär der Kommission für die religiösen Beziehungen zu den Juden ernannt, die drei Jahre vorher von Paul VI. eingerichtet worden war. In dieser Funktion war er u. a. federführend verantwortlich für das Dokument „Hinweise für eine richtige

Darstellung von Juden und Judentum in der Predigt und in der Katechese der katholischen Kirche" vom 24. Juni 1985.[30] Er war der Architekt des historischen Besuchs von Johannes Paul II. in der römischen Synagoge im April 1986.[31] 2001 wurde er gleichzeitig mit Erzbischof Jorge Bergoglio zum Kardinal ernannt.[32]

Bergoglios Vorgänger, Kardinal Antonio Quaraccino (1923–1998), der ab 1990 Erzbischof von Buenos Aires war, setzte sich entschlossen dafür ein, den traditionellen Antisemitismus in der argentinischen Kirche zu überwinden. Er besuchte als erster argentinischer Kardinal im Februar 1992 Israel – eine Reise, die von Baruch Tenembaum organisiert worden war, einem bedeutenden Motor des jüdisch-christlichen Dialogs. Auf Tenembaums Initiative hin richtete Kardinal Quaraccino 1997 in der Kathedrale von Buenos Aires eine Gedenkstätte für die Opfer der Shoah und der Terroranschläge auf die israelische Botschaft in Buenos Aires 1992 und auf das jüdische Gemeindezentrum 1994 ein. Das Wandbild besteht aus Blättern von jüdischen Gebetbüchern, die aus den Vernichtungslagern Auschwitz und Treblinka, aus einem französischen Konzentrationslager sowie aus dem Warschauer Ghetto gerettet wurden. Dazu kamen Reste von zwei Büchern, die in den Ruinen der israelischen Botschaft und des Gemeindezentrums gefunden wurden.[33] Auf seinen Wunsch hin wurde der Kardinal in der Nähe der Gedenkstätte begraben. Diese entwickelte sich zu einem Kristallisationspunkt für den jüdisch-christlichen Dialog in Argentinien. Am 28. Februar 2014, dem Todestag von Kardinal Quaraccino, fand beispielsweise eine interreligiöse Feier bei der Gedenkstätte in der Kathedrale statt. Nach der Ansprache von Kardinal Mario Poli rezitierte Rabbiner Sergio Bergman das Kaddisch für Antonio Quaraccino auf Hebräisch und Spanisch.

Die Beziehung zwischen Sergio Bergman und Kardinal Bergoglio gehört zu den faszinierenden Facetten seines interreligiösen Wirkens in Buenos Aires.[34] Sein politisches Engagement begann der Rabbiner nach dem Terroranschlag auf das jüdische Gemeindezentrum 1994, als er merkte, dass die Aufklärung blockiert wurde, und gründete die „Memoria Activa"-Stiftung. 2013 wurde er für die Partei „Propuesta Republicana" (PRO) ins argentinische Parlament gewählt, als erster Rabbiner. 2015 bis 2019 war Bergman Minister für Umwelt und nachhaltige Entwicklung. Seit Juni 2020 ist er Präsident der „World Union for Progressive Judaism" (WUPJ).

Der Kardinal und der Rabbiner wurden ab 2002 Freunde. Als solcher schrieb Bergoglio das Vorwort zum Buch von Sergio Bergman *Argentina*

Ciudadana. Con textos bíblicos (2008) und sprach bei der Präsentation des Buches.[35] Am 12. Dezember 2012 – drei Monate vor der Papstwahl – nahm Kardinal Bergoglio zusammen mit Bergman und Rabbiner Ale Avruj an der Chanukka-Feier in der Synagoge in der Arcos Straße in Buenos Aires teil. Am Tag nach dessen Wahl zum Papst verfasste Bergman den Text „Bergoglio, my Rabbi", in dem zum Ausdruck kommt, wie sehr er – als Rabbiner – sich als Schüler von Bergoglio versteht:

> „Ich fand in dem, der zum Papst gesalbt wurde, einen Meister, der mir zuhörte, mich leitete und mir Ratschläge gab, wie ich meine Berufung entfalten kann, sowohl dem Schöpfer als auch seinen Geschöpfen zu dienen, in der Herausforderung des Gemeinwohls. (…) Er hat immer seine Berufung zum Rabbi hervorgehoben. Als Primas lehrte er, wie man die jüdischen Wurzeln des Christentums zurückgewinnen kann."[36]

Bergoglio spielte eine Rolle dafür, dass Bergman als Rabbiner in die Politik ging. In der Finanzkrise in Argentinien 2001, die mit extremen Arbeitslosenzahlen und sozialen Unruhen verbunden war, vertrat Bischof Bergoglio den Standpunkt: Wenn das politische System nicht funktioniert, dann müsse die Zivilgesellschaft Verantwortung übernehmen, nicht nur Beobachter sein. „Für mich war das eine Inspiration. Denn ich habe in meiner Zeit keinen Rabbiner, der bereit ist, das zu tun: ethische Werte, Religion und Politik zu verbinden."[37] Seine Herausforderung als Rabbiner sei gewesen, dass er in dieser großen Krise nicht einfach im Tempel bleiben könne. „Und draußen sah ich den Bischof von Buenos Aires, der sagte: ‚Wir müssen gehen, wir müssen teilnehmen.'"[38] 2002 habe er ihn besucht und ihm mitgeteilt, er wolle sich beteiligen. Von da an sei Bergoglio sein Mentor beim Eintritt in die Politik gewesen.

> „Dann wurde er Papst. Wir setzen unsere Konversation fort, aber ich achte auf unsere Beziehung – ich verwende sie nicht in einem öffentlichen Forum. Ich weiß, was seine Position ist, und was meine Position ist. Er ist ein gutes Beispiel dafür, wie man Spiritualität und Politik verbinden kann."[39]

Die Freundschaft zwischen hochrangigen Kirchenfunktionären und jüdischen Persönlichkeiten ist der konkreteste Ausdruck der fundamentalen Wende in den Beziehungen zwischen Judentum und Christentum, die sich im 20. Jahrhundert ereignet hat. Die Freundschaften von Bergoglio im jüdischen Kosmos in Buenos Aires stehen in einer Linie mit den jüdischen Freunden von Angelo Roncalli, dem späteren Papst Johannes XXIII., in Istanbul, den jüdischen Kindheitsfreunden von Karol Wojtyla, u. a. Jerzy Kluger,[40] mit denen er auch als Papst Kontakt hielt, seiner Freundschaft mit dem römischen Oberrabbiner Elio Toaff (1915–2015) oder der Freundschaft zwischen Kardinal Augustin Bea und Rabbiner Abraham Joshua Heschel. Bemerkenswert ist, dass Bergoglio zu Repräsentanten verschiedener jüdischer Richtungen gute Freundschaften entwickelte. Im Vordergrund der Beziehung steht der Mensch, nicht die Weltanschauung.

Einen großen Stellenwert hat seine Freundschaft mit Rabbiner Abraham Skorka, der ihn seit 1992 kannte und der ab 1998 eine vertraute Beziehung zu ihm pflegte, als Bergoglio zum Erzbischof von Buenos Aires ernannt wurde.[41] Skorka war zu dieser Zeit Rektor des *Seminario Rabínico Latinoamericano Marshall T. Meyer* in Buenos Aires, in dem Rabbiner, Kantoren und Lehrer aus ganz Lateinamerika in der Richtung des konservativen Judentums (Masorti Olami) ausgebildet werden. Gleichzeitig wirkte Skorka als Rabbiner der B'nei-Tikva-Kongregation in Buenos Aires.

Die Freundschaft von Bergoglio und Skorka begann mit Fußball. Beim jährlichen Te Deum in der Kathedrale von Buenos Aires am argentinischen Nationalfeiertag traf Erzbischof Bergoglio auch Rabbiner Skorka und machte eine scherzhafte Bemerkung über das schlechte Abschneiden der Lieblingsmannschaft von Skorka, der wiederum mit einem Scherz über Bergoglios Mannschaft (San Lorenzo de Almagro) reagierte, was ihm eine Einladung zum Mittagessen eintrug. „Ein Mittagessen führte zum anderen, nachdem sie merkten, dass sie über viel mehr zu reden hatten als über Fußballteams."[42]

Auf Einladung von Rabbiner Skorka hielt der Kardinal am Schabbat, 11. September 2004, in der B'nei-Tikva-Synagoge in Buenos Aires eine Ansprache aus Anlass des kommenden jüdischen Neujahrsfestes (*Rosch Ha-Schana*). Es war das erste Mal, dass ein Erzbischof von Buenos Aires in einer Synagoge zur versammelten Gemeinde sprach.[43] Skorka lud den Kardinal ein zweites Mal zur gleichen Gelegenheit am 8. September 2007 in die Synagoge ein.[44] Im Gegenzug lud dieser den Rabbiner ein, zu den Priesterseminaristen der Diözese über Werte zu sprechen.[45]

Nach der Erstellung und Präsentation ihres Gesprächsbandes *Sobre el Cielo y la Tierra* („Über Himmel und Erde") 2010 bestritten sie 2011–2012 dreißig Fernsehsendungen, die vom Kanal der Erzdiözese aufgezeichnet wurden und in denen sie über Themen sprachen wie Arbeit, Glück, Gott, Humor, Tod, Euthanasie, Schuld, alte Menschen, Bildung, Kommunismus und Kapitalismus, Globalisierung, Armut, Geld, gleichgeschlechtliche Ehe usw.[46] Kardinal Bergoglio schrieb im Buch über ihre Beziehung:

> „Der Dialog entsteht aus einer respektvollen Haltung einer anderen Person gegenüber, aus der Überzeugung, dass der andere etwas Wertvolles zu sagen hat. Voraussetzung dafür ist, im eigenen Herzen Platz zu machen für den Standpunkt, die Meinung und das Angebot des anderen. Ein Dialog schließt eine herzliche Aufnahme ein und keine Vorverurteilung. Für einen Dialog muss man seine Abwehr sinken lassen können, die Tore des Hauses öffnen und menschliche Wärme bieten. (…) Mit Rabbi Skorka musste ich nie meine katholische Identität aushandeln, wie auch er es nicht mit seiner jüdischen tat, und das nicht nur aus dem Respekt heraus, den wir füreinander empfinden, sondern auch, weil dies unserer Auffassung vom interreligiösen Dialog entspricht. Die Herausforderung besteht darin, mit Respekt und Zuneigung weiterzugehen, in Gottes Gegenwart weiterzugehen und dabei möglichst rechtschaffen zu sein. (…) Rabbi Skorka betrachte ich als Bruder und Freund (…).“[47]

Als Bergoglio Papst wurde, wurde die Freundschaft zwischen ihnen weltbekannt. Der Papst beschrieb sie mit folgenden Worten:

> „Es gab eine absolute Vertrauensbasis, weil wir in unseren Gesprächen wussten – und das möchte ich hervorheben –, dass keiner von uns seine eigene Identität aushandelte. Wenn wir das getan hätten, wären wir nicht in der Lage gewesen zu reden. Es wäre eine Täuschung gewesen. (…) Und die Freundschaft wuchs, ohne dass wir unsere jeweiligen Identitäten aufgaben. (…) Es ist sehr wichtig, denn mein religiöses Leben wurde durch seine Erklärungen reicher, viel reicher. (…) Und ich begann, die [biblische] Offenbarung besser zu verstehen, und er verstand die christliche Haltung besser. Es entwickelte sich aus unseren eigenen Identitäten, und das ist wirklich schön. (…) Und keiner von uns hat versucht, den anderen zu bekehren.“[48]

Der „Weg der Freundschaft“[49] äußert sich in konkreten Akten der Solidarität: Im November 2012 organisierte Kardinal Bergoglio zusammen mit Vertretern des B’nai B’rith eine Gedenkveranstaltung in der Kathedrale von Buenos Aires zum Novemberpogrom 1938. Zum 11. Jahrestag des Bombenanschlags auf das jüdische Gemeindezentrum (AIMA) von Buenos Aires (18. Juli 1994), bei dem 85 Menschen starben, unterzeichnete er einen Aufruf, den Opfern Gerechtigkeit widerfahren zu lassen.[50]

Ein wichtiger Freund in Buenos Aires ist auch Rabbiner Ale Avruj[51]. Geboren 1970 in Buenos Aires, studierte er am Lateinamerikanischen Rabbinerseminar in Buenos Aires und machte in den Jahren 2001 bis 2002 den Master in rabbinischer Literatur am Jewish Theological Seminary in New York und an der Hebrew University in Jerusalem. 2002 machte er seinen Abschluss als Rabbiner der konservativen Bewegung (Masorti). Zuerst Rabbiner der Gemeinde NCI-Emanu El, ist er seit 2014 Rabbiner der Amichai-Gemeinde in Buenos Aires. Als er 2002 nach seiner Ordination in Israel zurückkehrte, war die soziale Situation in Argentinien dramatisch. Avruj engagierte sich in leitender Funktion bei „Joint“, einer jüdischen philanthropischen Organisation, die in der schweren sozialen Krise u. a. mehr als 8000 Kinder mit Hilfe von mehr als 30 Suppenküchen im ganzen Land und in verschiedenen Elendsvierteln (*villas miseries*) mit Essen versorgte. In diesem Zusammenhang befreundete er sich mit Pater Pepe Di Paola, einem der wichtigsten Vertreter der katholischen Kirche in den *villas*, der später der erste Koordinator des von Erzbischof Bergoglio 2009 neu geschaffenen Vikariats der Slum-Priester wurde.[52] Die jüdische Gemeinde baute in der *villa* 21/24, in der Pater Pepe damals arbeitete, eine Suppenküche auf. In diesem Zusammenhang lernte Avruj Kardinal Bergoglio kennen, als dieser den Speisesaal einweihte – „und bei mehreren anderen Gelegenheiten mit Schlamm an den Füßen, um diese Welt der Familien unterhalb der Armutsgrenze zu ernähren“[53].

Fünf Monate bevor er zum neuen Papst gewählt wurde, im November 2012, lud ihn Kardinal Bergoglio in die Kathedrale von Buenos Aires ein, um den Jahrestag der Novemberpogrome in der Nacht von 9. auf 10. November 1938 gemeinsam zu begehen. Als Geschenk übergab ihm Rabbiner Avruj ein Siddur, ein jüdisches Gebetbuch für den Alltag und den Schabbat, das er herausgegeben hatte.

> „Ich sagte ihm, dass in der ‚Kristallnacht‘ zehntausende Bücher auf den Straßen Europas verbrannt worden waren. Ich sagte ihm, dass dies das jüngste jüdische Buch sei, das veröffentlicht wurde, und dass ich ihm das erste Exemplar [der neuen spanischen, von ihm herausgegeben Edition] schenken wolle. Er sagte mir dort, dass er es immer mitnehmen würde, um damit zu beten.“[54]

Einen Monat später besuchte der Kardinal die Chanukkah-Feier in der damaligen Synagoge von Ale Avruj, NCI-Emanu El.

> „Ich erinnere mich, dass er in der unerträglichen Hitze des Sommers in Buenos Aires mit der U-Bahn kam, ohne Fahrer und Sicherheitsleute.

Das war seine letzte interreligiöse Zeremonie in Argentinien. Drei Monate später war er Papst Franziskus. Er hatte das Licht entzündet, das die Botschaft trägt, Licht in eine dunkle Welt zu bringen."

Zu den jüdischen Freunden aus der Zeit in Buenos Aires gehört auch der Anthropologe Luis Liberman. Er und Bergoglio hatten sich ab Februar 2003 regelmäßig getroffen, um als Freunde über gemeinsame Themen zu reden: Literatur, Politik, Bildung. Lieberman sagte dazu: „In Bergoglios Kopf gibt es den Gedanken nicht: dieser ist jüdisch, dieser ist islamisch."

„Wir haben eine Freundschaft, die Religion transzendiert, eine brüderliche Freundschaft, und Jorge, Franziskus, ist ein sensationeller Lehrer. Jorge unterstützt seine Freunde."[55]

Liberman ist Direktor des „Institute for Global Dialogue and Culture of Encounter" (IGDCE), das 2015 von ihm gegründet wurde und den Anliegen des Pontifikats von Papst Franziskus verpflichtet ist.[56] Das Institut konzentriert sich auf Rechte und Ungleichheiten, mit dem Fokus auf Wasser. 2017 fand beispielsweise das internationale Seminar „Menschenrecht auf Wasser" im Vatikan statt. Das Seminar repräsentiert exemplarisch den interreligiösen Ansatz von Franziskus: Im Zentrum steht die praktische Kooperation der Religionen angesichts der globalen Ungleichheit und der globalen Herausforderungen.

Was bedeutet es, wenn der Freund zum Papst wird? Wie verändert sich die Freundschaft, ist es möglich, die Freundschaft am Leben zu erhalten?

„Es bedeutet vieles, im Wesentlichen eine facettenreiche Offenbarung, voller Spannungen, Ratlosigkeit, Bewunderung und der Gewissheit, dass wir beginnen, uns auf das zuzubewegen, was ich gerne ‚die Ära Franziskus' nenne, und dass Gott uns in gewisser Weise einlädt, daran teilzuhaben und das Zeugnis zu würdigen.

Die Freundschaft wird zu einem brüderlichen Gefühl. In dieser Hinsicht war Franziskus sehr großzügig, indem er die seit Buenos Aires bestehenden Codes beibehalten hat, die auf Humor, Vertrauen und seiner unendlichen Geduld beruhen.

Natürlich können wir über alles reden. Das tun wir, aber ich versuche, Ordnung zu halten. Vergessen wir nicht, dass der Papst auch ein Mensch ist, der gefragt werden muss, wie es ihm geht, was er denkt. Ich bin traurig, wenn jemand in einem Publikum Zeit damit verschwendet, nur über sich selbst zu sprechen. Der Papst ist ein Mensch, der viel zuhört, aber er hat noch so viel mehr zu sagen … ein Treffen mit ihm, ohne ihm zuzuhören und ein Foto zu machen, löst in mir gemischte Gefühle aus.

Und natürlich sind Bücher und die Erinnerung an Bücher immer noch ein Zufluchtsort. Offensichtlich sieht sich der Papst keine Filme an (nicht einmal „Die beiden Päpste" oder die, die über ihn gedreht werden). Seinen letzten Film hat er 2012 bei mir zu Hause gesehen. Es war ‚La strada'."[57]

Christlich-muslimischer Dialog in Buenos Aires

Die spezielle interreligiöse Situation von Argentinien macht aus, dass nicht nur eine große jüdische, sondern auch eine große muslimische Bevölkerung existiert, die auf die Zuwanderungen aus dem arabischen Raum Ende des 19. Jahrhunderts und Anfang des 20. Jahrhunderts zurückgeht, vor allem aus Syrien und dem Libanon.[58] Das „Centro Islámico de la República Argentina" (CIRA) in Buenos Aires schätzt die Zahl der argentinischen Muslime auf 500.000 bis 700.000 Personen.[59]

Zum ersten Mal besuchte Kardinal Bergoglio das CIRA am 17. Mai 2004 – der erste Besuch eines argentinischen Bischofs seit der Gründung des Zentrums 1931. Dabei sprach er über die Notwendigkeit, Terrorismus zurückzuweisen und sich allen Formen von Fundamentalismus zu widersetzen. Er schlug vor, dass Juden, Christen und Muslime gemeinsam eine Erklärung dazu verfassen sollten.[60] Von da an traf er sich regelmäßig mit dem damaligen Präsidenten des CIRA, Adel Mede.

Im Kontext der Krise nach 9/11 wurde 2004 in Argentinien eine interreligiöse Kommission eingerichtet, mit Kardinal Bergoglio als Ehrenpräsident und Adel Mede als Präsident.[61] Als dieser im August 2005 starb, betete der Kardinal bei der Totenwache.[62] Auch mit Medes Nachfolger Omar Abboud entwickelte sich eine Freundschaft.

Aus diesen Kontakten entstand 2006 auf Betreiben des Sprechers von Bergoglio, des katholischen Priesters Guillermo Marcó, das „Instituto del Diálogo Interreligioso" (IDI) in Buenos Aires. Es wurde von ihm zusammen mit Omar Abboud und dem Rabbiner der Beth-el-Gemeinde Daniel Goldman gegründet. Alle drei hatten ein Jahr vorher gemeinsam das Buch *Todos bajo un mismo cielo* (Alle unter dem gleichen Himmel) verfasst.[63] Mit Papst Franziskus arbeitet das Institut weiterhin zusammen.

Ein Beispiel für die Projekte des IDI ist das Programm „Promesas con futuro" (Versprechen mit Zukunft), bei dem staatliche, konfessionelle und private Schulen zusammengebracht werden, „um das Bewusstsein dafür zu wecken, dass wir alle immer gleichzeitig gleich und verschieden sind, unter dem gleichen Himmel".[64]

Seine interreligiösen Freundschaften aus der Zeit in Buenos Aires pflegt Jorge Bergoglio als Papst weiter. Ein Beispiel ist das informelle Treffen mit fünfzehn führenden jüdischen Persönlichkeiten aus Argentinien an seinem Wohnort, dem Gästehaus Santa Marta, am 16. Jänner 2014, das von Claudio Epelman und Rabbiner Skorka organisiert wurde. Am Schluss beteten alle zusammen den Psalm 133 auf Hebräisch: „Wie gut und erfreulich ist es, wenn Brüder miteinander in Eintracht wohnen."[65] Ein anderes Beispiel: Von 25. bis 29. September 2013 besuchte Skorka Franziskus in Santa Marta. In den Aufenthalt fielen zwei jüdische Feiertage, und Franziskus nahm an seinen Sabbat- und Feiertagsgebeten teil.[66]

Zum Teil sind die Freundschaften in der breiten Öffentlichkeit so gut wie unbekannt – wie zum Beispiel im Fall von Liberman –, zum Teil bezog sie Franziskus in sein öffentliches Wirken ein. Weltweit bekannt wurden seine Freunde Abboud und Skorka, als er im Mai 2014 beide auf seine Reise ins Heilige Land mitnahm und vor der Klagemauer umarmte.

Der interreligiöse Dialog ist in Argentinien besonders lebendig. So wurde auf Initiative von Omar Abboud Buenos Aires am 2. Juni 2016 per Gesetz zur „Stadt des interreligiösen Dialogs" und der 9. August zum „Tag des interreligiösen Dialogs" erklärt. Wurde früher mit Blick auf die verschiedenen Zuwanderungsgruppen von einem „Schmelztiegel" gesprochen, so wird heute der Wert von Diversität und Pluralität betont und werden Plattformen und Räume für die interreligiöse Begegnung geschaffen. Claudio Epelman unterstrich die Rolle von Bischof Bergoglio dafür:

> „Eine der Personen, die am meisten zu dieser Bewegung beigetragen haben, war zweifellos der damalige Bischof von Buenos Aires, Jorge Bergoglio, der heutige Papst Franziskus. Als glühender Verfechter des interreligiösen Dialogs engagierte er sich persönlich und übernahm die Verantwortung für den Aufbau von Beziehungen zu anderen Religionsgemeinschaften. Die Tatsache, dass er jetzt Papst ist, hat dafür gesorgt, dass die argentinische Erfahrung weithin anerkannt wird."[67]

3. Interreligiöser Dialog im Sinne des Papstes

Dialog der Religionen als Element der „Kultur der Begegnung“

La cultura del encuentro – die „Kultur der Begegnung“ – ist der zentrale Leitbegriff von Papst Franziskus, den er bereits in seiner Zeit in Argentinien entwickelte. Er bildet den umfassenden Rahmen für sein Denken und seine Praxis des interreligiösen Dialogs. Mit ihren Dimensionen der Offenheit, der Weite, des Dialogs, des Hörens, des Respekts und der Anerkennung des Anderen in seinem Anderssein, des Auf-einander-Zugehens trotz unterschiedlicher Positionen und Weltanschauungen bildet die Kultur der Begegnung den Gegensatz zu einem Wahrheitsbesitzertum, das keine Fragen mehr stellt. Intoleranz, geschlossenes Denken, Radikalisierung, Fundamentalismus, Exklusivismus, Fanatismus, Verhetzung, Gewalt sind Geisteshaltungen und Praktiken, die Franziskus wiederholt kritisiert hat.[68]

Der Gegensatz zur „Kultur der Begegnung“ kann verschiedene Formen und Intensitätsgrade annehmen: etwa die Abschließung, Verschlossenheit, Selbstbezogenheit, die Isolation in der eigenen Blase; die soziale Polarisierung und Spaltung in unversöhnliche Lager, die nicht mehr miteinander sprechen können. Die gesellschaftliche Polarisierung in der COVID-19-Pandemie in vielen Ländern ist ein aktuelles Beispiel dafür. Andere Formen sind: die Gefangenschaft in einer geschlossenen Ideologie; eine Haltung der ethnozentrischen Überheblichkeit oder autoritären Dominanz gegenüber anderen sozialen Gruppen; der Hass auf die „Anderen“ und Andersdenkenden, die Feindschaft ihnen gegenüber. Der Genozid an den europäischen Juden ist das bislang grauenerregendste Beispiel, wohin eine solche Haltung der Nicht-Begegnung, der Nicht-Anerkennung, der Entmenschlichung des Anderen letztlich führen kann. Im Zusammenhang mit dem Vernichtungslager Auschwitz-Birkenau sagte Papst Franziskus:

> „Wie die Kultur der Begegnung und der Versöhnung Leben hervorbringt und Hoffnung weckt, so sät die Nicht-Kultur des Hasses Tod und erntet Verzweiflung.“[69]

Bei seinem Konzept der „Kultur der Begegnung“ ist Jorge Bergoglio/Papst Franziskus vor allem geprägt vom deutschen Religionsphilosophen und Theologen Romano Guardini (1885–1968) und dessen Nachdenken über Begegnung und Dialog[70], vor allem von seiner „Theorie des Gegensatzes“. Guardini fasste sie selbst in einem Brief 1967 konzis so zusammen:

> „Die Theorie der Gegensätze ist die Theorie der Konfrontation, die nicht als Kampf gegen einen Feind stattfindet, sondern als Synthese einer fruchtbaren Spannung, d. h. als Aufbau einer konkreten Einheit."[71]

Dieses Modell der „Polaritäten" oder Gegensätze, das die Freund-Feind-Dialektik der politischen Theologie auf der Linie von Carl Schmitt zurückweist, bildet den Kern des Denkens von Jorge Mario Bergoglio, wie Massimo Borghesi herausgearbeitet hat.[72] Bergoglio plante seine Dissertation zu Guardini zu diesem Thema. Es ging darum „zu verstehen, wie scheinbare Widersprüche durch Unterscheidung metaphysisch aufgelöst werden können"[73]. In Konflikten wird als Widerspruch gesehen, was in Wahrheit eine „Kontraposition" ist, wie Franziskus sie nennt. Sie umfasst zwei Pole, die in Spannung zueinander stehen und voneinander wegstreben: lokal/global, Ganzes/Teil, Horizont/Grenze usw.

> „Dies sind Kontrapositionen, weil sie Gegensätze sind, die dennoch in einer fruchtbaren, kreativen Spannung interagieren. Wie mich Guardini gelehrt hat, ist die Schöpfung voll von diesen lebendigen Polaritäten oder Gegensätzen; sie sind das, was uns lebendig und dynamisch macht. Widersprüche auf der anderen Seite verlangen, dass wir wählen, zwischen richtig und falsch. (…) Der schlechte Geist – der Geist des Konflikts, der Dialog und Geschwisterlichkeit untergräbt - verwandelt Kontrapositionen in Widersprüche und verlangt, dass wir wählen und so die Realität reduzieren auf einfache Binaritäten. Das ist das, was Ideologien und skrupellose Politiker tun."[74]

Guardinis „Theorie des Gegensatzes" ist die philosophische Basis für die „Kultur der Begegnung", wie sie Franziskus versteht. Mit ihr wird die kreative Spannung zwischen Polen gehalten und verhindert, dass Gegensätze in Widersprüche kippen, zu Antagonismen reduziert werden und sich ein manichäisches Denken, für das es nur mehr den Gegensatz von Licht und Finsternis gibt, durchsetzt – zum Beispiel in Form des westlichen Mythos „Christentum – Vernunft – Licht– Aufklärung" versus „Islam – Irrationalität – Finsternis – Barbarei" oder christlichen klischeehaften Überlegenheitsmodellen wie „Christentum – Liebe" versus „Judentum – Gesetz".

Überlegungen, Überzeugungen und Haltungen, etwa zur „Kultur der Begegnung", die für ihn seit Jahrzehnten im Mittelpunkt stehen, sind nun mit dem Papstamt „aufgeblüht", wie sein langjähriger Freund, der argentinische Jesuit Diego Fares schreibt: „All das, was Pater Jorge in seinem früheren

Dienst fernab des Rampenlichts lebte und dachte, wird nun öffentlich, ‚blüht nun auf' in seinen Worten und Taten als Papst."[75]

Bergoglios Begegnungsdenken, wie es sich in seiner Zeit in Argentinien entwickelt hat, wird besonders deutlich im Positionspapier, das er im Herbst 1999 zum Thema Bildung vorlegte.[76] Er unternahm darin eine scharfe Kritik der postmodernen Gegenwart, für die er die Metapher „Schiffbruch-Kultur" verwendete, in der nicht mehr das Ethos die Strukturen bestimmt, sondern umgekehrt die Strukturen das Ethos und in der eine Tendenz herrsche, „Werte zu diskreditieren. (…) Es gibt kein inhärentes Gutes und Böses, sondern nur eine Berechnung von Vor- und Nachteilen."[77] Bergoglio kritisierte ebenso die Einseitigkeit des modernen Vernunftbegriffs – nur die kalkulierende „quantitative Vernunft" werde als Vernunft anerkannt. Dazu komme die „technologische Mentalität" des „gnostischen Menschen", der „wissend, aber ohne Einheit" sei.[78] Für Bergoglio steht fest, dass der Ausweg nicht in einer anti-modernen Rückwärtsbewegung liegt:

> „Diese Krise kann nicht durch irgendeine Art von ‚Rückkehr' überwunden werden (was die sterbende Moderne in jeder Hinsicht versucht hat), sondern durch ein inneres Überfließen, d. h. im Kern der Krise sie ganz und gar anzunehmen, ohne in der Krise zu bleiben, sondern sie zu transzendieren, indem man nach innen geht."[79]

Und er schlägt als Lösung vor: „Ich möchte einen Vorschlag machen: *Wir müssen eine Kultur der Begegnung schaffen.*"[80] Der postmodernen Kultur der Fragmentierung, der Beliebigkeit, der Auflösung aller Gewissheiten und Werte setzt Bergoglio einen „inkarnierten Realismus" entgegen, nämlich in der Form der Wahrnehmung der „leidenden, ungeschützten, verzweifelten Gesichter". Es sind diese Antlitze konkreter Menschen, die uns „anregen und verpflichten zu studieren, zu forschen, zu arbeiten". Es sei die konkrete „menschliche Person, die im Zentrum unserer Anliegen und Überlegungen stehen muss"[81], statt in virtuelle Realitäten abzugleiten und einem „Kult der Erscheinungen" zu frönen. Entscheidend ist für ihn der „Weg des Dialogs, der „menschlichste Kanal der Kommunikation".

> „Ein Austausch, der Vorurteile zerstört und aufbaut, auf Basis einer gemeinsamen Suche und des Teilens, und nach der Interaktion der Willen zugunsten einer gemeinsamen Aufgabe oder eines gemeinsamen Projekts strebt. Dies gilt umso mehr in Zeiten, in denen es heißt, dass wir ‚Kinder der Information und Waisen der Kommunikation' sind. Sie erfordert Geduld, Klarheit und eine gute Einstellung zum anderen. Sie

> schließt die Konfrontation zwischen unterschiedlichen Standpunkten nicht aus, ohne dass die Ideen als Waffen eingesetzt werden, sondern als Licht."[82]

Bergoglios Kritik der technologischen Mentalität des „gnostischen Menschen", der die geistige Dimension überbewertet und die konkrete, physische, sinnliche, menschliche Dimension abwertet, und der er den „inkarnierten Realismus" entgegensetzt, vor allem in Form der Wahrnehmung der konkreten armen, leidenden Menschen, erinnert an Ivan Illichs Kritik des „Zeitalters der Systeme", in dem das Virtuelle und die Entkörperung immer mehr dominieren: „Zunehmend sind es nicht Geschöpfe, sondern Artefakte, die zählen. Zweitens können Objekte nicht mehr be-griffen werden; sie tauchen immer häufiger im virtuellen Raum auf."[83] Die sinnliche Dimension bildet ein auffälliges, intensives Kennzeichen der Begegnungspraxis von Papst Franziskus, nicht zuletzt bei den interreligiösen Begegnungen: der direkte physische Kontakt in Form einer Umarmung, eines Kusses, eines langen Händehaltens;[84] die Bedeutung, die er dem Händedruck als „menschlichste Brücke"[85] zuschreibt – gerade zu den Ausgegrenzten, Gefährdeten[86] –; der Stellenwert des gemeinsamen Essens[87], des Hörens, des Augenkontakts. Er widersetzt sich damit der Tendenz zum Gnostischen, zur Entkörperung und praktiziert den „inkarnierten Realismus" konkret.

Die Bedeutung des gemeinsamen praktischen Einsatzes der Religionen für Frieden, Gerechtigkeit und die Bewahrung der Schöpfung

Das theologische Denken und praktische Handeln von Jorge Bergoglio ist geprägt durch den Geist der lateinamerikanischen Bischofskonferenzen in Medellin (1968) und Puebla (1979) – vor allem durch die „vorrangige Option für die Armen", die bei der Konferenz von Aparecida (2007), die Kardinal Bergoglio wesentlich mitgestaltete, bestätigt wurde.[88] Bereits in seiner Zeit in Argentinien verknüpfte er die Option für die Armen mit dem interreligiösen Dialog.

Ein Beispiel für diese Form der interreligiösen Kooperation ist die jüdisch-christliche Konferenz der vatikanischen „Kommission für die religiösen Beziehungen zum Judentum" und des „International Jewish Committee for Interreligious Consultations" (IJCIC) im Juli 2004 in Buenos Aires. Kardinal Bergoglio und Rabbiner Abraham Skorka wirkten bei deren Vorbereitung und Durchführung mit. Vor dem Hintergrund der Rezession in Argentinien sammelte man auf internationaler Ebene einen hohen Betrag, um arme Kinder zu unterstützen. Es wurden Suppenküchen eingerichtet, die von Rabbinern und Priestern gemeinsam geleitet wurden.[89]

Auch als Papst betont er, dass die Religionen gemeinsam viel tun können für die Armen und Ausgegrenzten, gegen Ungerechtigkeit, für den Frieden und die Erhaltung und Wiederherstellung der Natur. Sie können gemeinsam vieles zur Befreiung aus ungerechten, gewaltvollen Verhältnissen beitragen, auf lokaler wie auf globaler Ebene. Für Kardinal Walter Kasper gehört dieses aktionsorientierte Verständnis zu den wesentlichen Akzenten, die der Papst dem interreligiösen Dialog gibt:

> „Papst Franziskus hat in diesem Dialog neue Akzente gesetzt und ihm seinen persönlichen Stempel aufgedrückt. Vor allem würde ich sagen, dass es ihm nicht nur um einen Dialog über die unterschiedlichen kulturellen und religiösen Traditionen, sondern um den gemeinsamen Beitrag zum Wohl der Armen und Ausgegrenzten, um den gemeinsamen Dienst an der Gerechtigkeit, der Versöhnung und am Frieden und folglich um die Frage geht, wie man ‚in der Welt den Durst nach dem Absoluten lebendig halten' kann."[90]

Dieser Zugang zum interreligiösen Dialog erinnert an das Konzept „regnocentrism" von Jacques Dupuis: Im Verhältnis der Religionen steht – aus einer christlichen Sicht – die Zusammenarbeit für das „Reich Gottes" im Mittelpunkt.[91]

In einer seiner ersten Ansprachen nach seiner Wahl zum Papst an die Vertreter und Vertreterinnen der Kirchen und Religionen, die zu seiner Inauguration angereist waren, zählte Franziskus die praktischen Aufgaben auf, denen sich die Angehörigen der verschiedenen Religionen gemeinsam widmen müssen, u. a. die Sorge für die Armen, die Förderung der Gerechtigkeit.

> „Vor allem aber müssen wir in der Welt den Durst nach dem Absoluten lebendig halten, indem wir nicht zulassen, dass eine nur eindimensionale Sicht des Menschen überhandnimmt, nach der der Mensch auf das beschränkt wird, was er produziert und was er konsumiert: Das ist eine der größten Gefahren für unsere Zeit." (S. 88, Nr. 1)

Bei seinem Treffen mit Mitgliedern der römischen jüdischen Gemeinde brachte er ein Beispiel für die Bedeutung der praktischen Solidarität. Franziskus ging auf das Schicksal der Juden Roms während der Zeit des Nationalsozialismus ein:

> „So wahr es wichtig ist, beiderseits die theologische Reflexion durch den Dialog zu vertiefen, so ist es auch wahr, dass es einen lebenswichtigen Dialog gibt – jenen der alltäglichen Erfahrung –, der nicht weniger grundlegend ist. Ja, ohne diesen, ohne eine wirkliche und ganz konkrete Kultur der Begegnung, die zu authentischen Beziehungen führt und die frei ist von Vorurteilen und gegenseitigem Misstrauen, würden die Bemühungen auf intellektuellem Gebiet kaum etwas nützen." (S. 95, Nr. 4)

Ein Feld, auf dem die Religionen gemeinsam aktiv werden müssen, ist die Bekämpfung der modernen Sklaverei, der verschiedenen Formen des globalen Menschenhandels und der Ausbeutung von Menschen. Das Schicksal von Arbeitssklaven in Buenos Aires war für Kardinal Bergoglio ein wichtiges Thema, auf das er immer wieder hinwies.[92] Über Jahre hielt er jedes Jahr im Juli auf der Plaza de la Constitución in Buenos Aires eine Messe, an der Zehntausende *cartoneros* – Männer, oft Buben, die in der Nacht den Müll nach wiederverwertbaren Materialien durchsuchten, um sie zu verkaufen –, versklavte Arbeiter, Prostituierte, migrantische Arbeiter teilnahmen,[93] viele von ihnen Migranten aus Bolivien und Paraguay.[94] Als Papst setzte er den Kampf gegen Menschenhandel und Versklavung fort.

Der Papst arbeitet mit dem Erzbischof von Canterbury Justin Welby und dem Vorsitzenden der „Walk Free"-Stiftung Andrew Forrest im „Global Freedom Network" zusammen.[95] Das Netzwerk organisierte die „Gemeinsame Erklärung gegen Sklaverei", die am 2. Dezember 2014 im Vatikan von zehn führenden Persönlichkeiten der verschiedenen Religionen in einer feierlichen Zeremonie unterzeichnet wurde. An der Veranstaltung unter dem Titel „Together. Faiths of the World Unite" nahmen u. a. teil: Thich Nu Chan Khong (in Vertretung von Ven. Thich Nhat Hanh), Mata Amritanandamayi, genannt „Amma" (Kerala), Dr. Abbas Abdalla Abbas Soliman (in Vertretung des Großimams der al-Azhar Aḥmad al-Ṭayyib), Großayatollah Mohammed Taqi al-Modarresi (Kerbala), Scheich Naziyah Razzaq Jaafar (als Vertreter von Großayatollah Scheich Basheer Hussain al Najafi, Irak), Ven. Datuk Kirinde Dhammaratana Nayak Maha Thero (Malaysia), Rabbiner David Rosen, Metropolit Emmanuel von Frankreich, Rabbiner Abraham Skorka.

In der Enzyklika *Laudato si'* von 2015 hat Papst Franziskus diese Akzentsetzung im interreligiösen Dialog programmatisch unterstrichen. Er setzt den Akzent auf einen Dialog, der nicht Selbstzweck ist oder nur um die religiösen Gemeinschaften selbst kreist, sondern zu Lösungen der immensen globalen Probleme beiträgt:

> „Der größte Teil der Bewohner des Planeten bezeichnet sich als Glaubende, und das müsste die Religionen veranlassen, einen Dialog miteinander aufzunehmen, der auf die Schonung der Natur, die Verteidigung der Armen und den Aufbau eines Netzes der gegenseitigen Achtung und der Geschwisterlichkeit ausgerichtet ist.“ (LS 201)

Dieser Appell von *Laudato si'* an die Religionen wurde u. a. von der interreligiösen Organisation „Religions for Peace“ aufgegriffen – in Form einer Konferenz zum Thema „Advancing a Moral Alliance Among the World's Religions for an Integral Ecology“ im Oktober 2017, deren Teilnehmer vom Papst empfangen wurden.

Die Religionen müssen aus der Sicht von Franziskus nicht nur gemeinsam die Stimme erheben, sondern

> „die Ärmel hochkrempeln, um die Hoffnung auf eine Zukunft zu säen, in der die Menschheit menschlicher wird, eine Zukunft, die den Schrei so vieler Menschen erhört, die den Krieg ablehnen und eine größere Harmonie zwischen Individuen und Gemeinschaften, zwischen Völkern und Staaten anmahnen.“ (S. 171, Nr. 28)

Offene Identität als Kern des Dialogs

Der „Kern des Dialogs“ besteht für Franziskus in der Balance, gegenüber dem Anderen authentisch offen und zugleich in der eigenen religiösen Identität klar gegründet zu sein (S. 114, Nr. 10). Er beschreibt dieses Profil des Dialogs in seinem ersten eigenen Schreiben *Evangelii gaudium* vom 24. November 2013 (EG 251, S. 65).

In seiner Ansprache bei der Begegnung mit den asiatischen Bischöfen in Südkorea stellte Franziskus die Frage nach dem eigentlichen Ausgangspunkt des interreligiösen Dialogs:

> „Sicherlich unsere eigene Identität, unsere Identität als Christen. Wir können uns nicht an einem wirklichen Dialog beteiligen, wenn wir uns unserer eigenen Identität nicht bewusst sind. Vom Nichts, vom Nebel des Selbstbewusstseins aus kann man keinen Dialog führen, kann man keinen Dialog beginnen.“

Und er unterstrich:

> „Noch einmal: Unser lebendiger Glaube an Christus ist das, was unsere eigentliche Identität darstellt, das heißt, im Herrn verwurzelt sein. Und wenn dies gegeben ist, ist alles Weitere zweitrangig. Diese tiefe Identi-

tät, der tiefe Glaube an Christus, in dem wir verwurzelt sind, diese tiefe Wirklichkeit ist der Ausgangspunkt für unseren Dialog, und das ist es, was wir zu teilen berufen sind, aufrichtig, ehrlich und ohne Anspruch, im Dialog des Alltags, im Dialog der Liebe und in jenen formelleren Gelegenheiten, die sich von selbst ergeben können.“[96]

Es geht darum, das Bewusstsein der eigenen religiösen Identität mit dem Respekt vor der Identität des religiös Anderen und der Offenheit ihm gegenüber zu verbinden. Wird „Identität“ nicht ausbalanciert durch „Offenheit“ und eine Überwindung des „Freund-Feind“-Schemas, kann sie in identitäre, ethnozentrische, kulturkämpferische Formen einer nationalen und „christlichen Identität“ kippen, im Westen meist gegen den Islam als Feindbild gerichtet. Vertreter einer solchen militanten, ausgrenzenden Auffassung von Christentum nennt der Vatikanist Lucio Brunelli mit einem Begriff von Rémi Brague „Christianisten“, die das Christentum als „ideologisches Banner“ verwenden.[97] „Christianisten“ instrumentalisieren den Hinweis auf die „christlichen Wurzeln“ Europas für die Abgrenzung von den Anderen. Demgegenüber hielt Papst Franziskus fest:

> „Ja, Europa hat christliche Wurzeln und es ist die Verantwortung des Christentums, diese Wurzeln zu gießen. Aber das muss in einem Geist des Dienstes wie beim Waschen der Füße erfolgen. (…) Es darf nicht zu einem kolonialen Unternehmen werden.“[98]

In seiner Rede bei der Friedenskonferenz der al-Azhar-Universität in Kairo am 28. April 2017 ging Franziskus auf die notwendige Verbindung von Wahrung der Identität, Mut zur Andersheit und Aufrichtigkeit der Absichten im Dialog ein (vgl. S. 160ff, Nr. 26).

Felix Körner spricht im Zusammenhang mit dieser Rede von einer „Grundlehre des interreligiösen Dialogs“ und einer „Formel von Kairo“, die er in drei Stichworten zusammenfasst: „Identitätspflicht, Alteritätsmut, Authentizitätsweg“.[99] Betont man nur die eine Seite, die Verwurzelung und die Pflege der eigenen Identität, wird der Grundgedanke von Franziskus verfehlt. Es geht vielmehr um Identität, die offen für Alterität ist:

> „Für die Zukunft ist es wichtig, offene Identitäten zu bilden, die in der Lage sind, die Versuchung zu überwinden, sich auf sich selbst zurückzuziehen und zu erstarren.“[100]

Diese Haltung bezeichnete Stephen B. Roberts als „verwurzelte Offenheit“.[101] Der Papst erläuterte sie in seiner Ansprache am 4. Februar 2019 aus Anlass der Unterzeichnung der Abu-Dhabi-Erklärung:

> „Wenn wir an die Existenz der Menschheitsfamilie glauben, folgt daraus, dass sie als solche bewahrt werden muss. Wie in jeder Familie geschieht dies vor allem durch einen täglichen und wirklichen Dialog. Dies setzt die eigene Identität voraus, die man nicht aufgeben muss, um dem anderen zu gefallen. Aber gleichzeitig erfordert es den *Mut zur Andersheit*, was die volle Anerkennung des anderen und seiner Freiheit miteinschließt, und das daraus folgende Bemühen, mich so einzusetzen, dass seine Grundrechte immer und überall und von allen anerkannt werden." (S. 187, Nr. 33)

Die Position des Papstes steht in Spannung zu Positionen, die das Fluide, Transitorische, Komplexe von Identität betonen, etwa im Zusammenhang mit dem Phänomen mehrfacher religiöser Zugehörigkeit[102] oder der grundsätzlichen Potentialität des menschlichen Lebens.[103] Peter Berger spricht davon, dass interreligiöser Dialog auch eine „Begegnung von Unsicherheiten"[104] sein kann, ein Austausch von religiösen und spirituellen Fragen, Zweifeln und Suchbewegungen. Interreligiöser Dialog könnte in seiner Sicht auch „eine gemeinsame Suche nach Wahrheit durch Menschen, die nicht sicher in einer Tradition gegründet sind"[105], sein.

Ablehnung von Proselytismus

Interreligiöser Dialog ist mit Proselytismus, mit Bekehrungsversuchen und sanftem Missions-Druck nicht vereinbar. Interreligiöse Freundschaft basiert darauf, die religiöse Identität des anderen zu respektieren und wertzuschätzen – darauf hat Papst Franziskus bezogen auf seine Freundschaft u. a. mit Rabbiner Abraham Skorka hingewiesen.[106] Bei verschiedenen Gelegenheiten erteilte Franziskus dem Proselytismus eine klare Absage und bezog sich dabei wiederholt auf seinen Vorgänger: Die Kirche wachse nicht durch Proselytismus, vielmehr „durch das Zeugnis, durch die Verkündigung"[107].

Am Beginn des Gesprächs zwischen Franziskus und dem Gründer der Tageszeitung *La Republicca* Eugenio Scalfari, der sich als Nichtglaubender beschreibt, scherzten beide darüber, wer wen konvertieren wolle, und der Papst stellte fest:

> „Proselytismus ist feierlicher Unsinn, er macht keinen Sinn. Wir müssen einander kennen lernen, einander zuhören und unser Wissen über die Welt um uns herum verbessern. (…). Das ist wichtig: Menschen kennen lernen, zuhören, den Kreis der Ideen erweitern.

> Die Welt ist durchzogen von Straßen, die sich einander annähern und voneinander entfernen, aber das Wichtigste ist, dass sie zum Guten führen."[108]

In seiner Ansprache bei der Begegnung mit den asiatischen Bischöfen in Südkorea am 17. August 2014 sprach Papst Franziskus ausführlich über den interreligiösen Dialog, das Hören auf die anderen, das Lernen von ihnen – und nahm darin den Einwand vorweg, dass dieser neue, dialogische Weg zu keinen Konversionen führe. Er beantwortete ihn klar: Nein zum Proselytismus, Nein zum Versuch, den anderen auf meine Seite zu ziehen (vgl. S. 110ff, Nr. 10).

> „Wir werden durch die Weisheit der anderen bereichert und öffnen uns, um gemeinsam den Weg zu größerem Verständnis, mehr Freundschaft und Solidarität zu gehen. (…) Hör in deiner Identität dem anderen zu. Welches war das erste Gebot, das Gott Vater unserem Vater Abraham gegeben hat? ‚Geh deinen Weg in meiner Gegenwart und sei rechtschaffen' (vgl. *Gen* 17,1). Und so – in meiner Identität und mit meiner Einfühlung, Offenheit – gehe ich mit dem anderen. (…) Und da wird Begegnung stattfinden, wird der Dialog stattfinden – in der Identität, in der Offenheit. Es ist ein Weg zu größerem Verständnis, mehr Freundschaft und Solidarität." (S. 113, Nr. 10)[109]

Bei seiner ersten Zusammenkunft mit dem Päpstlichen Rat für den Interreligiösen Dialog am 28. November 2013 erläuterte Papst Franziskus: Wenn man in den eigenen tiefsten Überzeugungen fest verankert sei, dann ermögliche das, offen für die anderen zu sein, gegenseitig bereichert zu werden, in der Geschwisterlichkeit zu wachsen.

> „Aus diesem Grund schließen sich interreligiöser Dialog und Evangelisierung auch nicht aus, sondern befruchten sich gegenseitig. Wir zwingen niemandem etwas auf, wir setzen keine hinterlistigen Strategien ein, um Gläubige anzulocken, sondern wir bezeugen mit Freude und Einfachheit das, woran wir glauben und was wir sind. Denn eine Begegnung, bei der jeder das, woran er glaubt, beiseite schieben und so tun würde, als würde er auf das, was ihm das Teuerste ist, verzichten, wäre sicherlich keine authentische Beziehung. In jenem Fall könnte man von einer fingierten Geschwisterlichkeit sprechen."[110]

Interreligiöser Dialog als Bedingung und Mittel für den Frieden

Papst Franziskus hat die Bedeutung des interreligiösen Dialogs für den Frieden mit klaren Worten in *Evangelii gaudium* unterstrichen:

> „Dieser interreligiöse Dialog ist eine notwendige Bedingung für den Frieden in der Welt und darum eine Pflicht für die Christen wie auch für die anderen Religionsgemeinschaften." (EG 250, S. 64f)

Mit dieser Einsicht setzt er eine Linie fort, die im katholischen Lehramt mit Papst Paul VI. einsetzte, vor allem mit dessen Dialog-Enzyklika *Ecclesiam Suam* vom 6. August 1964, in der er auf den engen Zusammenhang zwischen Dialog und Frieden hinwies.

In seiner Ansprache beim internationalen Friedenstreffen, das die Gemeinschaft Sant' Egidio 2013 in Rom organisierte, sprach Papst Franziskus über die Kraft des Dialogs für den Frieden:

> „Der Frieden bedarf eines ausdauernden, geduldigen, starken, intelligenten Dialogs, der sich nie geschlagen gibt. Der Dialog kann den Krieg besiegen. Der Dialog ermöglicht es, dass Menschen zusammenleben, die unterschiedlichen Generationen angehören, die sich oft gegenseitig ignorieren; er ermöglicht das Zusammenleben von Bürgern unterschiedlicher ethnischer Herkunft und Überzeugung. Der Dialog ist der Weg des Friedens. Deshalb fördert der Dialog das Verstehen, die Harmonie, die Eintracht, den Frieden. Deshalb ist es lebensnotwendig, dass er zunimmt, dass er sich unter Menschen jeder Lage und Überzeugung wie ein Netz des Friedens ausbreitet, das die Welt und vor allem die Schwächsten beschützt."[111]

Bei der interreligiösen Begegnung in der Heydar-Aliyev-Moschee in Baku am 2. Oktober 2016 beschrieb Franziskus den Zweck des Dialogs: Er ist das Mittel,

> „um Liebe aufkommen zu lassen, wo Hass herrscht, und Vergebung, wo Verletzung schmerzt, damit wir nicht müde werden, Wege des Friedens zu erflehen und zu gehen." (S. 157, Nr. 24)

Interreligiöse Aktion zugunsten des friedlichen Zusammenlebens erhielt in den letzten Jahrzehnten eine größere Aufmerksamkeit seitens der Forschung und Entwicklungszusammenarbeit. Ein Beispiel sind die praxisorientierten Programme, die von der Organisation „Catholic Relief Services" (CRS) seit über zwei Jahrzehnten in verschiedenen Ländern (Bosnien, Kenia, Nigeria, Niger, Ägypten, Philippinen, Mindanao, Zentralafrikanische Republik) durchgeführt wurden. So wurde u. a. 2014 bis 2017 das Programm „Capacity Strengthening for Inter-Religious Action" (CIRCA) in Ost- und Westafrika sowie in Ägypten durchgeführt, mit dem die Kapazitäten muslimischer und christlicher Organisationen gestärkt wurden, gemeinsam zu friedlicher Koexistenz und Kooperation beizutragen.[112]

4. Die Bedeutung von Gesten und Zeichenhandlungen bei Papst Franziskus

Roberto Catalano[113] hat über Franziskus festgestellt:

> „In seiner Persönlichkeit ist das Tun viel wichtiger als das Sprechen. Eine Handlung oder eine Geste kann Inhalte und Bedeutungen viel besser vermitteln als ein Satz, der eine Denkweise oder eine intellektuelle Perspektive zum Ausdruck bringt, die nur von wenigen Menschen verstanden werden kann. (…) Mit anderen Worten: Für Bergoglio sind Handeln und Denken immer eng miteinander verbunden, aber das Zweite muss im Ersten verwurzelt sein und geht ihm im Allgemeinen nicht voraus."[114]

Seine Überzeugungen bringt er immer wieder mit Gesten zum Ausdruck: dass die Kirche hinausgehen, an die Peripherien gehen muss, zu den Armen, Ausgegrenzten und am meisten Unerwünschten.[115] Dass alle Menschen Geschwister sind und die gleiche Würde und die gleichen Rechte besitzen. Dass die grundlegende Transformation von Gesellschaft und Wirtschaft von den Bewegungen der Armen, Landlosen, Ausgegrenzten „von unten" ausgehen wird.

Am Gründonnerstag, 28. März 2013, zwei Wochen nach seiner Wahl, führte er die Fußwaschung in der Jugendstrafanstalt Casal del Marmo in Rom durch, bei der er jungen Gefangenen – unter ihnen Frauen und Muslime – die Füße wusch. Dass auch Frauen für die Fußwaschung eingeladen wurden, war damals eine Neuerung, die Franziskus im Jänner 2016 per Dekret offiziell festlegte. Der Papst setzte damit eine Praxis fort, die er in Buenos Aires gepflegt hatte.[116]

„Gesten sagen mehr als Bilder und Worte", sagte der Papst am Beginn seiner Predigt bei der Freiluftmesse am Gründonnerstag 2016 im Flüchtlingszentrum Castelnuovo di Porto in Rom (S. 153, Nr. 23), die er mit fast

900 Migranten und Migrantinnen und Flüchtlingen unterschiedlicher religiöser Zugehörigkeit feierte, bevor er einer Gruppe aus Muslimen, Orthodoxen, Hindus die Füße wusch und küsste. Er setzte diese Geste einer anderen Geste – einer „Geste des Krieges, der Zerstörung“ – entgegen, nämlich dem Terroranschlag in Brüssel drei Tage vorher:

> „Heute, in diesem Augenblick, wenn ich dieselbe Geste vollziehen werde wie Jesus und euch zwölf die Füße waschen werde, dann vollziehen wir alle diese Geste der Geschwisterlichkeit. Und wir alle sagen: ‚Wir sind verschieden, wir sind unterschiedlich, wir haben unterschiedliche Kulturen und Religionen, aber wir sind Geschwister und wollen in Frieden leben.“[117]

Am Ende der Feier nahm er sich die Zeit, jedem Flüchtling die Hand zu geben. [118] Inmitten einer krisenhaften Situation nach den Terroranschlägen des IS (Islamischer Staat) in Brüssel, durch die islam- und migrantenfeindliche Stimmungen Aufwind erhielten, setzte Franziskus eine deutliche Geste des Brückenbauens hin zu Menschen muslimischer Zugehörigkeit, die aus ihrem Land geflüchtet waren.

Für Franziskus ist der Händedruck die „menschlichste Brücke“:

> „Welche Brücke ist grundlegend? Welche Verbindung kann ein Mensch mit einem anderen Menschen eingehen? Die menschlichste Brücke? Einander die Hand reichen. Wenn ich jemandem die Hand drücke, baue ich eine Brücke.“[119]

Angesichts der Migrationskrise in Europa war es Franziskus wichtig, Zeichen der Solidarität mit Flüchtlingen und Migranten zu setzen. Seine erste Reise als Papst außerhalb Roms unternahm er am 8. Juli 2013 auf die Insel Lampedusa, um dort Migranten zu treffen. Bei der Überfahrt zur Insel warf er einen Blumenkranz ins Meer zum Gedenken an die ertrunkenen Migranten. Seither hat er darauf Wert gelegt, dass der Besuch von Flüchtlingslagern in das Programm seiner Reisen aufgenommen wird. Am 17. Februar 2016 besuchte er in Ciudad Juarèz im Norden Mexikos, an der streng bewachten US-Grenze, eine Gedenkstätte für Migranten, die beim Grenzübertritt gestorben waren, betete für die Migranten und gab Blumen auf das „Kreuz der Migranten“[120]. Im April 2016 nahm er zwölf muslimische Flüchtlinge aus Syrien vom Lager Moria auf Lesbos beim Rückflug nach Rom mit.[121] Im Dezember 2019 brachte der Leiter der päpstlichen Almosenverwaltung, Kardinal Konrad Krajewski, im Auftrag des Papstes 33 Flüchtlinge aus dem überfüllten Lager auf Lesbos nach Rom, unter ihnen Familien aus Kamerun,

Afghanistan und Togo, die vom Vatikan und der Gemeinschaft Sant' Egidio aufgenommen wurden.[122]

Franziskus setzt auch im Bereich der interreligiösen und interkulturellen Beziehungen immer wieder eindringliche Zeichen und performative Handlungen der Verständigung, Wertschätzung und Anerkennung. Beispiele dafür gibt es viele:

- Bei der Begegnung mit gesellschaftlichen und politischen Repräsentanten und Repräsentantinnen im Theater von Rio de Janeiro am 27. Juli 2013 traf der Papst auch eine Gruppe von Indios. Einer von ihnen schenkte ihm spontan seinen Kopfschmuck aus Federn, den der Papst aufsetzte.
- Auf seine Reise ins Heilige Land 2014 nahm der Papst seine argentinischen Freunde Abraham Skorka und Omar Abboud als Teil der offiziellen Delegation mit und umarmte sie vor der Klagemauer (siehe S. 98ff).
- Bei seinem Besuch des muslimischen Viertels in Bangui (Zentralafrikanische Republik) im November 2015, das zu dieser Zeit von christlichen Milizen belagert war, betete er in der Moschee, nahm den jungen Imam in das Papamobil und drehte mit ihm eine Runde (siehe dazu S. 145ff, Nr. 21).
- Für seine erste Ansprache bei seinem Besuch in Peru im Jänner 2018 wählte er die kleine Stadt Puerto Maldonado im amazonischen Regenwald, Brennpunkt sozialer und ökologischer Konflikte, wo er tausende Vertreter und Vertreterinnen der indigenen Völker traf. Bei der Begegnung schenkte ihm ein Mann im Rollstuhl einen Federkranz und zwei rote Schärpen, die er bei der weiteren Veranstaltung trug (siehe dazu S. 178ff, Nr. 31).

Für den interreligiösen Dialog bedeutsam waren Gelegenheiten, bei denen der Papst bei interreligiösen Begegnungen in Sarajevo (6. Juni 2015, S. 127ff, Nr. 15) und in Ur im Irak (6. März 2021, S. 215ff, Nr. 40) am Schluss zum gemeinsamen Gebet einlud. Es wurde dann ein Gebet vorgetragen – in Sarajevo vom Papst selbst, in Ur von einem christlichen Mönch, während die Anwesenden stehend in Stille verharrten.[123] Bei seinem Besuch der Sultan-Ahmet-Moschee („Blaue Moschee") in Istanbul am 29. November 2014 schlug er dem Großmufti von Istanbul Rahmi Yaran vor, gemeinsam in Stille zu beten. Am Schluss der Enzyklika *Laudato si'* schlug er ein „Gebet für unsere Erde" vor, „das wir mit allen teilen können, die an einen Gott glauben" (LS 246).

Sorgfältig geplante und medienwirksam eingesetzte Gesten – wie die Teilnahme eines jüdischen und muslimischen Freundes an der Reise ins Heilige Land – müssen unterschieden werden von Gesten, die er spontan, aus einer inneren Bewegtheit setzt. Bei einer Pressekonferenz im Jänner 2019 ging Franziskus darauf ein: Die Sendung Petri bestehe darin, „im Glauben zu stärken, und das nicht mit kalten Hinweisen oder Vorschriften, sondern indem ich mein Herz berühren lasse und auf das reagiere, was dort geschieht."

> „Ich sage immer zu den jungen Menschen: Was du im Leben tun musst, das musst du im Vorangehen und mit drei Sprachen tun: die Sprache des Kopfes, des Herzens und der Hände."[124]

5. Eine neue Phase des muslimisch-katholischen Dialogs

Das Pontifikat von Benedikt XVI. war durch Spannungen und Rückschritte in den interreligiösen Beziehungen geprägt, u. a. im Zusammenhang mit der Neuformulierung der Karfreitagsfürbitte „Für die Juden" im alten lateinischen Ritus 2008 oder der Regensburg-Rede am 12. September 2006. Der Papst zitierte den byzantinischen Kaiser Manuel II. Palaiologos, Mohammed habe nur Schlechtes und Inhumanes gebracht,[125] was Massenproteste in vielen muslimischen Ländern auslöste.

Aufschlussreich ist, wie Erzbischof Bergoglio damals auf diesen Vorfall reagierte. Laut seinem Biografen Paul Valley kommentierte er den „Supergau" in den Beziehungen zum Islam mit deutlichen Worten über seinen Sprecher P. Guillermo Marcó gegenüber der Zeitschrift „Newsweek Argentina":

> „Diese Stellungnahmen werden dafür dienen, innerhalb von 20 Sekunden die sorgfältige Konstruktion einer Beziehung zum Islam zu zerstören, die Papst Johannes Paul II. über die letzten 20 Jahre aufgebaut hat."[126]

Der Vatikan verlangte, dass er Marcó kündigte. Dieser trat zurück und gab an, er habe die Bemerkungen als Präsident des Instituts für interreligiösen Dialog gemacht. Als Reaktion auf die Krise organisierte Bergoglio ein interreligiöses Treffen mit den Muslimen in Buenos Aires.[127]

Nach einem Selbstmordattentat auf eine koptische Kirche in Alexandrien in der Silvesternacht 2010 rief Papst Benedikt XVI. im Jänner 2011 zu einem größeren Schutz der Kirchen auf und kritisierte die mangelnde Religionsfreiheit in muslimischen Ländern und die Angriffe auf Christen u. a. im Irak, in Ägypten und Nigeria. Die al-Azhar fror die Beziehungen zum Vatikan im Jänner 2011 ein.

Mit dem Amtsantritt von Franziskus, dessen interreligiöses Engagement als Kardinal in Buenos Aires bekannt war, verbanden viele muslimische Führungspersönlichkeiten die Hoffnung auf eine Verbesserung der Beziehungen.[128] Tatsächlich nutzte er von Beginn an jede Gelegenheit, um die Beziehungen zur islamischen Welt wieder ins Lot zu bringen.

In seinen ersten Ansprachen, u. a. an die Vertreter des Diplomatischen Korps am Heiligen Stuhl am 22. März 2013, unterstrich er die Bedeutung des Dialogs mit dem Islam:

> „Man kann keine wahre Verbindung zu Gott haben, wenn man die anderen ignoriert. Darum ist es wichtig, den Dialog zwischen den verschiedenen Religionen zu verstärken – ich denke besonders an den mit dem Islam –, und ich habe die Anwesenheit vieler ziviler und religiöser Autoritäten der islamischen Welt bei der Messe zu meiner Amtseinführung sehr geschätzt." (S. 90, Nr. 2)

Am 10. Juli 2013 unterzeichnete er die Botschaft an die Muslime weltweit zum Fest *Id al-Fitr* persönlich, während die Glückwünsche zu diesem Anlass sonst vom Päpstlichen Rat für den Interreligiösen Dialog gesendet werden.

Sein Pontifikat fiel in die Phase der weiteren Ausbreitung und Diversifizierung dschihadistischer Bewegungen, vor allem des „Islamischen Staats" (IS). Bei zahlreichen Gelegenheiten bestand Papst Franziskus darauf, dass die Religionsgemeinschaften gemeinsam gegen die Instrumentalisierung von Religion und gegen Gewalt im Namen Gottes auftreten. In seiner Ansprache in der Moschee in Baku rief er auf: „Niemals mehr Gewalt im Namen Gottes! Sein heiliger Name werde angebetet, nicht geschändet und verschachert von Hass und menschlichen Gegensätzen." (S. 157, Nr. 24)

Vor diesem Hintergrund behandelte er in EG die Beziehungen zum Islam:

> „In dieser Zeit gewinnt die Beziehung zu den Angehörigen des Islam große Bedeutung, die heute in vielen Ländern christlicher Tradition besonders gegenwärtig sind und dort ihren Kult frei ausüben und in die Gesellschaft integriert leben können." (EG 252, S. 65)

Die Christen müssten die muslimischen Einwanderer „mit Zuneigung und Achtung" aufnehmen, „so wie wir hoffen und bitten, in den Ländern islamischer Tradition aufgenommen und geachtet zu werden." Danach richtete sich der Papst direkt an die muslimischen Staaten:

> „Bitte! Ich ersuche diese Länder demütig darum, in Anbetracht der Freiheit, welche die Angehörigen des Islam in den westlichen Ländern

genießen, den Christen Freiheit zu gewährleisten, damit sie ihren Gottesdienst feiern und ihren Glauben leben können." (EG 253, S. 66)

Einmal mehr drängte Franziskus darauf, zwischen dschihadistischen Gruppen und dem „wahren Islam" zu differenzieren:

> „Angesichts der Zwischenfälle eines gewalttätigen Fundamentalismus muss die Zuneigung zu den authentischen Anhängern des Islam uns dazu führen, gehässige Verallgemeinerungen zu vermeiden, denn der wahre Islam und eine angemessene Interpretation des Korans stehen jeder Gewalt entgegen." (EG 253, S. 66)

Immer wieder wandte sich der Papst gegen stereotype Verunglimpfungen von Völkern und Religionen: „Kein Volk, keine Religion ist terroristisch."[129]

Franziskus wiederholte diese Aussage in seiner Botschaft an das Treffen der Volksbewegungen in Modesto (Kalifornien) im Februar 2017. Er lenkte, wie schon in EG, die Aufmerksamkeit auf die sozialen Ursachen von terroristischen Bewegungen:[130]

> „Kein Volk ist kriminell, und keine Religion ist terroristisch. Es gibt keinen christlichen Terrorismus, es gibt keinen jüdischen Terrorismus, und es gibt keinen islamischen Terrorismus. Es gibt ihn nicht. Kein Volk ist kriminell oder besteht aus Drogenhändlern oder ist gewalttätig. ‚Die Armen und die ärmsten Bevölkerungen werden der Gewalt beschuldigt, aber ohne Chancengleichheit finden die verschiedenen Formen von Aggression und Krieg einen fruchtbaren Boden, der früher oder später die Explosion verursacht' (EG 59). Fundamentalisten und gewalttätige Menschen gibt es in allen Völkern und Religionen. Außerdem werden sie gestärkt durch intolerante Verallgemeinerungen, nähren sich aus Hass und Fremdenfeindlichkeit. Indem wir uns für den Frieden einsetzen, begegnen wir dem Terror mit der Liebe."[131]

In einem Interview 2014 lehnte er es ab, trotz der damaligen Gräuel des „IS" den Fundamentalismus nur mit dem Islam in Verbindung zu bringen:

> „Manchmal geraten wir in der Religion in sehr ernste, sehr gravierende Widersprüche. Der Fundamentalismus zum Beispiel. In den drei Religionen haben wir unsere fundamentalistischen Gruppen, die im Vergleich zum Rest klein sind. (…) Eine fundamentalistische Gruppe ist – auch wenn sie niemanden tötet, auch wenn sie niemanden schlägt – gewalttätig. Die mentale Struktur des Fundamentalismus ist Gewalt im Namen Gottes."[132]

Der Papst betonte immer wieder, dass es fundamentalistische Gruppen in allen Religionen gibt:

> „Es stimmt, dass es weiter Schwierigkeiten geben wird, es wird viele Schwierigkeiten geben, weil es intransigente Gruppen gibt. Auch das möchte ich noch einmal klar betonen: In jeder Religion gibt es immer eine fundamentalistische Gruppe, die nicht voranschreiten will und von bitteren Erinnerungen an vergangene Schlachten lebt und eher Krieg sucht und Angst sät. Wir haben gesehen, dass es schöner ist, Hoffnung zu säen – Hoffnung zu säen und Hand in Hand zu gehen, immer weiter."[133]

In seiner Bulle zum „Jahr der Barmherzigkeit" betonte er, dass Barmherzigkeit die Christen mit Juden und Muslimen verbindet:

> „Die Barmherzigkeit ist auch über die Grenzen der Kirche hinaus bedeutsam. Sie verbindet uns mit dem Judentum und dem Islam, für die sie eine der wichtigsten Eigenschaften Gottes darstellt. (…) Der Islam seinerseits zählt zu den Namen für den Schöpfer auch den Namen Allerbarmer und Allbarmherziger. Diese Anrufung ist oft auf den Lippen der gläubigen Muslime, die sich in der täglichen Schwachheit von der Barmherzigkeit begleitet und getragen wissen. Auch sie glauben, dass niemand der göttlichen Barmherzigkeit Grenzen setzen kann, denn ihre Tore stehen immer offen."[134]

Die Aussagen und Aktivitäten von Papst Franziskus im Zusammenhang mit dem Islam schufen ein Klima des Vertrauens zu den muslimischen Institutionen. Nach mehreren schriftlichen Kontakten, die bereits nach seiner Wahl eingesetzt hatten, fand am 23. Mai 2016 die erste Begegnung zwischen dem Papst und dem Großimam der al-Azhar, Aḥmad al-Ṭayyib, im Vatikan statt.

Im Zusammenhang mit der barbarischen Ermordung des 86-jährigen P. Jacques Hamel während der Messfeier am 26. Juli 2016 durch zwei junge Muslime, die sich zum IS bekannten, fragte ein französischer Journalist den Papst fünf Tage später, warum er immer nur von Terroristen, aber nicht von islamischen Terroristen spreche. Darauf antwortete Papst Franziskus, es sei nicht richtig, von „islamischer Gewalt" zu sprechen – sonst müsse man auch bei Morden durch getaufte Katholiken in Italien von „katholischer Gewalt" sprechen. Er glaube,

> „dass es nicht richtig ist, den Islam mit Gewalt gleichzusetzen. Das ist nicht richtig, und es ist nicht wahr! Ich hatte ein langes Gespräch mit dem Großimam der al-Azhar-Universität, und ich weiß, was sie denken: Sie suchen den Frieden, die Begegnung."[135]

In seiner Ansprache vor dem Diplomatischen Korps am Heiligen Stuhl beim traditionellen Neujahrsempfang im Jänner 2017 verdeutlichte er die Notwendigkeit, dass sich die Religionen gemeinsam gegen religiöse Gewalt und Terrorismus einsetzen:

> „Es handelt sich um einen mörderischen Wahnsinn, der den Namen Gottes missbraucht, um Tod zu verbreiten, und versucht, einen Macht- und Herrschaftswillen durchzusetzen. Daher appelliere ich an alle religiösen Autoritäten, dass sie gemeinsam entschieden bekräftigen, dass man nie im Namen Gottes töten darf. Der fundamentalistische Terrorismus ist Frucht einer großen geistigen Erbärmlichkeit, mit der häufig auch eine beträchtliche soziale Armut eng verbunden ist. Er wird nur durch den gemeinsamen Beitrag der religiösen und politischen Führer vollständig überwunden werden können. Ersteren obliegt die Pflicht, jene religiösen Werte zu vermitteln, die keinen Gegensatz zwischen Gottesfurcht und Nächstenliebe zulassen. Aufgabe der zweiten ist es, im öffentlichen Raum das Recht der Religionsfreiheit zu garantieren und den positiven und konstruktiven Beitrag anzuerkennen, den sie am Aufbau der Zivilgesellschaft leistet."

Der Papst wies auf die Pflicht der Regierungen hin, mit einer entsprechenden Sozial- und Bildungspolitik und Armutsbekämpfung soziale Bedingungen zu verhindern, „die zum fruchtbaren Boden für die Ausbreitung von Fundamentalismus" und Radikalisierungen werden.

Die wichtigste Initiative im Bereich der katholisch-muslimischen Beziehungen ist das „Dokument über die menschliche Geschwisterlichkeit für den Weltfrieden und das Zusammenleben" (Abu-Dhabi-Erklärung), die Papst Franziskus zusammen mit dem Großimam der al-Azhar-Universität entwickelte und am 4. Februar 2019 in Abu Dhabi unterzeichnete (vgl. S. 190ff, Nr. 34).

6. Eine starke positive Dynamik im jüdisch-katholischen Dialog

Nicht nur für die Beziehungen zum Islam, sondern auch für die Beziehungen zum Judentum brachte Franziskus einen positiven Aufwind.[136] Franziskus trägt zu einer neuen Theologie des jüdisch-christlichen Verhältnisses bei, die einer der führenden katholischen Experten für den jüdisch-christlichen Dialog, Philip A. Cunningham, als „Theologie des Schalom" bezeichnet hat – Schalom verstanden als

> „ein Prozess des Lebens in einer gesunden Beziehung mit anderen, idealerweise in dem die Partner und Teilnehmer einander vertrauen, integer handeln und sich für das Gemeinwohl einsetzen, anstatt sich gegenseitig zu bedrohen."[137]

Schalom ist ein sehr passender Begriff für die Bemühungen der katholischen Kirche, die mit dem Zweiten Vatikanischen Konzil begannen, eine Theologie der „rechten Beziehung" zum jüdischen Volk und der „Ganzheit" im Sinne des katholischen Selbstverständnisses zu entwickeln.[138]

Als Papst setzte Franziskus seine langjährigen Kontakte mit jüdischen Organisationen während seiner Zeit in Buenos Aires fort. Seine jahrzehntelange Freundschaft mit jüdischen Persönlichkeiten aus Argentinien erhielt nun ein neues Gewicht. Franziskus lebt nun diese Freundschaften, vor allem mit Rabbiner Abraham Skorka, vor den Augen der Weltöffentlichkeit – als Modell für die neue Beziehung von Juden und Christen nach der Wende von *Nostra aetate*, die er als „unseren Weg der Freundschaft und des geschwisterlichen Vertrauens" bezeichnet.[139]

An der Amtseinführung im März 2013 nahmen zahlreiche jüdische Persönlichkeiten aus Argentinien, den USA und Israel teil sowie Vertreter der jüdischen Gemeinde in Rom. Zwei Tage nach seiner Wahl hatte Franziskus den Oberrabbiner der jüdischen Gemeinde Roms Riccardo Di Segni persönlich zur Feier anlässlich seiner Amtseinführung eingeladen.

In der Ansprache beim Treffen mit einer Delegation der römischen jüdischen Gemeinde im Vatikan am 11. Oktober 2013 unterstrich Papst Franziskus seinen Willen und Wunsch, die freundschaftlichen Beziehungen zu den jüdischen Gemeinden, die er in Buenos Aires pflegte, auch in Rom fortzusetzen:

> „Ich hoffe, dass ich in meiner Eigenschaft als Bischof hier in Rom zu dieser Nähe und Freundschaft beitragen kann, gerade so, wie ich die Gnade erlebt habe – denn um Gnade hat es sich gehandelt –, dies mit der jüdischen Gemeinde von Buenos Aires tun zu dürfen." (S. 95, Nr. 4)

In der gleichen Ansprache betonte Franziskus:

> „Ich habe es bei anderer Gelegenheit gesagt, und ich möchte es auch jetzt wiederholen: Es ist ein Widerspruch, dass ein Christ Antisemit ist. Seine Wurzeln sind auch ein wenig jüdisch. Ein Christ kann kein Anti-

semit sein! Der Antisemitismus muss aus dem Herzen und aus dem Leben eines jeden Mannes und einer jeden Frau verbannt werden!" (S. 95, Nr. 4)

Im gleichen Jahr sagte er in einem Interview:

„Vielleicht wäre es korrekter zu sagen, dass man sein Christentum nicht leben kann, dass sie kein wahrer Christ sein können, wenn sie nicht ihre jüdische Wurzel anerkennen. Ich spreche nicht vom Juden im semitischen Sinn der Rasse, sondern im religiösen Sinn. Ich denke, dass der interreligiöse Dialog diesen Punkt vertiefen sollte, die jüdische Wurzel des Christentums und die christliche Blüte des Judentums. Ich verstehe, dass dies eine Herausforderung ist, ein heißes Eisen, aber als Brüder kann man dies tun. Ich bete jeden Tag das Stundengebet mit den Psalmen Davids. Die 150 Psalmen beten wir in einer Woche. Mein Gebet ist jüdisch, und dann habe ich die Eucharistie, die christlich ist."[140]

Ein wichtiger Schritt für den jüdisch-katholischen Dialog im Pontifikat von Franziskus waren die Aussagen zum Judentum im lehramtlichen Schreiben *Evangelii gaudium* (EG 247–249). In Nr. 249 formulierte der Papst bedeutende theologische Beobachtungen:

„Gott wirkt weiterhin im Volk des Alten Bundes und lässt einen Weisheitsschatz entstehen, der aus der Begegnung mit dem göttlichen Wort entspringt. Darum ist es auch für die Kirche eine Bereicherung, wenn sie die Werte des Judentums aufnimmt."

Es bestehe

„eine reiche Komplementarität, die uns erlaubt, die Texte der hebräischen Bibel gemeinsam zu lesen und uns gegenseitig zu helfen, die Reichtümer des Wortes Gottes zu ergründen". (S. 64)

Bedeutend für die jüdisch-katholischen Beziehungen waren auch sein Besuch im Heiligen Land im Mai 2014 und der Großen Synagoge in Rom im Jänner 2016. Einen weiterführenden Schritt während des Pontifikats bildete die Öffnung der vatikanischen Archive, um die wissenschaftliche Analyse der Rolle von Papst Pius XII. während des Zweiten Weltkriegs und der Shoah zu fördern.[141] Papst Franziskus hatte die Öffnung, die seit Jahren gefordert worden war, am 4. März 2019 angekündigt, die ab 2. März 2020 erfolgte.[142]

Im Dezember 2015 veröffentlichte die vatikanische Kommission für die religiösen Beziehungen zum Judentum das wichtige Dokument „Denn unwiderruflich sind Gnade und Berufung, die Gott gewährt" aus Anlass des 50.

Jahrestags der Konzilserklärung *Nostra aetate* (Nr. 4), mit dem die radikale Transformation der Beziehung der katholischen Kirche zum Judentum verankert wurde.[143] Darin erteilte die vatikanische Kommission der Judenmission eine klare Absage:

> „Die Kirche ist daher verpflichtet, den Evangelisierungsauftrag gegenüber Juden, die an den einen und einzigen Gott glauben, in einer anderen Weise als gegenüber Menschen mit anderen Religionen und weltanschaulichen Überzeugungen zu sehen. Dies bedeutet konkret, dass die Katholische Kirche keine spezifische institutionelle Missionsarbeit, die auf Juden gerichtet ist, kennt und unterstützt." (NA 40)

Dieser Verzicht auf eine „Mission" zur Bekehrung der Juden ist einer der wichtigsten Schritte seit *Nostra aetate.* Dieser Festlegung der katholischen Kirche, um die lange gerungen wurde, entspricht die Aussage von Papst Franziskus über seine langjährige Freundschaft mit Rabbiner Abraham Skorka: „Keiner von uns hat versucht, den anderen zu bekehren."[144]

Im Zusammenhang mit dem 50-jährigen Jubiläum von *Nostra aetate* wurden seitens des orthodoxen Judentums bedeutende Dialogdokumente veröffentlicht, die eine Frucht und ein Ausdruck des seither gewachsenen Vertrauens und der erneuerten Beziehungen sind. Am 3. Dezember 2015 wurde das Dokument „To Do the Will of Our Father in Heaven: Towards a Partnership between Jews and Christians" veröffentlicht, eine Erklärung von orthodoxen Rabbinern, in der es heißt: Da viele Christen

> „den ewigen Bund zwischen G-tt und Israel anerkennen, können wir Juden die fortwährende konstruktive Gültigkeit des Christentums als unseren Partner bei der Erlösung der Welt anerkennen, ohne zu befürchten, dass dies zu missionarischen Zwecken ausgenutzt wird. (…) Keiner von uns kann die Mission G-ttes in dieser Welt allein erfüllen."[145]

Am 31. August 2017 erschien das Dokument „Zwischen Jerusalem und Rom. Gedanken zu 50 Jahren Nostra aetate", eine Erklärung der offiziellen Institutionen des orthodoxen Judentums in Israel, den USA und Europa. Im Text wird bekräftigt:

> „Mit der Zeit zeigte sich, dass die Veränderungen in der Haltung und der Lehre der Kirche nicht nur ernsthaft, sondern auch immer tiefgreifender werden, und dass wir in eine Phase der wachsenden Toleranz, des gegenseitigen Respekts und der Solidarität zwischen den Mitgliedern unserer beiden Glaubensgemeinschaften eintreten."[146]

Die neue dialogische Beziehung, die sich in den letzten 60 Jahren schrittweise entwickelt hat,[147] stellt eine anhaltende Herausforderung dar – und sie wird nicht zuletzt durch Konflikte weitergebracht.

Ein solcher Konflikt ereignete sich aufgrund einer Predigt von Papst Franziskus, die er bei der Generalaudienz am 11. August 2021 zum Galaterbrief hielt. Vor allem seine Aussage „Das Gesetz schenkt nicht das Leben" wurde von jüdischer Seite kritisiert: Damit sei der Eindruck erweckt worden, das jüdische Gesetz sei obsolet geworden. Die Kontroverse wurde von Experten für den jüdisch-christlichen Dialog als „angespannteste Episode zwischen dem Vatikan und dem jüdischen Volk"[148] während des bisherigen Pontifikats von Franziskus bezeichnet (vgl. S. 223ff, Nr. 41).

Ein anderes Konfliktfeld betrifft das Thema der Pharisäer in Predigten von Papst Franziskus, vor allem bei der Morgenmesse in der Casa Santa Marta im Oktober 2015. Die direkte Übernahme von negativen Stereotypen in den Evangelien über diese Bewegung hat vielfach Irritationen hervorgerufen (vgl. S. 135ff, Nr. 18).

7. Brückenbauer zu den indigenen Völkern

Im aktuellen Pontifikat ereigneten sich in der Haltung der katholischen Kirche gegenüber den indigenen Völkern bedeutende Entwicklungen.

In seiner Enzyklika *Laudato si'* (2015) griff der Papst zentrale Kategorien der indigenen Weltsicht wie „Mutter Erde" (*Pachamama*)[149] und der wechselseitigen Verbundenheit von allem (*Pacha*) auf. In seinem Nachsynodalen Schreiben *Querida Amazonia* vom 2. Februar 2020 nahm er Bezug auf das Konzept des *Buen vivir* („gutes Leben") in Gemeinschaft und zusammen mit der Natur aus der andinen Philosophie.[150] Der Papst bringt damit zum Ausdruck, dass es inmitten der Zivilisationskrise überlebenswichtig ist, das einseitige moderne Rationalitätsmodell des Westens zu erweitern, die Kosmovision der primären Traditionen ernst zu nehmen und von anderen Kulturen zu lernen.

In seiner Ansprache beim zweiten Welttreffen der Volksbewegungen in Santa Cruz de la Sierra (Bolivien) am 9. Juli 2015 bat Papst Franziskus die Angehörigen der autochthonen Völker „demütig um Vergebung, nicht nur für die Verletzungen durch die Kirche selbst, sondern für die Verbrechen gegen die Urbevölkerungen während der sogenannten Eroberung Amerikas".[151] Diese Bitte um Vergebung wiederholte der Papst in seinem Schreiben im Gefolge der Amazoniensynode, dem Nachsynodalen Schreiben *Querida Amazonia* vom 2. Februar 2020 (QA 19).

In der Eucharistiefeier mit den indigenen Gemeinschaften von Chiapas (Mexiko) am 15. Februar 2016 würdigte Papst Franziskus ihre Traditionen. Angesichts der Umweltkrise

> „habt ihr uns viel zu lehren, habt ihr die Menschheit viel zu lehren. Eure Völker verstehen, in einer harmonischen Beziehung zur Natur zu leben (…). Wie gut täte es uns allen, Gewissenserforschung zu halten und zu lernen, um Verzeihung zu bitten: ‚Verzeiht, Brüder und Schwestern!' Die durch die Wegwerfkultur entblößte Welt von heute braucht euch!"[152]

Ein bedeutendes Ereignis war die Begegnung des Papstes mit Angehörigen der indigenen Völker Amazoniens am 19. Jänner 2018 in Puerto Maldonado (Peru). Seine Ansprache war geprägt durch die positive Anerkennung und hohe Wertschätzung der autochthonen Völker des Amazonasbeckens (vgl. S. 178ff, Nr. 31).

Diese Haltung des Hörens, Ernstnehmens, Lernens von Repräsentanten der autochthonen Völker wurde bei der sog. Amazonien-Synode umgesetzt, die von 6. bis 27. Oktober 2019 unter dem Titel „Amazonien: Neue Wege für die Kirche und eine ganzheitliche Ökologie" in Rom stattfand.

Ein konkretes Beispiel für die Kultur der Begegnung ist das Treffen des Papstes mit den Delegationen der kanadischen indigenen Traditionen von 28. März bis 1. April 2022 im Vatikan.[153] Es ist ein wesentlicher Teil eines Prozesses der Aufklärung, Heilung und Versöhnung zwischen der katholischen Kirche und den indigenen Gemeinschaften Kanadas im Zusammenhang mit der strukturellen Gewalt in den „Residential Schools". In diesen Internaten, die etwa zur Hälfte von katholischen Organisationen ab Mitte des 19. Jahrhunderts bis 1997 geführt wurden, wurde die kulturelle und spirituelle Identität indigener Kinder im staatlichen Auftrag systematisch ausgemerzt. Dieser Prozess setzte erst dann mit Wucht ein, als 2021 auf dem Gelände mehrerer Schulen hunderte unmarkierte Kindergräber gefunden wurden. Franziskus traf die Delegationen der First Nations, der Métis und der Inuit jeweils in Privataudienz. Bei einem gemeinsamen Treffen am 1. April 2022 entschuldigte er sich offiziell.[154]

Im Juli 2022 erfolgte der Besuch des Papstes in Kanada, wo er den Prozess der Versöhnung fortsetzte und die indigene Bevölkerung erneut um Vergebung bat (S. 241ff, Nr. 46).

8. „Um zur Tiefe des Geheimnisses Gottes zu gelangen, brauchen wir uns gegenseitig" – religionstheologische Akzente von Papst Franziskus

Neben seinen praktischen interreligiösen Initiativen sind die Beiträge von Papst Franziskus zu einer christlichen Theologie der Religionen wichtig.

Unter Bezug auf das Dokument der Internationalen Theologenkommission „Das Christentum und die Religionen" (1996) hält Papst Franziskus in EG fest:

- Die interreligiöse Kooperation für die Bewahrung der Schöpfung, Frieden und soziale Gerechtigkeit „kann zu einem Prozess werden, in dem durch das Hören auf den anderen beide Seiten Reinigung und Bereicherung empfangen." (EG 250, S. 65)
- Auch die Angehörigen anderer Religionen können „durch Gottes Gnade gerechtfertigt" werden, sofern sie ihrem Gewissen folgen und auf diese Weise „mit dem österlichen Geheimnis Christi verbunden werden".
- Das „göttliche Handeln" ruft in den religiösen Traditionen „Zeichen, Riten und sakrale Ausdrucksformen hervor, die ihrerseits andere in eine gemeinschaftliche Erfahrung eines Weges zu Gott einbeziehen".
- Diese Zeichen, Riten und sakralen Ausdrucksformen können „Kanäle sein, die der Geist selber schafft, um die Nichtchristen vom atheistischen Immanentismus oder von rein individuellen religiösen Erfahrungen zu befreien".[155] Gleichzeitig schränkt Franziskus jedoch ein, indem er die Überlegenheit der christlichen Sakramente gegenüber den Ritualen und sakralen Ausdrucksformen der anderen Religionen hervorhebt: „Sie haben nicht die Bedeutung und die Wirksamkeit der von Christus eingesetzten Sakramente."
- Der göttliche Geist erweckt innerhalb der verschiedenen Religionen Formen „praktischer Weisheit", die einen Reichtum darstellen, der sich über Jahrtausende entwickelt habe und von dem auch Christen lernen können: „Auch wir Christen können aus diesem durch die Jahrhunderte hindurch gefestigten Reichtum Nutzen ziehen, der uns hilfreich sein kann, unsere besonderen Überzeugungen besser zu leben." (EG 254, S. 66)

Im Laufe seines Pontifikats hat Papst Franziskus diese theologische Anerkennung der anderen religiösen und spirituellen Traditionen erweitert. Bei der Vesper in St. Paul vor den Mauern am 25. Jänner 2015 sagte er:

> „Wir müssen erkennen, dass wir, um zur Tiefe des Geheimnisses Gottes zu gelangen, uns gegenseitig brauchen; dass wir unter der Führung des Heiligen Geistes, der die Unterschiede miteinander in Einklang bringt und die Konflikte überwindet, der die Verschiedenheiten versöhnt, einander begegnen und uns austauschen müssen."[156]

Franziskus trifft diese Aussage im Zusammenhang mit der christlichen Ökumene. Aus dem gesamten Kontext der Predigt, in der es um die Begegnung Jesu mit der samaritanischen Frau geht, kann sie auch auf die große Ökumene der Religionen bezogen werden. Die Samaritanerin repräsentiert den religiös anderen. Die religiöse Gruppe teilt zwar die Tora als heilige Schrift mit dem Judentum, hat aber sonst keine heiligen Schriften – auch keine Institution des Rabbinertums – und gilt als eigene Religion, nicht einfach als Zweig des Judentums.[157] Aus der Sicht von Kardinal Walter Kasper geht Franziskus mit dieser Aussage über das Konzil hinaus.[158]

Ein wichtiger religionstheologischer Akzent wurde mit der Amazonien-Synode im Oktober 2019 und dem Schreiben *Querida Amazonia* gesetzt. Im letzten Abschnitt ging Papst Franziskus auf das ökumenische und interreligiöse Zusammenleben in einem plurireligiösen Amazonien ein:

> „Wenn einer glaubt, dass der Heilige Geist in denen, die anders sind, wirken kann, dann wird er versuchen, sich von diesem Licht bereichern zu lassen, aber er wird es aus dem Innersten seiner eigenen Überzeugungen und seiner eigenen Identität heraus aufnehmen. Denn je tiefer, solider und reicher eine Identität ist, desto mehr wird sie andere mit ihrem spezifischen Beitrag bereichern." (QA 106)

Indirekt wird damit gesagt, dass der Heilige Geist in den anderen religiösen und spirituellen Traditionen wirken kann und dass sie ein „Licht" enthalten, von dem sich Christen und Christinnen bereichern lassen – ohne Aufgabe ihrer eigenen Identität, sondern aus dem Innersten ihrer Überzeugungen heraus.

Papst Franziskus hat bisher nicht explizit zu den theologischen Fragen Stellung genommen, die im Zentrum der innerkirchlichen Konflikte rund um die Theologie der Religionen stehen, vor allem in Form von Verfahren der Glaubenskongregation zu Veröffentlichungen katholischer Theologen zur pluralistischen Theologie der Religionen. Das bekannteste Verfahren darunter führte zu einer „Notifikation" der Kongregation für die Glaubenslehre (24. Jänner 2001) zum Buch „Toward a Christian Theology of Religious Pluralism" von Jacques Dupuis SJ.[159] Die Stellungnahme der Kongregation behandelte fünf zentrale Themen dieser theologischen Auseinandersetzung, v. a. auf Basis der Erklärung der Glaubenskongregation „Dominus Iesus. Über die Einzigkeit und die Heilsuniversalität Jesu Christi und der Kirche" (6. August 2000).[160] Das Dokument brachte den Absolutheitsanspruch der katholischen Kirche gegenüber den anderen Religionen, der auch implizit in der Erklärung *Nostra aetate* des Zweiten Vatikanischen Konzils und in anderen lehramtlichen Stellungnahmen enthalten ist, auf direkte Weise zum Ausdruck.[161]

Laut Peter C. Phan weiche der vorwiegend soziale und kulturelle Zugang von Papst Franziskus zum interreligiösen Dialog der Frage nach doktrinären Ansprüchen der Kirche aus und lasse diese unverändert. In Verbindung mit überlegener ökonomischer, politischer und militärischer Macht der kolonialistischen Nationen, die mit dem Christentum verbunden sind, hätten jedoch diese christlichen Absolutheits- und Überlegenheitsansprüche Unterdrückung und Gewalt gegen Gläubige anderer Religionen und Nichtgläubige gestiftet.[162]

Die Grenzen eines Zugangs zum interreligiösen Dialog, der auf Freundschaft und Kooperation setzt, aber die doktrinären religionstheologischen Grundlagen unangetastet lässt, wurden im Konflikt rund um die Aussagen von Franziskus bei der Generalaudienz am 11. August 2021 sichtbar: „Das [jüdische] Gesetz schenkt jedoch nicht das Leben (…). Wer das Leben sucht, muss auf die Verheißung und auf ihre Erfüllung in Christus schauen." (S. 227, Nr. 41)

Die Kontroverse ist aufschlussreich für die Spannung zwischen der persönlichen Begegnungspraxis von Franziskus und der offiziellen Lehre der katholischen Kirche, was das Verhältnis zwischen Christentum und anderen Religionen betrifft.

Laut Paul F. Knitter, einem der führenden Vertreter einer pluralistischen Religionstheologie, berühre der Konflikt ein grundsätzliches Problem, das mit Entschuldigungen und guten Absichten nicht aus der Welt geschafft werden könne. Er verdeutliche vielmehr die Notwendigkeit einer fundamentalen Reform:

> „Eine solche Reformation wird auch von einer wachsenden Zahl christlicher Theologen und Kirchenführer gefordert, die eine ‚Theologie der Gegenseitigkeit' anstelle einer ‚Theologie der Überlegenheit' vorschlagen. Dabei handelt es sich um ein pluralistisches Verständnis der religiösen Vielfalt, das sowohl die realen Unterschiede zwischen

allen Religionen als auch deren Grenzen anerkennt. Alle Religionen müssen sich daher ineinander erfüllen, und zwar durch einen gegenseitigen Dialog, in dem keine den Anspruch erhebt, überlegen zu sein oder das letzte Wort zu haben, und in dem alle erkennen, dass sie einander brauchen."[163]

Was ergibt die Analyse des Dialog- und Begegnungsdenkens, der Dialog- und Begegnungspraxis von Jorge Mario Bergoglio/Papst Franziskus, was dieses Spannungsfeld der christlichen Religionstheologie betrifft?

- Er vertritt seit Jahrzehnten eine Philosophie und Praxis einer „Kultur der Begegnung". Sie umfasst vielfältige Dimensionen, u. a. das Zuhören, das Lernen von den anderen, die Bereicherung durch den anderen, die Demut als Voraussetzung für ein echtes Zuhören und eine echte Begegnung.
- Eine Dimension der „Kultur der Begegnung" ist die Wertschätzung von Vielfalt. Das „Dokument über die menschliche Geschwisterlichkeit für den Weltfrieden und das Zusammenleben" (4. Februar 2019) hielt fest, dass Pluralismus und die Vielfalt der Religionen „von Gott in seiner Weisheit gewollt" seien.
- Zeitgenössisches Leben in der Weltgesellschaft ist ein Leben im Kontext der Pluralität der Religionen und Weltanschauungen, religiösen wie nichtreligiösen. Es bedeutet aus der Sicht von Franziskus, in aller Unterschiedlichkeit gemeinsam auf dem Weg zu sein, ohne den anderen zu sich herüberziehen zu wollen:

  > „Und so – in meiner Identität und mit meiner Einfühlung, Offenheit – gehe ich mit dem anderen. Ich versuche nicht, ihn auf meine Seite zu ziehen, ich betreibe keinen Proselytismus." (S. 113, Nr. 10)
  >
  > „Es ist nötig, zu der Einsicht zu verhelfen, dass der einzige Weg darin besteht zu lernen, den Mitmenschen in der rechten Haltung zu begegnen, indem man sie schätzt und als Weggefährten akzeptiert ohne innere Widerstände." (EG 91)

- Die persönliche Praxis dieser „Kultur der Begegnung" kommt vor allem in seinen vielfachen interreligiösen Freundschaften zum Ausdruck, aber auch in den interreligiösen Begegnungen, in der Kooperation mit Gläubigen anderer religiöser Traditionen auf der Seite der Armen und Marginalisierten, in der interreligiösen Solidarität während seiner Zeit in Buenos Aires und als Papst.
- Papst Franziskus ist überzeugt: „Gottes Liebe ist für jeden Menschen gleich, unabhängig von seiner Religion". (FT 281, S. 79)

- Gott handelt in anderen Religionen, und die „Kirche schätzt das Handeln Gottes in anderen Religionen." (FT 277, S. 77)
- Interreligiöser Dialog basiert auf der Haltung, den anderen in seiner Andersheit als „Geschenk Gottes" anzuerkennen:

  > „Dieser Dialog gründet auf der eigenen Identität und auf dem gegenseitigen Vertrauen, das entsteht, wenn ich in der Lage bin, den anderen als Geschenk Gottes zu erkennen, und akzeptiere, dass er mir etwas zu sagen hat."[164]

- Der Papst vertritt nicht eine Haltung des Wahrheitsbesitzes – vielmehr ein Verständnis von Suche nach Wahrheit, Begegnung mit der Wahrheit, „die Gott ist".[165]
- Dem Fremden, Anderen, dem Bruder/der Schwester zuzuhören, sei

  > „eine Art, um dem Geist Gottes Gehör zu schenken, der gewiss auch im anderen am Werk ist und über die Grenzen hinaus spricht, die wir oft versucht sind, die Wahrheit im Zaum zu halten."[166]

- Papst Franziskus unterstreicht: Der Heilige Geist wirkt in den „Anderen", und Christen können sich vom Licht des Geistes in den anderen religiösen Traditionen bereichern lassen, während sie dabei ihre eigene Identität nicht aufgeben, von der „Musik des Evangeliums" durchdrungen sind (vgl. QA 106).

Dieses Verständnis der Religionen und ihrer Beziehungen zueinander enthält meines Erachtens eine implizite Theologie des religiösen Pluralismus, die den traditionellen doktrinären christlichen Absolutheitsanspruch, den Anspruch der alleinigen Gültigkeit und Überlegenheit gegenüber den anderen religiösen Traditionen überwindet.[167]

Es wäre ein wichtiger Schritt vorwärts, wenn die Leitung der katholischen Kirche die religionstheologischen Konsequenzen einer „Kultur der Begegnung" in Form eines lehramtlichen Dokuments ausdrücklich feststellen würde. Auch wenn Franziskus diesen Schritt nicht macht,[168] so könnte sein Konzept der „Kultur der Begegnung" langfristig zu einem theologischen „Kipppunkt" beitragen, der zu einer systemischen Transformation der katholischen Religionstheologie führt, die das Paradigma der religiösen Überlegenheit und der Heilsexklusivität hinter sich lässt.

9. Schlussbemerkung

Mit seinen Schreiben, vor allen den Enzykliken *Laudato si'* und *Fratelli tutti*, und seinen Ansprachen und Handlungen nicht zuletzt im Bereich des interreligiösen Dialogs arbeitet Papst Franziskus als „Handwerker der Träume und Handwerker der Hoffnung".[169] Er ermutigt vor allem die jungen Menschen der Welt, ihre Fähigkeit zu träumen nicht zu verlieren und groß zu träumen:

> „Träume helfen uns, die Gewissheit lebendig zu halten, dass eine andere Welt möglich ist und dass wir dazu berufen sind, uns in sie einzubringen und mit unserer Arbeit, unserem Engagement und unserem Handeln daran teilzuhaben."[170]

Von dieser Gewissheit ist Franziskus angetrieben. Er wirkt als Handwerker des Friedens, ganz konkret in Konfliktgebieten wie der Zentralafrikanischen Republik, Israel und Palästina oder dem Irak, als Handwerker der universalen Geschwisterlichkeit und globalen Solidarität – für eine andere mögliche Welt. Er arbeitet für eine Zukunft, „in der die Menschheit menschlicher wird" (S. 171, Nr. 28), als Handwerker der Hoffnung.

II. APOSTOLISCHES SCHREIBEN UND ENZYKLIKEN

Apostolisches Schreiben *Evangelii gaudium* über die Verkündigung des Evangeliums in der Welt von heute, 24. November 2013

(Auszug: Kapitel 4, Abschnitt IV, 247–254)

Einleitung: *Evangelii gaudium* („die Freude des Evangeliums") war das erste große eigene lehramtliche Schreiben von Franziskus. Es ist die Einladung der Christen „zu einer neuen Etappe der Evangelisierung (...), die von dieser Freude geprägt ist" (EG 1). Für den Papst steht fest: „Auch in unserer Zeit ist die ‚missio ad gentes' die treibende Kraft dieser grundlegenden Dynamik der Kirche."[171] Das Schreiben wird als Programm für sein Pontifikat betrachtet.

Im vierten Kapitel über „Die soziale Dimension der Evangelisierung" stellt Franziskus grundlegende Überlegungen zum gesellschaftlichen Zusammenleben von verschiedenen Bevölkerungsgruppen an – nicht zuletzt von Angehörigen der verschiedenen sozialen Schichten, von Eliten und Armen. Diese Überlegungen sind auch für die Koexistenz von Gläubigen verschiedener Religionen von Bedeutung.

Im Abschnitt III „Das Gemeingut und der soziale Frieden" (EG 217–237) nennt der Papst die „Kultur der Begegnung" (span. *cultura del encuentro*) als zentrales Leitbild für die plurale Gesellschaft. Das Zusammenleben erfordere, dass wir „bereit sind, geradezu eine Kultur der Begegnung in einer vielgestaltigen Harmonie zu entfalten lernen." (EG 220)

Nach dem Begriff „Kultur der Begegnung" als Schlüssel für das friedliche, faire und konstruktive Zusammenleben in der pluralen Gesellschaft erläutert Franziskus im Abschnitt IV einen weiteren Schlüsselbegriff: „Dialog". Der Abschnitt „Der soziale Dialog als Beitrag zum Frieden" behandelt drei Bereiche des Dialogs, in denen die Kirche zugunsten des Gemeinwohls und der Förderung des Friedens präsent sein müsse: den Dialog mit den Staaten (EG 240–241), mit der Gesellschaft, einschließlich der Kulturen und Wissenschaften (242–243) und mit anderen Glaubenden, seien es andere christliche Kirchen (244–246) oder andere Religionen (247–254). Für das Verständnis des interreligiösen Dialogs durch Franziskus ist bedeutsam, „dass er den interreligiösen Dialog in den Kontext des sozialen Dialogs stellt, der darauf abzielt, das Reich Gottes aufzubauen".[172]

Der interreligiöse Dialog steht nicht im Gegensatz zur Evangelisierung: „Die Evangelisierung und der interreligiöse Dialog sind weit davon entfernt, einander entgegengesetzt zu sein, vielmehr unterstützen und nähren sie einander." (EG 251) Damit steht der Text in einer Kontinuität etwa mit dem Dokument „Dialog und Verkündigung" (1991)[173], in dem das Verhältnis dieser Grundvollzüge der Kirche reflektiert wird.

Unter den Religionen werden zuerst das Judentum (EG 247–249) und dann der Islam (252–253) hervorgehoben. Das Judentum wird in einem eigenen Abschnitt behandelt, abgesetzt vom darauffolgenden Abschnitt zum Dialog mit den anderen Religionen. Damit wird in der Struktur des Textes die spezielle Beziehung zwischen Judentum und Christentum unterstrichen, die das Schreiben darlegt (EG 247).[174]

Beim ersten Besuch eines Papstes in einer Synagoge im April 1986 hatte Johannes Paul II. dieses besondere Verhältnis mit der Formulierung beschrieben:

> „Die jüdische Religion ist für uns nicht etwas ‚Äußerliches', sondern gehört in gewisser Weise zum ‚Inneren' unserer Religion. Zu ihr haben wir somit Beziehungen wie zu keiner anderen Religion. Ihr seid unsere bevorzugten Brüder und, so könnte man gewissermaßen sagen, unsere älteren Brüder."[175]

Das Schreiben würdigt das Judentum und bestätigt den Schlussstrich gegenüber jeder Form von Substitutionstheologie: Der Bund des jüdischen Volks mit Gott ist niemals aufgehoben worden (EG 247). Papst Franziskus unterstreicht damit die entsprechende Lehre seiner Vorgänger, u. a. von Johannes Paul II., der die Juden als „Gottesvolk des nie gekündigten Alten Bundes" [176] bezeichnete, mit denen Gott „einen Bund ewiger Liebe machte, der nie gekündigt wurde." (vgl. Gen 27,12; Röm 11,29).[177]

> „Gott wirkt weiterhin im Volk des Alten Bundes und lässt einen Weisheitsschatz entstehen, der aus der Begegnung mit dem göttlichen Wort entspringt. Darum ist es auch für die Kirche eine Bereicherung, wenn sie die Werte des Judentums aufnimmt." (EG 249)

Dem interreligiösen Dialog stünden fundamentalistische Haltungen entgegen, die auf allen Seiten zu finden seien (vgl. EG 250). Unter Bezug auf die geläufige Unterscheidung der vier verschiedenen Formen des Dialogs – Dialog des Lebens, theologischer Dialog, Dialog der Kooperation, spiritueller Dialog – unterstreicht Franziskus den Vorrang des „Dialogs des Lebens" im Alltag. Indem er eine Formulierung der indischen Bischofskonferenz verwendet, bestimmt er den Dialog des Lebens mit anderen religiösen Traditionen als: „ihnen gegenüber offen zu sein und dabei ihre Freuden und Leiden zu teilen" (EG 250). Nach Franziskus darf ein echter religiöser Dialog nicht mit einem „versöhnlichen Synkretismus" verwechselt werden:

> „Ein versöhnlicher Synkretismus wäre im Grunde ein Totalitarismus derer, die sich anmaßen, Versöhnung zu bringen, indem sie von den Werten absehen, die sie übersteigen und deren Eigentümer sie nicht sind. Die wahre Offenheit schließt ein, mit einer klaren und frohen Identität in den eigenen tiefsten Überzeugungen fest zu stehen, aber ‚offen [zu] sein, um die des anderen zu verstehen'." (EG 251, S. 65)

Von einem solchen falschen Verständnis von Dialog, bei dem die bestehenden Unterschiede ignoriert oder übersprungen werden, hat sich der Papst in seinen Ansprachen zum Thema des interreligiösen Dialogs abgesetzt.[178]

Im Zusammenhang mit dem Islam wiederholt das Dokument zentrale Aussagen des Zweiten Vatikanischen Konzils, vor allem in Nr. 252, dass „sie mit uns den einen Gott anbeten" (Dogmatische Konstitution *Lumen gentium* 16).

Die Erklärung *Nostra aetate* forderte die Mitglieder der Kirche auf, sie mögen gegenüber den anderen Religionen die „geistlichen und sittlichen Güter und auch die sozial-kulturellen Werte, die sich bei ihnen finden, anerkennen, wahren und fördern" (NA 2). Dies wird von Franziskus konkret umgesetzt, wenn er etwa das fünffache tägliche rituelle Gebet (arab. *salāt*) der praktizierenden muslimischen Gläubigen den Christen und Christinnen als etwas vor Augen stellt, von dem sie lernen können.

Franziskus ruft die Christen dazu auf, die muslimischen Migranten „mit Zuneigung und Respekt" aufzunehmen:

> „Wir Christen müssten die islamischen Einwanderer, die in unsere Länder kommen, mit Zuneigung und Achtung aufnehmen,[179] so wie wir hoffen und bitten, in den Ländern islamischer Tradition aufgenommen und geachtet zu werden." (EG 253)

Damit nimmt der Papst eine dezidierte Gegenposition zu einer Haltung und Politik der kulturellen Abwehr gegenüber Zuwanderern muslimischer Zugehörigkeit ein.

In ungewöhnlicher Form spricht der Papst unmittelbar danach das Problem mangelnder Religionsfreiheit in muslimischen Staaten an:

> „Bitte! Ich ersuche diese Länder demütig darum, in Anbetracht der Freiheit, welche die Angehörigen des Islam in den westlichen Ländern genießen, den Christen Freiheit zu gewährleisten, damit sie ihren Gottesdienst feiern und ihren Glauben leben können." (EG 253)[180]

Der Papst gibt hier ein Beispiel für sein Verständnis von Dialog: Er bedeute weder, aus einer „versöhnlerischen" oder konfliktscheuen Haltung heraus zu vermeiden, Probleme in den religiösen Beziehungen offen anzusprechen, noch sie in einer aggressiven, belehrenden Weise „von oben herab" anzusprechen.

Als Beitrag zu einer Theologie der Religionen und des interreligiösen Dialogs ist Nr. 254 wichtig. EG würdigt hier aus einer sakramententheologischen Sicht die Rituale und „sakralen Ausdrucksformen" der religiösen Traditionen.[181] Auch wenn sie nicht auf einer Stufe mit den christlichen Sakramenten stehen würden, könne doch die gemeinsame religiöse Praxis in anderen Religionen eine Möglichkeit sein, „die der Geist selbst schafft, um die Nichtchristen vom atheistischen Immanentismus oder von rein individuellen religiösen Erfahrungen zu befreien".

Die spanische Fassung des Apostolischen Schreibens bildet den Originaltext.[182]

LITERATUR:

Borelli, John: „The Dialogue of Fraternity. *Evangelii Gaudium* and the Renewal of Ecumenical and Interreligious Dialogue", in: Mannion, Gerard (Hg.), Pope Francis and the Future of Catholicism: *Evangelii Gaudium* and the Papal Agenda. Cambridge: Cambridge University Press, 2017, 221–243.

Körner SJ, Felix: „Offen in Wahrheit und Liebe – *Evangelii Gaudium* und der katholisch-muslimische Dialog": CIBEDO Beiträge 1 (2014), 4–13. Aus dem Italienischen übersetzt von Gabriele Stein.

Krämer, Klaus/Vellguth, Klaus (Hgg.): Evangelii gaudium. Stimmen der Weltkirche (Theologie der Einen Welt, 7). Freiburg/Basel/Wien: Herder, 2015.

Scannone SJ, Juan Carlos: „Pope Francis and the Theology of the People": Theological Studies 77, no. 1 (2016), 118–135.

Vellguth, Klaus: „Von ‚Maximum illud' bis ‚Evangelii gaudium'. Seit einhundert Jahren unterwegs zur Weltkirche", in: Sievernich, Michael/Vellguth, Klaus (Hgg.), Christentum in der Neuzeit. Geschichte, Religion, Mission, Mystik (FS Mariano Delgado). Freiburg i. Br.: Herder, 2020, 174–192.

Zirker, Hans: „Die Würdigung des Islam in ‚*Evangelii gaudium*' – ‚Die Freude des Evangeliums'": https://duepublico2.uni-due.de/receive/duepublico_mods_00074751?q=Hans%20Zirker (25. Oktober 2022), Erstveröffentlichung: Münsteraner Forum für Theologie und Kirche, 29. November 2013.

Evangelii gaudium, Kapitel 4, Abschnitt IV „Die soziale Dimension der Evangelisierung"

Die Beziehungen zum Judentum

247. Ein ganz besonderer Blick ist auf das jüdische Volk gerichtet, dessen Bund mit Gott niemals aufgehoben wurde, denn „unwiderruflich sind Gnade und Berufung, die Gott gewährt" (*Röm* 11,29). Die Kirche, die mit dem Judentum einen wichtigen Teil der Heiligen Schrift gemeinsam hat, betrachtet das Volk des Bundes und seinen Glauben als eine heilige Wurzel der eigenen christlichen Identität (vgl. *Röm* 11,16–18). Als Christen können wir das Judentum nicht als eine fremde Religion ansehen, noch rechnen wir die Juden zu denen, die berufen sind, sich von den Götzen abzuwenden und sich zum wahren Gott zu bekehren (vgl. *1 Thess* 1,9). Wir glauben gemeinsam mit ihnen an den einen Gott, der in der Geschichte handelt, und nehmen mit ihnen das gemeinsame offenbarte Wort an.

248. Der Dialog und die Freundschaft mit den Kindern Israels gehören zum Leben der Jünger Jesu. Die Zuneigung, die sich entwickelt hat, lässt uns die schrecklichen Verfolgungen, denen die Juden ausgesetzt waren und sind, aufrichtig und bitter bedauern, besonders, wenn Christen darin verwickelt waren und sind.

249. Gott wirkt weiterhin im Volk des Alten Bundes und lässt einen Weisheitsschatz entstehen, der aus der Begegnung mit dem göttlichen Wort entspringt. Darum ist es auch für die Kirche eine Bereicherung, wenn sie die Werte des Judentums aufnimmt. Obwohl einige christliche Überzeugungen für das Judentum unannehmbar sind und die Kirche nicht darauf verzichten kann, Jesus als den Herrn und Messias zu verkünden, besteht eine reiche Komplementarität, die uns erlaubt, die Texte der hebräischen Bibel gemeinsam zu lesen und uns gegenseitig zu helfen, die Reichtümer des Wortes Gottes zu ergründen sowie viele ethische Überzeugungen und die gemeinsame Sorge um die Gerechtigkeit und die Entwicklung der Völker miteinander zu teilen.

Der interreligiöse Dialog

250. Eine Haltung der Offenheit in der Wahrheit und in der Liebe muss den interreligiösen Dialog mit den Angehörigen der nicht-christlichen Religionen kennzeichnen, trotz der verschiedenen Hindernisse und Schwierigkeiten, besonders der Fundamentalismen auf beiden Seiten. Dieser interreligiöse Dialog ist ei-

ne notwendige Bedingung für den Frieden in der Welt und darum eine Pflicht für die Christen wie auch für die anderen Religionsgemeinschaften.[183] Dieser Dialog ist zuallererst ein Dialog des Lebens bzw. bedeutet einfach, wie es die Bischöfe Indiens vorschlagen, „ihnen gegenüber offen zu sein und dabei ihre Freuden und Leiden zu teilen"[184]. So lernen wir auch, die anderen in ihrem Anderssein, Andersdenken und in ihrer anderen Art, sich auszudrücken, anzunehmen. Von hier aus können wir gemeinsam die Verpflichtung übernehmen, der Gerechtigkeit und dem Frieden zu dienen, was zu einem grundlegenden Maßstab eines jeden Austauschs werden muss. Ein Dialog, in dem es um den sozialen Frieden und die Gerechtigkeit geht, wird über das bloß Pragmatische hinaus von sich aus zu einem ethischen Einsatz, der neue soziale Bedingungen schafft. Das Mühen um ein bestimmtes Thema kann zu einem Prozess werden, in dem durch das Hören auf den anderen beide Seiten Reinigung und Bereicherung empfangen.[185] Daher kann dieses Mühen auch die Liebe zur Wahrheit bedeuten.

251. Bei diesem Dialog, der stets freundlich und herzlich ist, darf niemals die wesentliche Bindung zwischen Dialog und Verkündigung vernachlässigt werden, die die Kirche dazu bringt, die Beziehungen zu den Nicht-Christen aufrecht zu erhalten und zu intensivieren.[186] Ein versöhnlicher Synkretismus wäre im Grunde ein Totalitarismus derer, die sich anmaßen, Versöhnung zu bringen, indem sie von den Werten absehen, die sie übersteigen und deren Eigentümer sie nicht sind. Die wahre Offenheit schließt ein, mit einer klaren und frohen Identität in den eigenen tiefsten Überzeugungen fest zu stehen, aber „offen [zu] sein, um die des anderen zu verstehen", „im Wissen darum, dass der Dialog jeden bereichern kann"[187]. Eine diplomatische Offenheit, die zu allem Ja sagt, um Probleme zu vermeiden, nützt uns nicht, da dies eine Art und Weise wäre, den anderen zu täuschen und ihm das Gut vorzuenthalten, das man als Gabe empfangen hat, um es großzügig zu teilen. Die Evangelisierung und der interreligiöse Dialog sind weit davon entfernt, einander entgegengesetzt zu sein, vielmehr unterstützen und nähren sie einander.[188]

252. In dieser Zeit gewinnt die Beziehung zu den Gläubigen[189] des Islam große Bedeutung, die heute in vielen Ländern christlicher Tradition besonders gegenwärtig sind und dort ihren Kult frei ausüben und in die Gesellschaft integriert leben können. Nie darf vergessen werden, dass sie „sich zum Glauben Abrahams bekennen und mit uns den einen Gott anbeten, den barmherzigen, der die Menschen am Jüngsten Tag richten wird"[190]. Die heiligen Schriften des Islam bewahren Teile der christlichen Lehre; Jesus Christus und Maria sind Gegenstand tiefer Verehrung, und es ist bewundernswert zu sehen, wie junge und alte Menschen,

Frauen und Männer des Islam fähig sind, täglich dem Gebet Zeit zu widmen und an ihren religiösen Riten treu teilzunehmen. Zugleich sind viele von ihnen tief davon überzeugt, dass das eigene Leben in seiner Gesamtheit von Gott kommt und für Gott ist. Ebenso sehen sie die Notwendigkeit, ihm mit ethischem Einsatz und mit Barmherzigkeit gegenüber den Ärmsten zu antworten.

253. Um den Dialog mit dem Islam zu führen, ist eine entsprechende Bildung der Gesprächspartner unerlässlich, nicht nur damit sie fest und froh in ihrer eigenen Identität verwurzelt sind, sondern auch um fähig zu sein, die Werte der anderen anzuerkennen, die Sorgen zu verstehen, die ihren Forderungen zugrunde liegen, und die gemeinsamen Überzeugungen ans Licht zu bringen. Wir Christen müssten die islamischen Einwanderer, die in unsere Länder kommen, mit Zuneigung und Achtung aufnehmen, so wie wir hoffen und bitten, in den Ländern islamischer Tradition aufgenommen und geachtet zu werden. Bitte! Ich ersuche diese Länder demütig darum, in Anbetracht der Freiheit, welche die Gläubigen des Islam in den westlichen Ländern genießen, den Christen Freiheit zu gewährleisten, damit sie ihren Gottesdienst feiern und ihren Glauben leben können. Angesichts der Zwischenfälle eines gewalttätigen Fundamentalismus muss die Zuneigung zu den authentischen Gläubigen des Islam uns dazu führen, gehässige Verallgemeinerungen zu vermeiden, denn der wahre Islam und eine angemessene Interpretation des Korans stehen jeder Gewalt entgegen.

254. Die Nichtchristen können, dank der ungeschuldeten göttlichen Initiative und wenn sie treu zu ihrem Gewissen stehen, „durch Gottes Gnade gerechtfertigt"[191] und auf diese Weise „mit dem österlichen Geheimnis Christi verbunden werden"[192]. Aber aufgrund der sakramentalen Dimension der heilig machenden Gnade neigt das göttliche Handeln in ihnen dazu, Zeichen, Riten und sakrale Ausdrucksformen hervorzurufen, die ihrerseits andere in eine gemeinschaftliche Erfahrung eines Weges zu Gott einbeziehen.[193] Sie haben nicht die Bedeutung und die Wirksamkeit der von Christus eingesetzten Sakramente, können aber Kanäle sein, die der Geist selber schafft, um die Nichtchristen vom atheistischen Immanentismus oder von rein individuellen religiösen Erfahrungen zu befreien. Derselbe Geist erweckt überall Formen praktischer Weisheit, die helfen, die Unbilden des Lebens zu ertragen und friedvoller und harmonischer zu leben. Auch wir Christen können aus diesem durch die Jahrhunderte hindurch gefestigten Reichtum Nutzen ziehen, der uns hilfreich sein kann, unsere besonderen Überzeugungen besser zu leben.

Enzyklika *Laudato si'* über die Sorge für das gemeinsame Haus, 24. Mai 2015: Interreligiöse Aspekte

Interreligiöse Rezeption der Enzyklika *Laudato si'*

Die Enzyklika erfuhr eine außergewöhnliche weltweite Aufmerksamkeit und wurde auch von anderen Religionsgemeinschaften rezipiert. So inspirierte sie beispielsweise den offenen Brief von US-amerikanischen Rabbinern zum Klimawandel, wie die Verfasser ausdrücklich festhalten, der im Mai 2015 von 250 Rabbinern in den USA unterzeichnet wurde.[194] Fazlun Khalid, der Vordenker einer muslimischen ökologischen Theologie und Hauptinitiator der „Islamischen Erklärung zum Klimawandel" von 2015, nannte *Laudato si'* einen „Weckruf für alle Religionen".[195] Auch der Dalai Lama äußerte sich öffentlich positiv über die Enzyklika im Rahmen seiner Großbritannienreise.[196]

Aufruf zu einem umfassenden Dialog angesichts der Zivilisationskrise

Laudato si' richtet sich nicht nur an die Katholiken, sondern ausdrücklich „an jedes menschliche Wesen, das auf diesem Planeten lebt" (LS 3), also auch an Angehörige anderer religiöser und spiritueller Traditionen und an Atheisten und Agnostiker. Es ist eine Einladung aller zum Dialog, „so dass wir zusammen nach Wegen der Befreiung suchen" (LS 64). Denn die globalen Bedrohungen durch das sich wandelnde Klimasystem, das durch die menschengemachten Treibhausgasemissionen gestört wird, das Artensterben, kollabierende Ökosysteme, das Überschreiten der „planetaren Grenzen" betreffen alle:

> „Wir brauchen ein Gespräch, das uns alle zusammenführt, denn die Herausforderung der Umweltsituation, die wir erleben, und ihre menschlichen Wurzeln interessieren und betreffen uns alle." (LS 14)

Die Herausforderung kann nur gemeinsam bestanden werden, und eine Lösung setzt die Überwindung kurzfristiger nationaler und privater wirtschaftlicher Eigeninteressen zugunsten des Gemeinwohls voraus (vgl. LS 156–158), auch bezogen auf die zukünftigen Generationen (vgl. LS 159). Es geht um ein planetares Bewusstsein, das sich in den letzten Jahrzehnten verstärkt habe (vgl. LS 164).

Es brauche „Wege des Dialogs (…), die uns helfen sollen, aus der Spirale der Selbstzerstörung herauszukommen, in der wir untergehen" (LS 163) – u. a. den Dialog auf der Ebene der internationalen Umweltpolitik, einen Dialog zugunsten neuer nationaler und lokaler politischer Konzepte, einen Dialog zwischen Wirtschaft und Politik „für die volle menschliche Entfaltung" und den Dialog zwischen Religion und Wissenschaft.

Aufruf zum interreligiösen Dialog und Kooperation

Die globale Situation erfordert ebenso den interreligiösen Dialog und eine religionsübergreifende Zusammenarbeit:

> „Der größte Teil der Bewohner des Planeten bezeichnet sich als Glaubende, und das müsste die Religionen veranlassen, einen Dialog miteinander aufzunehmen, der auf die Schonung der Natur, die Verteidigung der Armen und den Aufbau eines Netzes der gegenseitigen Achtung und der Geschwisterlichkeit ausgerichtet ist." (LS 201)

Paul Knitter hat deswegen festgestellt: In seiner Enzyklika *Laudato si'* sagt uns Franziskus, „was das organisierende Prinzip des interreligiösen Dialogs sein muss: die bedrohte Erde. (…) Franziskus fordert einen *grünen interreligiösen Dialog*"[197]. Ein solcher Dialog könne uns beim theologischen Problem des religiösen Vorherrschaftsanspruchs helfen: Der Erde den Vorrang zu geben, könne „unsere Neigung zu religiöser Vorherrschaft in Schach halten können"[198].

Gerade angesichts der globalen Klima- und Biodiversitätskrise verstärkt sich weltweit die interreligiöse Kooperation. Ein wichtiges Beispiel dafür ist die interreligiöse Regenwald-Initiative, die im Juni 2017 im Nobelpreis-Zentrum in Oslo bei einer Zusammenkunft von Verantwortlichen der christlichen, muslimischen, buddhistischen, jüdischen, hinduistischen und taoistischen Traditionen, Klima- und Regenwaldexperten sowie von Vertretern und Vertreterinnen indigener Völker aus Brasilien, Kolumbien, Kongo, Indonesien, Peru und Mittelamerika gegründet wurde. Dabei arbeiten interreligiöse Organisationen wie GreenFaith, Religions for Peace und das Parliament of the World's Religions u. a. mit dem World Council of Churches und dem Umweltprogramm der UNO sowie der norwegischen Rainforest Foundation zusammen.[199]

Laudato si' stimulierte weltweit den interreligiösen Dialog über Fragen der Ökologie und der sozialen Gerechtigkeit aus der Perspektive der verschiedenen Religionsgemeinschaften. So organisierte beispielsweise die Georgetown University in Kooperation mit dem Yale Forum Religion and Ecology von 29. bis 30. Oktober 2020 zum fünfjährigen Jubiläum des Erscheinens der Enzyklika eine Online-Konferenz „Interreligious Responses to Laudato Si'". Vertreter und Vertreterinnen verschiedener religiöser Traditionen nahmen aus ihrer spezifischen Sicht Bezug auf Inhalte des Schreibens.[200]

Die Heiligkeit der Welt als gemeinsame Grundlage

Eine Grundlage für den gemeinsamen Einsatz der Religionen für den Schutz und die Wiederherstellung der Natur ist die geteilte Überzeugung von der Heiligkeit der Welt, der Wirklichkeit als Theophanie, die von verschiedenen religiösen Traditionen vertreten und auf spezifische Weise formuliert wird.[201] Papst Franziskus ergänzt die normativen ethischen Grundlagen der traditionellen katholischen Soziallehre – v. a. Menschenwürde und Gemeinwohl – um die Heiligkeit der Natur.[202] In LS heißt es,

> „dass die Natur als ganze nicht nur Gott manifestiert, sondern ein Ort seiner Gegenwart ist. Der Geist des Lebens wohnt in jedem lebendigen Geschöpf und ruft uns dazu auf, in eine Beziehung zu ihm einzutreten." (LS 88).

Gegen eine pantheistische Weltsicht stellt Franziskus klar: Die endlichen Dinge sind nicht göttlich. Aber im gleichen Atemzug hält er fest: „Das Universum entfaltet sich in Gott, der es ganz und gar erfüllt." (LS 233) Eine spirituelle Welterfahrung nimmt die „enge Verbindung zwischen Gott und allen Wesen" wahr „und fühlt, dass ‚alle Dinge Gott sind'" (LS 234).

Diese spirituelle Erfahrung und Sicht der phänomenalen Wirklichkeit illustriert Papst Franziskus mit einem Beleg aus dem Sufismus, um auf Gemeinsamkeiten der religiösen Traditionen gerade auf der Ebene der Spiritualität hinzuweisen. Die Fußnote 159 zu LS 233 zitiert einen Sufimeister aus dem 16. Jahrhundert , ʿAlī al-Ḫawwāṣ (gest. 973/1532). Als Quelle wurde das Werk *Laṭāʾif al-minan wa-l-aḫlāq fī wuǧūb al-taḥadduṯ bi-niʿmat Allāh ʿalā al-iṭlāq* („Die Feinheiten der Segnungen und Charaktereigenschaften: eine Darlegung der absoluten Notwendigkeit, über Gottes Gnade zu sprechen") von al-Šaʿrānī identifiziert, das unter dem Namen *„al-Minan al-kubrā"* bekannt ist.[203] Die Zitierung eines Autors einer anderen Religion in einer päpstlichen Enzyklika ist historisch ohne Beispiel.

„Alles ist miteinander verbunden." (LS 70) Bedeutung der unterschiedlichen Welterfahrungen und Rationalitäten

Nach Papst Franziskus ist es notwendig, die Hegemonie des modernen westlichen Weltbilds und seiner Rationalität zu überwinden, um einen Ausweg aus der Zivilisationskrise zu finden. Es brauche die Einbeziehung der unterschiedlichen kulturellen und religiösen Welterfahrungen und Weisheitstraditionen (vgl. LS 63).

Er praktiziert diese Überzeugung in der Enzyklika, indem er Motive aus dem „Sonnengesang" des Franz von Assisi und der andinen Philosophie aufgreift.[204] Diese sind Teil der „Pachasofia", der andinen philosophischen Weisheit „in Bezug auf das geordnete und auf bestimmten Leitprinzipien beruhende Universum"[205]:

- das Motiv der „Mutter Erde" (LS 1; 92) – „Sonnengesang": *matre terra*; andine Philosophie: *Pachamama*
- die Vorstellung vom Universum als „Haus" (Quechua: *wasi*; Aymara: *uta*), als „unser gemeinsames Haus" (Quechua: *wasinchis*; Aymara: *utasa*);[206] in ihr kommt die andine Überzeugung zum Ausdruck, „dass alle und alles ein und derselben Familie angehören und unter einem Dach wohnen"[207]
- das Prinzip der *Pacha*, des wechselseitigen Aufeinanderbezogenseins von allem, das auch in anderen kulturellen Traditionen zu finden ist, etwa in der hinduistischen Lehre von der wechselseitigen Bezogenheit und Verbundenheit von allem (skr. *sarvātmakatva*).[208] Dieses Prinzip wird aber auch von der modernen wissenschaftlichen Ökologie und der Quantenphysik bestätigt.

Dieses grundlegende Prinzip der Verbundenheit von allem zieht sich als roter Faden durch die Enzyklika (vgl. LS 16; 70; 138).

Das Weltbild, die Beziehung zur Natur und die soziale Praxis der indigenen Völker, die die moderne westliche Spaltung von Mensch und Natur nicht mitvollzogen haben, wird ausdrücklich als Modell vor Augen gestellt (vgl. LS 179).

Vorschlag eines gemeinsamen interreligiösen Gebets

Am Schluss formuliert Papst Franziskus ein „Gebet für unsere Erde", „das wir mit allen teilen können, die an einen Gott glauben, der allmächtiger Schöpfer ist" (LS 246), und im Unterschied dazu ein zweites, christliches Gebet. Das „Gebet für unsere Erde“ ist so formuliert, dass es Juden, Christen und Muslime gemeinsam beten können. Der Papst räumt damit indirekt die Möglichkeit ein, ein interreligiöses Gebet im engeren Sinn, mit gemeinsam gesprochenen Worten, zu beten. Man kann seinen Vorschlag als Ausdruck des Wunsches betrachten, „sich über das Zusammenkommen um zu beten des ersten Assisi-Treffens hinaus zu bewegen und zusammen zu beten“[209]. Peter C. Phan zieht aus dem vom Papst formulierten interreligiösen Gebet den Schluss: „Mit dieser Einladung beendet Franziskus die offizielle Missbilligung des interreligiösen Gebets.“[210]

Literatur:

Capper, John (Hg.): Economic and Ecological Responses to Laudato Si'. Hindmarsh, SA: ATF Theology, 2015.

Emunds, Bernhard/Möhring-Hesse, Matthias: Die öko-soziale Enzyklika. Sozialethischer Kommentar zum Rundschreiben „Laudato Si. Über die Sorge für das gemeinsame Haus“ von Papst Franziskus, in: Franziskus, Laudato Si. Die Umwelt-Enzyklika des Papstes. Freiburg i. Br.: Herder, 2015, 219–246.

Heimbach-Steins, Marianne/Schlacke, Sabine (Hgg.): Die Enzyklika Laudato si'. Ein interdisziplinärer Nachhaltigkeitsansatz? Baden-Baden: Nomos, 2019.

Krämer, Klaus/Vellguth, Klaus (Hgg.), Schöpfung. Miteinander leben im gemeinsamen Haus (Theologie der Einen Welt 11). Freiburg/Basel/Wien: Herder, 2017.

McDonagh, Seán: On Care for Our Common Home Laudato Si'. The Enyclical of Pope Francis on the Environment, with Commentary by Sean McDonagh (Ecology and Justice). Maryknoll, NY: Orbis, 2016 (*Teil 1: „Catholic Teaching and the Environment“ von McDonagh, Teil 2: Text von LS*)

McDonagh, Seán: „*Laudato Si'*. A Prophetic Challenge for the Twenty-First Century“, in ders. (Hg.), *Laudato Si'*. An Irish Response. Dublin: Veritas, 2017, 7–30.

Mendes, Vitor Hugo: Liberación, un balance histórico a la luz de Aparecida y Laudato si. El aporte latinoamericano de Francisco („Befreiung, eine historische Bilanz unter dem Einfluss von Aparecida und *Laudato si'*. Der lateinamerikanische Beitrag von Franziskus“). Vol. 1 und 2. Curitiba: Editora Appris, 2021 (*Dissertation Universität Salamanca*).

Vogt, Markus: „Laudato Si': ein neues Kapitel der Katholischen Soziallehre“, in: ders., Christliche Umweltethik. Grundlagen und zentrale Herausforderungen. Freiburg i. Br.: Herder, 2021, 240–267.

Wilfred, Felix: „Die theologische Bedeutung von *Laudato Si'* in asiatischer Lektüre“, in: Appel, Kurt/Deibl, Jakob Helmut (Hgg.), Barmherzigkeit und zärtliche Liebe. Das theologische Programm von Papst Franziskus. Freiburg/Basel/Wien: Herder, 2016, 305–322.

Enzyklika *Fratelli tutti* über die Geschwisterlichkeit und die soziale Freundschaft, 3. Oktober 2020: Interreligiöse Aspekte

(Auszug: Achtes Kapitel, 271–287)

EINLEITUNG: *Fratelli tutti* ist die dritte Enzyklika und die zweite Sozialenzyklika von Papst Franziskus, nach *Laudato si'*.[211] Der Papst wiederholt in der Enzyklika seinen Aufruf zu einer neuen „Kultur der Begegnung" und verwendet dafür einmal mehr das Bild eines geometrischen Körpers, des Polyeders (vgl. FT 215; 216). Papst Franziskus betrachtet die „Kultur der Begegnung" nicht als abstraktes Programm, als Strategie von gesellschaftlichen Eliten „von oben", sondern als praktischen Lebensstil, als lebendige Kultur, die „von unten", von den Graswurzeln her aufgebaut wird.

Interreligiöse Aspekte von *Fratelli tutti*

- Die Enzyklika *Fratelli tutti* wurde von John Borelli, Experte für den interreligiösen Dialog an der Georgetown University, als „lang erwartete Enzyklika über die interreligiösen Beziehungen und Dialog"[212] bezeichnet. Dabei ist das Thema nicht der interreligiöse Dialog an sich:

> „In Fratelli Tutti geht es nicht in erster Linie um den interreligiösen Dialog als solchen. Die menschliche Geschwisterlichkeit und der interreligiöse Dialog bilden den Rahmen der Enzyklika, und der religiöse und kulturelle Pluralismus bilden den Kontext für die Botschaft der Enzyklika."[213]

Die Beziehungen zwischen den verschiedenen Religionen bilden einen Aspekt der universalen Geschwisterlichkeit.

- Die Enzyklika hängt eng mit dem Dokument über die menschliche Geschwisterlichkeit vom 4. Februar 2019 (S. 190ff, Nr. 34) zusammen. Franziskus sagte zu diesem Zusammenhang:

> „Also, die beiden Dokumente: das von Abu Dhabi hinterließ in mir die Unruhe im Hinblick auf die Geschwisterlichkeit, und so kam *Fratelli tutti* dabei heraus. Beide Dokumente muss man studieren, weil sie in die gleiche Richtung gehen, sie suchen … nach Geschwisterlichkeit."[214]

Papst Franziskus erklärt in der Enzyklika, dass er bei der Verfassung der Enzyklika vom Großimam der al-Azhar-Universität, Aḥmad al-Ṭayyib, angeregt (it. *stimulato*) wurde: Er habe sich

„in diesem Fall besonders vom Großimam Aḥmad al-Ṭayyib anregen lassen, dem ich in Abu Dhabi begegnet bin. Dort haben wir daran erinnert, dass Gott ‚alle Menschen mit gleichen Rechten, gleichen Pflichten und gleicher Würde geschaffen und sie dazu berufen hat, als Brüder und Schwestern miteinander zusammenzuleben'. Es handelte sich nicht um einen einfachen diplomatischen Akt, sondern um eine auf dem Dialog und einem gemeinsamen Engagement aufbauende Reflexion. Die vorliegende Enzyklika sammelt und entwickelt prinzipielle Themen, die in jenem von uns gemeinsam unterzeichneten Dokument aufgeführt sind." (FT 5)

Kardinal Michael Fitzgerald, 2002 bis 2006 Präsident des Päpstlichen Rats für den Interreligiösen Dialog und führender Experte für den christlich-muslimischen Dialog, stellte dazu fest: „Es gibt in der Kirchengeschichte keinen Präzedenzfall, in dem sich ein Papst beim Verfassen einer Enzyklika von einem Muslim hat inspirieren lassen."[215]

Das von beiden religiösen Führern entwickelte und am 4. Februar 2019 in Abu Dhabi unterzeichnete Dokument wird in der Enzyklika achtmal zitiert (u. a. FT 29, 131, 136, 192, 275, 285). Insgesamt bildet es „eine bedeutsame Gesamtrahmung der Sozialenzyklika".[216] Indem er Inhalte und Intentionen des katholisch-muslimischen Dialogdokuments in die Enzyklika aufgenommen hat, wurde es mit lehramtlicher Autorität bekräftigt.

► So wie Papst Franziskus in LS einen Sufi zitiert, bezieht er sich in FT 59 auf einen der wichtigsten Rabbiner des klassischen Judentums, nämlich Hillel „den Alten", von dem die sieben Regeln (*middot*) zur Auslegung der Tora der rabbinischen Tradition stammen.[217] Franziskus zitiert Hillels Formulierung der „Goldenen Regel" aus dem Babylonischen Talmud. Für Hillel ist es das Gebot, in dem die gesamte Tora enthalten ist:

„Was dir nicht lieb ist, das tue auch deinem Nächsten nicht; das ist die ganze Gesetzeslehre, alles andere ist nur die Erläuterung, gehe und lerne sie." (Babylonischer Talmud, Schabbat 31a)

Es ist eine Erweiterung einer Form von Nächstenliebe, die auf die eigenen Landsleute beschränkt ist, ein Schritt in Richtung Universalisierung des biblischen Liebesgebots, die bereits in der rabbinischen Tradition erfolgt. Hillel wurde deshalb in einem bildlichen Sinn als „Lehrer von Jesus" betrachtet.[218]

- Als Inspirationsquelle für die Enzyklika nennt Papst Franziskus am Schluss von FT u. a. den Hindu Mahatma Gandhi, einen der Pioniere des interreligiösen Dialogs. (FT 286)
- Im achten Kapitel geht der Papst spezifisch auf den Beitrag der Religionen zur Geschwisterlichkeit in der Welt ein. Er bestätigt die Lehre von *Nostra aetate*: „Die Kirche schätzt das Handeln Gottes in anderen Religionen und ‚lehnt nichts von alledem ab, was in diesen Religionen wahr und heilig ist'." (FT 277) Für Christen und Christinnen bilde die „Musik des Evangeliums" die Quelle. Und er ergänzt, ohne zu werten: „Andere nähren sich aus anderen Quellen."

LITERATUR:

Boff, Leonardo: Universale Geschwisterlichkeit. Gesellschaftsordnung der Zukunft (orig. *Habitar a terra. Qual o caminho para a fraternidade universal?*, Petrópolis, 2021). Übersetzt von Bruno Kern. Münsterschwarzach: Vier-Türme-Verlag, 2022.

Borelli, John: „Pope Francis and His Vision for Interreligious Dialogue", 8. September 2021. Quelle: https://paulist.org/the-conversation/pope-francis-and-his-vision-for-interreligious-dialogue/ (Zugriff 1. November 2022).

Cusimano Love, Maryann: „Fratelli tutti, Lessons learned from interreligious action, and the Catholic Church", in: Seiple, Chris/Hoover, Dennis R. (Hgg.), The Routledge Handbook of Religious Literacy, Pluralism, and Global Engagement. London/New York: Routledge, 2022.

Heimbach-Steins, Marianne/Bachmann, Claudius/Hänselmann, Eva/Ladenburger, Barbara/Ostertag, Lina-Marie/Quaing, Lea/Rehbach, Lukas/Slater, Gary/Urselmann, Judith: Die Enzyklika *Fratelli tutti* von Papst Franziskus (3. Oktober 2020). Sozialethische Beobachtungen und Analysen (Sozialethische Arbeitspapiere des Instituts für Christliche Sozialwissenschaften Nr. 14). Münster 2021.

Körner, Felix: „Die Musik des Evangeliums in Politik und Wirtschaft. Ist *Fratelli tutti* interreligiös anschlussfähig?", in: Kasper, Kardinal Walter/Augustin, George (Hgg.), Soziale Freundschaft. Auf dem Weg zu einer geschwisterlichen Weltordnung nach der Enzyklika „Fratelli tutti" von Papst Franziskus. Ostfildern 2021, 378–399.

Körner, Felix: „Fratelli Tutti: An encyclical for other believers?", in: *La Civiltà Cattolica, English Edition*, Vol. 5, no. 4 (2021), 19–34.

Mescher, Marcus: The Study Guide to the Enzyclical Letter of Pope Francis *Fratelli tutti*, On Fraternity and Social Friendship. Mahwah, NJ: Paulist Press, 2021.

Nothelle-Wildfeuer, Ursula/Schmitt, Lukas (Hgg.): Unter Geschwistern? Die Sozialenzyklika „Fratelli tutti": Perspektiven – Konsequenzen – Kontroversen (Katholizismus im Umbruch, 14). Freiburg i. Br.: Herder, 2021.

Rutishauser, Christian M.: „Fratelli tutti – ein Kommentar" (5. Oktober 2020). Quelle: https://www.feinschwarz.net/fratelli-tutti-ein-kommentar/ (Zugriff 1. November 2022).

Enzyklika *Fratelli tutti*, Achtes Kapitel

Die Religionen im Dienst an der Geschwisterlichkeit in der Welt

271. Ausgehend von der Wertschätzung jedes Menschen als Geschöpf mit der Berufung zur Gotteskindschaft, leisten die verschiedenen Religionen einen wertvollen Beitrag zum Aufbau von Geschwisterlichkeit und zur Verteidigung der Gerechtigkeit in der Gesellschaft. Der Dialog zwischen Menschen verschiedener Religionen findet nicht nur aus Diplomatie, Freundlichkeit oder Toleranz statt. So schreiben die Bischöfe Indiens: „Das Ziel des Dialogs ist es, Freundschaft, Frieden und Harmonie zu begründen sowie moralische und spirituelle Werte und Erfahrungen in einem Geist der Wahrheit und Liebe zu teilen“.[219]

Die tiefste Grundlage

272. Als Gläubige sind wir davon überzeugt, dass es ohne eine Offenheit gegenüber dem Vater aller keine soliden und beständigen Gründe für den Aufruf zur Geschwisterlichkeit geben kann. Wir sind überzeugt: „Nur mit diesem Bewusstsein von Kindern, die keine Waisen sind, können wir untereinander in Frieden leben.“[220] Denn „die Vernunft für sich allein ist imstande, die Gleichheit unter den Menschen zu begreifen und ein bürgerliches Zusammenleben herzustellen, aber es gelingt ihr nicht, Geschwisterlichkeit zu schaffen“.[221]

273. In diesem Sinne möchte ich an einen denkwürdigen Text erinnern: „Wenn es keine transzendente Wahrheit gibt, der gehorchend der Mensch zu seiner vollen Identität gelangt, gibt es kein sicheres Prinzip, das gerechte Beziehungen zwischen den Menschen gewährleistet. Ihr Klasseninteresse, Gruppeninteresse und nationales Interesse bringt sie unweigerlich in Gegensatz zueinander. Wenn die transzendente Wahrheit nicht anerkannt wird, dann triumphiert die Gewalt der Macht und jeder trachtet, bis zum Äußersten von den ihm zur Verfügung stehenden Mitteln Gebrauch zu machen, um ohne Rücksicht auf die Rechte des anderen sein Interesse und seine Meinung durchzusetzen. (…) Die Wurzel des modernen Totalitarismus liegt also in der Verneinung der transzendenten Würde des Menschen, der sichtbares Abbild des unsichtbaren Gottes ist. Eben deshalb, auf Grund seiner Natur, ist er Subjekt von Rechten, die niemand verletzen darf: weder der Einzelne, noch die Gruppe, die Klasse, die Nation oder der Staat. Auch die gesellschaftliche Mehrheit darf das nicht tun, indem sie gegen eine Minderheit vorgeht.“[222]

274. Aus unserer Glaubenserfahrung und aus der Weisheit, die sich im Laufe der Jahrhunderte angesammelt hat, aber auch dank des Lernens aus unseren vielen Schwächen und Stürzen wissen wir Gläubige verschiedener Religionen, dass es für unsere Gesellschaften gut ist, wenn wir Gott in ihnen gegenwärtig machen. Solange wir die aufrichtige Gottessuche nicht mit unseren ideologischen oder zweckmäßigen Interessen verdunkeln, hilft sie dabei, uns alle als Weggefährten zu begreifen, wirklich als Brüder und Schwestern. Wir glauben: „Wenn man im Namen einer Ideologie Gott aus der Gesellschaft ausstoßen will, betet man schließlich Götzen an, und sehr bald verliert der Mensch sich selber, wird seine Würde mit Füßen getreten und werden seine Rechte verletzt. Ihr wisst genau, zu welchen Brutalitäten der Entzug der Gewissens- und der Religionsfreiheit führen kann und wie aus dieser Wunde eine von Grund auf erschöpfte Menschheit hervorgeht, weil sie keine Hoffnung und keine geistigen Anhaltspunkte hat."[223]

275. Es muss gesehen werden, dass „Hauptursachen für die Krise der modernen Welt ein betäubtes menschliches Gewissen und eine Entfremdung von religiösen Werten sowie die Dominanz von Individualismus und materialistischen Philosophien sind, die den Menschen vergöttlichen und weltliche wie auch materielle Werte an die Stelle der höchsten und transzendenten Prinzipien setzen."[224] Wir dürfen nicht zulassen, dass nur die Mächtigen und die Wissenschaftler eine Stimme in der öffentlichen Debatte besitzen. Es muss einen Raum für die Reflektion geben, der auf einen religiösen Hintergrund zurückgeht, der die jahrhundertelange Erfahrung und Weisheit sammelt. „Die klassischen religiösen Texte [können] für alle Zeiten von Bedeutung sein (...) und eine motivierende Kraft besitzen, die immer neue Horizonte öffnet, das Denken anregt, den Geist weitet und das Feingefühl erhöht." Tatsächlich aber werden sie „verachtet wegen ihres Mangels an rationalistischer Sichtweise"[225].

276. Aus diesen Gründen respektiert die Kirche zwar die Autonomie der Politik, beschränkt aber ihre eigene Mission nicht auf den privaten Bereich. Im Gegenteil, sie kann und darf beim Aufbau einer besseren Welt nicht abseits stehen, noch darf sie es versäumen, „die seelischen Kräfte [zu] wecken"[226], die das ganze Leben der Gesellschaft bereichern können. Es stimmt, dass religiöse Amtsträger keine Parteipolitik betreiben sollten, die den Laien zusteht, aber sie können auch nicht auf die politische Dimension der Existenz verzichten,[227] die eine ständige Aufmerksamkeit für das Gemeinwohl und die Sorge um eine ganzheitliche menschliche Entwicklung umfasst. Die Kirche „hat eine öffentliche Rolle, die sich nicht in ihrem Einsatz in der Fürsorge oder der Erziehung erschöpft, sondern sich in den „Dienst der Förderung des Menschen und der weltweiten Geschwis-

terlichkeit“[228] stellt. Sie hat nicht vor, weltliche Macht zu erlangen, sondern als „eine Familie unter Familien – das ist die Kirche –“ zu dienen, die „offen dafür ist, der heutigen Welt den Glauben, die Hoffnung und die Liebe zum Herrn und zu denen, die er besonders liebt, zu bezeugen. Ein Haus mit offenen Türen. Die Kirche ist ein Haus mit offenen Türen, weil sie Mutter ist“.[229] Und wie Maria, die Mutter Jesu, „wollen wir eine Kirche sein, die dient, die aufbricht, die aus ihren Kirchen herausgeht, die aus ihren Sakristeien herausgeht, um das Leben zu begleiten, die Hoffnung zu unterstützen und Zeichen der Einheit (...) zu sein (...), um Brücken zu spannen, Mauern zu durchbrechen und Versöhnung auszusäen.“[230]

Die christliche Identität

277. Die Kirche schätzt das Handeln Gottes in anderen Religionen und „lehnt nichts von alledem ab, was in diesen Religionen wahr und heilig ist. Mit aufrichtigem Ernst betrachtet sie jene Handlungs- und Lebensweisen, jene Vorschriften und Lehren, die (...) nicht selten einen Strahl jener Wahrheit erkennen lassen, die alle Menschen erleuchtet“[231]. Aber wir Christen wissen: „Wenn die Musik des Evangeliums nicht mehr unser Inneres in Schwingung versetzt, werden wir die Freude verlieren, die aus dem Mitgefühl entsteht, die Zartheit, die aus dem Vertrauen kommt, die Fähigkeit zur Versöhnung, die ihre Quelle in dem Wissen hat, dass uns vergeben wurde und dass auch wir vergeben sollen. Wenn die Musik des Evangeliums in unseren Häusern, in der Öffentlichkeit, an unseren Arbeitsplätzen, in der Politik und der Wirtschaft nicht mehr zu hören ist, dann haben wir wohl die Melodie abgeschaltet, die uns herausfordert, für die Würde jedes Mannes und jeder Frau ungeachtet ihrer Herkunft zu kämpfen.“[232] Andere nähren sich aus anderen Quellen. Für uns liegt die Quelle der Menschenwürde und Geschwisterlichkeit im Evangelium Jesu Christi. Aus diesem „entspringt für das christliche Denken und für das Handeln der Kirche der Primat, der der Beziehung vorbehalten wird: der Begegnung mit dem heiligen Geheimnis des anderen und der universalen Gemeinschaft mit der ganzen Menschheit als Berufung aller.“[233]

278. Die Kirche ist dazu berufen, sich an allen Enden der Welt zu inkarnieren, und ist seit Jahrhunderten an jedem Ort der Erde gegenwärtig – das heißt „katholisch“. Somit kann sie aus ihrer Erfahrung von Gnade und Sünde heraus die Schönheit der Einladung zur universalen Liebe verstehen. Denn „alles Menschliche geht uns ja an. (...) Wo immer Versammlungen der Völker statt-

finden, um die Rechte und Pflichten des Menschen festzusetzen, ist es eine Ehre für uns, wenn sie nur damit einverstanden sind, dass wir daran teilnehmen."[234] Für viele Christen hat dieser Weg der Geschwisterlichkeit auch eine Mutter, die Maria heißt. Sie hat diese universale Mutterschaft unter dem Kreuz empfangen (vgl. *Joh* 19,26), und ihre Sorge gilt nicht nur Jesus, sondern auch „ihren übrigen Nachkommen" (*Offb* 12,17). Mit der Kraft des Auferstandenen will sie eine neue Welt gebären, in der wir alle Brüder und Schwestern sind, in der es für jeden von unserer Gesellschaft verstoßenen Menschen Platz gibt, in der Gerechtigkeit und Frieden herrschen.

279. Als Christen fordern wir in Ländern, in denen wir eine Minderheit darstellen, eine Garantie für unsere Freiheit. Genauso befürworten wir sie für diejenigen, die nicht Christen sind, dort, wo sie eine Minderheit bilden. Es gibt ein grundlegendes Menschenrecht, das auf dem Weg zur Geschwisterlichkeit und zum Frieden nicht vergessen werden darf, und das ist die Religionsfreiheit für die Gläubigen aller Religionen. Diese Freiheit bekräftigt, dass es möglich ist, „zwischen unterschiedlichen Kulturen und Religionen zu einem guten Einvernehmen zu gelangen; sie bezeugt, dass die Dinge, die wir gemeinsam haben, so zahlreich und wichtig sind, dass es möglich ist, einen Weg entspannten, geordneten und friedlichen Zusammenlebens zu finden, indem man die Unterschiede akzeptiert und sich freut, als Kinder eines einzigen Gottes Geschwister zu sein."[235]

280. Zugleich bitten wir Gott um die Stärkung der Einheit innerhalb der Kirche. Eine Einheit, die durch Unterschiede bereichert wird, die durch das Wirken des Heiligen Geistes miteinander versöhnt werden. Denn „durch den einen Geist wurden wir in der Taufe alle in einen einzigen Leib aufgenommen" (*1 Kor* 12,13), wo jeder seinen eigenen, unverwechselbaren Beitrag leistet. Wie der heilige Augustinus sagte: „Das Ohr sieht durch das Auge, und das Auge hört durch das Ohr."[236] Es ist darüber hinaus dringend notwendig, weiterhin Zeugnis von einem Weg der Begegnung zwischen den verschiedenen christlichen Konfessionen zu geben. Wir können den von Christus geäußerten Wunsch nicht vergessen: „Alle sollen eins sein" (*Joh* 17,21). Wenn wir seinen Aufruf hören, erkennen wir mit Schmerz, dass dem Globalisierungsprozess noch immer der prophetische und spirituelle Beitrag der Einheit aller Christen fehlt. Aber „auch während wir noch auf dem Weg zur vollen Gemeinschaft sind, haben wir bereits die Pflicht, gemeinsam die Liebe Gottes zu allen Menschen zu bezeugen, indem wir im Dienst der Menschlichkeit zusammenarbeiten".[237]

Religion und Gewalt

281. Zwischen den Religionen ist ein Weg des Friedens möglich. Der Ausgangspunkt muss der Blick Gottes sein. Denn „Gott schaut nicht mit den Augen, Gott schaut mit dem Herzen. Und Gottes Liebe ist für jeden Menschen gleich, unabhängig von seiner Religion. Und wenn er Atheist ist, ist es die gleiche Liebe. Wenn der jüngste Tag kommt und es genug Licht auf der Erde gibt, um die Dinge so zu sehen, wie sie sind, werden wir viele Überraschungen erleben!“[238]

282. Ebenso „brauchen wir Gläubigen Möglichkeiten zum Gespräch und zum gemeinsamen Einsatz für das Gemeinwohl und die Förderung der Ärmsten. Wir brauchen nicht irgendwelche Abstriche zu machen oder mit unseren eigenen Überzeugungen, die uns viel bedeuten, hinter dem Berg zu halten, um andersdenkenden Menschen begegnen zu können. (...) Denn je tiefer, solider und reicher eine Identität ist, desto mehr wird sie andere mit ihrem spezifischen Beitrag bereichern.“[239] Als Gläubige sind wir herausgefordert, zu unseren Quellen zurückzukehren, um uns auf das Wesentliche zu konzentrieren: die Anbetung Gottes und die Nächstenliebe, damit nicht einige Aspekte unserer Lehren, aus dem Zusammenhang gerissen, am Ende Formen der Verachtung, des Hasses, der Fremdenfeindlichkeit und der Ablehnung des anderen fördern. Die Wahrheit ist, dass Gewalt keinerlei Grundlage in den fundamentalen religiösen Überzeugungen findet, sondern nur in deren Verformungen.

283. Die aufrichtige und demütige Verehrung Gottes endet „nicht etwa in Diskriminierung, Hass und Gewalt, sondern in der Achtung vor der Unverletzlichkeit des Lebens, in der Achtung vor der Würde und Freiheit anderer und im liebevollen Einsatz für das Wohl aller“[240]. Es stimmt nämlich: „Wer nicht liebt, hat Gott nicht erkannt; denn Gott ist Liebe“ (*1 Joh* 4,8). Deshalb ist „der verdammenswerte Terrorismus, der die Sicherheit der Personen im Osten als auch im Westen, im Norden als auch im Süden bedroht und Panik, Angst und Schrecken sowie Pessimismus verbreitet, (...) nicht der Religion geschuldet – auch wenn die Terroristen sie instrumentalisieren –, sondern den angehäuften falschen Interpretationen der religiösen Texte, den politischen Handlungsweisen des Hungers, der Armut, der Ungerechtigkeit, der Unterdrückung, der Anmaßung; deswegen ist es notwendig, die Unterstützung für die terroristischen Bewegungen durch Bereitstellung von Geldern, Waffen, Plänen oder Rechtfertigungen und auch durch die Medienberichterstattung einzustellen und all dies als internationale Verbrechen anzusehen, die weltweit Sicherheit und Frieden bedrohen. Man muss einen derartigen Terrorismus in all seinen Formen und Erscheinungen verurtei-

len."[241] Religiöse Überzeugungen von der Heiligkeit des menschlichen Lebens ermöglichen es, „dass wir alle die Grundwerte des gemeinsamen Menschseins anerkennen. Im Namen dieser Werte kann und muss man zusammenarbeiten, aufbauen und miteinander reden, vergeben und wachsen und so es den verschiedenen Stimmen möglich machen, einen edlen harmonischen Gesang zu bilden anstatt fanatischen Hassgeschreis"[242].

284. Mitunter wird die fundamentalistische Gewalt bei manchen Gruppierungen welcher Religion auch immer durch die Unklugheit ihrer Anführer entfesselt. Doch „das Gebot des Friedens [ist] tief in die von uns vertretenen religiösen Traditionen eingeschrieben (…) Als *religiöse Führungspersönlichkeiten* sind wir dazu aufgefordert, wahre ‚Dialogpartner' zu sein und bei der Arbeit für den Frieden nicht bloße Mittelsmänner, sondern authentische Mittler zu sein. Mittelsmänner pflegen allen Beteiligten Begünstigungen einzuräumen, um am Ende selbst einen Gewinn einzustreichen. Der Mittler hingegen ist jemand, der nichts für sich selbst behält, sondern sich bis zum Ende großzügig hingibt, wissend, dass sein einziger Gewinn der Frieden sein wird. Ein jeder von uns ist aufgerufen, Friedensstifter zu sein, der einigend wirkt und nicht trennt, der den Hass auslöscht und ihn nicht aufrechterhält, indem er Wege des Dialoges öffnet und keine neuen Mauern errichtet."[243]

Aufruf

285. Bei dem brüderlichen Treffen mit dem Großimam Aḥmad al-Ṭayyib, an das ich mich freudig erinnere, erklärten wir „mit Festigkeit, dass die Religionen niemals zum Krieg aufwiegeln und keine Gefühle des Hasses, der Feindseligkeit, des Extremismus wecken und auch nicht zur Gewalt oder zum Blutvergießen auffordern. Diese Verhängnisse sind Frucht der Abweichung von den religiösen Lehren, der politischen Nutzung der Religionen und auch der Interpretationen von Gruppen von religiösen Verantwortungsträgern, die in gewissen Geschichtsepochen den Einfluss des religiösen Empfindens auf die Herzen der Menschen missbraucht haben (…). Denn Gott, der Allmächtige, hat es nicht nötig, von jemandem verteidigt zu werden; und er will auch nicht, dass sein Name benutzt wird, um die Menschen zu terrorisieren."[244] Deshalb möchte ich hier den Aufruf für Frieden, Gerechtigkeit und Geschwisterlichkeit, den wir gemeinsam gemacht haben, wieder aufgreifen:

„Im Namen Gottes, der alle Menschen mit gleichen Rechten, gleichen Pflichten und gleicher Würde geschaffen hat und der sie dazu berufen hat, als Brüder und Schwestern miteinander zusammenzuleben, die Erde zu bevölkern und auf ihr die Werte des Guten, der Liebe und des Friedens zu verbreiten.

Im Namen der unschuldigen menschlichen Seele, die zu töten Gott verboten hat, wenn er sagt, dass jeder, der einen Menschen ermordet, so ist, als hätte er die ganze Menschheit getötet, und dass jeder, der einen Menschen rettet, so ist, als hätte er die ganze Menschheit gerettet.

Im Namen der Armen, Notleidenden, Bedürftigen und Ausgegrenzten, denen beizustehen nach Gottes Gebot alle verpflichtet sind, insbesondere alle vermögenden und wohlhabenden Menschen.

Im Namen der Waisen, Witwen, Flüchtlinge und aller, die aus ihren Häusern und Heimatländern vertrieben wurden, aller Opfer von Krieg, Verfolgung und Ungerechtigkeit; im Namen aller Schwachen, aller in Angst lebenden Menschen, der Kriegsgefangenen und der Gefolterten überall auf der Welt, ohne irgendeinen Unterschied.

Im Namen der Völker, die der Sicherheit, des Friedens und des gemeinsamen Zusammenlebens entbehren und Opfer von Zerstörung, Niedergang und Krieg wurden.

Im Namen der *Geschwisterlichkeit aller Menschen*, die alle umfasst, vereint und gleich macht an Würde.

Im Namen dieser *Geschwisterlichkeit*, welche durch die politischen Bestrebungen von Integralismus und Spaltung sowie durch maßlos gewinnorientierte Systeme und abscheuliche ideologische Tendenzen, die die Handlungen und Schicksale der Menschen manipulieren, entzweit wird.

Im Namen der Freiheit, die Gott allen Menschen geschenkt hat, als er sie frei geschaffen und mit dieser besonderen Würde auszeichnet hat.

Im Namen der Gerechtigkeit und der Barmherzigkeit, den Grundlagen des Wohlstands und den Eckpfeilern des Glaubens.

Im Namen aller Menschen guten Willens an allen Orten der Welt.

Im Namen Gottes und all des eben Gesagten (...) [nehmen wir] die Kultur des Dialogs als Weg, die allgemeine Zusammenarbeit als Verhaltensregel und das gegenseitige Verständnis als Methode und Maßstab [an]."[245]

* * *

286. Bei diesen Überlegungen zur Geschwisterlichkeit aller Menschen habe ich mich besonders von Franz von Assisi, aber auch von nichtkatholischen Brüdern inspirieren lassen: Martin Luther King, Desmond Tutu, Mahatma Gandhi und viele andere. Zum Schluss möchte ich jedoch an einen weiteren Menschen tiefen

Glaubens erinnern, der aus seiner intensiven Gotteserfahrung heraus einen Weg der Verwandlung gegangen ist, bis er sich als Bruder aller fühlte. Dies ist der selige Charles de Foucauld.

287. Seine Vision einer Ganzhingabe an Gott fand ihre Verwirklichung schließlich in seiner Identifikation mit den Geringsten und Verlassenen in den Weiten der afrikanischen Wüste. In diesem Zusammenhang äußerte Charles de Foucauld den Wunsch, sich als Bruder eines jeden Menschen empfinden zu können.[246] So bat er einen Freund: „Beten Sie zu Gott, dass ich wirklich der Bruder aller Seelen (...) sein kann."[247] Er wollte letztendlich „der Bruder aller"[248] sein. Aber nur durch die Identifikation mit den Geringsten wurde er zum Bruder aller Menschen. Möge Gott jeden von uns zu dieser Vision inspirieren. Amen.

Gebet zum Schöpfer

Herr und Vater der Menschheit,
du hast alle Menschen mit gleicher Würde erschaffen.
Gieße den Geist der Geschwisterlichkeit in unsere Herzen ein.
Wecke in uns den Wunsch nach einer neuen Art der Begegnung,
nach Dialog, Gerechtigkeit und Frieden.
Sporne uns an, allerorts bessere Gesellschaften aufzubauen
und eine menschenwürdigere Welt
ohne Hunger und Armut, ohne Gewalt und Krieg.
Gib, dass unser Herz sich
allen Völkern und Nationen der Erde öffne,
damit wir das Gute und Schöne erkennen,
das du in sie eingesät hast,
damit wir engere Beziehungen knüpfen
vereint in der Hoffnung und in gemeinsamen Zielen. Amen.

Ökumenisches Gebet

Herr, unser Gott, dreifaltige Liebe,
lass aus der Kraft deiner innergöttlichen Gemeinschaft
die geschwisterliche Liebe in uns hineinströmen.
Schenke uns die Liebe, die in den Taten Jesu,
in der Familie von Nazaret und in der Gemeinschaft der ersten Christen
aufscheint.

Gib, dass wir Christen das Evangelium leben
und in jedem Menschen Christus sehen können,
dass wir ihn in der Angst der Verlassenen und Vergessenen dieser Welt
als den Gekreuzigten erkennen
und in jedem Bruder, der sich wieder erhebt, als den Auferstanden.
Komm, Heiliger Geist, zeige uns deine Schönheit,
die in allen Völkern der Erde aufscheint,
damit wir entdecken, dass sie alle wichtig sind,
dass alle notwendig sind, dass sie verschiedene Gesichter
der einen Menschheit sind, die du liebst. Amen.

III. ANSPRACHEN, BOTSCHAFTEN UND DOKUMENTE

Thematische Zuordnung der Texte zum interreligiösen Dialog

Dialog mit verschiedenen Religionen
Nr. 1, 11, 13, 15, 17, 19, 20, 23, 24, 25, 28, 30, 33, 35, 38, 39, 40, 42, 44

Dialog mit jüdischen Traditionen
Nr. 3, 4, 5, 8, 9, 14, 16, 18, 22, 27, 32, 41, 43

Dialog mit muslimischen Traditionen
Nr. 6, 7, 12, 21, 26, 33, 34, 35, 36, 40, 47

Dialog mit buddhistischen Traditionen
Nr. 10, 29, 37, 45

Dialog mit indigenen Völkern
Nr. 31, 46

„Die katholische Kirche ist sich der Bedeutung bewusst, welche die Förderung der Freundschaft und der Achtung unter den Menschen verschiedener religiöser Traditionen besitzt.“

Nr. 1

Ansprache bei der Begegnung mit Vertretern und Vertreterinnen der Kirchen und kirchlichen Gemeinschaften und der verschiedenen Religionen (Auszug)

Sala Clementina, 20. März 2013

EINLEITUNG: Eine Woche nach seiner Wahl zum Papst empfing Franziskus die Delegationen der christlichen Kirchen und der Religionen, die zu seiner Inauguration am Tag davor aus vielen Ländern gekommen waren.

Bei der Audienz hatte der Ökumenische Patriarch von Konstantinopel Bartholomaios I. einen besonderen Ehrenplatz und hielt als einziger Teilnehmer eine Ansprache an den Papst. Seine Teilnahme an der Messe zur Inauguration des neuen Papstes war historisch: Zum ersten Mal seit dem Schisma 1054 hatte das Oberhaupt der orthodoxen Kirchen an der Inauguration des Papstes teilgenommen.

(...) Und nun wende ich mich an Sie, sehr geehrte Vertreter des jüdischen Volkes, mit dem uns ein ganz besonderes geistliches Band verbindet, da – wie das Zweite Vatikanische Konzil bekräftigt – „die Kirche Christi [anerkennt], dass nach dem Heilsgeheimnis Gottes die Anfänge ihres Glaubens und ihrer Erwählung sich schon bei den Patriarchen, bei Moses und den Propheten finden“ (Erklärung *Nostra aetate*, 4). Ich danke Ihnen für Ihre Anwesenheit und vertraue darauf, dass wir mit der Hilfe des Allerhöchsten jenen geschwisterlichen Dialog nutzbringend fortsetzen können, den das Konzil sich wünschte (vgl. *ebd.*) und der tatsächlich verwirklicht wurde und besonders im Laufe der letzten Jahrzehnte nicht wenig Frucht getragen hat.

Herzlich begrüße ich auch Sie alle und danke Ihnen, liebe Freunde, die Sie anderen religiösen Traditionen angehören; vor allem die Muslime, die den einen, lebendigen und barmherzigen Gott anbeten und im Gebet anrufen, und Sie alle. Ich schätze Ihre Anwesenheit sehr: In ihr sehe ich ein greifbares Zeichen des Willens, in der gegenseitigen Achtung und in der Zusammenarbeit für das Gemeinwohl der Menschheit zu wachsen.

Die katholische Kirche ist sich der Bedeutung bewusst, welche die Förderung der Freundschaft und der Achtung unter den Menschen verschiedener religiöser Traditionen besitzt – ich möchte das wiederholen: Förderung der Freundschaft und der Achtung unter den Menschen verschiedener religiöser Traditionen –; das beweist auch die wertvolle Arbeit, die der Päpstliche Rat für den Interreligiösen Dialog leistet. Sie ist sich gleichermaßen der Verantwortung bewusst, die wir alle für diese unsere Welt und für die gesamte Schöpfung tragen, die wir lieben und bewahren müssen. Wir können viel tun für das Wohl der Armen, der Schwachen und der Leidenden, wir können viel tun, um die Gerechtigkeit zu fördern, die Versöhnung voranzutreiben, den Frieden zu schaffen. Vor allem aber müssen wir in der Welt den Durst nach dem Absoluten lebendig halten, indem wir nicht zulassen, dass eine nur eindimensionale Sicht des Menschen überhandnimmt, nach der der Mensch auf das beschränkt wird, was er produziert und was er konsumiert: Das ist eine der größten Gefahren für unsere Zeit.

Wir wissen, wie viel Gewalt der Versuch, Gott und das Göttliche aus dem Gesichtskreis des Menschen zu entfernen, in der jüngeren Geschichte hervorgebracht hat, und spüren die Wichtigkeit, in unseren Gesellschaften die ursprüngliche Offenheit für die Transzendenz zu bezeugen, die dem Menschen ins Herz gelegt ist. Darin fühlen wir uns all jenen Männern und Frauen nahe, die sich zwar zu keiner religiösen Tradition bekennen, sich aber dennoch auf der Suche nach dem Wahren, dem Guten und dem Schönen, nach diesem Wahren, Guten und Schönen, das Gott ist, befinden und die unsere wertvollen Verbündeten sind im Einsatz zur Verteidigung der Menschenwürde, beim Aufbau eines friedlichen Zusammenlebens unter den Völkern und bei der achtsamen Bewahrung der Schöpfung. (...)

„Man kann keine wahre Verbindung zu Gott haben, wenn man die anderen ignoriert."

Nr. 2

Ansprache an das am Heiligen Stuhl akkreditierte Diplomatische Korps (Auszug)

Sala Regia, 22. März 2013

EINLEITUNG: Drei Tage nach seiner Amtseinsetzung fand die traditionelle Audienz mit den am Heiligen Stuhl akkreditierten Diplomaten und Diplomatinnen statt. In der Ansprache tauchte die Vision der universalen Geschwisterlichkeit auf, die sich wie ein roter Faden durch sein Pontifikat ziehen sollte. Der neugewählte Papst unterstrich die Bedeutung des interreligiösen Dialogs und hob dabei vor allem den Dialog mit dem Islam hervor.

(...) Wie Sie wissen, gibt es mehrere Gründe, warum ich bei der Wahl meines Namens an Franziskus von Assisi gedacht habe – eine Persönlichkeit, die über die Grenzen Italiens und Europas hinaus und auch bei denen, die nicht den katholischen Glauben bekennen, wohlbekannt ist. Einer der ersten Gründe ist die Liebe, die Franziskus zu den Armen hatte. Wie viele Arme gibt es noch in der Welt! Und welchen Leiden sind diese Menschen ausgesetzt! Nach dem Beispiel des heiligen Franziskus von Assisi hat die Kirche immer versucht, sich in jedem Winkel der Erde um die Notleidenden zu kümmern, sie zu behüten, und ich denke, dass Sie in vielen Ihrer Länder das großherzige Wirken jener Christen feststellen können, die sich engagieren, um den Kranken, den Waisen, den Obdachlosen und allen Ausgegrenzten zu helfen, und die so daran arbeiten, menschlichere und gerechtere Gesellschaften aufzubauen.

Doch es gibt auch noch eine andere Armut! Es ist die geistliche Armut unserer Tage, die ganz ernstlich auch die Länder betrifft, die als die reichsten gelten. Es ist das, was mein Vorgänger, der liebe und verehrte Benedikt XVI., „Diktatur des Relativismus" nennt und was jeden sein eigener Maßstab sein lässt und so das Zusammenleben unter den Menschen gefährdet. Und damit komme ich zu einem zweiten Grund für meinen Namen. Franziskus von Assisi sagt: Arbeitet, um den Frieden aufzubauen! Aber es gibt keinen wahren Frieden ohne Wahrheit! Es kann keinen wahren Frieden geben, wenn jeder sein eigener Maßstab ist, wenn jeder immer und einzig sein eigenes Recht einfordern kann, ohne sich gleichzeitig um das Wohl der anderen – aller – zu kümmern, angefangen von der Natur, die alle Menschen auf dieser Welt verbindet.

Einer der Titel des Bischofs von Rom ist Pontifex, das heißt Brückenbauer – Brücken zu Gott und zwischen den Menschen. Ich wünsche mir wirklich, dass der Dialog zwischen uns dazu beiträgt, Brücken zwischen allen Menschen zu bauen, so dass jeder im anderen nicht einen Feind, einen Konkurrenten sieht, sondern einen Bruder, den er annehmen und umarmen soll! Außerdem drängt mich meine eigene Herkunft dazu, Brücken zu bauen. Wie Sie wissen, kommt ja meine Familie aus Italien; und so ist in mir stets dieser Dialog zwischen Orten und Kulturen lebendig, die voneinander entfernt sind – zwischen dem einen und dem anderen Ende der Erde, die heute einander immer näher rücken, voneinander abhängig sind, es nötig haben, einander zu begegnen und wirkliche Räume echten Miteinanders zu schaffen.

Grundlegend in diesem Werk ist auch die Rolle der Religion. Man kann nämlich keine Brücken zwischen den Menschen bauen, wenn man Gott vergisst. Doch es gilt auch das Gegenteil: Man kann keine wahre Verbindung zu Gott haben, wenn man die anderen ignoriert. Darum ist es wichtig, den Dialog zwischen den verschiedenen Religionen zu verstärken – ich denke besonders an den mit dem Islam –, und ich habe die Anwesenheit vieler ziviler und religiöser Autoritäten der islamischen Welt bei der Messe zu meiner Amtseinführung sehr geschätzt. Und es ist auch wichtig, die Gegenüberstellung mit den Nichtgläubigen zu intensivieren, damit niemals die Unterschiede, die trennen und verletzen, überhandnehmen, sondern bei aller Verschiedenheit doch der Wunsch überwiegt, wahre Bindungen der Freundschaft zwischen allen Völkern aufzubauen.

Die materielle wie die geistliche Armut bekämpfen, Frieden schaffen und Brücken bauen – das sind gleichsam die Bezugspunkte eines Weges, den mitzugehen ich jedes der Länder, die Sie vertreten, einlade. Das ist jedoch ein schwieriger Weg, wenn wir nicht immer mehr lernen, diese unsere Erde zu lieben. Auch in diesem Fall hilft es mir, an den Namen Franziskus zu denken, der eine tiefgreifende Achtung gegenüber der gesamten Schöpfung und die Bewahrung dieser unserer Umwelt lehrt, die wir leider allzu oft nicht zum Guten gebrauchen, sondern sie gierig ausbeuten zum gegenseitigen Schaden. (…)

Ansprache an die Delegation des Internationalen Jüdischen Komitees für Interreligiöse Beziehungen

Saal der Päpste, 24. Juni 2013

EINLEITUNG: Das „International Jewish Comittee for Interreligious Consultations“ (IJCIC) vertritt das weltweite Judentum im interreligiösen Dialog mit dem Vatikan, dem Ökumenischen Patriarchat und dem Weltkirchenrat. Das Komitee wurde 1970 gegründet, „als Antwort auf die dramatische, positive Transformation der christlichen Haltung gegenüber Juden und dem Judentum, insbesondere *Nostra aetate* der römisch-katholischen Kirche.“[249] Gegenwärtig umfasst das Konsortium 11 Organisationen aus den verschiedenen Richtungen innerhalb des Judentums. Das IJCIC ist der Gesprächspartner der vatikanischen „Kommission für die religiösen Beziehungen mit den Juden“ (CRRJ) im International Catholic-Jewish Liaison Committee (ILC), in dem der offizielle jüdisch-katholische Dialog geführt wird.

Beim ersten Treffen des IJCIC mit dem neugewählten Papst nahmen rund 30 Delegierte teil, u. a. Martin Budd (Anti-Defamation League) und die Co-Vorsitzende Betty Ehrenberg (World Jewish Congress).

Bei dieser ersten Begegnung mit der offiziellen Delegation des Judentums als neugewählter Papst begrüßte er die Anwesenden als „ältere Brüder“ („fratelli maggiore“) – eine Anrede, die Johannes Paul II. bei seinem historischen Besuch der römischen Synagoge 1986 verwendet hatte.

Liebe ältere Brüder,
shalom!
Mit diesem Gruß, der auch der christlichen Überlieferung am Herzen liegt, freue ich mich, eine Delegation von Vertretern des „Internationalen Jüdischen Komitees für Interreligiöse Beziehungen“ (*International Jewish Committee on Interreligious Consultations*) zu begrüßen.

Ich begrüße Kardinal Koch sowie die anderen Mitglieder und Beamten der „Kommission für die religiösen Beziehungen mit dem Judentum“, mit der ihr seit über 40 Jahren einen regelmäßigen Dialog führt. Die 21 Begegnungen, die bis heute stattgefunden haben, haben gewiss dazu beigetragen, das gegenseitige Verständnis sowie die Bande der Freundschaft zwischen Juden und Katholiken zu stärken. Ich weiß, dass ihr die nächste Begegnung vorbereitet, die im Oktober in Madrid stattfinden und unter dem Thema „Herausforderungen für den Glauben in der gegenwärtigen Gesellschaft" stehen wird. Ich danke euch für euren Einsatz dafür!

In diesen ersten Monaten meines Dienstes hatte ich bereits Gelegenheit, wichtigen Persönlichkeiten der jüdischen Welt zu begegnen, aber jetzt spreche ich zum ersten Mal mit einer offiziellen Gruppe von Vertretern jüdischer Organisationen und Gemeinschaften, und so kann ich nicht umhin zu erwähnen, was das Zweite Vatikanische Konzil in Paragraph 4 der Erklärung *Nostra aetate* feierlich erklärt hat, denn diese ist für die katholische Kirche auch weiterhin ein entscheidender Bezugspunkt für die Beziehungen zum jüdischen Volk.

In diesem Konzilstext erkennt die Kirche an, dass „nach dem Heilsgeheimnis Gottes die Anfänge ihres Glaubens und ihrer Erwählung sich schon bei den Patriarchen, bei Moses und den Propheten finden". Und im Hinblick auf die Juden ruft das Konzil die Lehre des hl. Paulus in Erinnerung, der schrieb, dass Gottes „Gnadengaben und seine Berufung unwiderruflich" sind, und der auch Hass, Verfolgung und jede Form von Antisemitismus entschieden verurteilte. Aufgrund unserer gemeinsamen Wurzeln kann ein Christ nicht antisemitisch sein!

Die in der Erklärung zum Ausdruck gebrachten Grundsätze haben den Weg größerer Kenntnis und gegenseitigen Verstehens gekennzeichnet, den Juden und Katholiken in den letzten Jahrzehnten beschritten haben, einen Weg, den meine Vorgänger stark ermutigt haben, sowohl durch sehr bedeutsame Gesten als auch durch die Erarbeitung einer Reihe von Dokumenten, um das Nachdenken über die theologischen Grundlagen der Beziehungen zwischen Juden und Christen zu vertiefen.

Es handelt sich um einen Weg, für den wir Gott aufrichtig danken müssen. Dennoch ist er nur das sichtbarste Element einer ganzen Bewegung, die hier und da auf der ganzen Welt zu finden ist, wie ich aus persönlicher Erfahrung weiß. Während meiner Zeit als Erzbischof von Buenos Aires – worauf der Herr Präsident hingewiesen hat – hatte ich die Freude, aufrichtige freundschaftliche Beziehungen zu leitenden Persönlichkeiten der jüdischen Welt zu pflegen. Wir haben oft über unsere jeweilige religiöse Identität gesprochen, über das Menschenbild in den Heiligen Schriften, und darüber, wie man ein Bewusstsein für Gott lebendig erhalten kann in einer Welt, die jetzt in vielerlei Weise säkularisiert ist. Ich habe mich bei verschiedenen Gelegenheiten mit ihnen getroffen, um über die Herausforderungen zu sprechen, denen sowohl Juden als auch Christen gegenüberstehen. Aber vor allem haben wir es genossen, als Freunde beisammen zu sein, wurden alle durch die Begegnung und den Dialog bereichert und haben einander angenommen, und das hat uns allen geholfen, als Menschen und als Gläubige zu wachsen.

Dies geschah auch in vielen anderen Teilen der Welt, und diese freundschaftlichen Beziehungen sind in gewisser Weise die Grundlage für die Entwicklung des offiziellen Dialogs. Ich ermutige euch daher, diesen Weg weiterzugehen und dabei zu versuchen, die jüngeren Generationen mit einzubinden. Die Menschheit braucht unser gemeinsames Zeugnis für die Achtung der Würde von Mann und Frau, die als Gottes Abbild, ihm ähnlich, erschaffen wurden, und für den Frieden, der vor allem Gottes Geschenk ist. Ich möchte hier an die Worte des Propheten Jeremia erinnern: „Ich kenne meine Pläne, die ich für euch habe – Spruch des Herrn –, Pläne des Heils, des Friedens und nicht des Unheils; denn ich will euch eine Zukunft und eine Hoffnung geben" (29,11).

Mit diesem Wort, Frieden – *shalom* – möchte ich schließen, indem ich um euer Gebet bitte und euch meines eigenen Gebets versichere. Danke.

„Der Antisemitismus muss aus dem Herzen und aus dem Leben eines jeden Mannes und einer jeden Frau verbannt werden!"

Nr. 4

Ansprache an die Delegation der jüdischen Gemeinde Roms

Saal der Päpste, 11. Oktober 2013

Einleitung: Bei der Begegnung handelte es sich um das erste offizielle Treffen zwischen dem neugewählten Papst und einer Delegation der römischen jüdischen Gemeinde, nachdem Vertreter und Vertreterinnen der Gemeinde beim Empfang für die Vertretungen der Kirchen und der Religionen am 20. März, kurz nach der Amtseinsetzung, teilgenommen hatten. Papst Franziskus unterstrich vor dem Hintergrund der nationalsozialistischen Judenverfolgung die Bedeutung des alltäglichen Dialogs, der praktischen Solidarität und gegenseitigen Unterstützung zwischen Menschen unterschiedlicher Religionszugehörigkeit. Der Weg, den Christen nach dem Willen Gottes einzuschlagen haben, sei der „Weg der Freundschaft, der Nähe, der Geschwisterlichkeit".

Liebe Freunde von der Jüdischen Gemeinde in Rom,
Shalom!
Es ist mir eine Freude, euch zu empfangen und damit die Gelegenheit zu haben, die erste Begegnung mit einigen Vertretern eurer Gemeinde am vergangenen 20. März zu vertiefen und zu erweitern. Ich begrüße alle sehr herzlich, vor allem den Herrn Oberrabbiner, Dr. Riccardo Di Segni, dem ich für die an mich gerichteten Worte danke. Ich danke ihm auch für die Erinnerung an den Mut unseres Stammvaters Abraham, als dieser mit dem Herrn rang, um Sodom und Gomorra zu retten: „Vielleicht finden sich nur dreißig, vielleicht finden sich nur fünfundzwanzig, und vielleicht finden sich nur zwanzig ..." Das ist wirklich ein mutiges Gebet vor dem Herrn. Danke. Ich grüße auch den Präsidenten der Jüdischen Gemeinde Roms, Herrn Dr. Riccardo Pacifici, sowie den Präsidenten der Union der Jüdischen Gemeinden Italiens, Herrn Dr. Renzo Gattegna.

In meiner Eigenschaft als Bischof von Rom verspüre ich eine ganz besondere Nähe zum Leben der Jüdischen Gemeinde der *Urbs*: ich weiß, dass diese auf eine über zweitausendjährige ununterbrochene Präsenz in der Stadt zurückschauen und sich rühmen kann, die älteste jüdische Gemeinde Westeuropas zu sein. Folglich leben die jüdische Gemeinde und die Kirche von Rom in dieser unserer Stadt seit Jahrhunderten zusammen, mit einer Geschichte, die – das wissen wir nur allzu gut – oft von Verständnislosigkeit und auch von eindeutigen Ungerechtigkeiten durchzogen war. Es ist allerdings eine Geschichte, die durch Gottes Hilfe nunmehr seit Jahrzehnten die Entwicklung freundschaftlicher und geschwisterlicher Beziehungen erlebt hat. Zu diesem Mentalitätswandel haben seitens der katholischen Kirche sicherlich die Reflexionen des II. Vatikanischen Konzils beigetragen. Ein nicht geringerer Anteil aber ist auf beiden Seiten dem Leben und Handeln weiser und großherziger Männer zu verdanken, die in der Lage waren, den Ruf des Herrn zu erkennen und mutig neue Wege der Begegnung und des Dialogs einzuschlagen.

Paradoxerweise hat uns die gemeinsam erfahrene Tragödie des Krieges gelehrt, Seite an Seite zu gehen. In wenigen Tagen werden wir des 70. Jahrestags der Deportation der römischen Juden gedenken. Wir werden ihrer gedenken und für die vielen unschuldigen Opfer der menschlichen Barbarei und für ihre Familien beten.

Das wird auch Anlass dazu sein, unsere Aufmerksamkeit stets wach zu halten, damit keinerlei Formen der Intoleranz und des Antisemitismus in Rom und in der übrigen Welt erneut aufflackern können, unter welchem Deckmantel das auch immer geschehen mag. Ich habe es bei anderer Gelegenheit gesagt, und ich möchte es auch jetzt wiederholen: Es ist ein Widerspruch, dass ein Christ Antisemit ist. Seine Wurzeln sind auch ein wenig jüdisch. Ein Christ kann kein Antisemit sein! Der Antisemitismus muss aus dem Herzen und aus dem Leben eines jeden Mannes und einer jeden Frau verbannt werden! Dieser Jahrestag gestattet es uns auch, daran zu erinnern, dass in den Stunden der Finsternis die christliche Gemeinschaft dieser Stadt dem Bruder in Schwierigkeiten eine helfende Hand zu reichen verstand. Wir wissen, dass unzählige Ordenshäuser, Klöster und sogar die Päpstlichen Basiliken, dem Wunsch des Papstes nachkommend, ihre Tore für eine geschwisterliche Aufnahme geöffnet haben, und dass viele ganz gewöhnliche Christen all die Hilfe angeboten haben, die sie zu geben vermochten, wie groß oder klein diese auch gewesen sein mag.

Die große Mehrheit wusste sicherlich nicht um die Notwendigkeit, das christliche Verständnis des Judentums zu aktualisieren, und vielleicht wussten sie auch kaum etwas über das Glaubensleben der jüdischen Gemeinde. Sie brachten aber den Mut auf, das zu tun, was in jenem Augenblick das Richtige war: den Bruder, der in Gefahr schwebte, zu beschützen. Ich möchte diesen Aspekt gerne betonen, denn so wahr es wichtig ist, beiderseits die theologische Reflexion durch den Dialog zu vertiefen, so ist es auch wahr, dass es einen lebenswichtigen Dialog gibt – jenen der alltäglichen Erfahrung –, der nicht weniger grundlegend ist. Ja, ohne diesen, ohne eine wirkliche und ganz konkrete Kultur der Begegnung, die zu authentischen Beziehungen führt und die frei ist von Vorurteilen und gegenseitigem Misstrauen, würden die Bemühungen auf intellektuellem Gebiet kaum etwas nützen. Auch hier, wie ich oft und gern betone, verfügt das Gottesvolk über einen guten Spürsinn und erahnt, welches der Weg ist, den es nach Gottes Willen einschlagen soll. In diesem Fall handelt es sich um den Weg der Freundschaft, der Nähe, der Geschwisterlichkeit.

Ich hoffe, dass ich in meiner Eigenschaft als Bischof hier in Rom zu dieser Nähe und Freundschaft beitragen kann, gerade so, wie ich die Gnade erlebt habe – denn um eine Gnade hat es sich gehandelt –, dies mit der jüdischen Gemeinde von Buenos Aires tun zu dürfen. Unter die vielen Dinge, die uns einander annähern können, fällt auch das Zeugnis der Wahrheit der *Zehn Worte,* des Dekalogs, als sicheres Fundament und Quelle des Lebens auch für unsere Gesellschaft, die durch einen extremen Pluralismus der möglichen Entscheidungen und Orientierungen so desorientiert und durch einen Relativismus gezeichnet ist, der dazu führt, keinerlei feste und sichere Bezugspunkte mehr zu haben.[250]

Liebe Freunde, ich danke euch für euren Besuch und erbitte gemeinsam mit euch den Schutz und den Segen des Allmächtigen für diesen unseren gemeinsamen Weg der Freundschaft und des Vertrauens. Möge er in seiner Güte unserer Zeit seinen Frieden gewähren. Danke.

Nr. 5 *„Es ist wichtig, dass unser Dialog stets zutiefst vom Bewusstsein unserer Beziehung zu Gott gekennzeichnet ist."*

Ansprache an eine Delegation des „American Jewish Committee"

Konsistorien-Saal, 13. Februar 2014

EINLEITUNG: Papst Franziskus empfing 50 Mitglieder des „American Jewish Committee" (AJC) in einer privaten Audienz im Vatikan. Das AJC nimmt seit seiner Gründung eine führende Rolle in den jüdisch-katholischen Beziehungen ein. Die Verbindungen des AJC zum Vatikan gehen bereits auf das Jahr 1915 zurück, als das Komitee Papst Benedikt XV. (1914–1922) dazu aufrief, sich für die belagerten Juden Polens und Russlands einzusetzen.[251] Repräsentanten des AJC trugen wesentlich zur Wende in der christlichen Haltung gegenüber den Juden und dem Judentum in der 2. Hälfte des 20. Jahrhunderts bei: Der Europa-Direktor des AJC, Zachariah Shuster, hatte – neben Professor Jules Isaac – eine führende Rolle bei der Seelisburg-Konferenz 1947, die sich mit der Fortdauer des Antisemitismus in Europa beschäftigte und „Zehn Punkte" als Grundlage für erneuerte Beziehungen zwischen Christen und Juden erarbeitete, um die christliche „Lehre der Verachtung" gegenüber den Juden zu überwinden.[252]

Der AJC wirkte Anfang der 1960er-Jahre intensiv an der Vorbereitung einer Erklärung über die Haltung der katholischen Kirche gegenüber dem Judentum durch das Zweite Vatikanische Konzil mit. Ein zentraler Dialogpartner des Sekretariats für die Förderung der Einheit der Christen, das unter der Leitung von Kardinal Augustin Bea (1881–1968) die Erklärung vorbereitete, war Rabbiner Abraham Joshua Heschel (1907–1972), der geistige Mentor des AJC.

Liebe Freunde!

Ich heiße Sie willkommen! Ihre Vereinigung, die in der Vergangenheit bei verschiedenen Anlässen mit meinen verehrten Vorgängern zusammengetroffen ist, unterhält gute Beziehungen zum Heiligen Stuhl und zu zahlreichen Vertretern der katholischen Welt. Ich bin Ihnen sehr dankbar, dass Sie in den vergangenen Jahren einen qualifizierten Beitrag zum Dialog und zur Geschwisterlichkeit zwischen Juden und Katholiken geleistet haben, und ermutige Sie, auf diesem Wege fortzufahren.

Im kommenden Jahr gedenken wir des 50. Jahrestags der Erklärung *Nostra aetate* des II. Vatikanischen Konzils, die bis heute für die Kirche den unverzichtbaren Maßstab für die Beziehungen zu unseren „älteren Brüdern" darstellt. Ausgehend von diesem Dokument hat sich die Reflexion über das geistliche Erbe, das uns verbindet und das die Grundlage unseres Dialoges ist, mit neuem Nachdruck weiterentwickelt. Diese Grundlage ist theologischer Natur und nicht einfach ein Ausdruck unseres Wunsches nach gegenseitiger Achtung und Wertschätzung. Es ist daher wichtig, dass unser Dialog stets zutiefst vom Bewusstsein unserer Beziehung zu Gott gekennzeichnet ist. Zusätzlich zu diesem Dialog ist es auch wichtig festzustellen, wie Juden und Christen zusammenarbeiten können, um eine gerechtere und geschwisterlichere Welt zu errichten.

In diesem Kontext ist es mir ein Anliegen, ganz besonders an unsere gemeinsamen Bemühungen zugunsten der Armen, der sozial Ausgegrenzten und der Leidenden zu erinnern. Unser Engagement auf diesem Gebiet wurzelt in dem, was die Heiligen Schriften über den Schutz der Armen, Witwen, Waisen und Fremden sagt (vgl. *Ex* 22,20–22). Es ist eine uns von Gott übertragene Pflicht, die Seinen heiligen Willen und Seine Gerechtigkeit widerspiegelt, es ist eine authentische religiöse Pflicht. Damit sich unsere Bemühungen nicht als vergeblich erweisen, ist es schließlich wichtig, dass wir uns der Aufgabe widmen, den jungen Generationen das Erbe unserer gegenseitigen Kenntnis, Hochachtung und Freundschaft weiterzugeben, das in den vergangenen Jahren durch das Engagement von Vereinigungen wie der Ihrigen gewachsen ist. Ich hoffe daher, dass das Thema der Beziehungen zum Judentum in den Priesterseminaren und in den Bildungszentren für katholische Laien weiterhin lebendig bleiben möge, so wie ich darauf vertraue, dass ein entsprechender Wunsch, das Christentum zu kennen, auch unter der jüdischen Gemeinschaft und den jungen Rabbinern wachsen möge. Liebe Freunde, in wenigen Monaten werde ich die große Freude haben, Jerusalem zu besuchen, wo – wie der Psalm sagt – wir alle geboren wurden (vgl. *Ps* 87, 5) und wo alle Völker eines Tages zusammenkommen werden (vgl. *Jes* 25,6–10).

Begleiten Sie mich bitte mit Ihrem Gebet, damit diese Pilgerfahrt Früchte der Gemeinschaft, der Hoffnung und des Friedens tragen möge. *Shalom*!

„Gemeinsam zu beten, ohne Diskussionen anderer Art zu führen, das hilft."

Reise ins Heilige Land (24.–26. Mai 2014)

Von 24.–26. Mai 2014 unternahm Papst Franziskus eine Reise nach Jordanien sowie Israel und Palästina – die zweite Auslandsreise des Papstes nach dem Besuch in Rio de Janeiro. Die Reise ins Heilige Land führte er gemeinsam mit dem Ökumenischen Patriarchen Bartholomaios I. durch. Anlass war die 50. Wiederkehr des historischen Treffens zwischen Paul VI. und dem Ökumenischen Patriarchen Athenagoras I. 1964 in Jerusalem. Im darauffolgenden Jahr, am 7. Dezember 1965, einen Tag vor der feierlichen Schlusssitzung des II. Vatikanums, verkündeten beide Kirchenoberhäupter die Aufhebung der wechselseitigen Bannflüche von 1054 zwischen Rom und Konstantinopel.

Der Aufenthalt in Israel stand in der Tradition der Besuche von Paul VI. (4.–6. Jänner 1964), Johannes Paul II. (20.–26. März 2000) und von Benedikt XVI. (8.–15. Mai 2009). Für einen Papstbesuch völlig neu war, dass Franziskus einen jüdischen und einen muslimischen Freund aus Argentinien eingeladen hatte, Teil seines offiziellen Gefolges auf der Reise zu sein: Rabbiner Abraham Skorka und Omar Ahmed Abboud. Ein eigenes interreligiöses Treffen wie bei Papstreisen zuvor war nicht vorgesehen.

Während über die Begleitung durch diese beiden argentinischen Freunde intensiv berichtet wurde, ist so gut wie unbekannt, dass aus Anlass der Reise von Franziskus ins Heilige Land eine große, etwa vierzigköpfige Gruppe von Juden und Christen aus Argentinien hinfuhr, unter der Leitung der Freunde Rabbiner Ale Avruj und Pater Pepe Di Paola. Sie begleiteten den gesamten Weg von Franziskus in Jordanien, Palästina und Israel. Eine aufschlussreiche Begebenheit ereignete sich, als der Papst nach dem großen Gottesdienst im Stadion in Amman mit dem Papamobil wegfuhr. Als er Avruj am Straßenrand sah, ließ er das Fahrzeug anhalten, stieg aus und umarmte ihn. Avruj wusste nicht, was er in diesem Moment sagen sollte – aber der Papst sagte einfach: „Ale, wie geht's deiner Familie?", „als hätte er einen Freund an der Ecke getroffen".[253] Rabbiner Avruj über diese spontane Begegnung:

> „In Jordanien sind 99 % der Bevölkerung Muslime. Die 50.000 Menschen, die an der Messe teilnahmen, waren die gesamte christliche Ge-

meinschaft des Landes, und dass er anhielt, um einen argentinischen Rabbiner zu begrüßen, spricht für sich selbst."[254]

Am Samstag, 24. Mai landete der Papst in Amman, wo er von König Abdullah II. empfangen wurde. In seiner Ansprache bei der Begegnung mit Vertretern des öffentlichen Lebens Jordaniens in Amman würdigte der Papst den König als „Mann des Friedens und als Friedensstifter" sowie die Initiativen Jordaniens gegen den dschihadistischen Extremismus.

Am Sonntag, 25. Mai, flog der Papst im Hubschrauber von Jordanien nach Betlehem. Er setzte damit bereits ein erstes Zeichen, indem er nicht – wie seine Vorgänger – zuerst nach Israel reiste, sondern zuerst nach Palästina – einem Staat, der vom Vatikan zusammen mit anderen Ländern anerkannt wird. In Betlehem besuchte er den palästinensischen Präsidenten Mahmoud Abbas, traf Behördenvertreter und feierte eine Freiluft-Messe auf dem Krippenplatz in Betlehem mit tausenden palästinensischen Christen. Beim *Regina Caeli* nach der Messe sprach Papst Franziskus seine Einladung für ein Friedensgebet im Vatikan an die beiden Präsidenten aus.

Selbst in diesem konfliktreichen Kontext ließ sich Franziskus spontane Gesten nicht nehmen. Als der Konvoi auf dem Weg zur Messe in Betlehem an der Mauer entlangfuhr, die Israel nach der zweiten Intifada als Sicherheitsmaßnahme errichtet hatte, ließ er den Wagen stoppen, ging zur Mauer, legte seine Hand daran und neigte seinen Kopf zur Mauer – direkt neben einem gesprühten roten Schriftzug „Free Palestine!". Es war ein stiller Protest gegen Abschottung, Nicht-Begegnung.[255] Im offiziellen Reiseprogramm und in seinem Treffen mit Präsident Abbas erfolgte immer der explizite Bezug zum „Staat Palästina",[256] der von Israel und den USA nicht anerkannt wird. In seiner Ansprache vor den Vertretern der palästinensischen Regierung und Behörden in Betlehem würdigte er den palästinensischen Präsidenten Mahmoud Abbas als „Mann des Friedens und als Friedensstifter". Der Papst trat deutlich – wie schon vor ihm Benedikt XVI. u. a. bei seinem Israelbesuch im Mai 2009[257] – für die Zwei-Staaten-Lösung ein.

Danach flog der Papst nach Tel Aviv und Jerusalem weiter. In seiner Ansprache beim Empfang auf dem Flughafen Tel Aviv warnte er vor den Folgen einer überbetonten Religionszugehörigkeit.[258] Am Schluss dieser Ansprache beim Empfang am Flughafen in Tel Aviv wiederholte der Papst die Einladung an den israelischen Präsidenten Peres und an den palästinensischen Präsidenten Abbas zu einem Gebetstreffen im Vatikan.[259]

Die Einladung wurde von ihnen angenommen. In der Pressekonferenz beim Rückflug nach Rom erklärte der Papst den Charakter des Treffens: Es würden keine diplomatischen Verhandlungen geführt, um Lösungen zu suchen: „Wir werden uns versammeln, um zu beten, nur das. Und dann wird jeder nach Hause zurückkehren. Aber ich glaube, dass das Gebet wichtig ist, und gemeinsam zu beten, ohne Diskussionen anderer Art zu führen, das hilft.“[260] Das Friedensgebet, mit dem Initiativen der Reise weitergeführt wurden, fand zwei Wochen später am Pfingstsonntag, 8. Juni 2014, im Vatikan statt.

In Jerusalem erfolgte ein Treffen mit dem Ökumenischen Patriarchen Bartholomaios, bei dem eine gemeinsame Erklärung verabschiedet und unterzeichnet wurde. In ihr unterstrichen die beiden Oberhäupter die Verbindung zwischen dem gemeinsamen Einsatz für die Religionsfreiheit und für den interreligiösen Dialog:

> „In gleicher Weise ist es dringend notwendig, dass die Christen wirksam und engagiert zusammenarbeiten, um überall das Recht zu sichern, den eigenen Glauben öffentlich zu bekunden und fair behandelt zu werden, wenn sie das fördern, was das Christentum der heutigen Gesellschaft und Kultur weiterhin zu bieten hat. In diesem Zusammenhang laden wir alle Christen ein, einen echten Dialog mit dem Judentum, dem Islam und anderen religiösen Traditionen zu fördern. Gleichgültigkeit und wechselseitige Unkenntnis können nur zu Misstrauen und bedauerlicherweise sogar zu Konflikten führen.“[261]

Am gleichen Tag fand eine ökumenische Feier im Gedenken an das historische Treffen ihrer Vorgänger im Jahr 1964 in der Grabeskirche statt. Zum ersten Mal erfolgte ein öffentliches gemeinsames Gebet der verschiedenen christlichen Kirchen an diesem zentralen Ort des Christentums.

Der Montag, 26. Mai, begann morgens mit einem Treffen von Papst Franziskus mit dem Großmufti von Jerusalem, Muhammad Ahmad Hussein, und führenden muslimischen Persönlichkeiten auf dem Tempelberg/*Haram al-Sharif*. Es folgte ein Gebet an der Klagemauer in der Jerusalemer Altstadt. In die Mauer steckte er ein Blatt mit dem Vaterunser auf Spanisch.[262] Danach umarmte er seine Freunde Skorka und Abboud. An diesem umkämpften, symbolisch hoch aufgeladenen Ort der politisch-religiösen Spannungen und Konflikte war die Umarmung der drei ein eindringliches Zeichen.

Im Anschluss daran legte er einen Kranz auf dem Grab von Theodor Herzl, dem Begründer des Zionismus, auf dem Herzl-Berg nieder, was vor ihm kein anderer Papst gemacht hatte. Aus der Sicht von Rabbiner Skorka war dies, neben der Umarmung vor der Klagemauer, ein weiterer Höhepunkt der Israelreise: Durch seine Würdigung von Herzl habe der Papst zum Ausdruck gebracht, dass er die Bedeutung Israels für die Juden verstehe.[263]

Ungeplant erfolgte – auf Ersuchen von Ministerpräsident Netanyahu – ein kurzer Stopp bei einem Monument im Gedenken an israelische Zivilisten, die palästinensischen Angriffen zum Opfer fielen.[264] Mit der Abweichung vom Programm wollte man wohl den Ärger der israelischen Gastgeber über den Stopp des Papstes an der Trennungs-Mauer dämpfen und einen Ausgleich herstellen.[265] Es folgte der Besuch der Holocaust-Gedenkstätte Yad Vashem und der Besuch der beiden israelischen Großrabbiner.

Abends flog der Papst von Tel Aviv nach Rom zurück. Bei der Generalaudienz in Rom am 28. Mai blickte Franziskus auf die Reise zurück und betonte das Recht der Kinder in der Region, „die schon seit zu langer Zeit mit dem Krieg leben … endlich Tage des Friedens kennenzulernen".

> „Daher habe ich die Christen ermahnt, sich mit offenem und fügsamem Herzen vom Heiligen Geist ‚salben' zu lassen, um immer mehr zu Gesten der Demut, der Geschwisterlichkeit und der Versöhnung fähig zu sein. Der Heilige Geist gestattet es, diese Haltungen im täglichen Leben anzunehmen, gegenüber Menschen verschiedener Kulturen und Religionen, und so ‚Baumeister' des Friedens zu werden. Den Frieden schafft man, indem man ihn von Hand aufbaut! Es gibt keine Friedensindustrie, nein. Man schafft ihn Tag für Tag, als Baumeister, und auch mit offenem Herzen, damit das Geschenk Gottes komme."[266]

„Tiefer Respekt und Achtung für die muslimische Gemeinschaft" **Nr. 6**

Ansprache bei der Begegnung mit Vertretern des öffentlichen Lebens des Königreichs Jordanien (Auszug)

Amman, 24. Mai 2014

Einleitung: Die Pilgerreise ins Heilige Land von Papst Franziskus begann in Jordanien. In seiner Ansprache würdigte der Papst die interreligiösen Initiativen des haschemitischen Königreichs, u. a. in Form der „Woche der interreligiösen Harmonie". 2010 initiierte König Abdullah II. im Rahmen der

UNO eine solche Woche, am 20. Oktober 2010 wurde die Initiative von der Generalversammlung der UNO angenommen und die erste Februarwoche zur „World Interfaith Harmony Week" erklärt.[267]

In seiner Ansprache hob der Papst auch die „Botschaft von Amman" (November 2004) als bedeutende Initiative hervor, mit der das Königreich dem islamistischen Extremismus entgegentrat. Die „Botschaft von Amman" betont u. a. die grundlegenden Werte und Prinzipien, die für den Islam gelten, u. a. die grundlegende Einheit der Menschheit, gleiche Rechte und Pflichten der Menschen, Gerechtigkeit und Friede, gegenseitige soziale Verantwortung sowie das Prinzip gut gegenüber dem Nächsten zu handeln. Diese Werte und Prinzipien gelten als „gemeinsame Grundlage für die Anhänger der Religionen und der verschiedenen menschlichen Gruppen".[268]

Das „Royal Institute for Inter-Faith Studies" Jordanien fördert seither die Verbreitung der „Botschaft", indem versucht wird, innermuslimisch und gleichzeitig gegenüber der westlichen Welt zu wirken, vor allem in Form des zweijährigen „Promotion of the Amman Message Project", das 2012 von der EU gefördert wurde.[269]

Literatur:

al-Shalabi, Jamal/al-Khalayleh, Mahmoud (Hgg.): Political Islam. Amman Message as a Model, Zarqa: Hashemite University Press, 2007 *(Vorträge der ersten Konferenz zur Amman-Botschaft „The Amman Message in the Eyes of Others", Hashemite University in Jordanien 2007; Englisch, Französisch, Arabisch).*

al-Shalabi, Jamal/Bayan Alrajehi, Menewar Bayan: „The Amman Message: Arab Diplomacy in the Dialogue of Civilizations": Journal of US-China Administration Vol. 8, no. 12 (Dec. 2011), 1375–1392.

Ghazi bin Muhammad bin Talal (Hg.): True Islam and the Islamic Consensus on the Amman Message, Amman, 3. Aufl. 2006 (*Englisch, Arabisch*).

Hardy, Mike/Mughal, Fiyaz/Markiewicz, Sarah (Hgg.): Muslim Identity in a Turbulent Age: Islamic Extremism and Western Islamophobia, London: Jessica Kingsley Publishers, 2017.

Royal Institute for Inter-Faith Studies (Hg.): Muslims and Human Communities: A Relationship of Harmony or Fear? (In the light of the Amman Message), Amman 2014 *(Englisch, Arabisch).*

(…) Während ich voll Schmerz das Andauern starker Spannungen im Nahen Osten feststelle, danke ich den Verantwortlichen des Königreichs für das, was sie tun, und ermutige sie, sich weiterhin in der Suche nach dem ersehnten dauerhaften Frieden für die gesamte Region zu engagieren; zu diesem Zweck wird eine friedliche Lösung der syrischen Krise wie auch eine gerechte Lösung für den israelisch-palästinensischen Konflikt äußerst notwendig und dringend.

Ich nehme diese Gelegenheit wahr, um erneut meinen tiefen Respekt und meine Achtung für die muslimische Gemeinschaft kundzutun und meine Wertschätzung für die Führungsrolle zu bezeigen, die Seine Majestät der König in der Förderung eines angemesseneren Verständnisses der vom Islam verkündeten Tugenden und eines friedvollen Zusammenlebens unter den Anhängern der verschiedenen Religionen wahrnimmt. Sie sind als Mann des Friedens und als Friedenstifter bekannt: Danke! Ich spreche Jordanien meinen Dank aus für die Unterstützung verschiedener bedeutender Initiativen zugunsten des interreligiösen Dialogs zur Förderung des Verständnisses zwischen Juden, Christen und Muslimen, darunter die *„Interreligiöse Botschaft von Amman"*, sowie dafür, dass es innerhalb der UNO das jährliche Begehen der *„Woche der interreligiösen Harmonie"* gefördert hat.

Nun möchte ich einen herzlichen Gruß an die christlichen Gemeinschaften richten, die von diesem Königreich angenommen werden, Gemeinschaften, die seit der Zeit der Apostel im Land anwesend sind und ihren Beitrag zum Gemeinwohl der Gesellschaft leisten, in die sie voll und ganz integriert sind. Obwohl sie heute zahlenmäßig in der Minderheit sind, haben sie die Möglichkeit, durch Schulen und Krankenhäuser eine qualifizierte und geschätzte Tätigkeit auf dem Gebiet des Erziehungs- und Gesundheitswesens auszuüben, und können in Ruhe ihren Glauben bekennen, unter Achtung der Religionsfreiheit. Diese ist ein fundamentales Menschenrecht, und ich wünsche von Herzen, dass es in allen Teilen des Nahen Ostens und der ganzen Welt eine große Anerkennung finde. Es „umfasst auf persönlicher wie auf gemeinschaftlicher Ebene sowohl die Freiheit, in religiösen Dingen dem eigenen Gewissen zu folgen, als auch die Freiheit der Religionsausübung … die Freiheit … die Religion zu wählen, die man für die wahre hält, und den eigenen Glauben öffentlich zu bekunden".[270] Die Christen fühlen sich als vollberechtigte Bürger und sind es, und sie wollen sich gemeinsam mit ihren muslimischen Mitbürgern am Aufbau der Gesellschaft beteiligen, indem sie ihren eigenen spezifischen Beitrag leisten. (…)

Ansprache beim Besuch des Großmuftis von Jerusalem

Sitz des Großen Rats auf der Esplanade der Moscheen in Jerusalem, 26. Mai 2014

EINLEITUNG: Am Morgen des 26. Mai 2014 traf Papst Franziskus im Rahmen seines Aufenthalts in Israel den Großmufti von Jerusalem und Palästina Scheich Muhammad Ahmad Hussein und führende muslimische Persönlichkeiten auf dem Tempelberg (*Haram al-Sharif*). In seiner Ansprache wich der Papst vom vorbereiteten Manuskript ab und sprach sie anstelle von „liebe Freunde“ als „liebe Brüder“ an.[271] Seine Rede schloss er mit einer dichten Kurzformel, die man als die „vier Grundgebote“ des interreligiösen Dialogs auffassen kann:

> „Achten und lieben wir einander als Brüder und Schwestern!
> Lernen wir, das Leid des anderen zu verstehen!
> Niemand gebrauche den Namen Gottes als Rechtfertigung für Gewalt!
> Arbeiten wir gemeinsam für die Gerechtigkeit und den Frieden!“

Exzellenz, liebe muslimische Gläubige, liebe Brüder,
ich bin dankbar, Ihnen an diesem heiligen Ort begegnen zu können. Ich danke Ihnen von Herzen für die freundliche Einladung, die Sie an mich gerichtet haben, und besonders danke ich Ihnen, Exzellenz, und dem Vorsitzenden des Obersten Muslimischen Rates.

Den Fußstapfen meiner Vorgänger folgend und besonders auf der leuchtenden Spur Papst Pauls VI. bei seiner Reise vor fünfzig Jahren – der ersten eines Papstes ins Heilige Land – hatte ich den großen Wunsch, als Pilger zu kommen, um die Orte zu besuchen, die Zeugen des irdischen Daseins Jesu Christi geworden sind. Doch diese meine Pilgerreise wäre nicht vollständig, wenn sie nicht auch die Begegnung mit den Menschen und den Gemeinschaften vorsähe, die in diesem Land leben, und darum bin ich besonders froh, mit Ihnen, den muslimischen Gläubigen und lieben Brüdern, zusammenzutreffen.

In diesem Moment wende ich mich in Gedanken der Gestalt Abrahams zu, der als Pilger in diesem Land lebte. Moslems, Christen und Juden erkennen in Abraham – wenn auch auf unterschiedliche Weise – einen Vater im Glauben und ein großes Vorbild, das man nachahmen soll. Er wurde Pilger, verließ sein

Volk und sein Vaterhaus, um jenes geistliche Abenteuer einzugehen, zu dem Gott ihn rief.

Ein Pilger ist ein Mensch, der die Armut auf sich nimmt, der sich auf den Weg macht, sich nach einem großen und ersehnten Ziel ausstreckt und von der Hoffnung auf eine empfangene Verheißung lebt (vgl. *Hebr* 11,8–19). Das war die Lage Abrahams, das müsste auch unsere geistliche Haltung sein. Wir dürfen nie meinen, uns selbst zu genügen, Herren unseres Lebens zu sein; wir dürfen uns nicht darauf beschränken, sicher und verschlossen in unseren Überzeugungen zu verharren. Vor dem Geheimnis Gottes sind wir alle arm und spüren, dass wir immer bereit sein müssen, aus uns selbst hinauszugehen, folgsam gegenüber dem Ruf, den Gott an uns richtet, und offen gegenüber der Zukunft, die er für uns aufbauen will.

Auf dieser unserer irdischen Pilgerreise sind wir nicht allein: Wir kreuzen den Weg anderer Glaubender, manchmal gehen wir eine Wegstrecke mit ihnen, manchmal erleben wir gemeinsam eine stärkende Rast. So etwas stellt die heutige Begegnung dar, die mich mit besonderer Dankbarkeit erfüllt: Es ist eine willkommene gemeinsame, durch Ihre Gastfreundschaft ermöglichte Rast auf dieser Pilgerschaft unseres Lebens und unserer Gemeinschaften. Wir erleben einen geschwisterlichen Kontakt und Austausch, der uns stärken und uns neue Kräfte verleihen kann, um uns den gemeinsamen Herausforderungen zu stellen, die uns begegnen.

Wir dürfen nämlich nicht vergessen, dass die Pilgerschaft Abrahams auch eine Berufung zur Gerechtigkeit war: Der Herr wollte, dass Abraham das göttliche Handeln bezeuge und nachahme. Auch wir möchten Zeugen von Gottes Handeln in der Welt sein, und deshalb vernehmen wir gerade in dieser unserer Begegnung zuinnerst den Ruf, Stifter von Frieden und Gerechtigkeit zu sein, im Gebet diese Gaben zu erflehen und von oben her Barmherzigkeit, Seelengröße und Mitgefühl zu lernen.

Liebe Brüder, liebe Freunde, von diesem heiligen Ort aus richte ich an alle Menschen und Gemeinschaften, die sich in Abraham erkennen, einen tief besorgten Aufruf:

Achten und lieben wir einander als Brüder und Schwestern!
Lernen wir, das Leid des anderen zu verstehen!
Niemand gebrauche den Namen Gottes als Rechtfertigung für Gewalt!
Arbeiten wir gemeinsam für die Gerechtigkeit und den Frieden!
Salam!

Ansprache beim Besuch der Holocaust-Gedenkstätte Yad Vashem

Halle der Erinnerung, Jerusalem, 26. Mai 2014

Einleitung: Im Rahmen seines Aufenthalts in Israel (24.–26. Mai 2014) besuchte Papst Franziskus am Vormittag des zweiten Tages die Holocaust-Gedenkstätte Yad Vashem, begleitet von Präsident Peres und Ministerpräsident Netanyahu. Bei der Feier repräsentierten sechs Überlebende die sechs Millionen Juden, die während der Shoah ermordet wurden.[272] Papst Franziskus würdigte sie bei der Feier, indem er ihre Hände küsste. Seine Meditation kreiste um die Frage Gottes nach dem Menschen: „Adam, wo bist du?“ Der Wiener Dogmatiker Jan Heiner-Tück schrieb dazu:

> „Statt das Theodizeeproblem, die Frage nach der Rechtfertigung Gottes angesichts der Leidensgeschichte der Welt, aufzuwerfen, lässt der Bergoglio-Papst Gott selbst das Anthropodizeeproblem, also die Frage nach der Rechtfertigung des Menschen angesichts seiner Untaten, stellen. Auschwitz ist ihm zunächst und vor allem der Ort der *Offenbarung der Unmenschlichkeit des Menschen*, daher geht es ihm weniger um den viel beschworenen Gottesverlust des Menschen als um – *sit venia verbo* – den Menschenverlust Gottes.“[273]

„Adam, wo bist du?“ (vgl. *Gen* 3,9).
Wo bist du, o Mensch? Wohin bist du gekommen?
An diesem Ort, der Gedenkstätte an die *Shoah*, hören wir diese Frage Gottes wieder erschallen: „Adam, wo bist du?“
In dieser Frage liegt der ganze Schmerz des Vaters, der seinen Sohn verloren hat. Der Vater kannte das Risiko der Freiheit; er wusste, dass der Sohn verlorengehen könnte … doch vielleicht konnte nicht einmal der Vater sich einen solchen Fall, einen solchen Abgrund vorstellen!
Jener Ruf „Wo bist du?“ tönt hier, angesichts der unermesslichen Tragödie des Holocaust wie eine Stimme, die sich in einem bodenlosen Abgrund verliert …
Mensch, wer bist du? Ich erkenne dich nicht mehr.
Wer bist du, o Mensch, wer bist du geworden?

Zu welchem Gräuel bist du fähig gewesen?
Was hat dich so tief fallen lassen?
Es ist nicht die Erde vom Ackerboden, aus der du gemacht bist. Die Erde vom Ackerboden ist gut, ein Werk meiner Hände.
Es ist nicht der Lebensatem, den ich in deine Nase geblasen habe. Jener Atem kommt von mir, er ist sehr gut (vgl. *Gen* 2,7).
Nein, dieser Abgrund kann nicht allein dein Werk sein, ein Werk deiner Hände, deines Herzens ... Wer hat dich verdorben? Wer hat dich verunstaltet?
Wer hat dich angesteckt mit der Anmaßung, dich zum Herrn über Gut und Böse zu machen?
Wer hat dich überzeugt, dass du Gott bist? Nicht nur gefoltert und getötet hast du deine Brüder, sondern du hast sie als Opfer dir selber dargebracht, denn du hast dich zum Gott erhoben.
Heute hören wir hier wieder die Stimme Gottes: „Adam, wo bist du?"
Vom Boden erhebt sich ein leises Stöhnen: Erbarme dich unser, o Herr!
Du Herr, unser Gott, bist im Recht; uns aber treibt es die Schamröte ins Gesicht, die Schande (vgl. *Bar* 1,15).
Ein Übel ist über uns gekommen, wie es unter dem ganzen Himmel noch nie geschehen ist (vgl. *Bar* 2,2). Jetzt aber, o Herr, höre unser Gebet, erhöre unser Flehen, rette uns um deiner Barmherzigkeit willen. Errette uns aus dieser Ungeheuerlichkeit.
Allmächtiger Herr, eine Seele in Ängsten schreit zu dir. Höre, Herr, erbarme dich!
Wir haben gegen dich gesündigt. Du thronst in Ewigkeit (vgl. *Bar* 3,1–3)
Denk an uns in deiner Barmherzigkeit. Gib uns die Gnade, uns zu schämen für das, was zu tun wir als Menschen fähig gewesen sind, uns zu schämen für diesen äußersten Götzendienst, unser Fleisch, das du aus Lehm geformt und das du mit deinem Lebensatem belebt hast, verachtet und zerstört zu haben.
Niemals mehr, o Herr, niemals mehr!
„Adam, wo bist du?"
Da sind wir, Herr, mit der Scham über das, was der als dein Abbild und dir ähnlich erschaffene Mensch zu tun fähig gewesen ist.
Denk an uns in deiner Barmherzigkeit.

Ansprache an die Oberrabbiner von Israel

Heichal-Shlomo-Center bei der Jerusalem Great Synagogue, 26. Mai 2014

Einleitung: Bei seinem Besuch in Israel im März 2000 hatte Papst Johannes Paul II. die beiden damaligen Oberrabbiner Israel Meir Lau und Elijahu Bakschi-Doron getroffen. Durch diese Begegnung entstand die Idee, einen institutionellen Dialog zwischen dem Oberrabbinat Israels und dem Heiligen Stuhl zu beginnen. 2002 wurde die ständige bilaterale Kommission zwischen der vatikanischen „Kommission für die religiösen Beziehungen mit den Juden“ und dem Oberrabbinat Israels eingerichtet, die sich seither jährlich im Wechsel zwischen Rom und Jerusalem trifft. Sie bildete den „ersten formellen bilateralen Rahmen für den Dialog zwischen dem orthodoxen Judentum und dem Heiligen Stuhl“.[274]

Im Rahmen seines Israelbesuchs traf Papst Franziskus nach dem Besuch in Yad Vashem den aschkenasischen Oberrabbiner David Lau und den sephardischen Oberrabbiner Jitzchak Josef.

Verehrte Oberrabbiner von Israel,
liebe Brüder und Schwestern,
es freut mich besonders, heute bei Ihnen sein zu können: Ich danke Ihnen für den herzlichen Empfang und für die freundlichen Worte, mit denen Sie mich willkommen geheißen haben.

Wie Sie wissen, habe ich seit der Zeit, in der ich Erzbischof von Buenos Aires war, auf die Freundschaft vieler jüdischer Brüder zählen können. Heute sind hier zwei Rabbiner, die meine Freunde sind. Gemeinsam mit ihnen haben wir fruchtbare Initiativen der Begegnung und des Dialogs organisiert, und mit ihnen habe ich auch bedeutsame Momente des Miteinanders auf geistlicher Ebene erlebt. In den ersten Monaten des Pontifikats habe ich verschiedene Organisationen und Vertreter der weltweiten jüdischen Gemeinschaft empfangen können. Wie bereits für meine Vorgänger, sind diese Bitten um eine Begegnung zahlreich. Sie kommen zu den vielen Initiativen hinzu, die auf nationaler oder lokaler Ebene stattfinden, und all das beweist den beiderseitigen Wunsch, einander besser kennen zu lernen, anzuhören und Verbindungen echter Geschwisterlichkeit aufzubauen.

Dieser Weg der Freundschaft ist eine der Früchte des Zweiten Vatikanischen Konzils, besonders der Erklärung *Nostra aetate*, die von großer Bedeutung war und deren fünfzigsten Jahrestags wir im kommenden Jahr gedenken. Tatsächlich bin ich überzeugt, dass alles, was in den letzten Jahrzehnten in den Beziehungen zwischen Juden und Katholiken geschehen ist, ein echtes Geschenk Gottes war, eines der von ihm vollbrachten Wunder; und wir sind berufen, dafür seinen Namen zu loben: „Dankt dem Herrn aller Herren, denn seine Huld währt ewig! Der allein große Wunder tut, denn seine Huld währt ewig" (*Ps* 136,3–4).

Ein Geschenk Gottes, das aber nicht hätte offenbar werden können ohne den Einsatz sehr vieler mutiger und großherziger Menschen, Juden wie Christen. Ich möchte hier besonders die Bedeutung erwähnen, die der Dialog zwischen dem Großrabbinat von Israel und der Kommission des Heiligen Stuhls für die religiösen Beziehungen mit dem Judentum angenommen hat. Ein Dialog, der, angeregt durch den Besuch des heiligen Papstes Johannes Pauls II. im Heiligen Land, im Jahr 2002 aufgenommen wurde und bereits sein zwölfjähriges Bestehen begeht. In Bezugnahme auf die *Bar Mizwa* der jüdischen Tradition gefällt mir der Gedanke, dass dieser Dialog dem Erwachsenenalter bereits sehr nahe ist: Ich bin zuversichtlich, dass er weitergehen kann und eine glänzende Zukunft vor sich hat.

Es geht nicht nur darum, auf einer menschlichen Ebene Beziehungen gegenseitiger Achtung zu pflegen: Als Christen und als Juden sind wir berufen, uns eingehend nach der geistlichen Bedeutung des Bandes zu fragen, das uns miteinander verknüpft. Es handelt sich um eine Verbindung, die von oben kommt, die über unseren Willen hinausgeht und die unversehrt bleibt, trotz aller Beziehungsschwierigkeiten, die es in der Geschichte leider gegeben hat.

Auf katholischer Seite besteht natürlich die Absicht, den Sinn der jüdischen Wurzeln des eigenen Glaubens voll in Betracht zu ziehen. Ich vertraue darauf, dass mit Ihrer Hilfe auch auf jüdischer Seite das Interesse für die Kenntnis des Christentums erhalten bleibt und wenn möglich zunimmt – speziell bei den jungen Generationen –, gerade in diesem gesegneten Land, in dem dieser Glaube seinen Ursprung erkennt.

Die gegenseitige Kenntnis unseres geistlichen Erbes, die Wertschätzung dessen, was wir gemeinsam haben, und die Achtung dessen, was uns trennt, können den Weg weisen für die zukünftige Weiterentwicklung unserer Beziehungen, die wir in Gottes Hand legen. Gemeinsam können wir einen wichtigen Beitrag für die Sache des Friedens leisten; gemeinsam können wir in einer in raschem Wandel begriffenen Welt die ewige Bedeutung des göttlichen Schöpfungsplans bezeugen; gemeinsam können wir entschieden jeder Form von Antisemitismus und den verschiedenen anderen Formen von Diskriminierung entgegentreten. Der Herr helfe uns, mit Zuversicht und Seelenstärke auf seinen Wegen zu gehen. *Shalom*!

Nr. 10 *„Angst ist ein Feind dieses Offenseins."*

Ansprache bei der Begegnung mit den Bischöfen Asiens im Heiligtum von Haemi (Auszug)

Südkorea, 17. August 2014

EINLEITUNG: Die dritte Auslandsreise von Papst Franziskus erfolgte vom 13. bis 18. August 2014 nach Südkorea, aus Anlass des 6. Asiatischen Jugendtags. Der letzte Besuch eines Papstes in Südkorea fand 1989 durch Johannes Paul II. statt.

Am 18. August, vor der Messe für Frieden und Versöhnung in der Kathedrale von Myeong-dong in Seoul. fand eine Begegnung mit den Religionsgemeinschaften in Südkorea statt, An dieser Begegnung nahmen zwölf Vertreter der buddhistischen Richtungen und der christlichen Konfessionen teil. In einem kurzen, spontanen Grußwort betonte Franziskus die Geschwisterlichkeit:

„Das Leben ist ein Weg, ein langer Weg und ein Weg, den man nicht alleine zurücklegen kann. Es ist nötig, dass man mit Geschwistern in der Gegenwart Gottes geht. Daher danke ich euch für diese Geste, gemeinsam in der Gegenwart Gottes voranzuschreiten: Das ist das, was Gott von Abraham verlangt hat. Wir sind Geschwister, wir wollen uns als Geschwister anerkennen und miteinander gehen."[275]

Das Treffen mit den asiatischen katholischen Bischöfen fand im Heiligtum von Haemi statt, einem Ort, der im kulturellen Gedächtnis der katholischen Kirche eine wichtige Rolle spielt. Im Kastell von Haemi in Seosan wurden während der Massenverfolgung der Katholiken durch den konfuzianischen Staat im 19. Jahrhundert tausende Menschen hingerichtet. Heute befindet sich an diesem Ort ein katholisches Heiligtum („Haemi Martyrdom Holy Ground"), an dem dieser namenlosen Märtyrer gedacht wird.

(...) In diesem weiten Kontinent, in dem eine große Vielfalt an Kulturen beheimatet ist, ist die Kirche gerufen, in ihrem Zeugnis für das Evangelium beweglich und kreativ zu sein durch Dialog und Offenheit allen gegenüber. Das ist eure Aufgabe! Der Dialog ist tatsächlich „ein wesentlicher Bestandteil der kirchlichen Sendung“ in Asien (*Ecclesia in Asia*, 29). Doch wenn wir den Weg des Dialogs mit Einzelnen und mit Kulturen einschlagen, was sollte dann unser Ausgangspunkt und unser grundlegender Bezugspunkt sein, der uns zum Ziel führt? Sicherlich unsere eigene Identität, unsere Identität als Christen. Wir können uns nicht an einem wirklichen Dialog beteiligen, wenn wir uns unserer eigenen Identität nicht bewusst sind. Vom Nichts, vom Nebel des Selbstbewusstseins aus kann man keinen Dialog führen, kann man keinen Dialog beginnen. Noch kann es einen echten Dialog geben, wenn wir nicht fähig sind, Geist und Herz mit Einfühlungsvermögen und echter Empfänglichkeit denen zu öffnen, mit denen wir sprechen. Es ist eine Aufmerksamkeit, und in der Aufmerksamkeit führt uns der Heilige Geist. Ein klares Gefühl der eigenen Identität und die Fähigkeit zur Einfühlung sind also der Ausgangspunkt für jeden Dialog. Wenn wir frei, offen und fruchtbringend mit anderen zu reden haben, müssen wir uns klar sein, wer wir sind, was Gott für uns getan hat und was er von uns verlangt. Und wenn unsere Kommunikation kein Monolog sein soll, müssen Geist und Herz sich öffnen, um Einzelne und Kulturen anzunehmen. Ohne Angst – die Angst ist Feind dieses Offenseins.

Die Aufgabe, unsere Identität zu bestimmen und auszudrücken, erweist sich jedoch nicht immer als leicht, da wir als Sünder, die wir sind, immer vom Geist der Welt versucht sein werden, der sich auf vielerlei Weise zeigt. Drei davon möchte ich aufzeigen. Eines ist das trügerische Licht des Relativismus, der den Glanz der Wahrheit verdunkelt und, indem er den Boden unter unseren Füßen zum Wanken bringt, uns in den Treibsand der Verwirrung und Verzweiflung zieht. Es ist eine Versuchung, die heutzutage auch christliche Gemeinschaften befällt und die Menschen vergessen lässt, dass es in einer Welt schneller und desorientierender Veränderungen „viel Unwandelbares“ gibt, das „seinen letzten Grund in Christus hat, der derselbe ist gestern, heute und in Ewigkeit“ (*Gaudium et spes*, 10; vgl. *Hebr* 13,8). Ich spreche hier nicht bloß vom Relativismus als einer Denkweise, sondern von jenem alltäglichen praktischen Relativismus, der fast unmerklich unser Identitätsgefühl untergräbt.

Eine zweite Weise, wie die Welt die Festigkeit unserer christlichen Identität bedroht, ist die Oberflächlichkeit, eine Neigung, mit der Mode zu gehen, sich mit Schnickschnack und Ablenkungen zu beschäftigen, anstatt auf das zu achten, worauf es wirklich ankommt (vgl. *Phil* 1,10). In einer Kultur, die das Kurzlebige verherrlicht und so viele Ausweichmöglichkeiten und Fluchtwege bietet, kann dies ein ernstes pastorales Problem darstellen. Für die Diener der Kirche kann sich das auch bemerkbar machen in einem Entzücken über Pastoralprogramme und -theorien auf Kosten einer direkten, fruchtbaren Begegnung mit unseren Gläubigen – und auch mit den Nichtglaubenden –, besonders mit den Jugendlichen, die eine solide Katechese und eine gesunde geistliche Führung brauchen. Ohne eine Verankerung in Christus können die Wahrheiten, aufgrund derer wir unser Leben gestalten, allmählich dahinschwinden, die Übung der Tugenden in der Form erstarren, und der Dialog kann zu einer Art Verhandlung herabgesetzt oder auf eine Einigung über die Uneinigkeit reduziert werden. Diese Einigung über die Uneinigkeit ... damit die Wasser sich nicht bewegen. ... Diese Oberflächlichkeit schadet uns sehr.

Und dann gibt es noch eine dritte Versuchung: die der scheinbaren Sicherheit, die man darin findet, sich hinter leichten Antworten, vorgebildeten Formeln, Regeln und Vorschriften zu verstecken. Jesus hat viel mit den Menschen gestritten, die sich hinter den Regeln, Vorschriften, leichten Antworten versteckt haben ... Er hat sie Heuchler genannt. Der Glaube ist von Natur aus nicht mit sich selbst beschäftigt; er „geht hinaus". Er sucht Verständnis, löst Zeugnis aus, bringt Mission hervor. In diesem Sinn befähigt uns der Glaube, sowohl furchtlos als auch bescheiden zu sein in unserem Zeugnis der Hoffnung und der Liebe. Der heilige Petrus sagt uns, dass wir stets bereit sein sollen, jedem Rede und Antwort zu stehen, der nach dem Grund der Hoffnung fragt, die uns erfüllt (vgl. 1 *Petr* 3,15). Unsere Identität ist letztlich an unseren stillen Bemühungen zu sehen, Gott allein anzubeten, einander zu lieben, einander zu dienen und durch unser Beispiel nicht nur zu zeigen, was wir glauben, sondern auch, worauf wir hoffen, und Denjenigen sichtbar zu machen, dem wir vertrauen (vgl. 2 *Tim* 1,12).

Noch einmal: Unser lebendiger Glaube an Christus ist das, was unsere eigentliche Identität darstellt, das heißt, im Herrn verwurzelt sein. Und wenn dies gegeben ist, ist alles Weitere zweitrangig. Diese tiefe Identität, der tiefe Glaube an Christus, in dem wir verwurzelt sind, diese tiefe Wirklichkeit ist der Ausgangspunkt für unseren Dialog, und das ist es, was wir zu teilen berufen sind, aufrichtig, ehrlich und ohne Anspruch, im Dialog des Alltags, im Dialog der Liebe und in jenen formelleren Gelegenheiten, die sich von selbst ergeben können. Da Christus unser Leben ist (vgl. *Phil* 1,21), lasst uns „von ihm her und über ihn" sprechen, bereitwillig und ohne Zögern oder Furcht. Die Einfachheit seines Wortes wird deutlich in der Einfachheit unseres Lebens, in der Einfachheit unserer Verständigung, in der Einfachheit unserer Taten liebevollen Dienstes an unseren Brüdern und Schwestern.

(...) Schließlich verlangt ein echter Dialog neben einem klaren Gefühl für unsere eigene christliche Identität auch die Fähigkeit zur Einfühlung. Damit es Dialog gibt, muss diese Einfühlung vorhanden sein. Wir sind aufgefordert, nicht nur auf die Worte zu hören, die andere sprechen, sondern auf die unausgesprochene Mitteilung ihrer Erfahrungen, ihrer Hoffnungen und Bestrebungen, auf ihr Ringen und ihre innersten Anliegen. Dieses Einfühlungsvermögen muss die Frucht unserer geistlichen Einsicht und persönlichen Erfahrung sein, die uns dazu führt, andere als Brüder und Schwestern zu sehen und in und hinter ihren Worten und Taten das zu „hören", was ihr Herz mitteilen möchte. In diesem Sinn verlangt der Dialog von uns einen wirklich „kontemplativen" Geist, einen kontemplativen Geist der Offenheit und Empfänglichkeit gegenüber den anderen. Ich kann keinen Dialog führen, wenn ich mich dem anderen verschließe. Offenheit? Mehr noch: Aufnahme! Komm zu mir nach Hause, in mein Herz. Mein Herz nimmt dich auf, will dir zuhören. Diese Fähigkeit zur Einfühlung ermöglicht einen wahren menschlichen Dialog, in dem Worte, Ideen und Fragen aus einer Erfahrung von Geschwisterlichkeit und gemeinsam erlebter Menschlichkeit hervorgehen. Wenn wir auf den theologischen Grund davon gehen wollen, gehen wir zum Vater: Er hat uns alle erschaffen. Wir sind Kinder desselben Vaters. Diese Fähigkeit zur Einfühlung führt zu einer echten Begegnung – wir müssen zu dieser Kultur der Begegnung gelangen –, in der man von Herz zu Herz spricht. Wir werden durch die Weisheit der anderen bereichert und öffnen uns, um gemeinsam den Weg zu größerem Verständnis, mehr Freundschaft und Solidarität zu gehen. „Wir tun dies doch, Bruder Papst, aber vielleicht bekehren wir niemanden oder wenige ..." Tu das inzwischen: Hör in deiner Identität dem anderen zu. Welches war das erste Gebot, das Gott Vater unserm Vater Abraham gegeben hat? „Geh deinen Weg in meiner Gegenwart und sei rechtschaffen (vgl. *Gen* 17,1). Und so – in meiner Identität und mit meiner Einfühlung, Offenheit – gehe ich mit dem anderen. Ich versuche nicht, ihn auf meine Seite zu ziehen, ich betreibe keinen Proselytismus. Papst Benedikt XVI. hat uns klar gesagt: „Die Kirche wächst nicht durch Proselytismus, sondern durch Anziehung."[276] Zugleich gehen wir unseren Weg in der Gegenwart des Vaters und sind wir rechtschaffen: Erfüllen wir dieses erste Gebot. Und da wird Begegnung stattfinden, wird der Dialog stattfinden – in der Identität, in der Offenheit. Es ist ein Weg zu größerem Verständnis, mehr Freundschaft und Solidarität. Wie der heilige Johannes Paul II. zu Recht erkannte, gründet unsere Verpflichtung zum Dialog schon in der Logik der Inkarnation: In Jesus ist Gott selbst einer von uns geworden, hat das Leben mit uns geteilt und in unserer Sprache zu uns gesprochen (vgl. *Ecclesia in Asia*, 29). In diesem Geist der Offenheit anderen gegenüber hoffe ich ernstlich, dass jene Länder eures Kontinents, mit denen der Heilige Stuhl noch keine vollständigen Beziehungen unterhält, nicht zögern, einen Dialog zum Wohl aller voranzutreiben. Ich beziehe mich nicht nur auf den politischen Dialog, sondern auf den geschwisterlichen Dialog. „Aber diese Christen kommen nicht als Eroberer, sie kommen nicht, um uns unsere Identität wegzunehmen: Sie bringen uns ihre Identität, aber sie wollen mit uns gehen." Und der Herr wird die Gnade bewirken: Manchmal wird er die Herzen bewegen, mancher wird um die Taufe bitten, andere Male nicht. Aber stets gehen wir miteinander. Das ist der Kern des Dialogs. (...)

Nr. 11 *„Jeder religiösen Tradition muss es von innen her gelingen, dem Dasein des Anderen Achtung zu zollen."*

Ansprache an die Vertreter der anderen Religionsgemeinschaften und christlichen Konfessionen in Albanien, Katholische Universität „Nostra Signora del Buon Consiglio"

Tirana (Albanien), 21. September 2014

EINLEITUNG: Am 21. September 2014 unternahm Papst Franziskus eine eintägige Reise nach Tirana, seine erste Reise als Papst in ein europäisches Land. Der Papst sagte dazu: „Das ist ein Zeichen. Ich möchte die Europabesuche von den kleinsten Ländern aus beginnen, und die Balkanländer sind gemarterte Länder, sie haben so viel gelitten!"[277] Zuletzt hatte Johannes Paul II. Albanien im April 1993 besucht.

Am Nachmittag erfolgte eine interreligiöse Begegnung mit den Bischöfen sowie Vertretern der sechs größten Religionsgemeinschaften und christlichen Konfessionen: sunnitische Imame, Führer des Bektashi-Sufi-Ordens, Geistliche der orthodoxen Kirchen, der evangelikalen Gemeinschaften und Vertreter des Judentums.[278] Das zentrale Thema der Ansprache des Papstes bildete die Religionsfreiheit, ebenso die Verurteilung von Gewalt im Namen der Religion, vor dem Hintergrund des Terrors des „Islamischen Staats" im Irak und in Syrien. Der Papst hielt die Ansprache auf Italienisch.

Liebe Freunde,
ich bin wirklich froh über diese Begegnung, welche die Verantwortlichen der bedeutendsten in Albanien gegenwärtigen religiösen Bekenntnisse zusammenführt. Mit großer Achtung begrüße ich einen jeden von Ihnen und die Gemeinschaften, die Sie vertreten; und herzlich danke ich Erzbischof Massafra für seine einführenden Worte, mit denen er Sie vorgestellt hat. Es ist wichtig, dass Sie hier beisammen sind: Es ist das Zeichen eines Dialogs, den Sie täglich leben in dem Bemühen, untereinander Beziehungen der Geschwisterlichkeit und der Zusammenarbeit aufzubauen, zum Wohl der ganzen Gesellschaft. Danke für das, was Sie tun!

Albanien hat auf traurige Weise erleben müssen, welche Gewalttaten und welche Tragödien die erzwungene Ausschließung Gottes aus dem persönlichen und dem gemeinschaftlichen Leben verursachen kann. Wenn man im Namen einer Ideologie Gott aus der Gesellschaft ausstoßen will, betet man schließlich Götzen an, und sehr bald verliert der Mensch sich selber, wird seine Würde mit Füßen getreten und werden seine Rechte verletzt. Ihr wisst genau, zu welchen Brutalitäten der Entzug der Gewissens- und der Religionsfreiheit führen kann und wie aus dieser Wunde eine von Grund auf erschöpfte Menschheit hervorgeht, weil sie keine Hoffnung und keine geistigen Anhaltspunkte hat.[279]

Eine positive Folge der Veränderungen, die seit den neunziger Jahren des vergangenen Jahrhunderts geschehen sind, bestand auch darin, dass die Bedingungen für eine wirkliche Religionsfreiheit geschaffen wurden. Das hat jeder Gemeinschaft die Möglichkeit gegeben, Traditionen neu zu beleben, die trotz der grausamen Verfolgung nie erloschen waren, und hat allen erlaubt, auch von der eigenen religiösen Überzeugung her einen positiven Beitrag in erster Linie zum moralischen und dann auch zum wirtschaftlichen Wiederaufbau des Landes zu geben.

Tatsächlich ist die Religionsfreiheit – wie der heilige Johannes Paul II. bei seinem historischen Besuch in Albanien 1993 bekräftigte – „nicht nur ein kostbares Geschenk des Herrn für alle, die die Gnade des Glaubens besitzen: Sie ist ein Geschenk für alle, denn sie ist die grundlegende Garantie für jeden anderen Ausdruck von Freiheit (...) Nichts erinnert uns so wie der Glaube daran, dass wir, wenn wir einen einzigen Schöpfer haben, auch alle Geschwister sind! Die Religionsfreiheit ist ein Bollwerk gegen alle Totalitarismen und ein entscheidender Beitrag zur menschlichen Geschwisterlichkeit" (Botschaft an die albanische Nation, 25. April 1993).

Doch man muss sofort hinzufügen: „Die wahre Religionsfreiheit schreckt vor den Versuchungen zu Intoleranz und Sektierertum zurück und fördert Haltungen eines achtungsvollen und konstruktiven Dialogs“ (*ebd.*). Wir können nicht umhin anzuerkennen, dass die Intoleranz dem gegenüber, der andere religiöse Überzeugungen als die eigenen hat, ein besonders heimtückischer Feind ist, der sich heute leider in verschiedenen Gegenden der Welt zeigt. Als Glaubende müssen wir besonders wachsam sein, dass die Religiosität und die Ethik, die wir mit Überzeugung leben und die wir leidenschaftlich bezeugen, sich immer in einem Verhalten ausdrücken, das jenes Geheimnisses würdig ist, das sie zu ehren beabsichtigen. Darum müssen wir all jene Formen, die einen verkehrten Gebrauch der Religion darstellen, mit Entschiedenheit als nicht recht zurückweisen, weil sie weder Gottes noch des Menschen würdig sind. Die echte Religion ist eine Quelle des Friedens und nicht der Gewalt. Niemand darf den Namen Gottes gebrauchen, um Gewalt auszuüben! Im Namen Gottes zu töten, ist ein schweres Sakrileg! Im Namen Gottes zu diskriminieren, ist unmenschlich.

Unter diesem Gesichtspunkt ist die Religionsfreiheit nicht ein Recht, das einzig vom geltenden gesetzgebenden System garantiert werden kann, das dennoch notwendig ist: Sie ist ein gemeinsamer Raum, ein Bereich der Achtung und der Zusammenarbeit, der mit der Beteiligung aller aufgebaut werden muss, auch derer, die keine religiöse Überzeugung besitzen. Ich erlaube mir, auf zwei Haltungen hinzuweisen, die besonders nützlich sein können bei der Förderung dieser Grundfreiheit.

Die erste besteht darin, in jedem Mann und jeder Frau – auch in denen, die nicht der eigenen religiösen Tradition angehören – nicht Rivalen und noch weniger Feinde zu sehen, sondern Brüder und Schwestern. Wer sich seiner eigenen Überzeugungen sicher ist, hat es nicht nötig, sich durchzusetzen und Druck auf den anderen auszuüben: Er weiß, dass die Wahrheit ihre eigene Strahlkraft besitzt. Im Grunde sind wir alle Pilger auf dieser Erde, und auf dieser unserer Reise leben wir in unserer Sehnsucht nach Wahrheit und Ewigkeit nicht als autonome Wesen, die sich selbst genügen – weder als Einzelne noch als nationale, kulturelle oder religiöse Gruppen –, sondern hängen voneinander ab, sind gegenseitig der Sorge der anderen anvertraut. Jeder religiösen Tradition muss es von innen her gelingen, dem Dasein des Anderen Achtung zu zollen.

Eine zweite Haltung ist das Engagement zugunsten des Gemeinwohls. Jedes Mal, wenn die Zugehörigkeit zur eigenen religiösen Tradition einen überzeugteren, großzügigeren und selbstloseren Dienst an der gesamten Gesellschaft hervorbringt, ist das eine authentische Ausübung und Entwicklung der Religionsfreiheit. Dann erscheint diese nicht nur als ein rechtmäßig eingeforderter Raum der Unabhängigkeit, sondern als eine Möglichkeit, die mit ihrer fortschreitenden Ausübung die Menschheitsfamilie bereichert. Je mehr man den anderen zu Diensten ist, umso freier ist man!

Schauen wir uns um: Wie viel Not besteht unter den Armen, wie sehr müssen unsere Gesellschaften noch Wege zu einer weiter verbreiteten sozialen Gerechtigkeit, zu einer inklusiven Wirtschaftsentwicklung finden! Wie notwendig ist es für den menschlichen Geist, den tiefen Sinn der Erfahrungen des Lebens nicht aus den Augen zu verlieren und Hoffnung wiederzugewinnen! In diesen Wirkungsbereichen können von den Werten der eigenen religiösen Traditionen inspirierte Männer und Frauen einen wichtigen, ja unersetzlichen Beitrag liefern. Das ist auch für den interreligiösen Dialog ein besonders fruchtbares Feld.

Und dann möchte ich etwas ansprechen, das immer ein Phantom ist: der Relativismus, „alles ist relativ". In diesem Zusammenhang müssen wir einen klaren Grundsatz berücksichtigen: Man kann keinen Dialog führen, wenn man nicht von der eigenen Identität ausgeht. Ohne Identität kann es keinen Dialog geben. Das wäre ein Scheindialog, ein Dialog in den Wolken – er ist nutzlos. Jeder von uns hat seine religiöse Identität und ist ihr treu. Aber der Herr weiß, wie die Geschichte voranzubringen ist. Gehen wir ein jeder von seiner eigenen Identität aus, und tun wir nicht so, als hätten wir eine andere, denn das nützt nichts und ist nicht hilfreich, das ist Relativismus. Was uns verbindet, ist der Weg des Lebens, ist der gute Wille, von der eigenen Identität auszugehen, um den Brüdern und Schwestern Gutes zu tu. Gutes tun! Und so gehen wir miteinander als Geschwister. Jeder von uns bietet dem anderen das Zeugnis der eigenen Identität an und kommt mit dem anderen ins Gespräch. Dann kann der Dialog über theologische Fragen weitergeführt werden, aber wichtiger und schöner ist, miteinander zu gehen, ohne die eigene Identität zu verraten, ohne sie zu verschleiern, ohne Heuchelei. Mir tut es gut, so zu denken.

Liebe Freunde, ich ermuntere Sie, die in Albanien bestehende Tradition der guten Beziehungen zwischen den Religionsgemeinschaften zu erhalten und auszubauen und sich im Dienst an Ihrem geschätzten Heimatland vereint zu fühlen. Mit ein bisschen Sinn für Humor kann man sagen, dass dies hier wie eine Fußballmannschaft aussieht: die Katholiken gegen alle anderen... Aber alle gemeinsam, zum Wohl der Heimat und der Menschheit! Bleiben Sie – für Ihr Land und darüber hinaus – weiterhin ein Zeichen dafür, dass herzliche Beziehungen und fruchtbare Zusammenarbeit zwischen Menschen verschiedener Religionen möglich sind. Und ich bitte Sie um einen Gefallen: für mich zu beten. Auch ich habe es nötig, sehr nötig. Danke.

Nr. 12 *„Diese spirituelle Gemeinsamkeit durch den interreligiösen Dialog zu erkennen und weiterzuentwickeln, hilft uns auch, in der Gesellschaft die moralischen Werte, den Frieden und die Freiheit zu fördern."*

Ansprache im Rahmen des Besuchs beim Präsidenten des Amtes für Religionsangelegenheiten (Diyanet)

Ankara, 28. November 2014

EINLEITUNG: Im Rahmen der Reise in die Türkei (28.–30. November 2014) traf Papst Franziskus den Präsidenten des „Diyanet", des Amts für religiöse Angelegenheiten des türkischen Staats, Mehmet Görmez (2010–2017). In der Ansprache hob der Papst die Bedeutung des interreligiösen Dialogs für das gesellschaftliche Gemeinwohl hervor.

Am Beginn der Pressekonferenz beim Rückflug nach Rom am 30. November 2014 wurde der Papst von einer Journalistin gefragt, ob der interreligiöse Dialog angesichts der Konflikte und Vertreibungen im Nahen Osten genug sei. Darauf erzählte Franziskus von seinem Besuch im Diyanet:

„Die schönste Unterhaltung in diesem Sinn war vielleicht die, die ich mit dem Präsidenten für Religionsangelegenheiten und seinen Mitarbeitern hatte. (…) Und sie haben etwas sehr Schönes gesagt: ‚Derzeit sieht es so aus, als wäre der interreligiöse Dialog am Ende angelangt. Wir müssen einen Qualitätssprung machen, damit der interreligiöse Dialog sich nicht nur auf der Ebene bewegt: – Wie seht ihr das? … Wir denken… usw. – Wir müssen einen Qualitätssprung machen! Wir brauchen einen Dialog zwischen religiösen Menschen verschiedener Herkunft.' Wie schön ist das doch: Männer und Frauen, die andere Männer und Frauen treffen und ihre Erfahrungen austauschen: Man spricht nicht über die Theologie, man spricht von religiöser Erfahrung. Und das wäre ein schöner Schritt nach vorn, ja, das wäre sehr schön! Diese Begegnung hat mir sehr gut gefallen. Sie hatte Qualität!"[280]

Herr Präsident,
verehrte Verantwortungsträger des religiösen und zivilen Lebens,
sehr geehrte Damen und Herren,
es ist für mich ein Grund zur Freude, Ihnen im Verlauf meines Besuches in Ihrem Land heute zu begegnen. Ich danke dem Herrn Präsidenten dieses bedeutenden Amtes für die freundliche Einladung, die mir die Gelegenheit bietet, mich

mit den politischen und religiösen Verantwortlichen, Muslimen wie Christen, zu unterhalten.

Es ist Tradition, dass die Päpste, wenn sie als Teil ihrer Sendung in verschiedene Länder reisen, sich auch mit den Verantwortlichen und den Gemeinschaften anderer Religionen treffen. Ohne diese Offenheit für die Begegnung und den Dialog entspräche ein Papstbesuch nicht vollkommen seinen Zielsetzungen, so wie auch ich sie in der Nachfolge meiner verehrten Vorgänger verstehe. In dieser Perspektive erinnere ich gerne in besonderer Weise an die Begegnung, die Papst Benedikt XVI. im November 2006 an diesem Ort hier hatte.

Die guten Beziehungen und der Dialog unter den religiösen Führern sind in der Tat von großer Bedeutung. Sie stellen eine klare Botschaft an die jeweiligen Gemeinschaften dar, um auszudrücken, dass gegenseitige Achtung und Freundschaft möglich sind, trotz der Unterschiede. Diese Freundschaft ist bereits in sich ein Wert, darüber hinaus aber gewinnt sie eine besondere Bedeutung und wird noch wichtiger in Krisenzeiten wie der unseren – Krisen, die in einigen Regionen der Welt wahre Tragödien für ganze Bevölkerungen werden.

Tatsächlich gibt es Kriege, die Menschenopfer fordern und Zerstörung verbreiten, Spannungen und Konflikte zwischen ethnischen und religiösen Gruppen; Hunger und Armut, die Hunderte von Millionen Menschen quälen; Schäden an der natürlichen Umwelt, an Luft, Wasser und Erde.

Wirklich tragisch ist die Situation im Nahen Osten, besonders im Irak und in Syrien. Alle leiden unter den Folgen der Konflikte, und die humanitäre Situation ist beängstigend. Ich denke an so viele Kinder, an die Leiden der vielen Mütter, an die alten Menschen, an die Evakuierten und an die Flüchtlinge, an die Gewalt aller Art. Besondere Sorge erweckt die Tatsache, dass, vor allem aufgrund einer extremistischen und fundamentalistischen Gruppe, ganze Gemeinschaften, besonders – aber nicht allein – die Christen und die Jesiden wegen ihrer ethnischen und religiösen Identität unmenschliche Gewalt erlitten haben und noch erleiden. Gewaltsam sind sie aus ihren Häusern vertrieben worden, haben alles verlassen müssen, um ihr Leben zu retten und ihren Glauben nicht zu verraten. Die Gewalt hat auch sakrale Gebäude, Denkmäler, religiöse Symbole und das kulturelle Erbe getroffen, als wolle man jede Spur, jede Erinnerung des anderen auslöschen.

Als religiöse Führer haben wir die Pflicht, alle diese Verletzungen der Menschenwürde und der Menschenrechte öffentlich anzuklagen. Das menschliche Leben, ein Geschenk des Schöpfergottes, besitzt einen sakralen Charakter. Darum verdient die Gewalt, die eine religiöse Rechtfertigung sucht, die stärkste

Verurteilung, denn der Allmächtige ist Gott des Lebens und des Friedens. Von allen, die behaupten, ihn anzubeten, erwartet die Welt, dass sie Männer und Frauen des Friedens sind, fähig, als Brüder und Schwestern zu leben, trotz der ethnischen, religiösen, kulturellen oder ideologischen Unterschiede.

Der öffentlichen Anklage muss man die gemeinsame Arbeit folgen lassen, um geeignete Lösungen zu finden. Das erfordert die Zusammenarbeit aller Teile: politischer und religiöser Führer, Verantwortlicher der Zivilgesellschaft und aller Männer und Frauen guten Willens. Besonders die Verantwortlichen der religiösen Gemeinschaften können mit den Werten, die in ihren jeweiligen Traditionen vorhanden sind, einen kostbaren Beitrag leisten. Wir, Muslime und Christen, sind Träger unschätzbarer spiritueller Reichtümer, unter denen wir Elemente erkennen, die wir gemeinsam haben, auch wenn sie entsprechend der je eigenen Traditionen gelebt werden: die Anbetung des barmherzigen Gottes, der Bezug auf den Patriarchen Abraham, das Gebet, die Almosen, das Fasten ... Elemente, die, wenn sie aufrichtig gelebt werden, das Leben verwandeln und einen sicheren Grund für die Würde und die Geschwisterlichkeit der Menschen legen können. Diese spirituelle Gemeinsamkeit durch den interreligiösen Dialog zu erkennen und weiterzuentwickeln, hilft uns auch, in der Gesellschaft die moralischen Werte, den Frieden und die Freiheit zu fördern (vgl. Johannes Paul II., Ansprache an die katholische Gemeinde von Ankara, 29. November 1979). Die gemeinsame Anerkennung der Heiligkeit der menschlichen Person stärkt das gemeinsame Mitleid, die Solidarität und die tätige Hilfe gegenüber denen, die am meisten leiden. In diesem Zusammenhang möchte ich meine Anerkennung für all das ausdrücken, was das ganze türkische Volk – die Muslime und die Christen – für Hunderttausende von Menschen tut, die aufgrund der Konflikte aus ihren Ländern fliehen. Es sind im Ganzen zwei Millionen ... Das ist ein konkretes Beispiel dafür, wie man gemeinsam arbeiten kann, um den anderen zu dienen – ein Beispiel, das zu ermutigen und zu unterstützen ist.

Mit Befriedigung habe ich von den guten Beziehungen und der Zusammenarbeit zwischen dem *Diyanet* und dem Päpstlichen Rat für den Interreligiösen Dialog erfahren. Ich wünsche mir, dass sie fortschreiten und sich festigen zum Wohl aller, denn jede Initiative zu einem echten Dialog ist ein Zeichen der Hoffnung für eine Welt, die den Frieden, die Sicherheit und den Aufschwung so sehr nötig hat. Und nach dem Gespräch mit dem Herrn Präsidenten wünsche ich mir auch, dass dieser interreligiöse Dialog kreativ wird für neue Formen.

Herr Präsident, Ihnen und Ihren Mitarbeitern möchte ich noch einmal meinen Dank aussprechen für diese Begegnung, die mein Herz mit Freude erfüllt.

Dankbar bin ich außerdem Ihnen allen für Ihre Anwesenheit und für Ihre Gebete, die Sie freundlicherweise für meinen Dienst darbringen werden. Ich versichere Ihnen meinerseits, dass ich ebenso für Sie beten werde. Der Herr segne uns alle.

„Dieser Dialog und diese Begegnung [müssen], um erfolgreich zu sein, auf eine vollständige und freimütige Darlegung der jeweiligen Überzeugungen gegründet sein." Nr. 13

Ansprache bei der interreligiösen und ökumenischen Begegnung, Bandaranaike Memorial International Conference Hall

Colombo (Sri Lanka), 13. Januar 2015

EINLEITUNG: Die zweite Asienreise führte Papst Franziskus nach Sri Lanka und auf die Philippinen (12.–19. Jänner 2015). Die Reise auf die Philippinen erfolgte 14 Monate nach dem Supertaifun Haiyan, der Anfang November 2013 u. a. die Provinz Leyte mit ihrer Hauptstadt Tacloban getroffen hatte. Der Taifun, einer der stärksten tropischen Wirbelstürme seit Beginn der Wetteraufzeichnungen, war eine der schlimmsten Naturkatastrophen auf den Philippinen; die Zahl der Toten in der Provinz Leyte wurde auf 10.000 geschätzt. Millionen Menschen wurden durch den Taifun obdachlos. Bei der Pressekonferenz beim Rückflug von Manila nach Rom sagte der Papst: Als er die Bilder von den Verwüstungen in Tacloban gesehen habe, habe er entschieden herzureisen. Am 17. Jänner feierte er die Messe in Tacloban, an der Tausende Menschen trotz des starken Winds und Regens teilnahmen.

Am Abend des 14. Jänner besuchte Franziskus außerhalb des offiziellen Programms den Agrashravaka-Tempel in Colombo. Dabei handelte es sich um den zweiten Besuch eines Papstes in einem buddhistischen Tempel, nach jenem durch Johannes Paul II. im Jahr 1984 in Thailand. Zu Ehren von Franziskus wurde der goldene Miniatur-Stupa mit Reliquien von zwei Schülern des Buddha geöffnet.[281] Bei der Pressekonferenz während des Flugs von Colombo nach Manila erklärte er den Hintergrund: Bei der Begrüßungszeremonie am Flughafen hatte ihn der Hauptmönch des Agrashravaka-Tempels,

Banagla Upatissa, eingeladen ihn zu besuchen. Dieser ist Vorsitzender der Mahabodhi Society und im interreligiösen Dialog aktiv. Franziskus verglich beim Pressegespräch seinen Besuch des Tempels mit dem interreligiösen Klima im Marienheiligtum in Madhu im Norden von Sri Lanka, in dem am 14. Jänner ein Gebet mit dem Papst stattgefunden hatte:

> „Gestern habe ich in Madhu etwas gesehen, was ich mir nie vorgestellt hätte: Es waren nicht alle Teilnehmer katholisch, nicht einmal die Mehrheit war katholisch! Da waren Buddhisten, Muslime und Hindus, und alle gehen dorthin, um zu beten. Sie gehen und sagen, dass sie Gnaden erhalten! Es gibt im Volk – und das Volk irrt sich nie – es gibt dort das Gespür des Volkes. Es gibt etwas, das sie eint. Und wenn sie so ganz selbstverständlich vereint sind, dass sie gemeinsam zum Beten in einen Tempel gehen – der christlich ist, aber nicht nur christlich, weil alle ihn wollen – warum sollte ich dann nicht in den buddhistischen Tempel gehen, um sie zu begrüßen? Dieses gestrige Zeugnis von Madhu ist sehr bedeutsam. Es lässt uns den Sinn der Interreligiosität verstehen, den man in Sri Lanka lebt. Sie haben Achtung voreinander. Es gibt kleine fundamentalistische Gruppen, aber sie haben nichts mit dem Volk gemeinsam. Sie sind eine ideologische Elite, aber sie sind dem Volk nicht verbunden."[282]

Bei dieser Gelegenheit bezeichnete er die Interreligiosität, den geschwisterlichen Respekt zwischen den Religionen als „Gnade":

> „Wenn wir das lesen, was uns das Zweite Vatikanische Konzil über die Werte der anderen Religionen – den Respekt – sagt, ist die Kirche in dieser Hinsicht sehr gewachsen. Sicher gab es dunkle Zeiten in der Kirchengeschichte, das müssen wir unumwunden zugeben. Denn auch wir sind auf dem Weg einer ständigen Umkehr: immer von der Sünde zur Gnade. Und diese Interreligiosität, sich immer wie Brüder zu respektieren, ist eine Gnade."[283]

Bei der interreligiösen Begegnung am 13. Jänner versammelten sich Vertreter und Vertreterinnen der buddhistischen, muslimischen und hinduistischen Gemeinschaften und der christlichen Konfessionen.

Liebe Freunde,
ich bin dankbar für die Gelegenheit, an dieser Begegnung teilzunehmen, welche unter anderen die vier größten Religionsgemeinschaften zusammenführt, die für das Leben in Sri Lanka wesentlich sind: Buddhismus, Hinduismus, Islam

und Christentum. Ich danke Ihnen für Ihre Anwesenheit und für Ihren herzlichen Empfang. Ich danke auch denen, die Gebete und Segenswünsche vorgebracht haben, und in besonderer Weise drücke ich Bischof Cletus Chandrasiri Perera und dem ehrwürdigen Vigithasiri Niyangoda Thero meinen Dank aus für ihre freundlichen Worte.

Ich bin auf den Spuren meiner Vorgänger, der Päpste Paul VI. und Johannes Paul II., nach Sri Lanka gekommen, um die große Liebe und das Interesse zu zeigen, welche die katholische Kirche für Sri Lanka hegt. Eine besondere Gnade ist es für mich, hier die katholische Gemeinschaft zu besuchen, sie in ihrem christlichen Glauben zu stärken, mit ihnen zu beten und ihre Freuden und Leiden zu teilen. Es ist ebenso eine Gnade, mit Ihnen allen, Männern und Frauen dieser großen religiösen Traditionen, zusammen zu sein, die Sie mit uns das Verlangen nach Weisheit, Wahrheit und Heiligkeit teilen.

Auf dem Zweiten Vatikanischen Konzil hat die katholische Kirche ihre hohe und beständige Achtung gegenüber anderen Religionen erklärt und betont, dass sie „nichts von alledem ablehnt, was in diesen Religionen wahr und heilig ist" (*Nostra aetate* 2). Sie hat eine hohe Wertschätzung für deren Lebens- und Handlungsweisen, für deren Gebote und Lehren. Meinerseits möchte ich die aufrichtige Ehrerbietung der Kirche Ihnen, Ihren Traditionen und Ihren Überzeugungen gegenüber nochmals bestätigen.

In diesem Geist der Ehrerbietung möchte die katholische Kirche mit Ihnen und allen Menschen guten Willens in dem Bemühen um das Wohl aller Bürger Sri Lankas zusammenarbeiten. Ich hoffe, dass mein Besuch dazu beitragen wird, die verschiedenen Formen interreligiöser und ökumenischer Zusammenarbeit, die in den letzten Jahren verwirklicht wurden, zu fördern und zu vertiefen.

Diese lobenswerten Initiativen haben Gelegenheiten zum Dialog geboten, der wesentlich ist, wenn wir einander kennen, verstehen und achten wollen. Wie jedoch die Erfahrung gezeigt hat, müssen dieser Dialog und diese Begegnung, um erfolgreich zu sein, auf eine vollständige und freimütige Darlegung der jeweiligen Überzeugungen gegründet sein. Gewiss wird dieser Dialog deutlich machen, wie verschieden unsere Glaubensüberzeugungen, Traditionen und Gewohnheiten sind. Doch wenn wir in der Darlegung unserer Überzeugungen ehrlich sind, werden wir deutlicher zu sehen vermögen, was wir gemeinsam haben. Neue Wege werden sich öffnen für gegenseitige Wertschätzung, Zusammenarbeit und sogar Freundschaft.

Solche positiven Entwicklungen in den interreligiösen und ökumenischen Beziehungen gewinnen in Sri Lanka eine besondere Bedeutung und Dringlichkeit.

Zu viele Jahre lang sind die Menschen dieses Landes Opfer von inneren Unruhen und Gewalt gewesen. Was jetzt notwendig ist, sind Heilung und Einheit, nicht mehr Konflikt und Spaltung. Sicher ist die Förderung von Heilung und Einheit eine edle Aufgabe, zu der alle verpflichtet sind, denen das Wohl des Landes und letztlich der ganzen Menschheitsfamilie am Herzen liegt. Es ist meine Hoffnung, dass die interreligiöse und die ökumenische Zusammenarbeit zeigen wird, dass man weder seine ethnische noch seine religiöse Identität aufgeben muss, um mit den Brüdern und Schwestern in Harmonie zu leben.

Wie viele Wege gibt es für die Anhänger der verschiedenen Religionen, diesen Dienst zu leisten! Wie zahlreich sind die Bedürfnisse, die mit dem heilenden Balsam der geschwisterlichen Solidarität versorgt werden müssen! Ich denke besonders an die materiellen und spirituellen Bedürfnisse der Armen, der Notleidenden, derer, die sich nach einem Wort des Trostes und der Hoffnung sehnen. Hier denke ich auch an die vielen Familien, die immer noch um den Verlust ihrer Lieben trauern.

Vor allem, wie viele Menschen guten Willens sind in diesem Moment der Geschichte Ihres Landes darum bemüht, die moralischen Grundlagen der Gesellschaft als Ganzes wieder aufzubauen? Möge der sich ausweitende Geist der Zusammenarbeit zwischen den Verantwortlichen der verschiedenen Religionsgemeinschaften seinen Ausdruck finden in einem Engagement, die Versöhnung aller Bürger Sri Lankas in den Mittelpunkt jeder Bemühung um Erneuerung der Gesellschaft und der Institutionen zu stellen. Um des Friedens willen darf man niemals zulassen, dass religiöse Überzeugungen zur Rechtfertigung von Gewalt und Krieg missbraucht werden. Wir müssen unsere Gemeinschaften klar und unzweideutig auffordern, die Grundsätze des Friedens und der Koexistenz, die sich in jeder Religion finden, uneingeschränkt zu leben und Gewalttaten zu verurteilen, wenn sie begangen werden.

Liebe Freunde, ich danke Ihnen noch einmal für Ihren großherzigen Empfang und für Ihre Aufmerksamkeit. Möge diese geschwisterliche Begegnung uns alle in unseren Bemühungen bestärken, in Harmonie zu leben und den Segen des Friedens zu verbreiten.

„Juden und Christen haben die Verantwortung gemein, dazu beizutragen, den religiösen Sinn der Menschen von heute und der Gesellschaft lebendig zu erhalten."

Nr. 14

Ansprache an die Delegation der „Konferenz der Europäischen Rabbiner"

Vatikan, 20. April 2015

EINLEITUNG: Zum 50-jährigen Jubiläum der Konzilserklärung *Nostra aetate* fand zum ersten Mal ein offizielles Treffen der „Conference of European Rabbis" (CER) mit einem Papst statt. Bei der CER handelt es sich um den wichtigsten europäischen Verband orthodoxer Rabbiner, der 1956 gegründet wurde und mehr als 700 Rabbiner umfasst.[284] Leiter der Delegation waren Pinchas Goldschmidt, Oberrabbiner von Moskau und seit 2011 Präsident der CER, und Haim Korsia, Oberrabbiner von Frankreich, die beide dem jüdisch-christlichen Dialog sehr positiv gegenüberstehen.[285] Präsident Goldschmidt gründete den europäischen Rat für muslimische und jüdische Führer („Muslim Jewish Leadership Council", MJLC), um gemeinsam eine Kultur des Respekts gegenüber religiösen Identitäten in Europa zu fördern. Das erste Treffen von sieben jüdischen und sieben muslimischen Religionsführern fand am 12. Dezember 2016 in Wien statt. [286]

Liebe Freunde,
ich heiße euch, die Mitglieder der Delegation der Konferenz der Europäischen Rabbiner, herzlich im Vatikan willkommen. Ich freue mich über euren Besuch, für den ich besonders dankbar bin, weil es das erste Mal ist, dass eure Organisation nach Rom kommt, um den Nachfolger Petri zu treffen. Mein Gruß geht an den Präsidenten, Rabbi Pinchas Goldschmidt, dem ich für seine freundlichen Worte danke.

Ich möchte euch mein tiefempfundenes Beileid zum Tod des emeritierten Oberrabbiners von Rom, Rabbi Elio Toaff, ausdrücken, der gestern Abend verstorben ist. Ich bin Oberrabbiner Riccardo di Segni – der hier bei uns hätte sein sollen – und der gesamten jüdischen Gemeinde von Rom im Gebet verbunden, im dankbaren Gedenken an diesen Mann des Friedens und des Dialogs, der Papst Johannes Paul II. bei seinem historischen Besuch in der römischen Synagoge empfangen hat.

Der Dialog zwischen der katholischen Kirche und den jüdischen Gemeinden schreitet nunmehr seit fast einem halben Jahrhundert systematisch voran. Am kommenden 28. Oktober werden wir den 50. Jahrestag der Konzilserklärung *Nostra aetate* begehen, die bis heute der Bezugspunkt für all unsere Bemühungen in dieser Richtung ist. Denken wir mit Dankbarkeit gegenüber dem Herrn an diese Jahre und freuen wir uns über die gemachten Fortschritte und die Freundschaft, die zwischen uns erwachsen konnte.

Es ist heute in Europa wichtiger denn je, die spirituelle und religiöse Dimension des menschlichen Lebens herauszustellen. In einer Gesellschaft, die zusehends vom Säkularismus geprägt und vom Atheismus bedroht ist, läuft man Gefahr, so zu leben, als ob es Gott nicht gebe. Der Mensch ist oft versucht, sich an Gottes Stelle zu setzen; sich selbst als Maß aller Dinge zu betrachten; zu meinen, alles kontrollieren zu können und sich autorisiert zu fühlen, alles, was ihn umgibt, nach eigenem Wunsch und Gutdünken gebrauchen zu können. Dabei ist es doch so wichtig, nicht zu vergessen, dass unser Leben ein Geschenk Gottes ist; dass wir uns Gott anvertrauen, auf ihn vertrauen und uns stets an ihn wenden dürfen. Juden und Christen haben den Segen, aber auch die Verantwortung gemein, dazu beizutragen, den religiösen Sinn der Menschen von heute und der Gesellschaft lebendig zu erhalten, indem sie Zeugnis ablegen für die Heiligkeit Gottes und des menschlichen Lebens: Gott ist heilig, und heilig und unantastbar ist das Leben, das er uns geschenkt hat.

Besorgniserregend sind die derzeitigen antisemitischen Tendenzen in Europa wie auch gewisse Akte des Hasses und der Gewalt. Jeder Christ muss jegliche Form von Antisemitismus entschieden verurteilen und dem jüdischen Volk seine Solidarität bekunden (vgl. Nostra aetate, 4). Wir haben erst den 70. Jahrestag der Befreiung des Konzentrationslagers Auschwitz begangen, das zum Sinnbild für die Tragödie der Shoah geworden ist. Die Erinnerung an das, was sich im Herzen Europas zugetragen hat, möge den Generationen von heute und morgen eine Warnung sein. Ebenso muss auch jede Ausdrucksform von Hass und Gewalt gegen Christen und Gläubige anderer Religionen überall verurteilt werden.

Liebe Freunde, herzlichen Dank für diesen so bedeutungsvollen Besuch. Ich wünsche euren Gemeinden heute alles Gute und versichere euch meiner Nähe und meines Gebets. Und bitte vergesst nicht, für mich zu beten. *Shalom alechem*!

„Der Dialog ist eine Schule der Menschlichkeit und ein Erzeuger von Einheit, der hilft, eine auf Toleranz und gegenseitige Achtung gegründete Gesellschaft aufzubauen.“

Nr. 15

Ansprache bei der ökumenischen und interreligiösen Begegnung, Internationales franziskanisches Studien-Zentrum

Sarajevo (Bosnien-Herzegowina), 6. Juni 2015

EINLEITUNG: Am 6. Juni 2015 führte Papst Franziskus eine eintägige Reise nach Sarajevo durch – seine zweite Reise in ein europäisches Land (abgesehen vom Besuch des Europaparlaments im November 2014), bei der er nach Albanien wieder ein Land außerhalb der EU besuchte.

Am Beginn der interreligiösen Begegnung wurden kurze Ansprachen von Spitzenvertretern der Religionsgemeinschaften Bosniens auf Bosnisch gehalten: [287] von Kardinal Vinko Puljić, Großmufti (*Reis-ul-Ulema*) Husein Kavazović, dem serbisch-orthodoxen Bischof von Zahumlje-Herzegovina Grigorije Durić sowie dem Präsidenten der jüdischen Gemeinschaft Jakob Finci.

Danach erfolgte die Rede des Papstes auf Italienisch. Am Schluss seiner Ansprache lud er die Anwesenden ein, ein Gebet „an den ewigen, den einen und wahren lebendigen Gott, den Barmherzigen“ gemeinsam zu beten. Der Papst trug das Gebet auf Italienisch vor, danach wurde die bosnische Übersetzung von einem Sprecher vorgetragen. Die gleiche Form – der Vortrag des Gebets durch einen Sprecher – wurde bei der interreligiösen Begegnung von Christen, Muslimen, Jesiden und Sabäern in Ur (Irak) am 6. März 2021 gewählt.

Liebe Brüder und Schwestern,
es ist für mich eine Freude, an dieser Begegnung teilzunehmen, welche die Vertreter der in Bosnien und Herzegowina anwesenden religiösen Bekenntnisse versammelt. Ich richte einen herzlichen Gruß an jeden von Ihnen und an Ihre Gemeinschaften, und ich danke besonders für die freundlichen Worte und Überlegungen, die vorgetragen wurden. Und ich kann Ihnen sagen, dass sie mir beim Zuhören gut getan haben!

Die heutige Begegnung ist Zeichen eines gemeinsamen Wunsches nach Geschwisterlichkeit und Frieden; sie bezeugt eine Freundschaft, die Sie im Laufe der Jahre aufbauen und im täglichen Zusammenleben und -arbeiten schon praktizieren. Hier zu sein ist bereits eine „Botschaft" jenes Dialogs, den wir alle suchen und für den wir arbeiten.

Als Frucht dieser Sehnsucht nach Begegnung und Versöhnung möchte ich besonders die 1997 erfolgte Gründung des hiesigen Rates für den Interreligiösen Dialog erwähnen, der Muslime, Christen und Juden zusammenführt. Ich freue mich über die Arbeit, die der Rat mit der Förderung verschiedener Dialog-Veranstaltungen, der Koordinierung gemeinsamer Initiativen und des Gesprächs mit den staatlichen Verantwortungsträgern entfaltet. Ihre Arbeit ist sehr wertvoll in dieser Region und besonders in Sarajevo, einem Schnittpunkt von Völkern und Kulturen, wo die Verschiedenheit einerseits eine große Chance darstellt, durch die die soziale, kulturelle und spirituelle Entwicklung in dieser Gegend ermöglicht wurde, die andererseits aber auch Ursache schmerzlichen Auseinanderbrechens und blutiger Kriege gewesen ist.

Es ist kein Zufall, dass die Errichtung des Rates für den Interreligiösen Dialog und die anderen schätzenswerten Initiativen auf interreligiösem und ökumenischem Gebiet am Ende des Krieges stattgefunden haben, gleichsam als Antwort auf das Bedürfnis nach Versöhnung und angesichts der Notwendigkeit, eine vom Konflikt zerrissene Gesellschaft wieder aufzubauen. Der interreligiöse Dialog ist nämlich hier wie überall auf der Welt eine unumgängliche Voraussetzung für den Frieden und darum eine Pflicht für alle Gläubigen (vgl. Apostolisches Schreiben *Evangelii gaudium*, 250).

Mehr noch als eine Diskussion über die großen Themen des Glaubens ist der interreligiöse Dialog zuallererst ein „Dialog des Lebens" (*ebd.*). In ihm teilt man den Alltag des Daseins in seiner Konkretheit, mit den Freuden und den Leiden, den Mühen und den Hoffnungen; man übernimmt gemeinsame Verantwortungen; man plant eine bessere Zukunft für alle. Man lernt zusammenzuleben, man lernt sich gegenseitig kennen und lernt, einander in aller Freiheit so zu akzeptieren, wie man ist, in den jeweiligen Unterschiedlichkeiten. Im Dialog erkennt und entwickelt man eine spirituelle Gemeinsamkeit, die eint und die hilft, die sittlichen Werte – die großen sittlichen Werte! –, die Gerechtigkeit, die Freiheit und den Frieden zu fördern. Der Dialog ist eine Schule der Menschlichkeit und ein Erzeuger von Einheit, der hilft, eine auf Toleranz und gegenseitige Achtung gegründete Gesellschaft aufzubauen.

Aus diesem Grund darf der interreligiöse Dialog sich nicht nur auf einige wenige, d. h. allein auf die Verantwortlichen der religiösen Gemeinschaften beschränken, sondern müsste so weit wie möglich auf alle Gläubigen ausgeweitet werden und so die verschiedenen Bereiche der Zivilgesellschaft einbeziehen. Eine besondere Aufmerksamkeit verdienen in diesem Sinn die Jugendlichen, die berufen sind, die Zukunft dieses Landes aufzubauen. Dennoch ist es immer gut, sich daran zu erinnern, dass der Dialog, um echt und wirksam zu sein, eine ausgebildete Identität voraussetzt: Ohne eine ausgebildete Identität ist der Dialog nutzlos und schädlich. Das sage ich im Gedanken an die Jugendlichen, es gilt aber für alle.

Ich schätze aufrichtig, was Sie bis jetzt getan haben, und ich mache Ihnen Mut für diesen Ihren Einsatz für die Sache des Friedens, dessen erste Hüter Sie als die religiösen *Leader* hier in Bosnien und Herzegowina sind. Ich versichere Sie, dass die katholische Kirche weiterhin ihre volle Unterstützung gewähren und ihre ganze Verfügbarkeit bereitstellen wird.

Wir alle sind uns bewusst, dass noch eine weite Strecke zurückzulegen ist. Lassen wir uns jedoch nicht durch die Schwierigkeiten entmutigen und setzen wir den Weg der Vergebung und der Versöhnung mit Ausdauer fort. Während wir zu Recht der Vergangenheit gedenken – auch um aus der Geschichte zu lernen –, wollen wir vermeiden, sie zu beweinen und uns gegenseitig zu beschuldigen, sondern lassen wir uns läutern von Gott, der uns die Gegenwart und die Zukunft schenkt: Er ist unsere Zukunft, er ist die letzte Quelle des Friedens.

Diese Stadt, die in der jüngsten Vergangenheit auf traurige Weise zu einem Symbol des Krieges und seiner Zerstörungen geworden ist – dieses Jerusalem Europas – kann heute mit ihrer Vielfalt an Völkern, Kulturen und Religionen wieder ein Zeichen der Einheit werden, ein Ort, in dem die Verschiedenheit nicht eine Bedrohung darstellt, sondern einen Reichtum und eine Gelegenheit, miteinander zu wachsen. In einer leider noch von Konflikten zerrissenen Welt kann dieses Land zu einer Botschaft werden: Es kann bezeugen, dass es möglich ist, Seite an Seite zusammenzuleben – in der Unterschiedlichkeit, doch im gemeinsamen Menschsein – und zusammen eine Zukunft des Friedens und der Geschwisterlichkeit aufzubauen. Man kann leben, indem man Frieden stiftet!

Ich bin Ihnen allen dankbar für Ihre Anwesenheit und für die Gebete, die Sie freundlicherweise für meinen Dienst verrichten werden. Meinerseits versichere ich Ihnen, dass ich ebenso für Sie, für Ihre Gemeinschaften beten werde, und ich tue es von Herzen. Der Herr segne uns alle.

Jetzt lade ich alle ein, dieses Gebet zu sprechen. An den ewigen, den einen und wahren lebendigen Gott, den Barmherzigen.

Gebet

Allmächtiger, ewiger Gott,
guter und barmherziger Vater;
Schöpfer des Himmels und der Erde, aller sichtbaren und unsichtbaren Dinge;
Gott Abrahams, Isaaks und Jakobs,
König und Herr der Vergangenheit, der Gegenwart und der Zukunft;
einziger Richter aller Menschen,
der du deine Gläubigen mit der ewigen Herrlichkeit belohnst!
Wir, die Nachkommen Abrahams nach dem Glauben an dich, den einen Gott,
Juden, Christen und Muslime,
stehen in Demut vor dir,
und voll Vertrauen bitten wir dich
für dieses Land Bosnien und Herzegowina,
auf dass wir in Frieden und Harmonie darin leben können,
gläubige Männer und Frauen verschiedener Religionen, Nationen und Kulturen.
Wir bitten dich, o Vater, dass dies geschehe
in allen Ländern der Welt!
Stärke in jedem von uns den Glauben und die Hoffnung,
die gegenseitige Achtung und die aufrichtige Liebe
zu allen unseren Brüdern und Schwestern.
Gib, dass wir uns mutig dafür einsetzen,
die soziale Gerechtigkeit herzustellen,
Männer und Frauen guten Willens zu sein,
reich an gegenseitigem Verständnis und an Vergebung,
geduldige Erbauer von Dialog und Frieden.
All unsere Gedanken, Worte und Werke
seien in Einklang mit deinem heiligen Willen.
Alles geschehe zu deiner Ehre, zu deiner Herrlichkeit und zu unserem Heil.
Lob und Herrlichkeit in Ewigkeit dir, unserem Gott!
Amen.

Ansprache an Mitglieder des „International Council of Christians and Jews“

Sala Clementina, 30. Juni 2015

EINLEITUNG: Der „International Council of Christians and Jews“ (ICCJ) wurde vor dem Hintergrund der Shoah gegründet, um ein besseres Verständnis zwischen Juden und Christen zu fördern und den nach wie vor grassierenden Antisemitismus zu bekämpfen. Es handelt sich um eine weltweite Dachorganisation von gegenwärtig 34 nationalen Organisationen des jüdisch-christlichen Dialogs.

Von 28. Juni bis 1. Juli 2015 veranstaltete der ICCJ seine Jahreskonferenz zum Thema „The 50th Anniversary of Nostra aetate: The Past, Present, and Future of the Christian-Jewish Relationship" in Rom, an der 250 Juden und Christen teilnahmen. Für die Konferenz bereitete der Rat aus diesem Anlass die Stellungnahme „Celebrating and Deepening the New Christian-Jewish Relationship“ vor,[288] die in einer privaten Audienz im Vatikan am 30. Juni 2015 Papst Franziskus vorgestellt wurde.

Vertreter und Vertreterinnen des Rats übergaben dem Papst u. a. eine kleine Replik der Skulptur „Synagoga and Ecclesia in Our Time“. Die Universität hatte das Kunstwerk aus Anlass des 50-jährigen Jubiläums von *Nostra aetate* in Auftrag gegeben. Die Skulptur zeigt Allegorien des Judentums und Christentums, die – einander auf Augenhöhe zugewandt – ihre heiligen Texte gemeinsam studieren.[289] Die Skulptur von Joshua Koffman (Philadelphia) ist ein Gegenbild zu mittelalterlichen Darstellungen, bei denen einer triumphierenden, gekrönten Kirche die besiegte, blinde Synagoge, der die Krone zu ihren Füßen gefallen ist, gegenübergestellt wurde. Das Kunstwerk veranschaulicht die Aussage von EG 248: „Der Dialog und die Freundschaft mit den Kindern Israels gehören zum Leben der Jünger Jesu.“[290] Am 27. September 2015 wurde die Skulptur von Papst Franziskus eingeweiht, im Rahmen seiner Reise nach Kuba und in die USA (19.–28. September 2015).[291]

Liebe Brüder und Schwestern,
ich freue mich, dass Ihr Treffen in diesem Jahr in Rom stattfindet, der Stadt, in der die Apostel Petrus und Paulus begraben sind. Für alle Christen sind die beiden Apostel ein wichtiger Bezugspunkt: Sie sind wie „Säulen" der Kirche. Hier in Rom befindet sich auch die älteste jüdische Gemeinde Westeuropas, deren Ursprünge sich bis in die Zeit der Makkabäer zurückverfolgen lassen. Christen und Juden leben also seit fast zweitausend Jahren in Rom zusammen, auch wenn ihre Beziehungen im Laufe der Geschichte nicht ohne Schwierigkeiten verliefen.

Die Entwicklung eines echten geschwisterlichen Dialogs ist seit dem Zweiten Vatikanischen Konzil nach der Verkündigung der Erklärung *Nostra aetate* möglich geworden. Dieses Dokument stellt ein endgültiges „Ja" zu den jüdischen Wurzeln des Christentums und ein unwiderrufliches „Nein" zum Antisemitismus dar. Indem wir den 50. Jahrestag von *Nostra aetate* feiern, können wir die reichen Früchte sehen, die es hervorgebracht hat, und den jüdisch-katholischen Dialog dankbar würdigen. Auf diese Weise können wir Gott für all das Gute danken, das in den vergangenen fünfzig Jahren in Form von Freundschaft und gegenseitigem Verständnis verwirklicht wurde, da sein Heiliger Geist unsere Bemühungen im Dialog begleitet hat. Unsere zersplitterte Menschlichkeit, unser Misstrauen und unser Stolz sind dank des Geistes des allmächtigen Gottes so überwunden worden, dass das Vertrauen und die Geschwisterlichkeit zwischen uns weitergewachsen ist. Wir sind keine Fremden mehr, sondern Freunde, Brüder und Schwestern. Trotz unserer unterschiedlichen Sichtweisen bekennen wir uns zu dem einen Gott, dem Schöpfer des Universums und dem Herrn der Geschichte. Und er segnet in seiner unendlichen Güte und Weisheit stets unser Engagement für den Dialog.

Christen, alle Christen, haben jüdische Wurzeln. Aus diesem Grund hat der „Internationale Rat der Christen und Juden" seit seiner Gründung die verschiedenen christlichen Konfessionen aufgenommen. Jede von ihnen hat sich auf ihre Weise dem Judentum genähert, das sich in seiner Zeit durch verschiedene Strömungen und Sensibilitäten ausgezeichnet hat. Die christlichen Konfessionen finden ihre Einheit in Christus; das Judentum findet seine Einheit in der Tora. Christen glauben, dass Jesus Christus das fleischgewordene Wort Gottes in der Welt ist; für Juden ist das Wort Gottes vor allem in der Tora gegenwärtig. Beide Glaubenstraditionen finden ihr Fundament in dem einen Gott, dem Gott des Bundes, der sich durch sein Wort offenbart. Auf der Suche nach einer rechten Einstellung zu Gott wenden sich Christen an Christus als Quelle neuen Lebens und Juden an die Lehre der Tora. Dieses Muster der theologischen Reflexion über das Verhältnis zwischen Judentum und Christentum geht gerade aus *Nostra aetate* hervor (vgl. Nr. 4) und kann und muss auf dieser soliden Grundlage weiterentwickelt werden.

Bei seinen Überlegungen zum Judentum hat das Zweite Vatikanische Konzil die zehn Thesen von Seelisberg berücksichtigt, die in derselben Schweizer Stadt formuliert wurden. Diese Thesen sind eng mit der Gründung des Internationalen Rates der Christen und Juden verbunden. Wir können sagen, dass es bereits in den Anfängen ein Konzept der Zusammenarbeit zwischen Ihrer Organisation und der katholischen Kirche gab. Diese Zusammenarbeit wurde offiziell nach dem Konzil und insbesondere nach der Einrichtung unserer Kommission für die religiösen Beziehungen zu den Juden im Jahr 1974 aufgenommen. Diese Kommission des Heiligen Stuhls verfolgt die Aktivitäten Ihrer Organisation stets mit großem Interesse, insbesondere die jährlichen internationalen Treffen, die einen bemerkenswerten Beitrag zum jüdisch-christlichen Dialog leisten.

Liebe Freunde, ich danke Ihnen allen für diesen Besuch und wünsche Ihnen alles Gute für Ihr Treffen. Möge der Herr Sie segnen und Sie in seinem Frieden bewahren. Ich bitte Sie, für mich zu beten. Und ich lade Sie alle ein, gemeinsam um den Segen Gottes, unseres Vaters, zu bitten. Ich werde es in meiner Muttersprache sprechen.

Der Herr segne dich und behüte dich:
der Herr lasse sein Angesicht leuchten über dir und sei dir gnädig:
Der Herr erhebe sein Angesicht über dich und gebe dir Frieden
(vgl. *Num* 6,24–26).
Amen.

Nr. 17 *„Gemeinsam sind wir heute aufgerufen, (...) ‚Ja' zu sagen zu einer akzeptierten und versöhnten Verschiedenheit."*

Ansprache bei der interreligiösen Begegnung an der Gedenkstätte „Ground Zero" (Auszug)

New York, 25. September 2015

Einleitung: Von 19. bis 28. September 2015 besuchte Papst Franziskus Kuba und die USA, aus Anlass des achten Weltfamilientreffens in Philadelphia. Teil des Programms war der Besuch der Vereinten Nationen in New York und die Ansprache vor der Generalversammlung der UNO am Freitag, 25. September, – der fünfte Besuch eines Papstes bei den Vereinten Nationen. Am gleichen Tag begann das Gipfeltreffen der UNO, bei dem die „2030-Agenda für nachhaltige Entwicklung" mit den 17 Entwicklungszielen (SDGs) angenommen wurde, die Franziskus als „ein wichtiges Zeichen der Hoffnung" bezeichnete.[292]

Im Anschluss an den Besuch der UNO nahm der Papst an einer interreligiösen Feier am Ground Zero teil.[293] Die Begegnung fand in der „Foundation Hall" im Memorial Museum statt, die aus Resten des zerstörten Turms besteht. Mehr als 500 Repräsentanten der verschiedenen Religionsgemeinschaften in New York – Hinduismus, Jainismus, Sikhismus, Judentum, Islam, Christentum, Buddhismus und der indianischen Religionen Amerikas – nahmen daran teil. Der Papst hielt die Ansprache auf Spanisch.[294]

Die Gedenkstätte wurde im September 2011 eröffnet, das Museum 2014, zur Erinnerung an die fast 3000 Opfer des Terroranschlags der al-Qaida am 11. September 2001 und des Bombenanschlags am 26. Februar 1993. An den Stellen der beiden zerstörten Türme des World Trade Centers in Manhattan wurde das Denkmal mit dem Titel „Reflecting Absence" errichtet.[295]

(...) An diesem Ort der Trauer und des Gedenkens erfüllt es mich mit großer Hoffnung, dass ich die Gelegenheit habe, mit Führungspersönlichkeiten zusammenzutreffen, welche die vielen religiösen Traditionen vertreten, die das Leben dieser großen Stadt bereichern. Ich vertraue darauf, dass unsere Gegenwart hier ein machtvolles Zeichen dafür ist, dass wir unseren gemeinsamen Wunsch bekräftigen möchten, eine Kraft der Versöhnung, eine Kraft des Friedens und der Gerechtigkeit zu sein in dieser Gemeinschaft und überall in unserer Welt. Bei all unseren Unterschieden und Meinungsverschiedenheiten ist es doch möglich, in einer Welt des Friedens zu leben. Gegenüber jedem Versuch der Uniformierung können und müssen wir uns aus den verschiedenen Sprachen, Kulturen und Religionen zusammenfinden und gegenüber allem, was dies zu verhindern sucht, unsere Stimme erheben. Gemeinsam sind wir heute aufgerufen, zu jedem Versuch, Uniformität aufzuzwingen, „Nein" zu sagen und hingegen „Ja" zu sagen zu einer akzeptierten und versöhnten Verschiedenheit.

Und dazu müssen wir unsere Gefühle des Hasses, der Vergeltung und der Verbitterung aus unseren Herzen verbannen. Und wir wissen, dass das nur möglich ist als ein Geschenk des Himmels. Hier an dieser Gedenkstätte möchte ich Ihnen allen vorschlagen, dass wir – jeder und jede in der eigenen Weise, aber gemeinsam – einen Moment im Schweigen und im Gebet verharren. Lassen Sie uns vom Himmel die Gabe erbitten, dass wir uns für die Sache des Friedens engagieren. Für den Frieden in unseren Häusern, unseren Familien, unseren Schulen und unseren Gemeinschaften. Frieden an all den Orten, wo der Krieg nie zu enden scheint. Frieden in den Gesichtern, die nichts anderes als Schmerz erfahren haben. Frieden überall in dieser weiten Welt, die Gott uns geschenkt hat als ein Haus von allen und für alle. Einfach FRIEDEN. Beten wir schweigend.

[ein Augenblick der Stille]

Auf diese Weise wird das Leben unserer Lieben nicht ein Leben sein, das eines Tages in Vergessenheit gerät, sondern es wird jedes Mal gegenwärtig werden, wenn wir uns bemühen, Propheten des Aufbauens, Propheten der Versöhnung, Propheten des Friedens zu sein.

„Der Sauerteig der pharisäischen Heuchelei" **Nr. 18**

Predigt bei der Frühmesse im vatikanischen Gästehaus (Auszug der Zusammenfassung)

Domus Sanctae Marthae, 16. Oktober 2015

Einleitung: Die Predigt von Papst Franziskus ist ein Beispiel von mehreren Homilien, vorwiegend bei der Frühmesse an seinem Wohnort in Rom, in denen er die negative Darstellung der Pharisäer in den Evangelien aufgreift: in der Perikope Lukas 12,1–7, über die der Papst predigte, als Heuchler (vgl. Mt 23,2–4; Mk 12,15), die selbst nicht tun, was sie lehren.

In einer anderen Predigt sagte er über die Pharisäer:

> Sie „gehen nicht zu den Sündern, sie gehen nicht zu den Zöllnern, sie gehen nicht hin, weil sie denken: ‚Es ist besser, nicht von diesen Leuten befleckt zu werden, es ist ein Risiko.' (…) Sie sind nicht fähig zu vergeben, barmherzig zu sein, zu empfangen. Sie wählen das Gegenteil von Jesus."[296]

Der jüdische Experte für die jüdisch-christlichen Beziehungen Edward Kessler, Gründer des „Centre for the Study of Jewish-Christian Relations" (CJCR) in Cambridge, merkte dazu an:

> „Im Gegensatz zu seinem Vorgänger verfällt Franziskus leicht in altmodische Tropen mit wenig ernsthaftem theologischem oder wissenschaftlichem Inhalt. Er scheint die Sensibilität der Gelehrten zu vernachlässigen und versteht zum Beispiel nicht, was an der Verwendung von Stereotypen über die Pharisäer problematisch sein könnte, wenn er sie als Heuchler bezeichnet."

Und er kam zu dem Schluss:

> „Auch wenn das Engagement von Papst Franziskus für die Förderung besserer Beziehungen zwischen Christen und Juden sowie für den christlich-jüdischen Dialog im Allgemeinen unzweifelhaft ist, so ist seine unangemessene Sprache eine Schwäche und ein Grund zur Sorge, vor allem wenn seine Homilien und Ansprachen von Katholiken gelesen werden, die weit entfernt von realen Begegnungen mit Juden und dem Judentum sind."[297]

Der Konflikt rund um das Thema hatte eine produktive Wirkung. Rabbiner David Rosen, als Internationaler Direktor für interreligiöse Angelegenheiten des American Jewish Committee einer der führenden jüdischen Dialogpartner des Vatikans, regte im Frühjahr 2017 gegenüber Joseph Sievers, emeritierter Professor am Päpstlichen Bibelinstitut in Rom, an, eine Konferenz zu den Pharisäern als wichtiges Thema des jüdisch-christlichen Dialogs zu veranstalten.[298] Zwei Jahre später organisierte das Päpstliche Bibelinstitut die internationale wissenschaftliche Konferenz „Jesus and the Pharisees" von 7. bis 9. Mai 2019 in Rom, bei der zwanzig jüdische, protestantische, katholische und andere Gelehrte aus der ganzen Welt zusammenkamen. Bei einer Podiumsdiskussion war es Rabbiner Rosen, der den „weißen Elefanten" im Raum – das Problem mit den Predigten des Papstes – ansprach, ohne den Papst namentlich zu erwähnen: Der Papst gebe mit dieser unreflektierten Weise, über die Pharisäer zu predigen, ein schlechtes Vorbild ab, von dem man befürchten müsse, dass es nachgeahmt wird.

„Paradoxerweise leben wir in einer Ära, in der wir wahrscheinlich die freundlichsten und vertrautesten Beziehungen mit den Juden haben, die die Kirche jemals gekannt hat. Und gleichzeitig sehen wir den Missbrauch von Begriffen, den ich – entschuldigen Sie meinen Mangel an Diplomatie – sehr unverantwortlich finde. Das Problem dabei ist nicht ein Prinz der Kirche, von dem du weißt, dass er ein Freund der Juden ist – das Problem ist irgendein Priester in Bogota, der sagt: Hey, der Kardinal oder jemand höher als der Kardinal spricht in dieser Weise über die Pharisäer und die Juden – warum soll ich es nicht tun? Es ist entscheidend wichtig, den historischen Kontext zu sehen und zu verstehen, wie dieser Kontext in unserer gegenwärtigen Situation gebraucht und missbraucht werden kann, sodass wir Menschen mehr sensibilisieren können für Worte, wie wir sie verwenden und was die Konsequenzen sein können.“[299]

Man gewinnt den Eindruck, dass Papst Franziskus seit der internationalen Konferenz im Mai 2019 es vermeidet, den Begriff Pharisäer in einer abwertenden Weise zu verwenden.[300]

Im Folgenden wird die Zusammenfassung der Predigt am 16. Oktober 2015 wiedergegeben, die im *L'Osservatore Romano* Nr. 45 (6. November 2015) erschien. In dieser Form wurde die Predigt auf der Website des Vatikans, Kategorie „Tagesmeditationen“, unter dem Titel „Verführerische Schattentöne“ veröffentlicht.

Es gibt einen sehr wirkungsvollen und gefährlichen „Virus“, der auf uns lauert, aber es gibt auch einen Vater, „der uns sehr liebt“ und uns beschützt. Im Mittelpunkt der Predigt, die Papst Franziskus im Lauf der Frühmesse hielt, die er am Freitag, 16. Oktober, in Santa Marta feierte, stand die arglistige Verlockung der Heuchelei. Den biblischen Bezugstext stellte das Tagesevangelium bereit (*Lk* 12,1–7): „Jesus stand inmitten Tausender von Menschen“ – eine Menschenmenge, die sich so dicht um ihn drängte, „dass sie sich gegenseitig drückten und traten“ –, und bevor „er zum Volk spricht, um zu lehren“, wie er zu tun pflegte, wandte er sich „an die Jünger, die dabei waren“. Inmitten so vieler Menschen „redet er zu ihnen über eine winzig kleine Sache: über den Sauerteig“.

Die Warnung des Herrn – „Hütet euch vor dem Sauerteig der Pharisäer“ – ähnele, so sagte der Papst, jener „eines Arztes, der zu seinen Mitarbeitern, zu seinen Sprechstundenhilfen sagt: ‚Passt gut auf, dass all diese Menschen sich nicht mit dem Virus anstecken'". Und der „Sauerteig der Pharisäer", so fügte Franziskus hinzu, sei „die Heuchelei". Jene Heuchelei, die Jesus ihnen immer in völliger Offenheit vorgeworfen habe, indem er ihnen „ins Gesicht" gesagt habe: „Heuchler. Heuchler: Ihr seid Heuchler!" Was aber sei im Grunde dieser Virus, über den Jesus „mitten in dieser Menschenmenge" spreche? Der Papst erklärte es: „Die Heuchelei ist jene Art zu leben, zu handeln, zu sprechen, die nicht eindeutig ist", die sich auf eine zweideutige Art und Weise präsentiere: „Vielleicht lächelt er, vielleicht ist er ernst ... es ist weder Licht noch Finsternis." Es sei ein bisschen so wie die Schlange: „Sie bewegt sich in einer Art und Weise, dass es den Anschein hat, als stelle sie für niemanden eine Bedrohung dar", und sie verfüge über den „Charme der Schattentöne". Die Heuchelei fasziniere also dadurch, „dass sie die Dinge nicht klar und deutlich sagt; den Charme der Lüge, des Scheins". Jesus selbst füge in den Evangelien noch einige Bemerkungen über das Verhalten der „heuchlerischen Pharisäer" hinzu, indem er sage, dass sie „eingebildet und eitel" seien und dass sie gerne „auf den Plätzen spazierengehen", um vorzuführen, wie wichtig sie seien.

Jesus warne vor ihnen und sage, indem er wieder das Wort ergreife, zu allen: „Erschreckt nicht, fürchtet euch nicht: Aber hütet euch vor dem Sauerteig dieser Leute, denn alles, was verborgen ist, wird bekannt. Nichts ist verhüllt, das nicht enthüllt wird, und nichts ist verborgen, was nicht bekannt wird. Deshalb wird man alles, was ihr im Dunkel redet, am hellen Tag hören, und was ihr einander hinter verschlossenen Türen ins Ohr flüstert, das wird man auf den Dächern verkünden." Als wolle er sagen: Es nützt nichts, sich zu verstecken, denn letztlich „kommt alles ans Licht". Und das habe er gesagt, so setzte der Papst auseinander, „weil der Sauerteig der Pharisäer die Menschen dazu brachte, das Dunkel mehr zu lieben als das Licht". Der Apostel Johannes habe das selbst betont, als er geschrieben habe: „Die Menschen liebten die Finsternis mehr als das Licht." (...)

Der Papst vertiefte gerade diesen Aspekt. „Angesichts all dieser Ängste", so sagte er, die von dem „Virus", vom „Sauerteig der pharisäischen Heuchelei" erregt würden, sollten wir durch das getröstet werden, was uns Jesus sage: „Es gibt einen Vater. Es gibt einen Vater, der euch liebt. Es gibt einen Vater, der sich eurer annimmt." Angesichts der „Verführung durch die Schattentöne, der Verführung durch die Schlange" beruhige uns Jesus: „Seid ruhig, der Vater liebt euch, er verteidigt euch. Habt Vertrauen in ihn. Fürchtet euch nicht vor diesen Dingen." (...)

„Die gegenseitige Achtung ist die Voraussetzung und gleichzeitig das Ziel des interreligiösen Dialogs."

Nr. 19

Ansprache bei der interreligiösen Generalaudienz zum 50. Jahrestag der Promulgation der Konzilserklärung *Nostra aetate*

Petersplatz, 28. Oktober 2015

EINLEITUNG: Anlässlich des 50. Jahrestags der Promulgation der Konzilserklärung *Nostra aetate* fand von 26.–28. Oktober 2015 ein internationales Symposium an der Päpstlichen Universität Gregoriana statt, an der über 350 Vertreter und Vertreterinnen der verschiedenen Religionen aus 35 Ländern teilnahmen.[301] Am letzten Tag der Konferenz fand vormittags die interreligiöse Generalaudienz auf dem Petersplatz statt. Der Papst begrüßte jeden einzelnen Delegierten und jede einzelne Delegierte persönlich. Nach den Ansprachen von Kardinal Tauran und Kardinal Koch wurde der erste Abschnitt der Erklärung *Nostra aetate* in verschiedenen Sprachen vorgelesen, danach folgte die Ansprache des Papstes in Italienisch. Die Repräsentanten der anderen Religionen saßen in den ersten Reihen, wurden aber nicht in die Feier aktiv einbezogen.[302] Obwohl die Neubestimmung der jüdisch-katholischen Beziehungen (NA, Nr. 4) die ursprüngliche Intention und den Kern der Erklärung ausmacht, fand bei diesen Feierlichkeiten zum Jahrestag keine spezielle Veranstaltung dazu statt.

Liebe Brüder und Schwestern, guten Tag!
Bei den Generalaudienzen sind oft Personen oder Gruppen anwesend, die anderen Religionen angehören. Heute ist diese Anwesenheit jedoch von ganz besonderer Art, um gemeinsam des 50. Jahrestages der Erklärung des Zweiten Vatikanischen Konzils *Nostra aetate* über das Verhältnis der katholischen Kirche zu den nichtchristlichen Religionen zu gedenken. Dieses Thema lag dem seligen Papst Paul VI. sehr am Herzen. Bereits ein Jahr vor Abschluss des Konzils hatte er am Pfingstfest das Sekretariat für die Nichtchristen errichtet, heute der Päpstliche Rat für den Interreligiösen Dialog. Ich bringe daher den Personen und Gruppen verschiedener Religionen, die heute hier anwesend sind, meinen Dank zum Ausdruck und begrüße sie sehr herzlich – besonders jene, die von weit her gekommen sind.

Das Zweite Vatikanische Konzil war eine außerordentliche Zeit der Reflexion, des Dialogs und des Gebets, um den Blick der katholischen Kirche auf sich selbst und auf die Welt zu erneuern. Eine Deutung der Zeichen der Zeit im Hinblick auf ein „Aggiornamento", das an einer zweifachen Treue ausgerichtet ist: Treue zur kirchlichen Überlieferung und Treue zur Geschichte der Männer und Frauen unserer Zeit. Denn Gott, der sich in der Schöpfung und in der Geschichte offenbart hat, der durch die Propheten gesprochen hat und in ganzer Fülle in seinem menschgewordenen Sohn (vgl. *Hebr* 1,1), wendet sich an das Herz und den Geist eines jeden Menschen, der die Wahrheit sucht und nach Wegen, sie umzusetzen.

Die Botschaft der Erklärung *Nostra aetate* ist immer noch zeitgemäß. Ich rufe kurz einige Punkte in Erinnerung:

- die wachsende Abhängigkeit der Völker untereinander (vgl. Nr. 1);
- die menschliche Suche nach einem Sinn des Daseins, des Leidens, des Todes: Fragen, die unseren Weg stets begleiten (vgl. Nr. 1);
- der gemeinsame Ursprung und das gemeinsame Ziel der Menschheit (vgl. Nr. 1);
- die Einzigartigkeit der Menschheitsfamilie (vgl. Nr. 1);
- die Religionen als Suche nach Gott oder nach dem Absoluten in den verschiedenen Völkern und Kulturen (vgl. Nr. 1);
- der wohlwollende und aufmerksame Blick der Kirche auf die Religionen: Sie lehnt nichts von alledem ab, was in ihnen schön und wahr ist (vgl. Nr. 2);
- die Kirche betrachtet die Gläubigen aller Religionen mit Hochachtung und schätzt ihr geistliches und sittliches Bemühen (vgl. Nr. 3);
- die Kirche ist offen für den Dialog mit allen, und gleichzeitig ist sie der Wahrheit treu, an die sie glaubt, angefangen bei jener Wahrheit, dass das allen angebotene Heil seinen Ursprung in Jesus, dem einzigen Erlöser, hat und dass der Heilige Geist als Quelle des Friedens und der Liebe wirkt.

In diesen letzten 50 Jahren gab es viele Ereignisse, Initiativen, institutionelle und persönliche Beziehungen zu den nichtchristlichen Religionen, und man kann sie schwerlich alle in Erinnerung rufen. Ein besonders bedeutsames Ereignis war die Begegnung in Assisi am 27. Oktober 1986. Sie wurde vom heiligen Johannes Paul II. ins Leben gerufen und gefördert. Ein Jahr vorher – also vor 30 Jahren – hatte er in einer Ansprache an die jungen Muslime in Casablanca den Wunsch zum Ausdruck gebracht, dass alle an Gott Glaubenden Freundschaft und Einheit zwischen Menschen und Völkern fördern mögen (19. August 1985). Die in Assisi entzündete Flamme hat sich über die ganze Welt ausgebreitet und stellt ein bleibendes Zeichen der Hoffnung dar.

Besonders müssen wir Gott danken für den echten Wandel, den die Beziehung zwischen Christen und Juden in diesen 50 Jahren erfahren hat. Gleichgültigkeit und Gegnerschaft haben sich in Zusammenarbeit und Wohlwollen verwandelt. Von Feinden und Fremden sind wir zu Freunden und Brüdern geworden. Das Konzil hat durch die Erklärung *Nostra aetate* den Weg aufgezeigt: »Ja« zur Wiederentdeckung der jüdischen Wurzeln des Christentums; »Nein« zu jeder Form von Antisemitismus, Verurteilung jeder Beleidigung, Diskriminierung und Verfolgung, die daraus hervorgehen. Gegenseitige Kenntnis, Achtung und Wertschätzung sind der Weg, der in besonderer Weise für die Beziehung mit den Juden gilt, aber ebenso auf die Beziehungen zu den anderen Religionen zutrifft. Ich denke insbesondere an die Muslime, die – wie das Konzil in Erinnerung ruft – „den alleinigen Gott anbeten, den lebendigen und in sich seienden, barmherzigen und allmächtigen, den Schöpfer Himmels und der Erde, der zu den Menschen gesprochen hat" (*Nostra aetate*, 3). Sie nehmen Bezug auf die Vaterschaft Abrahams, verehren Jesus als Propheten, ehren seine jungfräuliche Mutter Maria, erwarten den Tag des Gerichts und üben Gebet, Almosen und Fasten (vgl. *ebd.*).

Der Dialog, den wir brauchen, muss offen und respektvoll sein: Dann erweist er sich als fruchtbar. Die gegenseitige Achtung ist die Voraussetzung und gleichzeitig das Ziel des interreligiösen Dialogs: das Recht des Anderen auf Leben achten, auf körperliche Unversehrtheit, auf die Grundfreiheiten, das heißt Gewissens-, Meinungs-, Gedanken- und Religionsfreiheit. Die Welt blickt auf uns Gläubige, sie mahnt uns, untereinander und mit den Männern und Frauen guten Willens, die sich zu keiner Religion bekennen, zusammenzuarbeiten. Sie bittet uns um konkrete Antworten zu zahlreichen Themen: Friede, Hunger, das Elend, von dem Millionen von Menschen betroffen sind, die Umweltkrise, die Gewalt – insbesondere jene, die im Namen der Religion ausgeübt wird –, die Korruption, der sittliche Verfall, die Krisen der Familie, der Wirtschaft, der Finanz und vor allem der Hoffnung. Wir Gläubige haben keine Patentrezepte für diese Probleme, aber wir haben eine große Ressource: das Gebet. Und wir Gläubige beten. Wir müssen beten. Das Gebet ist unser Schatz, aus dem wir den jeweiligen Traditionen gemäß schöpfen, um die Gaben zu erbitten, nach denen die Menschheit sich sehnt.

Aufgrund von Gewalt und Terrorismus hat sich eine Haltung des Misstrauens oder sogar der Verurteilung der Religionen verbreitet. Obgleich keine Religionsgemeinschaft vor der Gefahr fundamentalistischer oder extremistischer Verblendung bei Individuen oder Gruppen gefeit ist (vgl. Ansprache vor dem Kongress der Vereinigten Staaten von Amerika, 24. September 2015), muss man auf die positiven Werte blicken, die sie leben und anbieten und die Quelle der Hoffnung sind. Es geht darum, den Blick zu erheben, um voranzukommen. Der auf vertrauensvolle Achtung gegründete Dialog kann Samen des Guten in sich tragen, die wiederum zu Keimen der Freundschaft und der Zusammenarbeit auf vielen Gebieten werden, vor allem im Dienst an den Armen, den Geringen, den alten Menschen, in der Aufnahme der Migranten, in der Aufmerksamkeit für die Ausgegrenzten. Wir können gemeinsam vorangehen, indem wir füreinander und für die Schöpfung Sorge tragen. Alle Glaubenden jeder Religion. Gemeinsam können wir den Schöpfer loben, dass er uns den Garten der Welt geschenkt hat, auf dass wir ihn als gemeinsames Gut bebauen und hüten. Wir können gemeinsame Pläne verwirklichen, um die Armut zu bekämpfen und jedem Mann und jeder Frau würdige Lebensbedingungen zu gewährleisten.

Das außerordentliche Jubiläum der Barmherzigkeit, das vor uns liegt, ist eine günstige Gelegenheit, um im Bereich der Werke der Nächstenliebe zusammenzuarbeiten. Und in diesem Bereich, in dem vor allem das Mitgefühl zählt, können sich uns viele Menschen anschließen, die sich nicht gläubig fühlen oder auf der Suche nach Gott und nach der Wahrheit sind – Menschen, die das Gesicht des Anderen, insbesondere das Gesicht des notleidenden Bruders oder der notleidenden Schwester, in den Mittelpunkt stellen. Die Barmherzigkeit, zu der wir berufen sind, schließt jedoch die ganze Schöpfung ein, die Gott uns anvertraut hat, um ihre Hüter und nicht ihre Ausbeuter oder – noch schlimmer – ihre Zerstörer zu sein. Wir sollten uns stets vornehmen, die Welt besser zu hinterlassen, als wir sie vorgefunden haben (vgl. Enzyklika *Laudato si'*, 194), begonnen bei der Umwelt, in der wir leben, bei den kleinen Gesten unseres täglichen Lebens.

Liebe Brüder und Schwestern, was die Zukunft des interreligiösen Dialogs betrifft, so ist das Erste, was wir tun müssen: beten. Und füreinander beten: Wir sind Brüder! Ohne den Herrn ist nichts möglich; mit ihm wird alles möglich! Möge unser Gebet – jeder seiner eigenen Tradition gemäß –, möge es dem Willen Gottes vollkommen treu sein, der wünscht, dass alle Menschen einander als Brüder erkennen und als solche leben und in der Eintracht der Vielfalt die große Menschheitsfamilie bilden.

Ansprache bei der ökumenischen und interreligiösen Begegnung, Salon der Apostolischen Nuntiatur

Nairobi (Kenia), 26. November 2015

EINLEITUNG: Während der ersten Afrikareise von Papst Franziskus (25.–30. November 2015) fand am zweiten Tag seines Besuchs in Kenia ein Treffen mit Vertretern der christlichen Kirchen und der anderen Religionsgemeinschaften statt. An der Begegnung nahmen Vertreter der Muslime, der afrikanischen Religionen, Hindus, Sikhs, Juden und Buddhisten teil, ebenso Vertreter der wichtigsten interreligiösen Organisationen: National Council of Churches, Interreligious Council of Kenya sowie Coastal Interfaith Group.[303]

In der Ansprache erwähnte der Papst die dschihadistischen Terrorakte durch die somalische Miliz „al-Shabab", die mit der al-Qaida alliiert ist:[304] den Überfall auf das Westgate-Einkaufszentrum in Nairobi am 21. September 2013, bei dem 67 Menschen getötet wurden, den Überfall auf das Garissa University College am 3. April 2015, bei der die Djihadisten die Christen herausgriffen und 148 Menschen töteten, die meisten davon Studierende, und den Angriff in der Stadt Mandera nahe der somalischen Grenze im Juli 2015, bei der 14 Arbeiter getötet wurden. In diesem Zusammenhang betonte Franziskus „die Bedeutung unserer gemeinsamen Überzeugung, der zufolge der Gott, dem zu dienen wir uns bemühen, ein Gott des Friedens ist. Sein heiliger Name darf niemals gebraucht werden, um Hass und Gewalt zu rechtfertigen." (S. 144, Nr. 20)

Liebe Freunde,
ich bin dankbar, dass Sie heute hier zugegen sind, und freue mich, diese Gelegenheit eines Gedankenaustauschs mit Ihnen zu haben. In besonderer Weise möchte ich Bischof Kairo, Erzbischof Wabukala von der anglikanischen Kirche und Professor El-Busaidy für ihre Worte danken, mit denen sie mich in Ihrer aller Namen und im Namen ihrer jeweiligen Gemeinschaften willkommen geheißen haben. Es ist mir immer wichtig, bei dem Besuch der Katholiken einer Ortskirche die Möglichkeit zu haben, die *Leader* anderer christlicher Gemeinschaften und anderer religiöser Traditionen zu treffen. Und so hoffe ich, dass

diese gemeinsam verbrachte Zeit ein Zeichen für die Wertschätzung sei, welche die Kirche den Anhängern aller Religionen entgegenbringt; möge dieser Moment dazu beitragen, die Bande der Freundschaft, die bereits zwischen uns bestehen, zu stärken.

Ehrlich gesagt, bedeutet diese Beziehung für uns eine Herausforderung; sie stellt uns Fragen. Doch der ökumenische und interreligiöse Dialog ist kein Luxus. Er ist nicht etwas Zusätzliches oder Optionales, sondern er ist wesentlich, etwas, das unsere durch Konflikte und Spaltungen verletzte Welt immer dringender braucht.

In der Tat beeinflussen die religiösen Überzeugungen und die Art, sie zu leben, entscheidend unser Sein und unser Verständnis von der Welt, die uns umgibt. Sie sind für uns ein Quell von Erleuchtung, Weisheit und Solidarität, und auf diese Weise bereichern sie die Gesellschaften, in denen wir leben. Wenn wir für das spirituelle Wachstum unserer Gemeinschaften Sorge tragen, indem wir den Geist und die Herzen zur Wahrheit und zu den von unseren religiösen Traditionen gelehrten Werten erziehen, werden wir zum Segen für die Gemeinden, in denen unsere Leute leben. In einer demokratischen und pluralistischen Gesellschaft wie Kenia wird das Zusammenwirken der religiösen *Leader* und ihrer Gemeinschaften ein wichtiger Dienst am Gemeinwohl.

In diesem Licht und in einer zunehmend interdependenten Welt sehen wir immer deutlicher die Notwendigkeit des gegenseitigen Verstehens der Religionen, ihrer Freundschaft und ihrer Zusammenarbeit, um die Würde zu verteidigen, die Gott den Einzelnen und den Völkern verliehen hat, sowie ihr Recht auf ein Leben in Freiheit und Glück. Indem sie die Achtung dieser Würde und dieser Rechte fördern, spielen die Religionen eine wesentliche Rolle bei der Gewissensbildung, bei der Weitergabe der tiefen spirituellen Werte unserer jeweiligen Traditionen an die jungen Menschen, damit sie diese verinnerlichen. So bilden sie gute Bürger heran, die fähig sind, in die Zivilgesellschaft Ehrlichkeit, Redlichkeit und eine Weltanschauung einzubringen, die gegenüber der Macht und dem materiellen Gewinn den Menschen in den Vordergrund stellt.

Ich denke hier an die Bedeutung unserer gemeinsamen Überzeugung, der zufolge der Gott, dem zu dienen wir uns bemühen, ein Gott des Friedens ist. Sein heiliger Name darf niemals gebraucht werden, um Hass und Gewalt zu rechtfertigen. Sie haben die barbarischen Anschläge auf das Westgate-Einkaufszentrum, auf das Garissa University College und in Mandera in lebendiger Erinnerung. Allzu häufig werden Jugendliche im Namen der Religion zu Extremisten gemacht, um Zwietracht und Angst zu säen und um das Gefüge unserer Gesellschaften zu zerstören. Wie wichtig ist es, dass wir als Propheten des Friedens, als Friedenstifter erkannt werden, welche die anderen einladen, in Frieden, Eintracht und gegenseitiger Achtung zu leben! Möge der Allmächtige die Herzen derer anrühren, die diese Gewalt verüben, und unseren Familien und Gemeinschaften seinen Frieden gewähren!

Liebe Freunde, in dieses Jahr fällt der fünfzigste Jahrestag des Abschlusses des Zweiten Vatikanischen Konzils, in dem die katholische Kirche sich für den ökumenischen und interreligiösen Dialog im Dienst des gegenseitigen Verstehens und der Freundschaft eingesetzt hat. Diesen Einsatz, der aus unserer Überzeugung von der Universalität der Liebe Gottes und des Heils, das er allen anbietet, hervorgeht, möchte ich erneut bekräftigen. Die Welt erwartet zu Recht, dass bei der Bewältigung der vielen Probleme, die die Menschheitsfamilie bewegen, die Gläubigen mit den Menschen guten Willens zusammenarbeiten. Im Blick auf die Zukunft beten wir, dass alle Männer und Frauen sich als Brüder und Schwestern betrachten, die in ihren Verschiedenheiten und über sie hinweg friedlich vereint sind. Beten wir für den Frieden!

Ich danke Ihnen für Ihre Aufmerksamkeit und bitte Gott, den Allmächtigen, Ihnen und Ihren Gemeinschaften seinen reichen Segen zu gewähren.

„Wir Christen und Muslime sind Geschwister.“ **Nr. 21**

Ansprache in der Moschee von Koudoukou

Bangui (Zentralafrikanische Republik), 30. November 2015

EINLEITUNG: Im November 2015 reiste Papst Franziskus zum ersten Mal nach Afrika, und zwar nach Kenia, Uganda und in die Zentralafrikanische Republik (25.–30. November 2015). Er hatte beschlossen, das Außerordentliche Jubiläum der Barmherzigkeit gerade in der Zentralafrikanischen Republik zu eröffnen, einem Land, das von einem gewalttätigen Konflikt verwüstet wird, in dem auch religiöse Faktoren eine Rolle spielen.

Am letzten Tag der Reise fand eine Begegnung mit der muslimischen Gemeinde in der Moschee von Koudoukou im muslimischen Viertel PK5 in Bangui, der Hauptstadt der Zentralafrikanischen Republik, statt. Im Viertel leben 15.000 Muslime, umgeben von christlichen Milizen.[305] Franziskus unternahm den Besuch trotz der unmittelbaren Gefahr, die damit verbunden war. Es war sein erster Besuch einer aktiven Kriegszone. Im Interview mit Dominique Wolton beschrieb Franziskus diesen Besuch:

> „Ich wollte dorthin, trotz der Sicherheitsprobleme, um zu sagen, was die Kirche zum Beispiel tun kann. In Bangui, im muslimischen Viertel, bin ich in die Moschee gegangen, ich habe in der Moschee gebetet, ich habe den Imam ins Papamobil steigen lassen, um eine Runde zu drehen … ich sage nicht, dass ich Frieden gestiftet habe, aber ich sage, dass die Kirche solche Dinge tun muss."[306]

Die Zentralafrikanische Republik, eines der ärmsten Länder der Welt, hat eine christliche Mehrheit (89,5 %) und eine muslimische Minderheit (8,5 %).[307] Die Machtübernahme und die Eroberung von Bangui durch die überwiegend muslimische Séléka-Allianz („Koalition") im März 2013 führten zu einem Bürgerkrieg zwischen der Allianz und den Milizen der Anti-Balaka, die aus Selbstverteidigungsgruppen der christlichen Bevölkerung hervorgegangen waren. Aus dem Konflikt zwischen bewaffneten Milizen entwickelte sich ein Konflikt zwischen den bewaffneten muslimischen und christlichen Gemeinschaften.[308]

Mit der Begegnung unterstützte der Papst die nationale interreligiöse Friedensplattform, die vom katholischen Erzbischof Dieudonné Nzapalainga, dem Präsidenten des Central African Islamic Council Imam Oumar Kobine Layama und dem Präsidenten der Evangelikalen Allianz in der Zentralafrikanischen Republik Referend Nicolas Guerekoyame-Gbangou in Bangui 2014 geschaffen wurde, um die Spirale kommunaler Gewalt zu unterbrechen.[309] Die Verantwortlichen der interreligiösen Plattform hatten den Papst ersucht, in die Zentralafrikanische Republik zu reisen, um die Aufmerksamkeit der Medien zu erhöhen, die lokalen Friedensbemühungen der Religionsführer zu unterstützen und den Druck auf die bewaffneten Kräfte zu erhöhen, die Gewalt zu stoppen.[310] Die Plattform wird seit 2015 von der „Central African Republic Interfaith Peacebuilding Partnership" (CIPP) unter der Leitung des Catholic Relief Services (CRS) unterstützt.[311]

Liebe Freunde, muslimische Verantwortungsträger und Gläubige,
es ist mir eine große Freude, Sie zu treffen und Ihnen meine Dankbarkeit für Ihren herzlichen Empfang auszudrücken. Ich danke im Besonderen dem Imam Tidiani Moussa Naibi für seine freundlichen Worte, mit denen er mich willkommen geheißen hat. Mein Pastoralbesuch in der Zentralafrikanischen Republik wäre

nicht vollständig, wenn er nicht auch diese Begegnung mit der muslimischen Gemeinde einschließen würde.

Wir Christen und Muslime sind Geschwister. Wir müssen uns also als solche betrachten und uns als solche verhalten. Wir wissen sehr wohl, dass die letzten Ereignisse und Gewalttaten, die Ihr Land erschüttert haben, nicht auf wirklich religiösen Motiven beruhten. Wer behauptet, an Gott zu glauben, muss auch ein Mensch des Friedens sein. Christen, Muslime und Anhänger der traditionellen Religionen haben über viele Jahre hin friedlich zusammengelebt. Wir müssen also vereint bleiben, damit jedes Tun aufhört, welches auf der einen und der anderen Seite das Angesicht Gottes entstellt und im Grunde das Ziel verfolgt, mit allen Mitteln persönliche Interessen auf Kosten des Gemeinwohls zu verteidigen. Sagen wir gemeinsam „nein" zum Hass, zur Rache, zur Gewalt, besonders zu jener, die im Namen einer Religion oder im Namen Gottes verübt wird! Gott ist Friede, *salam*.

In diesen dramatischen Zeiten haben die christlichen und muslimischen religiösen Verantwortungsträger versucht, den Herausforderungen des Momentes die Stirn zu bieten. Sie haben eine bedeutende Rolle bei der Wiederherstellung von Eintracht und Geschwisterlichkeit unter allen gespielt. Ich möchte ihnen meinen Dank und meine Wertschätzung versichern. Und wir können auch die vielen Gesten der Solidarität erwähnen, die Christen und Muslime – in Ihrem Land, aber ebenso in anderen Teilen der Welt – gegenüber ihren Landsleuten eines anderen religiösen Bekenntnisses zeigten, indem sie sie im Laufe dieser letzten Krise aufnahmen und verteidigten.

Man kann nur hoffen, dass die kommenden nationalen Konsultationen dem Land Verantwortungsträger geben, die es verstehen, die Zentralafrikaner zu einen, und so Symbole der Einheit der Nation werden, anstatt die Vertreter einer Gruppierung zu sein. Ich ermutige Sie von Herzen, aus Ihrem Land ein einladendes Haus für alle seine Söhne und Töchter zu machen, ohne Unterscheidung der Ethnie, der politischen Zugehörigkeit oder des religiösen Bekenntnisses. Dann kann die im Herzen Afrikas gelegene Zentralafrikanische Republik dank der Zusammenarbeit aller ihrer Söhne und Töchter dem gesamten Kontinent einen Impuls in diesem Sinne geben. Sie wird ihn positiv beeinflussen und dazu beitragen können, die Spannungsherde auszulöschen, die es dort gibt und die die Afrikaner daran hindern, von der Entwicklung zu profitieren, die sie verdienen und auf die sie ein Anrecht haben.

Liebe Freunde, ich lade Sie ein, für die Versöhnung, die Geschwisterlichkeit und die Solidarität unter allen zu arbeiten, ohne die Menschen zu vergessen, die am meisten unter diesen Ereignissen gelitten haben.

Gott segne und beschütze Sie!

Ansprache beim Besuch der Großen Synagoge

Rom, 17. Jänner 2016

Einleitung: Am „Tag des Judentums", der von der katholischen Kirche Italiens seit 1990 begangen wird, besuchte Papst Franziskus die Große Synagoge in Rom, in den Fußstapfen seiner beiden Vorgänger Johannes Paul II. (1986) und Benedikt XVI. (2010) – sein erster Besuch einer Synagoge als Papst.[312] Vor dem Eingang zur Synagoge wurde der Papst mit einer herzlichen Umarmung von Oberrabbiner Dr. Riccardo Di Segni empfangen. Dieser hatte an der Feier zur Amtseinführung von Papst Franziskus und an der Begegnung mit Vertretern der Ökumene und Religionen am 20. März 2013 im Vatikan teilgenommen und den Papst damals in die Synagoge eingeladen. Die Einladung sei auch unverzüglich angenommen worden, wie Franziskus in seiner Ansprache erwähnte; aus Termingründen kam der Besuch jedoch erst nach drei Jahren zustande.[313]

In der Synagoge wurde der Papst von Mitgliedern der römischen Gemeinde sowie von Vertretern und Vertreterinnen jüdischer Organisationen Italiens, Europas und Israels empfangen. Der Papst ging 20 Minuten lang durch die Bankreihen und gab zahlreichen Teilnehmenden die Hand. Er begrüßte jüdische Überlebende der Shoah persönlich, die in der ersten Bankreihe saßen, u. a. die Schwestern Andra und Tatiana Bucci, die den sog. „Kinderblock" des Lagerarztes von Auschwitz Josef Mengele überlebten.[314]

In ihrer Begrüßung meinte Dr. Dureghello, dass die kurze Distanz zwischen dem Petersdom und der Großen Synagoge über Jahrhunderte unüberwindlich zu sein schien. „Das heutige Treffen zeigt, dass der Dialog zwischen großen Religionen möglich ist." Dureghello hob zwei frühere Aussagen von Papst Franziskus hervor. Gegenüber einer Delegation der jüdischen Gemeinde Roms sagte er am 11. Oktober 2013: „Ein Christ kann nicht antisemitisch sein." Bei einem Treffen mit einer Delegation des World Jewish Congress am 28. Oktober 2015 hielt er fest: „Ein Angriff auf die Juden ist Antisemitismus, aber auch ein bewusster Angriff auf Israel ist Antisemitismus."[315]

Oberrabbiner Dr. Di Segni stellte in seiner Rede klar:

> „Wir empfangen den Papst nicht, um über Theologie zu reden. Jedes System ist autonom, der Glaube ist keine Ware, die ausgetauscht oder

auf politischer Ebene verhandelt werden kann. Wir begrüßen es, dass der Papst bekräftigt, dass die religiösen Unterschiede, die gewahrt und respektiert werden müssen, keinen Hass und keine Gewalt rechtfertigen dürfen. Die Erfahrungen, Werte, Traditionen und großen Ideen, die unsere Identität kennzeichnen, müssen in den Dienst unserer Gemeinschaften gestellt werden.“[316]

In seiner Ansprache nahm Papst Franziskus den Ausdruck „ältere Brüder und Schwestern“ auf, den Johannes Paul II. bei seinem Besuch der römischen Synagoge am 13. April 1986 verwendet hatte. Eine zentrale theologische Aussage in der Ansprache betraf die Gültigkeit des Alten Bundes:

> „Um sich selbst zu verstehen, können die Christen nicht von den jüdischen Wurzeln absehen, und auch wenn die Kirche das Heil durch den Glauben an Christus verkündet, so erkennt sie doch die Unwiderruflichkeit des Alten Bundes und die beständige und treue Liebe Gottes zu Israel an.“

Liebe Brüder und Schwestern!

Ich freue mich, heute hier in dieser Großen Synagoge bei euch zu sein. Für ihre freundlichen Worte danke ich Dr. Di Segni, Frau Dr. Dureghello und Rechtsanwalt Gattegna. Und euch allen danke ich für den herzlichen Empfang, danke! *Todà rabbà*![317]

Anlässlich meines ersten Besuchs dieser Synagoge als Bischof von Rom möchte ich euch den geschwisterlichen Friedensgruß dieser Teilkirche und der ganzen katholischen Kirche zum Ausdruck bringen und in diesen Gruß alle jüdischen Gemeinden einschließen. Unsere Beziehungen liegen mir sehr am Herzen. Schon in Buenos Aires pflegte ich die Synagogen zu besuchen und den dort versammelten Gemeinschaften zu begegnen, die jüdischen Feste und Gedenktage aus der Nähe zu begleiten und dem Herrn zu danken, der uns das Leben schenkt und uns auf dem Weg der Geschichte begleitet. Im Lauf der Zeit ist ein geistliches Band gewachsen, welches das Entstehen echter freundschaftlicher Beziehungen gefördert und auch einen gemeinsamen Einsatz inspiriert hat. Im interreligiösen Dialog ist es von grundlegender Bedeutung, dass wir uns vor unserem Schöpfer als Brüder und Schwestern begegnen, und ihn preisen wir, dass wir uns gegenseitig respektieren und schätzen und uns um Zusammenarbeit bemühen. Und im jüdisch-christlichen Dialog gibt es ein einzigartiges, besonderes Band durch die jüdischen Wurzeln des Christentums: Juden und Christen müssen sich also als Brüder fühlen, vereint von demselben Gott und einem reichen gemeinsamen geistlichen Erbe (vgl. Erklärung *Nostra aetate*, 4), auf das man sich stützen und die Zukunft weiter aufbauen muss.

Mit diesem meinem Besuch folge ich den Spuren meiner Vorgänger. Papst Johannes Paul II. kam vor 30 Jahren hier hin, am 13. April 1986; und Papst Benedikt XVI. war vor sechs Jahren bei euch. Johannes Paul II. prägte bei jener Gelegenheit den schönen Ausdruck „ältere Brüder", und in der Tat seid ihr unsere älteren Brüder und unsere älteren Schwestern im Glauben. Wir gehören alle zu einer einzigen Familie, zur Familie Gottes, der uns als sein Volk begleitet und schützt. Als Juden und Katholiken sind wir gemeinsam aufgerufen, unsere Verantwortung gegenüber dieser Stadt wahrzunehmen, unseren – vor allem geistlichen – Beitrag – zu leisten und die Lösung der verschiedenen aktuellen Probleme zu unterstützen. Ich wünsche, dass die Nähe, die gegenseitige Kenntnis und Wertschätzung zwischen unseren beiden Glaubensgemeinschaften immer mehr wachsen mögen. Daher ist es von besonderer Bedeutung, dass ich gerade heute, am 17. Januar, zu euch gekommen bin, an dem Tag, an dem die Italienische Bischofskonferenz den „Tag des Dialogs zwischen Katholiken und Juden" begeht.

Vor kurzem haben wir des 50. Jahrestags der Erklärung *Nostra aetate* des Zweiten Vatikanischen Konzils gedacht, der den systematischen Dialog zwischen der katholischen Kirche und dem Judentum ermöglicht hat. Am vergangenen 28. Oktober durfte ich auf dem Petersplatz auch zahlreiche jüdische Vertreter begrüßen und habe gesagt: „Besonders müssen wir Gott danken für den echten Wandel, den die Beziehung zwischen Christen und Juden in diesen 50 Jahren erfahren hat. Gleichgültigkeit und Gegnerschaft haben sich in Zusammenarbeit und Wohlwollen verwandelt."

Von Feinden und Fremden sind wir zu Freunden und Brüdern geworden. Das Konzil hat durch die Erklärung *Nostra aetate* den Weg aufgezeigt: „Ja" zur Wiederentdeckung der jüdischen Wurzeln des Christentums; „Nein" zu jeder Form von Antisemitismus, Verurteilung jeder Beleidigung, Diskriminierung und Verfolgung, die daraus hervorgehen. *Nostra aetate* hat die Beziehungen der katholischen Kirche zum Judentum zum ersten Mal explizit theologisch definiert. Sie hat natürlich nicht alle uns betreffenden theologischen Fragen gelöst, aber sie hat in ermutigender Weise auf sie Bezug genommen und einen sehr wichtigen Impuls zu notwendiger, weiterer Reflexion gegeben. Diesbezüglich hat die Kommission für die religiösen Beziehungen mit dem Judentum am 10. Dezember 2015 ein neues Dokument veröffentlicht,[318] das die theologischen Fragen behandelt, die in den seit der Promulgierung von *Nostra aetate* vergangenen Jahrzehnten zutage getreten sind. In der Tat verdient die theologische Dimension des jüdisch-katholischen Dialogs stets weitergehende Vertiefung, und ich möchte all jene, die an diesem Dialog beteiligt sind, ermutigen, mit Unterscheidungsgabe und Ausdauer in dieser Richtung fortzufahren. Gerade unter theologischem Gesichtspunkt zeigt sich ganz klar das unauflösliche Band, das Christen und Juden vereint. Um sich selbst zu verstehen, können die Christen nicht von den jüdischen Wurzeln absehen, und auch wenn die Kirche das Heil durch den Glauben an Christus verkündet, so erkennt sie doch die Unwiderruflichkeit des Alten Bundes und die beständige und treue Liebe Gottes zu Israel an. Zusammen mit den theologischen Fragen dürfen wir die großen Herausforderungen, die die Welt heute zu bewältigen hat, nicht aus dem Blick verlieren. Die Herausforderung einer ganzheitlichen Ökologie hat nunmehr Priorität, und als Christen und Juden können und müssen wir der ganzen Menschheit die biblische Botschaft hinsichtlich der Sorge für die Schöpfung anbieten.

Konflikte, Kriege, Gewalttaten und Ungerechtigkeiten fügen der Menschheit tiefe Wunden zu und rufen uns auf, den Einsatz für Frieden und Gerechtigkeit zu verstärken. Die Gewalt des Menschen gegen den Menschen steht im Widerspruch zu jeder Religion, die dieses Namens würdig ist, und insbesondere steht sie im Widerspruch zu den drei großen monotheistischen Religionen. Das Leben ist als Gabe Gottes heilig und unantastbar. Das fünfte Gebot des Dekalogs sagt: „Du sollst nicht morden" (*Ex* 20,13). Gott ist der Gott des Lebens und will es immer fördern und verteidigen. Und wir, die wir nach seinem Bild und ihm ähnlich erschaffen sind, sind gehalten, dasselbe zu tun. Jeder Mensch ist als Geschöpf Gottes unser Bruder, unabhängig von seiner Herkunft oder seiner Religion. Jeder Mensch muss mit Wohlwollen betrachtet werden, wie es Gott tut, der allen seine barmherzige Hand reicht, unabhängig von ihrem Glauben und ihrer Herkunft, und der für jene sorgt, die ihn am meisten brauchen: die Armen, die Kranken, die Ausgegrenzten, die Schutzlosen. Wo das Leben in Gefahr ist, da sind wir noch mehr aufgerufen, es zu schützen. Weder Gewalt noch Tod werden je das letzte Wort vor Gott haben, der der Gott der Liebe und des Lebens ist. Wir müssen ihn inständig bitten, damit er uns helfen möge, in Europa, im Heiligen Land, im Nahen Osten, in Afrika und in jedem anderen Teil der Welt die Logik des Friedens, der Versöhnung, der Vergebung, des Lebens zu praktizieren.

Das jüdische Volk musste in seiner Geschichte Gewalt und Verfolgung erleben, bis hin zur Vernichtung der europäischen Juden in der Shoah. Sechs Millionen Menschen wurden, nur weil sie zum Volk der Juden gehörten, Opfer der unmenschlichsten Barbarei, verübt im Namen einer Ideologie, die den Menschen an die Stelle Gottes setzen wollte. Am 16. Oktober 1943 wurden über tausend

Männer, Frauen und Kinder der jüdischen Gemeinde Roms nach Auschwitz deportiert. Heute möchte ich von Herzen ganz besonders an sie erinnern: Ihr Leid, ihre Angst, ihre Tränen dürfen niemals vergessen werden. Und die Vergangenheit muss uns eine Lehre sein für Gegenwart und Zukunft. Die Shoah lehrt uns, dass stets höchste Wachsamkeit vonnöten ist, um zur Verteidigung der Menschenwürde und des Friedens umgehend eingreifen zu können. Ich möchte allen noch lebenden Zeugen der Shoah meine Nähe zum Ausdruck bringen und richte meinen besonderen Gruß an euch, die ihr hier anwesend seid.

Liebe ältere Brüder, wir müssen wirklich dankbar sein für all das, was in den letzten fünfzig Jahren erreicht worden ist, denn zwischen uns sind das gegenseitige Verständnis, das gegenseitige Vertrauen und die Freundschaft gewachsen und vertieft worden. Bitten wir gemeinsam den Herrn, dass er unseren Weg in eine gute, bessere Zukunft führen möge. Gott hat für uns Pläne des Heils, wie es der Prophet Jeremia ausdrückt: „Denn ich, ich kenne meine Pläne, die ich für euch habe – Spruch des Herrn –, Pläne des Heils und nicht des Unheils; denn ich will euch eine Zukunft und eine Hoffnung geben“ (*Jer* 29,11).

Der Herr segne und behüte uns. Er lasse sein Angesicht über uns leuchten und sei uns gnädig. Der Herr wende uns sein Angesicht zu und schenke uns Frieden (vgl. *Num* 6,24–26). *Shalom alechem*!

Nr. 23 *„Wir alle zusammen – Muslime, Hindus, Katholiken, Kopten, evangelische Christen, sind aber Geschwister, Kinder desselben Gottes“*

Predigt bei der Abendmahlsmesse,

Castelnuovo di Porto, 24. März 2016

EINLEITUNG: Am Gründonnerstag feierte Papst Franziskus eine Freiluftmesse im Flüchtlingszentrum „Centro di Accoglienza per Richiedenti Asilo“ (CARA) in der Kleinstadt Castelnuovo di Porto in der Nähe von Rom, in dem fast 900 Flüchtlinge untergebracht waren – damals die zweitgrößte Flüchtlingsunterkunft Italiens.[319] Ein zentrales Element der Messe war die traditionelle Fußwaschung, die seit 1955 als Teil der Gründonnerstagsliturgie möglich ist, zur Erinnerung an die Fußwaschung Jesu an den Aposteln. Dafür wurden v. a. Flüchtlinge unterschiedlicher religiöser und kultureller

Zugehörigkeit ausgewählt: drei koptische Christinnen aus Eritrea, eine italienische Katholikin, die im Zentrum mitarbeitet, vier Katholiken aus Nigeria, drei Muslime aus Mali, Syrien und Pakistan und ein Hindu aus Indien.[320] Der Papst kniete vor ihnen nieder, wusch und küsste ihnen die Füße.

Drei Tage vor Gründonnerstag, am 22. März 2016, erfolgten zwei Selbstmordanschläge am Flughafen und in der Innenstadt von Brüssel, zu denen sich der „IS" bekannte und bei denen 32 Menschen starben und Hunderte verletzt wurden. Der Terroranschlag durch junge islamistische Belgier mit marokkanischem Hintergrund verschaffte islam- und migrationsfeindlichen Bewegungen Aufwind. Vor diesem Hintergrund wurde das Ritual der Fußwaschung zu einer eindringlichen Geste des Respekts gegenüber Flüchtlingen, Migranten und Menschen anderer Religionszugehörigkeit, gegen Gewalt und gesellschaftliche Spaltungen. Am Schluss der Feier grüßte Franziskus Hunderte Teilnehmer und Teilnehmerinnen einzeln. Die Rede hielt der Papst frei auf Italienisch.

Gesten sagen mehr als Bilder und Worte. Die Gesten. In diesem Wort Gottes, das wir gelesen haben, gibt es zwei Gesten: Jesus, der dient, der die Füße wäscht. Er, der das Haupt war, wäscht den anderen, den Seinen, den Geringsten die Füße. Die zweite Geste: Judas, der zu den Feinden Jesu geht, zu jenen, die keinen Frieden mit Jesus wollen, um das Geld zu nehmen, für das er ihn verraten hat, die 30 Silberlinge. Zwei Gesten. Auch heute gibt es zwei Gesten. Die erste ist die des heutigen Abends: wir alle zusammen – Muslime, Hindus, Katholiken, Kopten, evangelische Christen, aber Geschwister (it. *fratelli*), Kinder desselben Gottes –, die wir in Frieden, integriert leben wollen.

Die andere Geste ist die von vor drei Tagen: eine Geste des Krieges, der Zerstörung in einer Stadt in Europa, durchgeführt von Menschen, die nicht in Frieden leben wollen. Hinter dieser Geste, ebenso wie hinter Judas, standen jedoch andere. Hinter Judas standen jene, die das Geld gegeben haben, damit Jesus ausgeliefert würde. Hinter der Geste von vor drei Tagen in jener europäischen Hauptstadt stehen die Waffenfabrikanten, die Waffenhändler, die Blut wollen und keinen Frieden, die Krieg wollen und keine Geschwisterlichkeit (it. *fratellanza*).

Zwei gleiche Gesten: Zum einen wäscht Jesus die Füße – während Judas Jesus für Geld verkauft. Und zum anderen ihr, wir alle zusammen, verschiedene Religionen, verschiedene Kulturen, aber Kinder desselben Vaters, Geschwister – während jene Elenden Waffen kaufen, um die Geschwisterlichkeit zu zerstören. Heute, in diesem Augenblick, wenn ich dieselbe Geste vollziehen werde wie Jesus und euch zwölf die Füße waschen werde, dann vollziehen wir alle diese Geste der Geschwisterlichkeit. Und wir alle sagen: „Wir sind verschieden, wir sind unterschiedlich, wir haben unterschiedliche Kulturen und Religionen, aber wir sind Geschwister und wollen in Frieden leben." Und das ist die Geste, die ich mit euch vollziehe. Jeder von uns hat seine eigene Geschichte zu tragen, jeder von euch hat eine eigene Geschichte: viele Kreuze, viele Schmerzen, aber er hat auch ein offenes Herz, das die Geschwisterlichkeit will. Jeder möge in seiner eigenen religiösen Sprache den Herrn bitten, dass diese Geschwisterlichkeit die Welt anstecken möge, damit es nicht die 30 Silberlinge gibt, um den Bruder zu töten, damit es immer Geschwisterlichkeit und Güte gibt. So sei es.

Nach der heiligen Messe sagte Papst Franziskus:

Ich möchte jetzt jeden Einzelnen begrüßen, von ganzem Herzen. Ich danke euch für diese Begegnung. Wir müssen nur daran denken und zeigen, dass es schön ist, zusammen als Geschwister zu leben, mit verschiedenen Kulturen, Religionen und Traditionen: Wir sind alle Geschwister! Und das hat einen Namen: Frieden und Liebe. Danke.

Nr. 24 *Friede ist gegründet auf „gegenseitige Achtung, Begegnung und ein Miteinander-Teilen".*

Ansprache bei der interreligiösen Begegnung mit dem Scheich und Repräsentanten der anderen Religionsgemeinschaften des Landes (Auszug)

Heydar-Aliyev-Moschee, Baku, 2. Oktober 2016

EINLEITUNG: Im Rahmen der Reise von Papst Franziskus nach Georgien und Aserbaidschan (30. September – 2. Oktober 2016) fand in Baku eine interreligiöse Begegnung statt, als Abschluss des eintägigen Besuchs in Aserbaidschan. Ort war die im Dezember 2014 eröffnete Heydar-Aliyev-Moschee, das größte religiöse Gebäude im Südkaukasus.[321]

Neben dem Irak, Iran und Bahrain ist Aserbaidschan eines der wenigen Länder mit einer schiitischen Bevölkerungsmehrheit. Rund 97 % der Bevölkerung sind muslimisch. Die christliche Minderheit ist hauptsächlich russisch-orthodox, im Land leben geschätzt 570 Katholiken, viele von ihnen Ausländer, u. a. Mitarbeiter und Mitarbeiterinnen von Botschaften und Hausangestellte.[322]

Beim interreligiösen Treffen in der Moschee traf Franziskus den Großmufti des Kaukasus, Scheich-ul-Islam Allahşükür Paşazade, seit 1992 Vorsitzender des „Obersten Religiösen Rats der Kaukasusvölker".

An der interreligiösen Begegnung nahmen Vertreter und Vertreterinnen der russisch-orthodoxen Kirche, der evangelisch-lutherischen Kirche und der jüdischen Gemeinden teil. Es war das erste Mal, dass ein Papst in einer Moschee eine Ansprache hielt. Er zitierte dabei aus dem „Alexanderbuch" des persischen Dichters Nizami Ganjavi (12. Jahrhundert). In der Ansprache entfaltete Papst Franziskus sein Verständnis der Religionen und ihrer spezifischen Aufgabe.

(...) Die Geschwisterlichkeit und das Miteinander, die wir mehren möchten, werden bei denen, die Trennungen hervorheben, Spannungen neu entfachen und aus Gegensätzen und Streitigkeiten Gewinn ziehen wollen, keinen Beifall finden; von denen, die das Gemeinwohl anstreben, werden sie jedoch inständig erfleht und erwartet. Und vor allem sind sie dem mitleidigen und barmherzigen Gott wohlgefällig, der will, dass die Söhne und Töchter der einen Menschheitsfamilie enger miteinander verbunden und immer im Dialog sind. Ein großer Dichter, ein Sohn dieses Landes, hat geschrieben: „Wenn du Mensch bist, mische dich unter die Menschen, denn den Menschen geht es gut in gegenseitiger Gesellschaft" (Nizami Ganjavi: Das Alexanderbuch, I, Über den eigenen Zustand und den Lauf der Zeit). Sich den anderen zu öffnen, macht nicht ärmer, sondern es bereichert, denn es hilft, menschlicher zu sein: sich als aktiven Teil eines größeren Ganzen zu erkennen und das Leben als ein Geschenk für die anderen zu verstehen; als Ziel nicht die eigenen Interessen zu betrachten, sondern das Wohl der Menschheit; ohne Schwärmereien und ohne Formen von Interventionismus zu handeln, ohne schädliche Einmischungen und Zwangsmaßnahmen zu vollziehen, sondern stattdessen immer die geschichtlichen Entwicklungen, die Kulturen und die religiösen Traditionen zu respektieren.

Gerade die Religionen haben eine große Aufgabe, nämlich die Menschen auf ihrer Suche nach dem Sinn des Lebens zu begleiten und ihnen zu helfen zu begreifen, dass die begrenzten Fähigkeiten des Menschen und die Güter dieser Welt niemals zu absoluten Größen werden dürfen. Wieder ist es Nizami, der schreibt: „Setze nicht endgültig auf deine Kräfte, solange du im Himmel keine Wohnung gefunden hast! Die Früchte der Welt sind nicht ewig, verehre nicht das

Vergängliche!" (*Leila und Madschnun*, Der Tod Madschnuns auf Leilas Grab). Die Religionen sind berufen, uns begreifen zu lassen, dass die Mitte des Menschen außerhalb seiner selbst liegt, dass wir auf die endlose Höhe hin ausgestreckt sind und zum anderen hin, der unser Nächster ist. Dorthin soll das Leben sich auf den Weg machen: zur erhabensten und zugleich konkretesten Liebe. Sie muss der Gipfel jedes echten religiösen Strebens sein, denn – wie noch einmal der Dichter sagt – „Liebe ist das, was sich nie ändert, Liebe ist das, was kein Ende hat" (*ebd.*, Die Verzweiflung des Madschnun).

Die Religion ist also für den Menschen eine Notwendigkeit, um sein Ziel zu verwirklichen, ein Kompass, um ihn zum Guten hin zu orientieren und ihn vom Bösen abzuhalten, das immer an der Tür seines Herzens lauert (vgl. *Gen* 4,7). In diesem Sinn haben die Religionen eine Erziehungsaufgabe, nämlich zu helfen, das Beste des Menschen zum Vorschein zu bringen. Und wir tragen als Leiter eine große Verantwortung, der Suche des Menschen, der sich heute oft in den schwindelerregenden Paradoxien unserer Zeit verliert, echte Antworten zu bieten. Tatsächlich sehen wir, wie in unseren Tagen einerseits der Nihilismus derer grassiert, die an nichts mehr glauben, außer an die eigenen Interessen, Nutzen und Vorteile, und das Leben wegwerfen, indem sie sich nach dem Spruch richten: „Wenn es Gott nicht gibt, ist alles erlaubt".[323] Andererseits treten immer mehr die starren und fundamentalistischen Reaktionen derer zutage, die mit verbaler und tätlicher Gewalt extreme und radikalisierte Haltungen durchsetzen wollen, die denkbar weit entfernt sind vom lebendigen Gott.

Im Gegensatz dazu sind die Religionen, die ja helfen, das Gute zu erkennen und durch Werke, Gebet und die Mühe der Arbeit an sich selbst praktisch umzusetzen, dazu berufen, die *Kultur der Begegnung und des Friedens* aufzubauen, die aus Geduld, Verständnis und bescheidenen konkreten Schritten besteht. So wird der menschlichen Gesellschaft gedient. Diese ist ihrerseits stets gehalten, die Versuchung zu überwinden, sich des religiösen Faktors zu bedienen: Die Religionen dürfen niemals instrumentalisiert werden und dürfen nicht dafür herhalten, Konflikte und Gegensätze zu begünstigen.

Fruchtbar ist hingegen eine ehrbare Verbindung zwischen Gesellschaft und Religionen, eine respektvolle Allianz, die aufgebaut und gehütet werden muss und die ich mit einem Bild symbolisieren möchte, das diesem Land viel bedeutet. Ich beziehe mich auf die wertvollen, künstlerisch gestalteten Glasfenster, die es seit Jahrhunderten in dieser Gegend gibt und die nur aus Holz und buntem Glas bestehen (*Shebeke*). Bei ihrer handwerklichen Fertigung gibt es eine einzigartige Besonderheit: Es werden weder Klebstoff noch Nägel verwendet, sondern Holz und Glas werden zusammengehalten, indem sie in langer, sorgfältiger Arbeit ineinander verschachtelt werden. So hält das Holz das Glas, und das Glas lässt Licht einfallen. Genauso ist es Aufgabe jeder Zivilgesellschaft, die Religion zu unterstützen, die das Einfallen eines zum Leben unerlässlichen Lichtes ermöglicht. Und darum ist es notwendig, der Religion eine wirkliche und echte Freiheit zu garantieren. Es dürfen also nicht die künstlichen „Klebstoffe" verwendet werden, die den Menschen zwingen zu glauben, indem man ihm ein bestimmtes *Credo* aufoktroyiert und ihn seiner Entscheidungsfreiheit beraubt, und es dürfen in die Religion auch nicht die äußeren „Nägel" der weltlichen Interessen und der Macht- und Geldgier eindringen. Denn Gott darf nicht für partielle Interessen und egoistische Zwecke angerufen werden, er kann keine Form von Fundamentalismus, Imperialismus oder Kolonialismus rechtfertigen. Noch einmal erhebt sich von diesem so bedeutungsvollen Ort aus der herzzerreißende Ruf: Niemals mehr Gewalt im Namen Gottes! Sein heiliger Name werde angebetet, nicht geschändet und verschachert von Hass und menschlichen Gegensätzen.

Ehren wir dagegen die umsichtige göttliche Barmherzigkeit uns gegenüber mit dem beharrlichen Gebet und dem konkreten Dialog, der eine „notwendige Bedingung für den Frieden in der Welt und darum eine Pflicht für die Christen wie auch für die anderen Religionsgemeinschaften" ist (Apostolisches Schreiben *Evangelii gaudium*, 250). Gebet und Dialog stehen in einer engen Wechselbeziehung zueinander: Sie führen zur Öffnung des Herzens und streben dem Wohl der anderen zu, bereichern und stärken sich also gegenseitig. Fest überzeugt und in Kontinuität mit den Zweiten Vatikanischen Konzil „mahnt [die katholische Kirche] ihre Söhne [und Töchter], dass sie mit Klugheit und Liebe, durch Gespräch und Zusammenarbeit mit den Bekennern anderer Religionen sowie durch ihr Zeugnis des christlichen Glaubens und Lebens jene geistlichen und sittlichen Güter und auch die sozial-kulturellen Werte, die sich bei ihnen [den Bekennern anderer Religionen] finden, anerkennen, wahren und fördern" (Erklärung *Nostra aetate*, 2). Kein „versöhnlicher Synkretismus" und keine „diplomatische Offenheit, die zu allem Ja sagt, um Probleme zu vermeiden" (Apostolisches Schreiben *Evangelii gaudium*, 251), sondern mit den anderen sprechen und für alle beten: das sind unsere Mittel, um Lanzen in Winzermesser zu verwandeln (vgl. *Jes* 2,4), um Liebe aufkommen zu lassen, wo Hass herrscht, und Vergebung, wo Verletzung schmerzt, damit wir nicht müde werden, Wege des Friedens zu erflehen und zu gehen.

(...) Mögen die Religionen in der Nacht der Konflikte, die wir durchmachen, Morgenröte des Friedens, Samen der Wiedergeburt unter den Verwüstungen des Todes, unermüdlich tönender Widerhall des Dialogs und Wege der Begegnung und der Versöhnung sein, um dorthin zu gelangen, wo die offiziellen Vermittlungsversuche keinen Erfolg zu erzielen scheinen. Mögen die Religionen besonders in dieser geschätzten kaukasischen Region, die zu besuchen ich so ersehnt habe und in die ich als Pilger des Friedens gekommen bin, aktive Mittel zur Überwindung der Tragödien der Vergangenheit und der Spannungen von heute sein. Mögen die unschätzbaren Reichtümer dieser Länder erkannt und genutzt werden: Die alten und immer neuen Schätze der Weisheit, Kultur und Religiosität der Kaukasusvölker sind eine reiche Ressource für die Zukunft der Region und insbesondere für die europäische Kultur – kostbare Güter, auf die wir nicht verzichten können. Danke.

Nr. 25 *„Alle Religionen sind zu einem Stil der Barmherzigkeit aufgerufen."*

Ansprache an Vertreter und Vertreterinnen verschiedener Religionen (Auszug)

Sala Clementina, 3. November 2016

Einleitung: Von 3. bis 4. November 2016 fand an der Päpstlichen Universität Gregoriana in Rom das interreligiöse Symposium „Interreligious Sharing and Witnessing about Mercy for Peace and Reconciliation" statt. Die Veranstaltung wurde vom König-Abdullah-Zentrum für interreligiösen und interkulturellen Dialog (KAICIID) mit Sitz in Wien organisiert, in Kooperation mit der Adyan-Stiftung und dem Päpstlichen Rat für den Interreligiösen Dialog. Die Adyan-Stiftung, gegründet 2006 in Beirut (Libanon), setzt sich lokal, regional und global für Bildung zugunsten des friedlichen Zusammenlebens und gegen religiösen Extremismus ein.[324]

Am Beginn des Symposiums empfing der Papst im Vatikan rund 60 Vertreter und Vertreterinnen christlicher Konfessionen und der verschiedenen Religionen – des Islam, Judentums, Jesidismus, Hinduismus und Sikhismus.[325] Unter den Teilnehmenden befanden sich der Großmufti des Libanon Abdel-Latif Derian, der Großmufti von Jordanien Scheich Abdul Kareem Khasawneh, der Großmufti von Ägypten Shawki Alam, der Direktor der Konferenz Europäischer Rabbiner Rabbi Moshe Levin sowie der syrische Bischof Elias Toumeh (Orthodoxe Kirche von Antiochien).[326]

Das interreligiöse Symposium zum Thema Barmherzigkeit stand im Rahmen des außerordentlichen Heiligen Jahres, dem „Jubiläum der Barmherzigkeit", das vom Papst am 11. April 2015 mit der Bulle *Misericordiae vultus* ausgerufen wurde und von 8. Dezember 2015 bis 20. November 2016 dauerte.

(...) Doch darf man das Geheimnis der Barmherzigkeit nicht nur in Worten feiern, sondern dies muss vor allem mit Taten geschehen, mit einem wirklich barmherzigen Lebensstil, der aus uneigennütziger Liebe, geschwisterlichem Dienen, aufrichtigem Teilen besteht. Das ist der Stil, den die Kirche immer mehr annehmen will, auch „gemäß ihrer Aufgabe, Einheit und Liebe unter den Menschen zu fördern" (II. Vat. Konzil, Erklärung *Nostra aetate*, 1). Das ist der Stil, zu dem auch die Religionen aufgerufen sind, um ganz besonders in dieser unserer Zeit Boten des Friedens und Stifter von Gemeinschaft zu sein; um zu verkünden, dass heute die Zeit der Geschwisterlichkeit ist, im Gegensatz zu dem, der Auseinandersetzungen, Spaltungen und Abkapselung fördert. Daher ist es wichtig, die Begegnung zwischen uns zu suchen, eine Begegnung, die uns ohne bequemen Synkretismus „offener [macht] für den Dialog, damit wir uns besser kennen und verstehen lernen", damit sie „jede Form der Verschlossenheit und Verachtung überwinde und alle Form von Gewalt und Diskriminierung vertreibe" (*Misericordiae vultus*, 23). Das ist Gott wohlgefällig und eine dringliche Aufgabe, nicht nur als Antwort auf die heutigen Nöte, sondern vor allem als Antwort auf den Appell zur Liebe, der Seele jedes authentischen Ausdrucks von Religion.

Das Thema der Barmherzigkeit ist vielen religiösen und kulturellen Traditionen vertraut, in denen Mitleid und Gewaltlosigkeit wesentlich sind und den Weg des Lebens weisen: „Starr und hart ist, was dem Tod anheimfällt, weich und zart ist, was vom Leben erfüllt ist" (*Tao Te King*, 76). Sich mit mitleidsvoller Zärtlichkeit zur schwachen und bedürftigen Menschheit hinabzubeugen gehört zu einem wahrhaft religiösen Geist, der die Versuchung zurückweist, sich mit Gewalt durchzusetzen, und der sich weigert, das menschliche Leben zu einer Ware zu machen; der in den anderen Brüder und Schwestern sieht und niemals nur Nummern. Denjenigen nahe zu sein, die in Situationen größerer Hilfsbedürftigkeit – wie Krankheit, Behinderung, Armut, Ungerechtigkeit, Folgen von Krieg und Migration – leben, ist ein Ruf, der aus dem Herzen jeder wirklich religiösen Tradition aufsteigt. Er ist das Echo der göttlichen Stimme, die zum Gewissen jedes einzelnen spricht und dazu auffordert, die Selbstbezogenheit zu überwinden und sich zu öffnen: sich öffnen dem anderen über uns, der an die Tür unseres Herzens klopft; sich öffnen dem anderen neben uns, der an unsere Haustür pocht und um Aufmerksamkeit und Hilfe bittet.

(...) Dieser Weg soll unser Königsweg sein, die ziellosen Wege der Konfrontation und der Abkapselung müssen wir ablehnen. Es darf nicht mehr geschehen, dass die Religionen aufgrund des Verhaltens einiger ihrer Mitglieder eine misstönende Botschaft vermitteln, die nicht im Einklang steht mit der Botschaft der Barmherzigkeit. Leider vergeht kein Tag, an dem man nicht von Gewalt, Konflikten, Entführungen, Terroranschlägen, Opfern und Zerstörung hört. Und es ist schrecklich, dass zur Rechtfertigung dieser Barbarei zuweilen der Name einer Religion oder Gottes selbst angerufen wird. Diese verwerflichen Haltungen, die den Namen Gottes schänden und die religiöse Suche des Menschen beflecken, müssen entschieden verurteilt werden.

Überall soll dagegen die friedliche Begegnung unter den Gläubigen und eine wirkliche Religionsfreiheit gefördert werden. Unsere diesbezügliche Verantwortung Gott, der Menschheit und der Zukunft gegenüber ist sehr groß und erfordert den ganzen Einsatz, ohne jede opportunistische Falschheit. Das ist ein Ruf, der an uns ergeht; ein Weg, den wir zum Wohl aller voller Hoffnung gehen müssen. Die Religionen sollen Schoß des Lebens sein, die der verletzten und bedürftigen Menschheit die barmherzige Zärtlichkeit Gottes bringen; sie mögen Pforten der Hoffnung sein, die helfen, die aus Stolz und Angst errichteten Mauern zu durchschreiten. Danke!

Nr. 26 *„Es möge die Sonne einer neuen Geschwisterlichkeit im Namen Gottes aufgehen."*

Ansprache an die Teilnehmer an der Internationalen Friedenskonferenz (Auszug)

Konferenzzentrum der al-Azhar in Kairo, 28. April 2017

Einleitung: Im Rahmen seiner kurzen Reise nach Ägypten (28.–29. April 2017) nahm Papst Franziskus auf Einladung des Großimams der al-Azhar-Universität in Kairo, Scheich Aḥmad al-Ṭayyib, an der internationalen muslimisch-christlichen Friedenskonferenz der Universität (27.–28. April 2017) teil. Die im 10. Jahrhundert gegründete Universität gilt als wichtigste Bildungsinstitution des sunnitischen Islam.

Abb. 1: Marc Chagall „Weiße Kreuzigung" (1938). Erstes Bild einer wichtigen Serie, in der Marc Chagall Jesus als jüdischen Märtyrer zeigte und auf die Verfolgung der europäischen Juden in den 1930er Jahren hinwies. Das Bild stellt das Kreuz in den Kontext von Pogromen gegen Juden und betont die jüdische Zugehörigkeit Jesu, etwa mit einem Gebetsschal als Linnen. Papst Franziskus hat das Gemälde als sein Lieblingsbild bezeichnet.

Abb. 2: „Franziskus und der Sultan" - Ikone aus dem Atelier der Sœurs de Sainte Claire, Jongny (Schweiz), gemalt von Françoise Schweighofer-Rossel (2006); heute im Kapuzinerkloster / Hôtellerie Franciscaine, St-Maurice, Schweiz.
Arabischer Text links: „Gesegnet sei Franziskus – im Namen Gottes, des Heiligen, des ewigen Gottes". Arabischer Text rechts: „Im Himmel und auf Erden – Friede sei mit euch!" Französischer Text in der Mitte: „Begegnung des kleinen Armen aus Assisi mit dem Sultan der Muslime in Damiette, im Jahr 1219, heiliger Franz von Assisi – Malik al Kāmil." (Übersetzung: Br. Dr. Niklaus Kuster, Kapuzinerkloster Rapperswil, Schweiz)

Abb. 3: Joshua Koffmann, „Synagoga and Ecclesia in Our Time“ (2015). Das Kunstwerk bringt die erneuerte Beziehung von Judentum und Christentum „in unserer Zeit“ (*Nostra aetate*) zum Ausdruck, symbolisiert durch zwei weibliche Figuren, die – auf Augenhöhe, einander zugewandt und zuhörend – im Bund mit Gott leben und voneinander lernen. Es ist ein Kontrast zu mittelalterlichen Darstellungen von „Synagoga und Ecclesia“, bei der die gekrönte Kirche über die besiegte Synagoge triumphiert.
Die Skulptur wurde von der Saint Joseph‘s University in Philadelphia in Auftrag gegeben, um den fünfzigsten Jahrestag der Erklärung *Nostra aetate* 1965 und die Gründung des Instituts für jüdisch-katholische Beziehungen der Universität zu feiern. Sie steht vor der Kapelle der St. Joseph’s University. © Prof. Philipp A. Cunningham

Abb. 4: Präsentation des Gesprächsbandes *Sobre el Cielo y la Tierra* („Über Himmel und Erde") mit Rabbiner Abraham Skorka im Rabbinerseminar Buenos Aires, 1. Dezember 2010. © Rabbiner Abraham Skorka

Abb. 5: Chanukka-Fest in der Synagoge der Gemeinschaft NCI-Emanu El in Buenos Aires, 12. Dezember 2012; Kardinal Jorge Bergoglio mit den Rabbinern Sergio Bergman und Ale Avruj (Mitte). © NCI-Emanu El

Abb. 6: Begegnung mit dem Großmufti von Jerusalem, Scheich Muhammad Ahmad Hussein (rechts von Papst Franziskus) auf dem Tempelberg/*Haram al-Sharif*, Jerusalem, 26. Mai 2014; hinter dem Papst: Omar Abboud. © Vatican Media

Abb. 7: Shoah-Gedenkstätte Yad Vashem, Jerusalem, 26. Mai 2014. Papst Franziskus küsst die Hände von Überlebenden der Shoah. © Vatican Media

Abb. 8: Auf dem Weg zum interreligiösen Friedensgebet, Vatikanische Gärten, 6. Juni 2014. Von links: Präsident Mahmoud Abbas, Papst Franziskus, Präsident Shimon Peres, Ökumenischer Patriarch Bartholomaios I. © Vatican Media

Abb. 9: Begegnung mit dem Präsidenten des Amts für religiöse Angelegenheiten (Diyanet) Mehmet Görmez, Ankara, 28. November 2014. © Vatican Media

Abb. 10: Gebet in der Sultan-Ahmet-Moschee („Blaue Moschee") in Istanbul zusammen mit dem Großmufti von Istanbul Rahmi Yaran, 29. November 2014. © Vatican Media

Abb. 11: Interreligiöses Treffen „Together Faiths of the World Unite" für die Beendigung der modernen Sklaverei, Päpstliche Akademie der Wissenschaften in Rom, 2. Dezember 2014.
Erste Reihe von links: Großayatollah Mohammed Taqi al-Modarresi; Scheich Naziyah Razzaq Jaafar (beide Irak); Mata Amritanandamayi (Indien); Papst Franziskus; Thich Nu Chan Khong (in Vertretung von Ven. Thich Nhat Hanh); Dr. Abbas Abdalla Abbas Soliman (in Vertretung des Großimams der al-Azhar Aḥmad al-Ṭayyib). © Vatican Media

Abb. 12: Interreligiöses Treffen in Colombo, Bandaranaike Hall, 13. Jänner 2015. Begrüßung des hinduistischen Mönchs Ndu-Kurukkal Śiva Śri T. Mahadeva. © Vatican Media

Abb. 13: Interreligiöse Begegnung, Franziskanisches Studien-Zentrum in Sarajevo (Bosnien), 6. Juni 2015. Mitte: Großmufti von Bosnien und Herzegowina (*Reis-ul-Ulema*) Husein Kavazović; Präsident der jüdischen Gemeinschaft in Bosnien-Herzegowina Jakob Finci. © Vatican Media

Abb. 14: Interreligiöse Begegnung am „Ground Zero“ in New York, 25. September 2015. © Vatican Media

Abb. 15: Interreligiöse Generalaudienz am 50. Jahrestag der Erklärung *Nostra aetate*, Petersplatz in Rom, 26. Oktober 2015. Mitte: Gianfranco Lustrissimi (Unione Buddhista Italiana), Swamini Hamsananda Ghiri (Italien). © Vatican Media

Abb. 16: Interreligiöse Generalaudienz zum 50. Jahrestag der Erklärung *Nostra aetate*, Petersplatz in Rom, 28. Oktober 2015. Von links nach rechts: Hon. Chief Nosakhare Isekhure (Afrikanische Traditionelle Religionen, Nigeria); Samani Pranav Pragya (Jain-Nonne, UK); Bhai Sahib Mohinder Singh Ahluwalia (Sikhismus, UK). © Vatican Media

Abb. 17: Gebet in der Moschee von Koudoukou in Bangui (Zentralafrikanische Republik), 30. November 2015. Hinter Papst Franziskus: Imam Tidiani Moussa Naibi. © Vatican Media

Abb. 18: Übergabe eines Exemplars der zweiten Auflage des „Siddur Et ba Zman – Moment in der Zeit“ von Rabbiner Ale Avruj, Vatikan, August 2016. © Vatican Media

Abb. 19: Besuch der Großen Synagoge in Rom, 17. Jänner 2016, Begrüßung durch Oberrabbiner Dr. Riccardo Di Segni. © Vatican Media

Abb. 20: Fußwaschung am Gründonnerstag von Menschen muslimischer, christlich-orthodoxer und hinduistischer Zugehörigkeit, Flüchtlingszentrum C.A.R.A. Auxilium, Castelnuovi di Porto (Rom), 24. März 2016. © Vatican Media

Abb. 21: Treffen mit seinem Freund Professor Luis Liberman im Rahmen des Seminars „Menschenrechte und Wasser“ im Vatikan, 23.–24. Februar 2017. © Vatican Media

Abb. 22: Begegnung mit Repräsentanten der indigenen Völker Amazoniens, Coliseo Regional Madre de Dios, Puerto Maldonado (Peru), 19. Jänner 2018. © Vatican Media

Abb. 23: Treffen mit dem „Muslim Council of Elders“ in der Großen Moschee Sheik Zayed in Abu Dhabi (Vereinigte Arabische Emirate), 4. Februar 2019; Begrüßung durch den Großimam der al-Azhar Dr. Aḥmad al-Ṭayyib vor der Moschee. © Vatican Media

Abb. 24: Unterzeichnung des „Dokuments über menschliche Geschwisterlichkeit für den Weltfrieden und das Zusammenleben“ durch Papst Franziskus und den Großimam der al-Azhar Dr. Aḥmad al-Ṭayyeb, Founder’s Memorial, Abu Dhabi (Vereinigte Arabische Emirate), 4. Februar 2019. © Vatican Media

Abb. 25: Begrüßung durch den Höchsten Buddhistischen Patriarchen Thailands, Somdej Phra Maha Muneewon, Wat Ratchabophit Sathit Maha Simaram Tempel, Bangkok, 21. November 2019. © Vatican Media

Abb. 26: Besuch bei Großayatollah Sayyid Ali al-Sistani in Nadschaf (Irak), 6. März 2021. © Vatican Media

Abb. 27: Interreligiöse Begegnung auf der Ebene in Ur (Irak), 6. März 2021.
© Vatican Media

Abb. 28: Nach dem Besuch des Friedhofs der Ermineskin Cree Nation in Maskwacis, Alberta (Kanada) wird der Papst von Ältesten der indigenen Nationen empfangen und auf dem Weg zu einem Treffen begleitet, 25. Juli 2022. © Vatican Media

In seiner Ansprache drückte der Scheich dem Papst gleich zu Beginn seine Solidarität für die vielen christlichen Opfer bei djihadistischen Angriffen aus.[327] Im Zentrum der Rede von al-Ṭayyib standen die „Tugenden, die über allen anderen stehen: Geschwisterlichkeit und Barmherzigkeit" und die heute im Kontext der Postmoderne neu ausbuchstabiert werden müssten.

Als Gegenmittel zu Terrorismus und religiöser Gewalt betonte der Großimam der al-Azhar-Universität die Gültigkeit universeller Werte und wies eine pauschale Identifizierung des Islam mit dem djihadistischen Islamismus zurück:

> „Ich denke, die Welt ist heute vorbereitet auf Religionen, die ihre Sendung ernst nehmen. Sie sollten den Wert von Frieden, Gerechtigkeit, Gleichheit und Menschenrechten unterstreichen – Werte, die gelten ungeachtet von Religionszugehörigkeit, Hautfarbe, Ethnie oder Sprache. Zuallererst müssen wir das Bild der Religionen von falschen Begriffen reinigen, von Missverständnissen, falschen Praktiken, von einer falschen Religiosität, die sich auf die Religionen beruft. Denn diese Übel erzeugen Konflikte, sie verbreiten Hass und stacheln zur Gewalt an. Wir sollten Religionen nicht verantwortlich machen für die Verbrechen einer kleinen Gruppe von Anhängern."[328]

So wie man das Christentum oder das Judentum nicht wegen gewalttätiger Aktivitäten von Gruppen von Anhängern als Religion des Terrorismus bezeichnen dürfe, so „ist der Islam keine Religion des Terrorismus", nur weil muslimische Gruppen „sorglos die islamischen Texte zu manipulieren versuchen und sie unwissend missinterpretieren".[329]

Papst Franziskus antwortete darauf mit einer Rede, deren zentrale Themen ebenfalls Geschwisterlichkeit, die Abgrenzung von religiöser Gewalt sowie Grundorientierungen eines offenen und ehrlichen Dialogs waren. Die Haltung christlich-muslimischer Geschwisterlichkeit kam in der Rede in mehreren Zeichen zum Ausdruck, etwa wenn Franziskus mit dem traditionellen muslimischen Gruß begann und endete, wenn er den Großimam als „Bruder" anredete oder wenn er *Salām* im Sinn eines der 99 Namen Gottes im Islam verwendete. Ein großer Teil der Ansprache war dem Missbrauch von Religion durch terroristische Bewegungen gewidmet.

(…) Gerade im Bereich des Dialogs, vor allem des interreligiösen Dialogs, sind wir immer aufgerufen, gemeinsam zu gehen in der Überzeugung, dass die Zukunft aller auch von der Begegnung der Religionen und Kulturen abhängig ist. In diesem Sinn gibt uns die Arbeit des *Gemischten Komitees für den Dialog zwischen dem Päpstlichen Rat für den Interreligiösen Dialog* und dem Komitee von al-Azhar für den Dialog ein konkretes und ermutigendes Beispiel. Drei grundlegende Ausrichtungen können, wenn sie gut miteinander verbunden werden, für den Dialog hilfreich sein: die Verpflichtung zur Wahrung der Identität, der Mut zur Andersheit und die Aufrichtigkeit der Absichten. *Verpflichtung zur Wahrung der Identität*, weil ein echter Dialog nicht auf der Basis von Zweideutigkeiten oder der Preisgabe des Guten geführt werden kann, um dem anderen zu gefallen; *Mut zur Andersheit*, weil derjenige, der sich – kulturell oder religiös – von mir unterscheidet, nicht als Feind angesehen und behandelt werden darf, sondern als Weggefährte aufgenommen werden soll in der echten Überzeugung, dass das Wohl eines jeden im Wohl aller besteht; *die Aufrichtigkeit der Absichten*, weil der Dialog als authentischer Ausdruck des Humanen nicht eine Strategie ist, um Hintergedanken zu verwirklichen, sondern ein Weg der Wahrheit, und diesen geduldig zu gehen lohnt sich, um Konkurrenz in Zusammenarbeit zu verwandeln.

Die Erziehung zur respektvollen Offenheit und zum aufrichtigen Dialog mit dem anderen in Anerkennung seiner Rechte und grundlegenden Freiheiten, vor allem der Religionsfreiheit, stellt den besten Weg dar, um gemeinsam die Zukunft aufzubauen und um Förderer von Kultur zu sein. Denn die einzige Alternative zur Kultur der Begegnung ist die Unkultur des Streits. Da gibt es keine andere. Und um der Barbarei derer, die Hass schüren und zur Gewalt aufhetzen, wirklich entgegenzutreten, ist es erforderlich, Generationen zu begleiten und heranreifen zu lassen, die auf die brandstiftende Logik des Bösen mit dem geduldigen Wachstum des Guten antworten: junge Menschen, die wie gut gepflanzte Bäume im Boden der Geschichte verwurzelt sind und nebeneinander in die Höhe wachsen und so jeden Tag die von Hass verpestete Luft in den Sauerstoff der Geschwisterlichkeit umwandeln.

In dieser sehr dringenden und spannenden Herausforderung der Kultur sind wir – Christen wie Muslime und alle gläubigen Menschen – gerufen, unseren Beitrag zu leisten: Wir „leben unter der Sonne des einen barmherzigen Gottes. (...) So können wir uns gegenseitig (...) Brüder und Schwestern (...) nennen. (...) Denn ohne Gott wäre das Leben des Menschen wie der Himmel ohne die Sonne".[330] Es möge die Sonne einer neuen Geschwisterlichkeit im Namen Gottes aufgehen, und von dieser sonnenbeschienenen Erde steige die Morgenröte einer Kultur des Friedens und der Begegnung auf. Dafür möge der heilige Franz von Assisi Fürsprache einlegen, der vor acht Jahrhunderten nach Ägypten kam und Sultan Malik al Kamil begegnete.

Land der Bündnisse. In Ägypten ist nicht nur die Sonne der Weisheit aufgegangen; auch das vielfarbige Licht der Religionen hat dieses Land erleuchtet: Hier waren über die Jahrhunderte die Unterschiede der Religion „eine Form gegenseitiger Bereicherung im Dienst an der einen nationalen Gemeinschaft“[331]. Verschiedene Glaubensrichtungen sind sich begegnet und unterschiedliche Kulturen sind zusammengekommen, ohne sich zu vermischen, haben aber erkannt, wie wichtig es ist, sich für das Gemeinwohl zu verbünden. Bündnisse dieser Art sind heute mehr denn je dringlich. Wenn ich darüber spreche, möchte ich dafür gerne als Symbol den „Berg des Bundes“ verwenden, der sich in diesem Land erhebt. Der Sinai erinnert uns vor allem daran, dass ein echter Bund auf Erden nicht auf den Himmel verzichten kann, dass die Menschheit nicht den Vorsatz fassen kann, sich in Frieden zu treffen, wenn sie Gott von ihrem Horizont ausschließt, und sie kann auch nicht auf den Berg steigen, um sich Gottes zu bemächtigen (vgl. *Ex* 19,12).

Es handelt sich um eine aktuelle Botschaft angesichts des gegenwärtigen Fortbestehens eines gefährlichen Paradoxes. Einerseits neigt man nämlich dazu, die Religion in die Privatsphäre zu verbannen, ohne sie als konstitutive Dimension des Menschen und der Gesellschaft anerkennen zu wollen; andererseits vermischt man die religiöse und die politische Sphäre, ohne diese entsprechend zu unterscheiden. Es besteht die Gefahr, dass die Religion von der Sorge um weltliche Angelegenheiten aufgesaugt und von den Schmeicheleien weltlicher Mächte in Versuchung geführt wird, die sie in Wirklichkeit instrumentalisieren. In einer Welt, die viele nützliche technische Mittel, aber gleichzeitig so viel Gleichgültigkeit und Nachlässigkeit globalisiert hat und die sich in einem rasanten Fluss befindet, der schwer zu ertragen ist, nimmt man die Sehnsucht nach den großen Sinnfragen wahr, die von den Religionen aufgezeigt werden und die Erinnerung an die eigenen Ursprünge wecken: die Berufung des Menschen, der nicht dazu da ist, um sich in der Vorläufigkeit der irdischen Dinge zu erschöpfen, sondern um dem Absoluten entgegenzugehen, zu dem er unterwegs ist. Aus diesen Gründen ist die Religion besonders heutzutage nicht ein Problem, sondern Teil der Lösung: Gegen die Versuchung, uns einem oberflächlichen Leben zu überlassen, wo alles hier unten entsteht und endet, erinnert sie uns daran, dass es notwendig ist, den Geist dem Höchsten zuzuwenden, um zu lernen, wie man die Stadt der Menschen erbaut.

In diesem Sinne möchte ich mich, gleichsam nochmals im Geiste den Blick auf den Berg Sinai gerichtet, auf jene Gebote beziehen, die dort erlassen wurden, bevor sie auf Stein geschrieben wurden[332]. In der Mitte der „zehn Worte“ ertönt der Befehl an die Menschen und Völker aller Zeiten „Du sollst nicht töten" (*Ex* 20,13). Gott, Freund des Lebens, hört nicht auf, den Menschen zu lieben, und deswegen ermahnt er ihn, als Grundbedingung für jeden Bund auf der Erde dem Weg der Gewalt entgegenzutreten. Zur Umsetzung dieser Aufforderung sind – vor allem und heute auf besondere Weise – die Religionen gerufen. Denn während wir dringend des Absoluten bedürfen, ist es unabdingbar, jegliche Verabsolutierung auszuschließen, welche Formen von Gewalt rechtfertigen würde. Die Gewalt ist nämlich die Verneinung jeder authentischen Religiosität.

Als religiöse Verantwortungsträger sind wir also gerufen, die Gewalt zu entlarven, die sich hinter einem vermeintlichen sakralen Charakter verbirgt, während sie die Egoismen verabsolutiert, anstatt die authentische Öffnung auf das Absolute hin zu fördern. Wir sind gehalten, die Verletzungen der Menschenwürde und der Menschenrechte zu brandmarken und die Versuche aufzudecken, jegliche Form von Hass im Namen der Religion zu rechtfertigen, und sie als götzendienerische Verfälschung Gottes zu verurteilen: Sein Name ist heilig, er ist Gott des Friedens, Gott *salam*.[333] Deshalb ist nur der Frieden heilig und kann im Namen Gottes keine Gewalt verübt werden, weil sie seinen Namen verunehren würde.

Gemeinsam wiederholen wir von hier aus, diesem Land der Begegnung zwischen Himmel und Erde, diesem Land von Bündnissen zwischen Völkern und zwischen Gläubigen, ein deutliches und eindeutiges „Nein" zu jeglicher Form von Gewalt, Rache und Hass, die im Namen der Religion oder im Namen Gottes begangen werden. Gemeinsam bekräftigen wir die Unvereinbarkeit von Gewalt und Glaube, von Glauben und Hassen. Gemeinsam erklären wir die Unantastbarkeit jedes menschlichen Lebens gegen jegliche Form von physischer, sozialer, erzieherischer oder psychologischer Gewalt. Der Glaube, der nicht aus einem aufrechten Herzen und einer echten Liebe zum Barmherzigen Gott hervorgeht, ist eine Form konventioneller oder gesellschaftlicher Zugehörigkeit, die den Menschen nicht befreit, sondern ihn erdrückt. Sagen wir gemeinsam: Je mehr man im Glauben an Gott wächst, desto mehr wächst man in der Nächstenliebe.

Aber die Religion ist gewiss nicht nur gerufen, das Böse zu entlarven; sie trägt in sich die Berufung, den Frieden zu fördern, heute wahrscheinlich mehr denn je.[334] Ohne versöhnlichen Synkretismen[335] nachzugeben, ist es unsere Aufgabe, füreinander zu beten und dabei Gott um das Geschenk des Friedens zu bitten, einander zu begegnen, Dialog zu führen und die Eintracht im Geiste der Zusammenarbeit und der Freundschaft zu fördern. Wir als Christen – und ich bin Christ – „können aber Gott, den Vater aller, nicht anrufen, wenn wir irgendwelchen Menschen, die ja nach dem Ebenbild Gottes geschaffen sind, die geschwisterliche Haltung verweigern"[336] – Brüder von allen.[337] Darüber hinaus erkennen wir an, dass inmitten eines ständigen Kampfes gegen das Böse, das die Welt damit bedroht, nicht mehr „der Raum der wahren Geschwisterlichkeit" zu sein, Gott denen, „die der göttlichen Liebe glauben, (...) die Sicherheit [gibt], dass allen Menschen der Weg der Liebe offensteht und dass der Versuch, eine allumfassende Geschwisterlichkeit herzustellen, nicht vergeblich ist."[338] Im Gegenteil, er ist wesentlich: Denn es dient zu kaum etwas oder zu nichts, die Stimme zu erheben und eilig wieder aufzurüsten, um sich zu schützen: Heute brauchen wir Erbauer des Friedens, nicht Erbauer von Waffen, heute sind Ingenieure des Friedens nötig, nicht Aufwiegler von Konflikten; Feuerwehrleute und nicht Brandstifter; Prediger von Versöhnung und nicht Aufrufer zur Zerstörung.

Mit Befremden sehen wir die Tatsache, dass man sich einerseits im Namen von rücksichtslosen Zielsetzungen von der Realität der Völker entfernt. Andererseits treten als Reaktion darauf Arten eines demagogischen Populismus auf, die gewiss nicht hilfreich sind, den Frieden und die Stabilität zu festigen: Gewaltsame Aufhetzung wird den Frieden nicht gewährleisten, und jede einseitige Handlung, die nicht konstruktive und von allen mitgetragene Entwicklungen einleitet, ist in Wahrheit ein Geschenk an die Befürworter von Radikalismen und Gewalt.

Um Konflikten vorzubeugen und Frieden aufzubauen, ist es wesentlich, sich für die Beseitigung der Situationen der Armut und der Ausbeutung einzusetzen – hier nämlich fassen Extremisten einfacher Fuß – und die Geldflüsse und Waffenlieferungen an diejenigen, die zur Gewalt anstiften, zu stoppen. Um noch tiefer an der Wurzel anzusetzen, ist es notwendig, die Verbreitung von Waffen zum Stillstand zu bringen. Wenn sie einmal hergestellt und im Umlauf sind, werden sie früher oder später auch Verwendung finden. Nur wenn wir die trüben Manöver, die das Krebsgeschwür des Kriegs nähren, transparent machen, kann man deren wahren Gründen vorbeugen. Zu dieser dringenden und schweren Aufgabe sind die Verantwortlichen der Nationen, der Institutionen und der Medien verpflichtet wie auch wir als Verantwortliche für Kultur. Wir sind nämlich von Gott, der Geschichte und der Zukunft zusammengerufen, Friedensprozesse einzuleiten – jeder in seinem Bereich. So entziehen wir uns nicht der Aufgabe, solide Grundlagen für Bündnisse zwischen den Völkern und den Staaten zu schaffen. Ich verleihe meinem Wunsch Ausdruck, dass dieses edle und geliebte Land Ägypten mit der Hilfe Gottes weiterhin seiner Berufung zur Kultur und zum Bündnis entsprechen kann, indem es dazu beiträgt, die Friedensprozesse für dieses geschätzte Volk und für den gesamten Nahen Osten zu fördern.

As-salāmu alaikum!

Nr. 27 *„Auf unserem gemeinsamen Weg erleben wir durch die Gnade des Allerhöchsten gegenwärtig einen fruchtbaren Moment des Dialogs."*

Ansprache an die Delegation der Rabbiner zur Vorstellung der Erklärung „Zwischen Jerusalem und Rom"[339]

Vatikan, 31. August 2017

EINLEITUNG: Aus Anlass des 50-jährigen Jubiläums der Konzilserklärung *Nostra aetate* Nr. 4 erschienen 2015 und 2017 drei bedeutende Dialogdokumente von jüdischer und katholischer Seite. Während 2000 die Erklärung „Dabru Emet. A Jewish Statement on Christians and Christianity" von jüdischen Gelehrten aller Richtungen veröffentlicht wurde,[340] handelte es sich hier um Stellungnahmen zum Christentum seitens des orthodoxen Judentums.

- Am 3. Dezember 2015 erschien die Erklärung „Den Willen unseres Vaters im Himmel tun: Hin zu einer Partnerschaft zwischen Juden und Christen" – die erste Erklärung zum Christentum seitens des orthodoxen Judentums. In der Erklärung wurde festgestellt: Wir erkennen an, „dass das Christentum weder ein Zufall noch ein Irrtum ist, sondern göttlich gewollt und ein Geschenk an die Völker."[341]
- Am 10. Dezember 2015 veröffentlichte die vatikanische „Kommission für die religiösen Beziehungen mit den Juden" das Dokument „‚Denn unwiderruflich sind Gnade und Berufung, die Gott gewährt' (*Röm* 11,29). Reflexionen zu theologischen Fragestellungen in den katholisch-jüdischen Beziehungen aus Anlass des 50-jährigen Jubiläums von *Nostra aetate* (Nr. 4)".[342]
- Am 1. Februar 2017 erschien die Erklärung „Zwischen Jerusalem und Rom. Gedanken zu 50 Jahren *Nostra aetate*", die erste offizielle Stellungnahme zu *Nostra aetate* Nr. 4 durch die führenden Organisationen des orthodoxen Judentums in Europa (Konferenz Europäischer Rabbiner), in Nordamerika (Rabbinical Council of America) und Israel (Israelisches Oberrabbinat).[343]

Mit diesen Stellungnahmen erhielt der jüdisch-christliche Dialog eine neue Dynamik. Die Deutsche Bischofskonferenz veröffentlichte im Jänner 2019 eine Antwort auf die beiden orthodox-jüdischen Erklärungen[344] und veranstaltete von 3. bis 4. November 2019 eine jüdisch-christliche Fachtagung dazu, in Kooperation mit der Orthodoxen Rabbinerkonferenz Deutschland (ORD).

Der Vorstand der Europäischen Rabbinerkonferenz hatte bei seiner Sitzung im November 2015 in Athen entschieden, fast 50 Jahre nach dem Zweiten Vatikanischen Konzil eine offizielle Antwort auf die Erklärung *Nostra aetate* Nr. 4 seitens des orthodoxen Judentums zu verfassen, um auf diese Weise die Bedeutung und den Erfolg der Erklärung für eine grundlegende Änderung der katholisch-jüdischen Beziehungen anzuerkennen.[345] Ermöglicht wurde dieser Schritt, weil der Prozess seit *Nostra aetate* Befürchtungen vermindern konnte, die interreligiöse Zusammenarbeit sei letztlich eine neue Strategie der Kirche, um Juden zur Konversion zu bewegen.[346]

Das Dokument „Zwischen Jerusalem und Rom" hält fest, dass zwischen dem Judentum und Christentum grundlegende theologische Unterschiede bestehen, v. a. der christliche Glaube an Jesus als Messias sowie der Trinitätsglaube, die eine „nicht zu überbrückende Trennung vom Judentum" schaffen würden. „Die Unterschiede in der jeweiligen Lehre sind wesentlich und können nicht debattiert oder verhandelt werden; ihre Bedeutung und Wichtigkeit sind Bestandteil der internen Erörterungen der jeweiligen Glaubensgemeinschaft." Ein eigentlicher theologischer Dialog wird ausgeschlossen.

Gleichzeitig unterstreicht der Text: Diese Lehrunterschiede stehen

> „unserer friedlichen Zusammenarbeit für die Verbesserung unserer gemeinsamen Welt und das Leben der Kinder Noachs nicht im Wege. (...) Trotz der unüberbrückbaren theologischen Differenzen, betrachten wir Juden die Katholiken als unsere Partner, enge Verbündete und Brüder bei unserer gemeinsamen Suche nach einer besseren Welt, in der Friede, soziale Gerechtigkeit und Sicherheit herrschen mögen".

Bei der Audienz im Vatikan am 31. August 2017 wurde das Dokument Papst Franziskus übergeben. Die drei wichtigsten Organisationen des orthodoxen Judentums waren mit ihren Spitzen vertreten: das Oberrabbinat Israels, das „Rabbinical Council of America" und die „Konferenz Europäischer Rabbiner".

Literatur:

Rutishauser, Christian M.: „Zwei jüdisch-orthodoxe Erklärungen beleben den Dialog": Kirche und Israel 32 (2017), 136–143.

Henrix, Hans Hermann: Israel trägt die Kirche. Zur Theologie der Beziehung von Kirche und Judentum (Forum Christen und Juden). Münster: LIT, 2019, 117ff (Abschnitt 5.4: „Zwischen Jerusalem und Rom" – Ein Dokument orthodoxer Verbundenheit bei tiefgreifenden Glaubensunterschieden").

„Gott wirkt weiterhin im Volk des Alten Bundes". Eine Antwort der Deutschen Bischofskonferenz auf die Erklärungen aus dem Orthodoxen Judentum zum Verhältnis von Judentum und katholischer Kirche (29. Januar 2019), in: Sekretariat der Deutschen Bischofskonferenz (Hg.): „Gott wirkt weiterhin im Volk des Alten Bundes" (Papst Franziskus). Texte zu den katholisch-jüdischen Beziehungen seit *Nostra aetate*. Arbeitshilfen Nr. 307 (Bonn 2019), 193–202.

Zwischen Jerusalem und Rom. Dokumentation der gemeinsamen Fachtagung der Deutschen Bischofskonferenz und der Orthodoxen Rabbinerkonferenz Deutschland (ORD) am 3./4. November 2019 in Berlin (Deutsche Bischofskonferenz, Arbeitshilfen Nr. 314), 29. April 2020.

Hoff, Gregor: „Identität in Beziehung – zur theologischen Transformation des jüdisch-christlichen Dialogs", in: Folger, Arie/Ahrens, Jehoschua (Hgg.), Rabbiner im Gespräch mit dem Vatikan. Jüdisch-katholische Beziehungen nach „Nostra aetate" und Korrespondenzen mit Benedikt XVI. (Forum Christen und Juden 20). Berlin/Münster: LIT, 2021, 164–171.

Liebe Brüder und Schwestern,
ich heiße Sie alle herzlich willkommen, insbesondere die Vertreter der Konferenz der Europäischen Rabbiner, des Rabbinical Council of America und der Kommission des Oberrabbinats von Israel im Dialog mit der Kommission des Heiligen Stuhls für die religiösen Beziehungen zu den Juden. Ich danke Rabbiner Pinchas Goldschmidt für seinen freundlichen Gruß in Ihrem Namen.

Auf unserem gemeinsamen Weg erleben wir durch die Gnade des Allerhöchsten gegenwärtig einen fruchtbaren Moment des Dialogs. Dies spiegelt sich in der Erklärung „Zwischen Jerusalem und Rom" wider, die Sie herausgegeben haben und die Sie mir heute vorlegen. Dieses Dokument würdigt insbesondere die Erklärung *Nostra aetate* des Zweiten Vatikanischen Konzils, deren viertes Kapitel die „Magna Charta" unseres Dialogs mit der jüdischen Welt darstellt. In der Tat hat die kontinuierliche Umsetzung der Konzilserklärung dazu geführt, dass unsere Beziehungen immer freundlicher und geschwisterlicher geworden sind. *Nostra aetate* stellt fest, dass die Ursprünge des christlichen Glaubens gemäß dem göttlichen Heilsgeheimnis in den Patriarchen, in Moses und in den Propheten zu finden sind. Sie erklärt auch, dass angesichts des großen geistigen Erbes, das wir gemeinsam besitzen, alle Anstrengungen unternommen werden müssen, um die gegenseitige Kenntnis und Achtung zu fördern, vor allem durch biblische Studien und geschwisterliche Gespräche (vgl. Nr. 4). In den letzten Jahrzehnten ist es uns daher gelungen, uns einander anzunähern und einen wirksamen und fruchtbaren Dialog zu führen. Unser gegenseitiges Verständnis ist gewachsen und unsere Freundschaftsbande haben sich vertieft.

Die Erklärung „Zwischen Jerusalem und Rom" verschweigt jedoch nicht die theologischen Unterschiede, die zwischen unseren Glaubenstraditionen bestehen. Dennoch bringt sie den festen Willen zum Ausdruck, jetzt und in Zukunft noch enger zusammenzuarbeiten. Ihr Dokument richtet sich an die Katholiken und spricht von ihnen als „Partnern, engen Verbündeten, Freunden und Brüdern in unserem gemeinsamen Streben nach einer besseren Welt, die mit Frieden, sozialer Gerechtigkeit und Sicherheit gesegnet ist". Weiter heißt es, dass „trotz tiefgreifender theologischer Unterschiede Katholiken und Juden gemeinsame Überzeugungen teilen" und auch „die Bestätigung, dass Religionen moralisches Verhalten und religiöse Erziehung – nicht Krieg, Zwang oder sozialen Druck – einsetzen müssen, um zu beeinflussen und zu inspirieren". Dies ist sehr wichtig: Möge der Ewige unsere Zusammenarbeit segnen und erleuchten, damit wir gemeinsam seine Pläne immer besser annehmen und ausführen können, „Pläne zum Wohl und nicht zum Übel", für „eine Zukunft und eine Hoffnung" (*Jer* 29,11).

Anlässlich Ihres willkommenen Besuchs möchte ich Ihnen und Ihren Gemeinden schon im Voraus meine besten Wünsche für das in wenigen Wochen beginnende jüdische Neujahrsfest übermitteln. *Shanah tovah*! Noch einmal danke ich Ihnen für Ihr Kommen und bitte Sie, in Ihren Gebeten an mich zu denken. Abschließend möchte ich für Sie und für uns alle den Segen des Allerhöchsten für den gemeinsamen Weg der Freundschaft und des Vertrauens erbitten, der vor uns liegt. Möge der Allmächtige in seiner Barmherzigkeit seinen Frieden über uns und über die ganze Welt bringen. *Shalom alechem*!

„Ein solcher Dialog muss immer offen und respektvoll sein, wenn er fruchtbar sein soll."

Nr. 28

Ansprache an den Koreanischen Rat religiöser Führer

Vatikan, 2. September 2017

Einleitung: Papst Franziskus traf eine Gruppe von Vertretern von sieben Religionen aus Südkorea im Vatikan, unter ihnen der Erzbischof von Gwangju Hyginus Kim Hee-jong, Vorsitzender der koreanischen Bischofskonferenz. Im „Korean Council of Religious Leaders" arbeiten die traditionellen Religionen und die neuen religiösen Bewegungen, die ab dem späten 19. Jahrhundert in Korea entstanden, zusammen: Verantwortliche des traditionellen koreanischen Buddhismus, des „Christian Council of Korea", der „United Christian Churches of Korea", des „National Council of Christian Churches", der Katholischen Kirche, des Konfuzianismus, des Won-Buddhismus, des Cheondogyo („Religion des himmlischen Weges") und der „Association of Korean Native Religions".

Liebe Freunde vom Koreanischen Rat der Religiösen Führer,
ich freue mich, Sie zu diesem Treffen begrüßen zu dürfen. Sie haben einen weiten Weg zurückgelegt, um auf Ihrer interreligiösen Pilgerreise nach Rom zu kommen, und ich danke Ihnen für Ihre Anwesenheit hier. Ich bin Erzbischof Kim Hee-jong dankbar, dass er diesen Besuch vorgeschlagen hat und für seine freundlichen Worte. Wie ich in Seoul gesagt habe: „Das Leben ist eine Reise, eine lange Reise, aber eine Reise, die wir nicht allein machen können. Wir müssen gemeinsam mit unseren Brüdern und Schwestern in der Gegenwart Gottes gehen."[347] Heute sind wir hier und machen einen weiteren Schritt auf dieser gemeinsamen Reise!

Wie Sie wissen, hat sich die katholische Kirche insbesondere seit dem Zweiten Vatikanischen Konzil unermüdlich auf den oft schwierigen Weg des Dialogs begeben. Die Kirche hat in besonderer Weise den Dialog mit den Anhängern anderer Religionen gefördert. Auch heute fordert sie „ihre Söhne und Töchter auf, ... mit Klugheit und Liebe ... die geistigen und sittlichen Werte, die sie bei ihnen finden, sowie ihr soziales Leben und ihre Kultur anzuerkennen, zu bewahren und zu fördern" (*Nostra aetate*, 2). Da der interreligiöse Dialog aus Kontakten, Begegnungen und Zusammenarbeit besteht, ist er ein kostbares und gottgefälliges Unterfangen, eine Herausforderung, die auf das Gemeinwohl und den Frieden ausgerichtet ist.

Ein solcher Dialog muss immer offen und respektvoll sein, wenn er fruchtbar sein soll. Offen, das heißt warmherzig und aufrichtig, getragen von Menschen, die bereit sind, in Wertschätzung und Ehrlichkeit miteinander zu gehen. Respektvoll, weil die gegenseitige Achtung zugleich Voraussetzung und Ziel des interreligiösen Dialogs ist: In der Tat wird durch die Achtung des Rechts auf Leben, auf körperliche Unversehrtheit und auf Grundfreiheiten wie die des Gewissens, der Religion, des Denkens und der Meinungsäußerung das Fundament für den Aufbau des Friedens gelegt, für den jeder von uns zu beten und zu arbeiten aufgerufen ist.

Die Welt schaut auf uns; sie bittet uns, gemeinsam und mit allen Männern und Frauen guten Willens zu arbeiten. Sie erwartet von uns Antworten und ein gemeinsames Engagement in verschiedenen Fragen: die heilige Würde der menschlichen Person, der Hunger und die Armut, von denen noch zu viele Völker betroffen sind, die Ablehnung der Gewalt, insbesondere der Gewalt, die den Namen Gottes entweiht und die Religion entweiht, die Korruption, die zu Ungerechtigkeit und moralischem Verfall führt, die Krise der Familie, der Wirtschaft und nicht zuletzt die Krise der Hoffnung.

Wir haben also einen langen Weg vor uns, den wir gemeinsam mit Demut und Beharrlichkeit gehen müssen, indem wir nicht nur unsere Stimme erheben, sondern die Ärmel hochkrempeln, um die Hoffnung auf eine Zukunft zu säen, in der die Menschheit menschlicher wird, eine Zukunft, die den Schrei so vieler Menschen erhört, die den Krieg ablehnen und eine größere Harmonie zwischen Individuen und Gemeinschaften, zwischen Völkern und Staaten anmahnen. Die Religionsführer sind daher aufgerufen, Prozesse für das Wohlergehen und die Versöhnung aller Menschen zu initiieren, zu fördern und zu begleiten: Wir sind aufgerufen, Herolde des Friedens zu sein, indem wir einen gewaltfreien Stil, einen Stil des Friedens, verkünden und verkörpern, mit Worten, die sich deutlich vom Narrativ der Angst unterscheiden, und mit Gesten, die der Rhetorik des Hasses entgegengesetzt sind.

Liebe Freunde, möge dieses Treffen uns auf unserem Weg stärken. Sie hier als Pilger zu sehen, erinnert mich an meine Pilgerreise in das schöne Land Korea, für die ich Gott und dem geliebten koreanischen Volk dankbar bin. Ich bete ständig dafür, dass Gott Ihnen die Gaben des Friedens und der geschwisterlichen Versöhnung schenkt. Möge die Erinnerung an die Freundschaft und die guten Dinge, die wir voneinander erhalten haben, uns die Kraft geben, mit Gottes Hilfe gemeinsam weiterzugehen. Ich danke Ihnen.

„Wenn wir zusammenhalten sollen, müssen wir jede Form von Unverständnis, Intoleranz, Vorurteil und Hass überwinden." Nr. 29

Ansprache bei der Begegnung mit dem staatlichen Rat der buddhistischen Mönche (Auszug)

Kaba-Aye-Pagode, Yangon, Myanmar, 29. November 2017

Einleitung: Bei seiner Reise nach Myanmar und Bangladesch (26. November – 2. Dezember 2017) bildete die Begegnung mit den Religionsführern in Myanmar am 28. November den ersten Programmpunkt. Am nächsten Tag fand das Treffen mit Vertretern des staatlichen Rats der buddhistischen Mönche Myanmars in der Kaba-Aye-Pagode in Yangon statt. Das „State Saṅgha

Mahā Nāyaka Committee“ ist die 1980 vom Staat eingerichtete Körperschaft, die für alle buddhistischen Mönche des Landes zuständig ist.

Im August 2017 war es in Myanmar zu brutalen militärischen Operationen gegen die muslimische Minderheit der Rohingya gekommen. Rund 600.000 von ihnen flüchteten bis Oktober 2017 nach Bangladesch, wo sie bis heute in den überfüllten Flüchtlingslagern im Bezirk Cox' Bazar leben.

Während der Reise hatten Menschenrechtsgruppen den Papst dafür kritisiert, dass er diese Vorgänge nicht angesprochen hatte und das Wort „Rohingya“ in seinen öffentlichen Reden in Myanmar vermieden hatte. Ein Sprecher des Vatikans wies darauf hin, dass Franziskus dabei dem Rat der lokalen Kirche gefolgt sei. Es gehe bei der Reise darum, Brücken zu der überwiegend buddhistischen Nation zu bilden.[348] In Bangladesch kam es auch zu einer Begegnung mit einer Gruppe von Rohingya-Flüchtlingen, bei der Franziskus eine kurze Rede hielt und sagte: „Heute heißt die Gegenwart Gottes auch Rohingya. Jeder von uns gebe darauf seine eigene Antwort.“

(...) Unser Treffen ist eine wichtige Gelegenheit, um die Bande der Freundschaft und Achtung zwischen Buddhisten und Katholiken zu erneuern und zu festigen. Gleichzeitig können wir auch unseren Einsatz für Frieden, für die Achtung der Menschenwürde und für Gerechtigkeit für jeden Mann und jede Frau bekräftigen. Nicht nur in Myanmar, sondern auf der ganzen Welt brauchen die Menschen dieses gemeinsame Zeugnis der religiösen Führer. Denn wenn wir mit einer Stimme von den immerwährenden Werten der Gerechtigkeit, des Friedens und der grundlegenden Würde jeder menschlichen Person sprechen, schenken wir ein Wort der Hoffnung. Helfen wir den Buddhisten, den Katholiken und allen Menschen, sich für eine größere Harmonie innerhalb ihrer Gemeinschaften einzusetzen!

Zu allen Zeiten hat die Menschheit Unrecht, Konfliktsituationen und ungleiche Behandlung unter den Menschen gekannt. In unseren Tagen scheinen diese Schwierigkeiten besonders ernst. Unsere Gesellschaft hat einen enormen technischen Fortschritt vollzogen und die Menschen auf der Welt sind sich immer mehr ihrer menschlichen Zusammengehörigkeit und ihres gemeinsamen Schicksals bewusst. Dennoch bestehen die Wunden der Konflikte, der Armut und Unterdrückung weiter fort und führen zu neuen Spaltungen. Vor diesen Herausforderungen dürfen wir nie resignieren. Auf der Grundlage unserer jeweiligen geistlichen Traditionen wissen wir, dass es einen Weg gibt, um weiterzugehen, einen Weg der Heilung, des gegenseitigen Verständnisses und Respekts. Einen Weg, der auf Mitgefühl und Liebe beruht.

Ich möchte allen, die in Myanmar nach den religiösen Traditionen des Buddhismus leben, meine Wertschätzung ausdrücken. Durch die Lehren des Buddha und das eifrige Zeugnis vieler Mönche und Nonnen wurden die Menschen dieses Landes zu den Werten der Geduld, der Toleranz und der Achtung vor dem Leben herangebildet sowie zu einer Spiritualität, die auf unsere Umwelt achtet und mit ihr zutiefst respektvoll umgeht. Wie wir wissen, sind solcherlei Werte für eine ganzheitliche Entwicklung der Gesellschaft wesentlich, die bei der Familie als der kleinsten, aber wichtigsten Zelle ansetzt, um sich dann auszuweiten in das Netz von Bindungen, die uns enger zusammenwachsen lassen. Diese Bindungen gründen auf Kultur sowie auf ethnischer und nationaler Zugehörigkeit, letztlich aber auf unserer gemeinsamen menschlichen Natur. In einer echten Kultur der Begegnung können solche Werte unsere Gemeinschaften stärken und mithelfen, der gesamten Gesellschaft das so sehr nötige Licht zu bringen.

Die große Herausforderung unserer Zeit besteht darin, den Menschen zu helfen, sich der Transzendenz zu öffnen; fähig zu werden, tief in das eigene Innere zu schauen und sich selbst so zu erkennen, um dann die gegenseitige Verbundenheit unter allen Menschen zu entdecken; sich bewusst zu werden, dass wir uns nicht von den anderen isolieren dürfen. Wenn wir zusammenhalten sollen, so wie wir es uns vorgenommen haben, müssen wir jede Form von Unverständnis, Intoleranz, Vorurteil und Hass überwinden. Wie können wir das vollbringen? Die Worte des Buddha sind für jeden von uns ein Wegweiser: „Besiege die Wut mit der Nicht-Wut, besiege den Bösen mit der Güte, besiege den Geizigen mit der Großzügigkeit, besiege den Lügner mit der Wahrheit" (*Dhammapada*, XVII, 223). Eine ähnliche Gesinnung drückt ein dem heiligen Franziskus zugeschriebenes Gebet aus: „Herr, mache mich zu einem Werkzeug deines Friedens. Dass ich liebe, wo man hasst; dass ich verzeihe, wo man beleidigt ... dass ich Licht entzünde, wo Finsternis regiert; dass ich Freude bringe, wo der Kummer wohnt."

Möge diese Weisheit weiterhin jedes Bemühen beseelen, Geduld und Verständnis zu fördern und die Wunden der Konflikte zu heilen, die im Laufe der Jahre Menschen verschiedener Kulturen, Ethnien und religiöser Überzeugungen getrennt haben. Diese Bemühungen beschränken sich nie nur auf die religiösen Führer, noch sind sie ausschließlich Aufgabe des Staates. Vielmehr muss die gesamte Gesellschaft, jedes einzelne Mitglied der jeweiligen Gemeinschaft gemeinsam daran arbeiten, dass Konfliktsituationen und Unrecht überwunden werden. Dennoch liegt eine besondere Verantwortung bei den zivilen und religiösen Führern, jeder Stimme Gehör zu verschaffen, damit die Herausforderungen und Anliegen des Momentes klar erkannt und mit Unparteilichkeit und gegenseitiger Solidarität geprüft werden. Hierbei beglückwünsche ich die *Panglon Peace Conference* für ihre Arbeit und bete, dass die Leiter dieser Initiative weiterhin eine breitflächigere Beteiligung aller in Myanmar wohnenden Menschen fördern. Dies unterstützt sicher den Einsatz für wachsenden Frieden, Sicherheit und einen Wohlstand, der alle miteinschließt.

Gewiss, wenn diese Bemühungen dauerhafte Ergebnisse bringen sollen, ist eine größere Zusammenarbeit zwischen den religiösen Führern vonnöten. Diesbezüglich möchte ich, dass Sie wissen, dass die katholische Kirche als Partner zur Verfügung steht. Die Gelegenheiten für Treffen und Dialog zwischen den religiösen Führern haben sich als wichtiger Faktor bei der Förderung von Gerechtigkeit und Frieden in Myanmar erwiesen. Ich weiß, dass im vergangenen April die Bischofskonferenz ein zweitägiges Treffen über den Frieden veranstaltet hat, an dem führende Personen der verschiedenen Religionsgemeinschaften zusammen mit Botschaftern und Vertretern nichtstaatlicher Organisationen teilgenommen haben. Solche Treffen sind unersetzlich, wenn wir einander besser kennen wollen und unsere Verbindung und gemeinsame Bestimmung bekräftigen wollen. Echte Gerechtigkeit und dauerhafter Friede können nur erreicht werden, wenn sie allen gewährleistet werden.

Liebe Freunde, mögen Buddhisten und Katholiken gemeinsam auf diesem Weg der Heilung voranschreiten und Seite an Seite für das Wohlergehen eines jeden Einwohners dieses Landes arbeiten. In den christlichen Schriften ruft der Apostel Paulus seine Adressaten auf, sich gemeinsam mit den Fröhlichen zu freuen und mit den Weinenden zu weinen (vgl. *Röm* 12,15) und in Demut des Anderen Last zu tragen (vgl. *Gal* 6,2). Im Namen meiner katholischen Brüder und Schwestern bekunde ich Ihnen unsere Bereitschaft, gemeinsam mit Ihnen weiterzuschreiten und Samen des Friedens und der Heilung, des Mitgefühls und der Hoffnung in diesem Land auszusäen. (…)

„Die Öffnung des Herzens ist Bedingung für jede Kultur der Begegnung."

Nr. 30

Ansprache beim interreligiösen und ökumenischen Friedenstreffen

Erzbischöfliche Residenz in Dhaka (Bangladesch), 1. Dezember 2017

EINLEITUNG: Bei der Reise nach Bangladesch fand auch ein Friedenstreffen mit Vertretern der Religionen und der christlichen Kirchen im Garten der Erzbischöflichen Residenz in Dhaka statt. Nach den Begrüßungsworten von Vertretern der muslimischen, hinduistischen, buddhistischen Religionsgemeinschaften sowie der Zivilgesellschaft und der katholischen Laien folgte die Ansprache des Papstes auf Italienisch. Anschließend fand eine Begegnung mit 18 Rohingya-Muslimen, die von Myanmar nach Bangladesch geflüchtet waren, statt. Franziskus sprach mit ihnen einzeln auf der Bühne, danach betete er gemeinsam mit ihnen und Vertretern der anderen Religionsgemeinschaften auf der Bühne. Gerade vor dem Hintergrund der Kritik, dass er in Myanmar die Vertreibung der Rohingya nicht öffentlich angesprochen hatte, setzte der Papst mit der öffentlichen Begegnung ein deutliches Zeichen der Solidarität – nicht zuletzt als er sich anfangs vor den muslimischen Flüchtlingen tief verbeugte.

Verehrte Gäste, liebe Freunde,
unsere Begegnung hier mit den Repräsentanten der verschiedenen religiösen Gemeinschaften dieses Landes stellt einen sehr bedeutsamen Moment meines Besuches in Bangladesch dar. Wir sind zusammengekommen, um unsere Freundschaft zu vertiefen und um dem gemeinsamen Wunsch nach dem Geschenk eines echten und dauerhaften Friedens Ausdruck zu verleihen.

Mein Dank gilt Kardinal D'Rozario für seine freundlichen Willkommensworte und allen, die mich im Namen der muslimischen, der hinduistischen und der buddhistischen Gemeinschaft sowie der Zivilgesellschaft warmherzig aufgenommen haben. Ich danke dem anglikanischen Bischof von Dhaka für seine Anwesenheit und allen verschiedenen christlichen Gemeinschaften sowie allen, die dazu beigetragen haben, dass diese Zusammenkunft möglich wurde.

Die Worte, die wir gehört haben, aber auch die Gesänge und Tänze, die unsere Versammlung belebt haben, brachten vielsagend den Wunsch nach Harmonie, Geschwisterlichkeit und Frieden zum Ausdruck, die tief in den Lehren der Weltreligionen verwurzelt sind. Möge unser Treffen an diesem Nachmittag ein klares Zeichen des Bemühens der Führer und Anhänger der in diesem Land vorhandenen Religionen sein, in gegenseitigem Respekt und mit Wohlwollen zusammenzuleben. In Bangladesch, wo das Recht auf Religionsfreiheit ein grundlegendes Prinzip ist, möge diese Verpflichtung eine respektvolle, aber entschiedene Mahnung an all diejenigen sein, die versuchen, Trennung, Hass und Gewalt im Namen der Religion zu schüren.

Es ist ein besonders tröstliches Zeichen unserer Zeit, dass Gläubige und Menschen guten Willens sich immer stärker gerufen fühlen, gemeinsam an der Heranbildung einer Kultur der Begegnung, des Dialogs und der Zusammenarbeit im Dienste der Menschheitsfamilie zu arbeiten. Das verlangt mehr als einfach nur Toleranz. Es spornt uns an, den anderen vertrauens- und verständnisvoll die Hand zu reichen, um eine Einheit zu schaffen, die Andersheit nicht als Bedrohung, sondern als mögliche Quelle der Bereicherung und des Wachstums versteht. Es ermahnt uns zur Einübung einer Öffnung des Herzens, sodass wir die anderen als einen Weg und nicht als ein Hindernis sehen.

Erlaubt mir kurz einige Wesensmerkmale dieser „Öffnung des Herzens" zu entfalten, welche die Bedingung für jede Kultur der Begegnung ist.

In erster Linie ist die Öffnung des Herzens eine *Tür*. Sie ist keine abstrakte Theorie, sondern gelebte Erfahrung. Sie erlaubt uns den Weg eines Lebensdialogs einzuschlagen, nicht nur einen einfachen Meinungsaustausch. Dazu braucht es guten Willen und Offenheit, was aber nicht verwechselt werden darf mit Gleichgültigkeit oder einem Widerwillen, unsere tiefsten Überzeugungen zu bekennen. Sich fruchtbar mit dem anderen zu beschäftigen bedeutet, dass wir uns über unsere unterschiedlichen religiösen und kulturellen Identitäten miteinander austauschen, aber immer in Demut, Aufrichtigkeit und Respekt.

Die Öffnung des Herzens ähnelt auch einer *Leiter*, die hinaufreicht zum Absoluten. Wenn wir an diese transzendente Dimension unseres Handelns denken, wird uns bewusst, dass wir unsere Herzen reinigen müssen, um alle Dinge aus der richtigen Perspektive sehen zu können. Dann wird unser Blick bei jedem Schritt klarer und wir werden in unserem ausdauernden Bemühen gestärkt, die anderen und ihren Standpunkt zu verstehen und wertzuschätzen. Somit finden wir die nötige Weisheit und Kraft, um allen die Hand in Freundschaft zu reichen.

Die Öffnung des Herzens ist auch ein *Weg*, der zur Suche nach Güte, Gerechtigkeit und Solidarität führt. Er veranlasst uns, das Wohl unseres Nächsten zu suchen. So fordert es der heilige Paulus in seinem Brief an die Christen in Rom: »Lass dich nicht vom Bösen besiegen, sondern besiege das Böse durch das Gute!« (*Röm* 12,21). Das ist eine Gesinnung, die wir alle nachahmen können. Der religiöse Eifer für das Wohl unseres Nächsten, der einem offenen Herzen entspringt, bewässert wie ein breiter Strom die wüsten und ausgetrockneten Landstriche des Hasses, der Korruption, der Armut und der Gewalt, die so sehr das Leben der Menschen beeinträchtigen, Familien auseinanderreißen und die Gabe der Schöpfung entstellen.

Die verschiedenen religiösen Gemeinschaften von Bangladesch haben diesen Weg eingeschlagen, besonders im Bemühen bei der Sorge um den Planeten Erde, der unser gemeinsames Haus ist, und bei der Bekämpfung der Naturkatastrophen, die das Land in den letzten Jahren heimgesucht haben. Darin sehen wir klar bestätigt, dass der Weg der Güte zur Zusammenarbeit im Dienst am Nächsten führt.

Ein Geist der Offenheit, der Akzeptanz und Zusammenarbeit unter den Gläubigen ist nicht einfach nur ein Beitrag zu einer Kultur der Harmonie und des Friedens; er ist ihr schlagendes Herz. Wie sehr bedarf unsere Welt dieses kraftvollen Herzens, um dem Virus der politischen Korruption und der destruktiven religiösen Ideologien entgegenzuwirken, wie auch der Versuchung, die Augen vor den Bedürfnissen der Armen, der Flüchtlinge, der verfolgten Minderheiten und der Verletzlichsten zu verschließen! Wieviel Öffnung ist hier vonnöten, um den Menschen unserer Welt Heimat zu geben, besonders den Jugendlichen, die sich manchmal allein und ratlos fühlen bei ihrer Suche nach dem Sinn des Lebens!

Liebe Freunde, ich danke euch für euer Bemühen, eine Kultur der Begegnung zu fördern. Ich bete dafür, dass wir mit dem Zeugnis des gemeinsamen Bemühens der Anhänger der Religionen, das Gute zu erkennen und es in die Tat umzusetzen, allen Gläubigen helfen, in Weisheit und Heiligkeit zu wachsen und zusammenzuarbeiten bei der Errichtung einer immer menschlicheren, friedvolleren und geeinten Welt.

Ich öffne euch allen mein Herz und danke euch noch einmal für den freundlichen Empfang. Denken wir aneinander in unseren Gebeten!

Ansprache bei der Begegnung mit den Völkern Amazoniens im Freiluftstadion „Madre de Dios“

Puerto Maldonado (Peru), 19. Januar 2018

EINLEITUNG: Im Jänner 2018 reiste Papst Franziskus für sechs Tage nach Chile – wo er in seiner Jugend ein Jahr studiert hatte – und nach Peru (15.–22. Jänner 2018). Er war der erste Papst, der in die Amazonasregion kam. Franziskus setzte ein starkes Zeichen der Anerkennung und Unterstützung der indigenen Völker Amazoniens, aber auch der globalen Bedeutung des Schutzes des Regenwalds: Er bestand darauf, dass das Treffen mit den indigenen Völkern in Puerto Maldonado – im Herzen des peruanischen amazonischen Regenwaldes – das erste Ereignis und seine erste Hauptansprache seines dreitägigen Aufenthalts in Peru sein sollte.

Die rund 4000 Vertreter und Vertreterinnen der indigenen Völker Amazoniens gaben dem Papst im Coliseo Regional – einem überdachten Stadion – einen begeisterten Empfang, mit traditionellen Tänzen, Hörnern, Trommeln, Rufen.[349] Am Beginn trugen acht Personen Stellungnahmen vor, die Zeugnis ablegten von der Zerstörung ihres Landes, der Tiere und Pflanzen.

Carlo Petrini stellte vier Monate später im Gespräch mit Franziskus am 30. Mai 2018 fest: „In meinen Ohren war es das erste Mal, dass die Kirche so deutlich für die Spiritualität und die Kultur der indigenen Völker eintrat, nie zuvor hatte ich diese Wertschätzung gespürt, die Sie ihnen mit diesen Worten entgegenbringen.“[350]

Liebe Brüder und Schwestern,
da ich mit euch zusammen bin, steigt der Gesang des heiligen Franziskus in meinem Herzen auf: „Gelobt seist du, mein Herr!“ Ja, gelobt seist du für die Gelegenheit, die du uns mit dieser Begegnung schenkst. Danke, Bischof David Martínez de Aguirre Guinea, Herr Héctor, Frau Yésica und Frau María Luzmila, für eure Willkommensworte und eure Zeugnisse. In euch möchte ich allen Bewohnern Amazoniens danken und sie grüßen.

Ich sehe, dass ihr von den verschiedenen autochthonen Völkern Amazoniens gekommen seid: Harakbut, Esse-ejas, Matsiguenkas, Yines, Shipibos, Asháninkas, Yaneshas, Kakintes, Nahuas, Yaminahuas, Juni Kuin, Madijá, Manchineris, Kukamas, Kandozi, Quichuas, Huitotos, Shawis, Achuar, Boras, Awajún, Wampís, unter anderen. Ebenso sehe ich, dass uns Völker begleiten, die aus den Anden stammend hier in den Urwald gekommen und zu Völkern Amazoniens geworden sind. Ich habe diese Begegnung sehr ersehnt. Ich wollte von hier aus meinen Besuch in Peru beginnen. Danke für eure Präsenz und dafür, dass ihr uns helft, aus größerer Nähe, in euren Gesichtern, den Widerschein dieser Region zu sehen. Ein vielfältiges Angesicht, von unendlicher Varietät und von einem enormen biologischen, kulturellen, spirituellen Reichtum. Wir, die wir nicht in diesen Gebieten leben, brauchen eure Weisheit und euer Wissen, um ohne Zerstörung in den Schatz eintreten zu können, den diese Region in sich birgt; und die Worte des Herrn an Mose hallen wider: „Leg deine Schuhe ab; denn der Ort, wo du stehst, ist heiliger Boden" (*Ex* 3,5).

Erlaubt mir, noch einmal zu sagen: Gelobt seist du, Herr, für dieses wunderbare Werk deiner Völker Amazoniens und für all die Biodiversität, die diese Gebiete beinhalten!

Dieser Lobgesang kommt ins Stocken, wenn wir von den tiefen Wunden hören und sie sehen, die Amazonien und seine Völker tragen. Und ich wollte euch besuchen kommen und euch zuhören, um gemeinsam im Herzen der Kirche zu sein, uns mit euch in euren Herausforderungen zu vereinen und mit euch eine aufrichtige Option für die Verteidigung des Lebens, die Verteidigung der Erde und die Verteidigung der Kulturen zu bekräftigen.

Wahrscheinlich waren die autochthonen Völker Amazoniens in ihren Territorien nie derart bedroht, wie sie es heute sind. Die Amazonasregion ist ein von verschiedenen Fronten aus umstrittenes Gebiet: auf der einen Seite der Neo-Extraktivismus und der starke Druck durch große ökonomische Interessen, die ihre Gier auf Erdöl, Gas, Holz, Gold und industrielle landwirtschaftliche Monokulturen richten. Auf der anderen Seite kommt die Bedrohung für eure Gebiete auch durch die Perversion gewisser politischer Richtungen, die die „Bewahrung" der Natur fördern, ohne das menschliche Wesen und konkret euch Brüder und Schwestern Amazoniens zu berücksichtigen, die ihr in diesen Gebieten wohnt. Wir wissen von Bewegungen, die im Namen der Bewahrung des Urwalds große Waldgebiete aufkaufen und mit ihnen handeln und so Situationen der Unterdrückung der autochthonen Völker erzeugen, für die auf diese Weise das Territorium und die natürlichen Ressourcen unzugänglich werden. Diese Problematik erstickt eure Völker und verursacht die Migration der neuen Generationen angesichts des Fehlens lokaler Alternativen. Wir müssen mit dem historischen Paradigma brechen, welches das Amazonasgebiet als ein unerschöpfliches Vorratslager der Staaten betrachtet, ohne seine Bewohner zu berücksichtigen.

Ich betrachte es als unerlässlich, Anstrengungen zu unternehmen, um institutionelle Räume des Respekts, der Anerkennung und des Dialogs mit den indigenen Völkern zu schaffen; und so die ihnen eigene Kultur, Sprache, Traditionen, Rechte und Spiritualität aufzugreifen und zu retten. Einen interkulturellen Dialog, in dem ihr die „wesentlichen Ansprechpartner seid, vor allem wenn man mit großen Projekten vordringt, die eure Gebiete einbeziehen"[351]. Die Anerkennung und der Dialog sind wohl der bessere Weg, um die historischen, von Ausschluss und Diskriminierung geprägten Beziehungen umzugestalten.

(...) Aus dieser Sorge geht die vorrangige Option für das Leben der Wehrlosesten hervor. Ich denke an die Völker, die als „Indigene Völker in Freiwilliger Isolation" („Pueblos Indígenas en Aislamiento Voluntario", PIAV) bezeichnet werden. Wir wissen, dass sie die Verwundbarsten unter den Verwundbaren sind. Der Rückstand vergangener Epochen zwang sie dazu, sich sogar von den eigenen Volksgruppen zurückzuziehen, sie machten sich auf zu einer Geschichte der Gefangenschaft an den unzugänglichsten Orten des Urwaldes, um in Freiheit leben zu können. Setzt die Verteidigung dieser am meisten verwundbaren Brüder und Schwestern weiter fort! Ihre Präsenz erinnert uns daran, dass wir über die Gemeingüter nicht im Rhythmus der Gier und des Konsums verfügen können. Es ist notwendig, dass es Grenzen gibt, die uns helfen, uns vor jedem Versuch massiver Zerstörung des natürlichen Lebensraums, der uns zu Erben einsetzt, zu bewahren.

Die Anerkennung dieser Völker – die niemals als eine Minderheit betrachtet werden können, sondern als authentische Gesprächspartner – sowie aller indigener Völker erinnert uns daran, dass wir nicht die absoluten Herren der Schöpfung sind. Es ist dringend notwendig, den wesentlichen Beitrag anzunehmen, den sie der ganzen Gesellschaft anbieten, und nicht ihre Kulturen zu einer Idealisierung eines Naturzustandes oder zu einer Art Museum eines Lebensstils von ehemals zu machen. Ihre Weltanschauung, ihre Weisheit haben uns, die wir nicht zu ihrer Kultur gehören, vieles zu lehren. Alle Anstrengungen, die wir unternehmen, um das Leben der Völker Amazoniens zu verbessern, werden immer zu wenige sein. (...)

Liebe Brüder und Schwestern Amazoniens, wie viele Missionare haben sich für eure Völker eingesetzt und haben eure Kulturen verteidigt! Sie haben es inspiriert vom Evangelium getan. Auch Christus wurde Mensch in einer Kultur – der hebräischen –, und von ihr aus schenkte er sich als Neuheit allen Völkern, so dass jeder Einzelne – von seiner eigenen Identität her – sich in ihm selbst bestätigt fühlen möge. Unterliegt nicht den Versuchen, den katholischen Glauben eurer

Völker mit den Wurzeln herauszureißen.[352] Jede Kultur und jede Weltanschauung, die das Evangelium empfängt, bereichert die Kirche mit dem Anblick einer neuen Facette des Antlitzes Christi. Die Kirche bleibt nicht unbeteiligt gegenüber eurer Problematik und eurem Leben, sie will eurer Lebensweise und Organisationsform nicht fern sein. Wir brauchen es notwendig, dass die autochthonen Völker die Ortskirchen Amazoniens kulturell gestalten. Und in dieser Hinsicht hat es mich sehr gefreut zu hören, dass einer der Abschnitte von *Laudato si'* von einem ständigen Diakon eurer Kultur gelesen wurde. Helft euren Bischöfen, helft euren Missionaren und euren Missionarinnen, damit sie mit euch eins werden und auf diese Weise im Dialog aller miteinander eine Kirche mit amazonischem Gesicht und eine Kirche mit indigenem Gesicht herausbilden können. In diesem Sinne habe ich für das Jahr 2019 eine Synode für Amazonien einberufen, deren erstes Treffen als präsynodale Beratung hier heute Nachmittag stattfinden wird.

Ich vertraue auf die Widerstandsfähigkeit der Völker und ihre Fähigkeit, auf die schwierigen Zeiten zu reagieren, in denen sie leben müssen. Dies habt ihr in den verschiedenen Stürmen der Geschichte gezeigt: mit euren Beiträgen, mit eurer differenzierten Sicht der menschlichen Beziehungen, mit der Umwelt und mit dem Leben des Glaubens.

Ich bete für euch und für euer von Gott gesegnetes Land, und ich ersuche euch, vergesst bitte nicht, für mich zu beten.

Vielen Dank. *Tinkunakama.* [In Quechua: Bis zur nächsten Begegnung.]

„Wir sind aufgerufen, uns gemeinsam dafür einzusetzen, dass der Antisemitismus aus der menschlichen Gemeinschaft verbannt wird." **Nr. 32**

Ansprache an die Delegation der Bergjuden aus dem Kaukasus

Saal der Päpste, 5. November 2018

EINLEITUNG: Am 5. November 2018 empfing Papst Franziskus eine Gruppe von Rabbinern, die an einem Treffen der israelischen Organisation „World Congress of Mountain Jews" teilnahmen. Die Delegation wurde angeführt vom Vorsitzenden der Organisation, Akif Gilalov, der auch die „Föderation der sephardischen jüdischen Gemeinschaften" leitet.[353]

Im östlichen Kaukasus existierten jüdische Gemeinschaften bereits ab dem 3. Jahrhundert nach Christus. Viele flüchteten vor der Verfolgung in Persien in diese Region. Durch die isolierte Lage im Gebirge erhielten sie ihre Bräuche und ihre Sprache, Judeo-Tat, aus Persien, gleichzeitig nahmen sie lokale Bräuche an.[354] Ab Mitte des 19. Jahrhunderts emigrierte eine wachsende Zahl von Bergjuden aus dem Kaukasus nach Palästina. Eine starke Migration nach Israel erfolgte in den 1970er-Jahren und vor allem nach dem Zerfall der Sowjetunion in den 1990er-Jahren, sodass sich die Zahl der Bergjuden in Israel bis Ende der 1990er-Jahre auf etwa 80.000 erhöhte.[355] In den 1990er Jahren wanderten die kaukasischen Bergjuden auch in weitere Länder aus, nämlich in die USA, nach Kanada, Deutschland und Österreich.

Liebe Freunde!
Herzlich heiße ich Sie alle als Delegierte des Weltkongresses der Bergjuden aus verschiedenen Ländern willkommen. Es ist das erste Mal, dass Ihrer alten Tradition angehörende jüdische Brüder gemeinsam dem Papst einen Besuch abstatten, und auch deshalb ist die heutige Begegnung ein Anlass zur Freude. Zum letzten Mal bin ich am vergangenen 23. September in Litauen mit einer jüdischen Gemeinde zusammengetroffen. Es war ein Tag, der dem Gedenken der Shoah gewidmet war, 75 Jahre nach der Zerstörung des Ghettos von Vilnius und der Ermordung Tausender Juden. Ich habe vor dem Denkmal für die Opfer des Holocaust gebetet und an den Allerhöchsten die Bitte gerichtet, dass er sein Volk trösten möge. Das Gedenken an den Holocaust ist notwendig, damit die Vergangenheit eine lebendige Erinnerung bleibt. Ohne eine lebendige Erinnerung wird es keine Zukunft geben, denn wenn wir nicht aus den dunkelsten Zeiten der Geschichte lernen, nicht denselben Irrtümern zu verfallen, wird die Menschenwürde toter Buchstabe bleiben.

Im Gedenken an die Shoah möchte ich an zwei weitere tragische Ereignisse erinnern. Der vergangene 16. Oktober war ein weiterer dramatischer 75. Jahrestag: der Jahrestag der Razzia im römischen Ghetto. Und in wenigen Tagen, am 9. November, wird die sogenannte „Kristallnacht“ 80 Jahre zurückliegen, als viele jüdische Kultstätten zerstört wurden, auch mit der Absicht, das auszumerzen, was im Herzen des Menschen und eines Volkes absolut unantastbar ist: die Gegenwart des Schöpfers. Als man den gütigen Gott durch den Götzenkult der Macht und die Ideologie des Hasses ersetzen wollte, ging man im Wahn soweit, die Geschöpfe zu vernichten. Daher ist die Religionsfreiheit ein hohes Gut, das geschützt werden muss, ein grundlegendes Menschenrecht, ein Bollwerk gegen totalitäre Ansprüche.

Leider gibt es noch heute antisemitische Einstellungen. Wie ich bereits mehrmals gesagt habe, kann ein Christ kein Antisemit sein. Wir haben gemeinsame Wurzeln. Es wäre ein Gegensatz von Glaube und Leben. Wir sind dagegen aufgerufen, uns gemeinsam dafür einzusetzen, dass der Antisemitismus aus der menschlichen Gemeinschaft verbannt wird. Ich habe immer Wert darauf gelegt, die hohe Bedeutung der Freundschaft zwischen Juden und Katholiken zu unterstreichen. Gegründet auf eine Geschwisterlichkeit, die in der Heilsgeschichte wurzelt, wird sie in der Aufmerksamkeit füreinander konkretisiert. Mit Ihnen gemeinsam möchte ich dem Geber alles Guten danken für das Geschenk unserer Freundschaft, die Impuls und Triebkraft des Dialogs zwischen uns ist, ein Dialog, zu dessen Förderung und interreligiöser Ausweitung wir in dieser Zeit zum Wohl der Menschheit aufgerufen sind.

In diesem Zusammenhang erinnere ich mich gemeinsam mit Ihnen gerne an die schöne interreligiöse Begegnung vor zwei Jahren in Aserbaidschan, wo ich die Harmonie wahrnehmen konnte, die „die Religionen gemeinsam aufbauen können, ausgehend von den persönlichen Beziehungen und dem guten Willen der Verantwortlichen". Das ist der Weg. „Mit den anderen sprechen und für alle beten: das sind unsere Mittel, um Lanzen in Winzermesser zu verwandeln (vgl. *Jes* 2,4), um Liebe aufkommen zu lassen, wo Hass herrscht, und Vergebung, wo Verletzung schmerzt, damit wir nicht müde werden, Wege des Friedens zu erflehen und zu gehen." Ja, denn heute „ist nicht der Moment gewaltsamer und schroffer Lösungen, sondern die drängende Stunde, geduldige Prozesse der Versöhnung einzuleiten"[356]. Es ist eine grundlegende Aufgabe, zu der wir aufgerufen sind. Ich bitte den Allmächtigen, unseren Weg der Freundschaft und des Vertrauens zu segnen, damit wir immer im Frieden leben und wir überall, wo wir sind, Stifter und Bauleute des Friedens sein können. *Shalom alechem*!

Ansprache bei der interreligiösen Begegnung (Auszug)

Founder's Memorial, Abu Dhabi (VAE), 4. Februar 2019

Einleitung: Papst Franziskus machte von 3. bis 5. Februar 2019 eine Reise in die Vereinigten Arabischen Emirate (VAE). Diese Reise und die darauffolgende nach Marokko stellte Papst Franziskus in den Kontext des 800-Jahr-Jubiläums der Begegnung von Franz von Assisi mit dem ägyptischen Sultan. Sie bildeten bedeutende Gelegenheiten,

> „den interreligiösen Dialog und die gegenseitige Kenntnis zwischen den Gläubigen beider Religionen anlässlich des achthundertsten Jahrestages der historischen Begegnung zwischen dem heiligen Franz von Assisi und Sultan al-Malik al-Kāmil weiter zu fördern."[357]

Die Reise in die VAE war sehr kurz, aber historisch. Es war der erste Besuch der Arabischen Halbinsel, „dem Kernland der muslimischen Welt"[358], durch einen Papst. Zum ersten Mal wurde eine gemeinsame Erklärung durch den Papst und einen hochrangigen Vertreter des sunnitischen Islam, dem Großimam der al-Azhar, Dr. Aḥmad al-Ṭayyib, zur Kooperation der beiden Religionsgemeinschaften zugunsten des friedlichen Zusammenlebens verabschiedet, das „Dokument über die menschliche Geschwisterlichkeit für den Weltfrieden und das Zusammenleben" (S. 190ff, Nr. 34). Papst Franziskus leitete als Abschluss des Besuchs den größten christlichen Gottesdienst, der je auf der Arabischen Halbinsel stattgefunden hat: Bei der Messe im „Zayed-Sports-City-Stadion" in Abu Dhabi am Morgen des 5. Februar nahmen mehr als 135.000 Katholiken und Katholikinnen aus zahlreichen Ländern und Kulturen teil. An der Messfeier nahmen auch rund 4000 Muslime teil.[359] Die Regierung hatte allen, die die Messe besuchten, an dem Tag freigegeben.

Begegnung mit dem „Muslim Council of Elders"

Am Montag, 4. Februar, fand spätnachmittags eine private Begegnung des Papstes mit dem „Muslim Council of Elders" (*Majlis al-Hukama' al-Muslimin*) statt. Die internationale Organisation mit Sitz in Abu Dhabi wurde 2014 gegründet, mit dem Ziel, die muslimischen Gemeinschaften zusammenzuführen „und dem Sektierertum und der Gewalt ein Ende [zu setzen], die die muslimische Welt seit Jahrzehnten plagen"[360]. Ihre Einrichtung erfolgte nicht zuletzt als Teil von diplomatischen Maßnahmen der VAE gegen die islamistische „Muslimbruderschaft"; der Rat positioniert sich als Gegengewicht zur „International Union of Muslim Scholars" von Yusuf al-Qaradawi.[361] Vorsitzender ist Großimam Aḥmad al-Ṭayyib, Generalsekretär ist der juristische Berater des Großimams, Mohamed Abdelsalam, der wesentlich zur Entstehung des „Dokuments über die menschliche Geschwisterlichkeit" beigetragen hatte.

Das Treffen mit Großimam al-Ṭayyib in Abu Dhabi war das fünfte Treffen des Papstes mit ihm und setzte ihre Begegnung u. a. bei der Friedenskonferenz an der al-Azhar im April 2017 fort (S. 160ff, Nr. 26).

Internationale interreligiöse Begegnung

Der „Muslim Council of Elders" und die Regierung der VAE organisierten anlässlich des „Jahrs der Toleranz" eine zweitägige internationale Konferenz unter dem Titel „Menschliche Geschwisterlichkeit" (3. bis 4. Februar 2019).[362] Als Abschluss fand am Abend des 4. Februar eine interreligiöse Begegnung am „Founder's Memorial" statt.[363] An der Konferenz und der Begegnung nahmen rund 700 Vertreterinnen und Vertreter der christlichen Kirchen und verschiedener Religionsgemeinschaften aus der ganzen Welt teil.[364] Der Papst hielt die Ansprache auf Italienisch, die simultan ins Arabische übersetzt wurde. Nach seiner Rede unterzeichneten er und Scheich al-Ṭayyib das „Dokument über menschliche Geschwisterlichkeit für den Weltfrieden und das Zusammenleben" (S. 190ff, Nr. 34).

(...) Mit dankbarem Herzen gegenüber dem Herrn habe ich die Gelegenheit genutzt, zum achthundertsten Jahrestag des Treffens zwischen dem heiligen Franz von Assisi und Sultan al-Malik al-Kāmil als nach Frieden dürstender Glaubender hierher zu kommen, als Bruder, der zusammen mit seinen Brüdern den Frieden sucht. Den Frieden wollen, den Frieden fördern, Werkzeuge des Friedens sein: dafür sind wir hier.

Das Logo dieser Reise zeigt eine Taube mit einem Olivenzweig. Es ist ein Bild, das an die Geschichte der Sintflut erinnert, die in verschiedenen religiösen Traditionen vorkommt. Nach dem biblischen Bericht bittet Gott Noah, mit seiner Familie in die Arche zu gehen, um die Menschheit vor der Zerstörung zu bewahren. Auch heute müssen wir im Namen Gottes, um den Frieden zu sichern, gemeinsam als eine einzige Familie in eine Arche eintreten, die die stürmischen Meere der Welt befahren kann: *die Arche der Geschwisterlichkeit*.

Ausgangspunkt ist dabei die Erkenntnis, dass Gott der Ursprung der einen Menschheitsfamilie ist. Er, der Schöpfer von allem und allen, will, dass wir als Brüder und Schwestern leben und das gemeinsame Haus der Schöpfung bewohnen, das er uns geschenkt hat. Hier, an den Wurzeln des uns gemeinsamen Menschseins, liegt die Geschwisterlichkeit begründet als Berufung, „die in dem Schöpfungsplan Gottes enthalten ist"[365]. Sie sagt uns, dass wir alle die gleiche Würde haben und dass niemand der Herr oder Sklave anderer sein kann.

Man kann den Schöpfer nicht ehren, ohne die Heiligkeit jedes Menschen und jedes menschlichen Lebens zu bewahren: Jeder Einzelne ist in den Augen Gottes gleichermaßen kostbar. Denn er blickt auf die Menschheitsfamilie ohne jemanden zu bevorzugen oder auszuschließen, sein gütiger Blick schließt alle ein. Deshalb bedeutet die Anerkennung der gleichen Rechte für alle Menschen, den Namen Gottes auf Erden zu verherrlichen. Im Namen Gottes des Schöpfers sind daher alle Formen der Gewalt unweigerlich zu verurteilen, denn es ist eine schwere Entweihung des Namens Gottes, ihn zur Rechtfertigung von Hass und Gewalt gegen den Bruder zu missbrauchen. Es gibt keine Gewalt, die religiös gerechtfertigt werden kann.

Ein Feind der Geschwisterlichkeit ist der Individualismus, der sich in dem Wunsch ausdrückt, sich selbst und die eigenen Leute über andere zu stellen. Dies ist eine Gefahr, die alle Aspekte des Lebens bedroht, auch den höchsten, dem Menschen angeborenen Vorzug, nämlich seine Offenheit auf das Transzendente hin und die Religiosität. Wahre Religiosität besteht darin, Gott von ganzem Herzen zu lieben und den Nächsten wie sich selbst. Religiöses Verhalten muss daher ständig von der immer wiederkehrenden Versuchung gereinigt werden, andere für Feinde und Gegner zu halten. Jedes Glaubensbekenntnis ist aufgerufen, die Kluft zwischen Freund und Feind zu überwinden, um die Perspektive des Himmels einzunehmen, welche alle Menschen ohne Bevorzugung und Diskriminierung umfasst.

Deshalb möchte ich meine Anerkennung für das Engagement dieses Landes zum Ausdruck bringen, die freie Ausübung der Religion zu tolerieren und zu garantieren sowie Extremismus und Hass zu bekämpfen. Auf diese Weise fördert man die grundlegende Freiheit, den eigenen Glauben zu bekennen, die eine unerlässliche Voraussetzung für die Verwirklichung des Menschen darstellt, man stellt damit aber zugleich sicher, dass die Religion nicht missbraucht wird und in

Gefahr steht, Gewalt und Terrorismus zuzulassen und damit sich selbst zu verleugnen.

Die Geschwisterlichkeit drückt sicherlich auch die Vielfalt und den Unterschied aus, der unter den Geschwistern besteht, obwohl „sie durch die Geburt verbunden sind und die gleiche Natur und die gleiche Würde besitzen“[366]. Religiöse Pluralität ist ein Ausdruck davon. In diesem Zusammenhang ist die richtige Haltung weder erzwungene Einheitlichkeit noch konziliante Synkretismus: Als Gläubige sollen wir uns für die gleiche Würde aller engagieren, im Namen des Barmherzigen, der uns geschaffen hat und in dessen Namen ein Miteinander von Gegensätzen und eine Geschwisterlichkeit bei aller Verschiedenheit gesucht werden muss. Ich möchte hier die Überzeugung der katholischen Kirche bekräftigen: „Wir können aber Gott, den Vater aller, nicht anrufen, wenn wir irgendwelchen Menschen, die ja nach dem Ebenbild Gottes geschaffen sind, die geschwisterliche Haltung verweigern.“[367]

Allerdings stellen sich verschiedene Fragen: Wie können wir uns gegenseitig in der einen Menschheitsfamilie beschützen? Wie können wir eine nicht-theoretische Geschwisterlichkeit fördern, damit sie zu echter geschwisterlicher Zuneigung wird? Wie kann man erreichen, dass die Einbeziehung des Anderen Vorrang vor einer Ausgrenzung im Namen der eigenen Zugehörigkeit hat? Wie also können die Religionen Kanäle der Geschwisterlichkeit sein statt Barrieren der Trennung?

Die Menschheitsfamilie und der Mut zur Andersheit

Wenn wir an die Existenz der Menschheitsfamilie glauben, folgt daraus, dass sie als solche bewahrt werden muss. Wie in jeder Familie geschieht dies vor allem durch einen täglichen und wirklichen Dialog. Dies setzt die eigene Identität voraus, die man nicht aufgegeben muss, um dem anderen zu gefallen. Aber gleichzeitig erfordert es den *Mut zur Andersheit*[368], was die volle Anerkennung des Anderen und seiner Freiheit miteinschließt, und das daraus folgende Bemühen, mich so einzusetzen, dass seine Grundrechte immer und überall und von allen anerkannt werden. Denn ohne Freiheit ist man nicht mehr Kind der Menschheitsfamilie, sondern Sklave. Unter den Freiheiten möchte ich die Religionsfreiheit hervorheben. Sie beschränkt sich nicht nur auf die freie Ausübung der Religion, sondern sieht im anderen wirklich einen Bruder und eine Schwester, einen Sohn und eine Tochter derselben Menschheit, denen Gott Freiheit gewährt und die daher keine menschliche Institution zwingen kann, auch nicht in seinem Namen.

Der Dialog und das Gebet

Der Mut zur Andersheit ist die Seele des *Dialogs*, der auf der Lauterkeit der Absichten beruht. In der Tat wird Dialog durch die Verstellung beeinträchtigt, die Distanz und Misstrauen wachsen lässt: Man kann nicht Geschwisterlichkeit verkünden und dann entgegengesetzt handeln. Ein moderner Schriftsteller schrieb: „Wer sich selbst belügt und der eigenen Lüge traut, kommt so weit, dass er gar keine Wahrheit mehr, weder in sich selbst noch in seiner Umgebung, erkennt, und er gelangt schließlich dazu, weder sich selbst noch andere mehr zu achten."[369]

Bei alledem ist *das Gebet* unerlässlich: Während es den Mut der Andersheit gegenüber Gott verkörpert, reinigt es bei aufrichtiger Absicht das Herz von seiner Selbstbezogenheit. Das Gebet, das mit dem Herzen verrichtet wird, begründet die Geschwisterlichkeit immer wieder von neuem. Man kann also sagen, „was die Zukunft des interreligiösen Dialogs betrifft, so ist das Erste, was wir tun müssen: beten. Und füreinander beten: Wir sind Geschwister! Ohne den Herrn ist nichts möglich; mit ihm wird alles möglich! Möge unser Gebet – jeder seiner eigenen Tradition gemäß –, möge es dem Willen Gottes vollkommen treu sein, der wünscht, dass alle Menschen einander als Geschwister erkennen und als solche leben und in der Eintracht der Vielfalt die große Menschheitsfamilie bilden."[370]

Es gibt keine Alternative: Entweder wir bauen die Zukunft gemeinsam oder es gibt keine Zukunft. Vor allem die Religionen können nicht auf die dringende Aufgabe verzichten, Brücken zwischen Völkern und Kulturen zu bauen. Die Zeit ist gekommen, dass die Religionen sich aktiver, mutig, kühn und aufrichtig dafür einsetzen, der Menschheitsfamilie zu helfen, ihre Fähigkeit zur Versöhnung, ihre Vision der Hoffnung und konkrete Wege zum Frieden weiterzuentwickeln. (...)

Die Religionen haben auch die Aufgabe, daran zu erinnern, dass die Profitgier das Herz träge macht und dass die Gesetze des gegenwärtigen Marktes, die alles und zwar sofort fordern, nicht förderlich sind für die Begegnung, den Dialog, die Familie – wesentliche Dimensionen des Lebens, die Zeit und Geduld brauchen. Mögen die Religionen den Geringsten eine Stimme verleihen – denn sie sind keine Statistik, sondern Brüder und Schwestern – und mögen sie an der Seite der Armen stehen; sie seien Wächter der Geschwisterlichkeit in der Nacht des Konflikts, sie seien wachsame Mahner, damit die Menschheit ihre Augen nicht vor den Ungerechtigkeiten verschließt und sich nie mit den allzu vielen Dramen der Welt abfindet. (...)

Ein geschwisterliches Zusammenleben, das auf Bildung und Gerechtigkeit beruht; eine menschliche Entwicklung, die auf einer bereitwilligen Inklusion und auf gleichen Rechten aller beruht: Das sind Samen des Friedens, die aufkeimen zu lassen, die Religionen aufgerufen sind. Wie vielleicht nie zuvor haben sie in dieser heiklen geschichtlichen Situation eine Aufgabe, die nicht mehr aufgeschoben werden kann: einen aktiven Beitrag zur *Entmilitarisierung des menschlichen Herzens* zu leisten. Das Wettrüsten, die Ausweitung der eigenen Einflussbereiche und eine aggressive Politik zum Nachteil anderer werden nie Stabilität bringen. Krieg schafft nichts als Elend, Waffen nichts als Tod!

Die Geschwisterlichkeit aller Menschen verlangt von uns als Vertreter der Religionen die Verpflichtung, jegliche Form der Billigung des Wortes Krieg zurückzuweisen. Überlassen wir es seiner erbärmlichen Grobheit. Wir haben seine katastrophalen Folgen vor unseren Augen. Ich denke dabei insbesondere an Jemen, Syrien, Irak und Libyen. Lasst uns gemeinsam, liebe Brüder und Schwestern in der einen von Gott gewollten Menschheitsfamilie, gegen die Logik bewaffneter Macht eintreten, gegen die Monetarisierung von Beziehungen, die Aufrüstung der Grenzen, die Errichtung von Mauern, die Knebelung der Armen; all dem setzen wir die sanfte Kraft des Gebets und ein tägliches Bemühen im Dialog entgegen. Unser heutiges Zusammensein sei eine Botschaft des Vertrauens, eine Ermutigung für alle Menschen guten Willens, damit sie sich nicht mit der Flut an Gewalt und der Austrocknung des Altruismus abfinden. Gott ist bei jedem Menschen, der den Frieden sucht. Und vom Himmel aus segnet er jeden Schritt, der hier auf Erden auf diesem Weg gegangen wird.

Nr. 34 *„Die Kultur des Dialogs als Weg, die allgemeine Zusammenarbeit als Verhaltensregel und das gegenseitige Verständnis als Methode und Maßstab“*

Dokument über die menschliche Geschwisterlichkeit für den Weltfrieden und das Zusammenleben

Abu Dhabi (Vereinigte Arabische Emirate), 4. Februar 2019

EINLEITUNG: Am 4. Februar 2019 unterzeichneten Papst Franziskus und der Großimam der al-Azhar-Universität in Kairo, Scheich Dr. Aḥmad al-Ṭayyib, in Abu Dhabi das „Document on Human Fraternity for World Peace and Living Together“.[371] Das Dokument wurde als „die am wenigsten erwartete und zugleich innovativste Ausprägung im Pontifikat von Papst Franziskus“[372] bezeichnet. Josef Freise hat das Dokument wie folgt gewürdigt:

> „Dieses gemeinsame christlich-muslimische Dokument erteilt allen christlichen und muslimischen Feindbildern eine Absage. Es stellt einen bisher noch viel zu wenig wahrgenommenen Meilenstein im interreligiösen Friedensdialog dar.“[373]

Entstehung des Dokuments

Das Dokument ist die Frucht eines langen Wegs der Vertrauensbildung zwischen dem Großimam und dem Papst. Der ägyptische Richter Mohammad Abdulsalam, juristischer Berater des Großimams, bezeichnete diesen Weg bis zur Veröffentlichung des Textes als „dornigen Pfad“[374].

Die Beziehungen zwischen der al-Azhar, der wichtigsten Bildungsinstitution des sunnitischen Islam, und dem Vatikan waren belastet durch die Regensburg-Rede von Benedikt XVI. 2006. Nach dessen kritischen Bemerkungen im Jänner 2011 im Gefolge eines Bombenanschlags auf eine koptische Kirche in Alexandrien, die als Einmischung in die inneren Angelegenheiten Ägyptens betrachtet wurden, fror die al-Azhar die Beziehungen zum Vatikan ein.

Das erste Treffen des Großimams mit Franziskus fand am 23. Mai 2016 im Vatikan statt, bei dem der Scheich den Papst zu einer interreligiösen Friedenskonferenz an der al-Azhar einlud. Diese Konferenz fand von 27. bis

28. April 2017 in Kairo statt, u. a. zu den Themen Armut, Extremismus und Terrorismus. Papst Franziskus und Scheich al-Ṭayyib hielten am zweiten Tag eine Rede. Das Bild von ihrer Umarmung wurde von vielen als „Ikone der Hoffnung" betrachtet.[375]

Am 7. November 2017 nahm der Großimam am internationalen Forum mit dem Titel „East and West towards civilized dialogue" in Rom teil.[376] Am gleichen Tag fand auch ein Treffen mit Papst Franziskus statt. Kardinal Michael Fitzgerald berichtet von dieser Begegnung: Aḥmad al-Ṭayyib und seine fünfköpfige Delegation trafen den Papst nach der Generalaudienz in einem kleinen Raum nahe des Audienzsaals Paul VI. Der Papst habe dann gefragt, ob sie ein Mittagessen geplant hätten. Sie hatten nichts geplant, worauf der Papst spontan sagte: „Darf ich Sie zum Essen einladen?" Beim Mittagessen am Wohnort von Franziskus floss das Gespräch weit leichter. Es war dieses gemeinsame Essen, bei dem die beiden vereinbarten, gemeinsam ein Dokument über die menschliche Geschwisterlichkeit zu verfassen.[377] Dass die Idee gerade beim gemeinsamen Essen entstand, ist keine zufällige Nebensächlichkeit. Franziskus reflektierte darüber: „Mit alledem will ich sagen, dass man keine echte Kommunikation herstellen kann, ohne eine Brücke zu schlagen und ohne zu essen. Das Wort allein genügt nicht."[378]

Bei der Pressekonferenz beim Rückflug von Abu Dhabi nach Rom beschrieb Papst Franziskus den Entstehungsprozess so:

> „Das Dokument wurde sehr wohlüberlegt und auch mit Gebet vorbereitet. Sowohl der Großimam mit seinem Team als auch ich mit dem meinen, wir haben viel gebetet, um dieses Dokument erstellen zu können. Denn für mich gibt es im Moment nur eine große Gefahr: Zerstörung, Krieg, Hass zwischen uns. Und wenn wir Gläubigen nicht in der Lage sind, einander die Hand zu reichen, uns zu umarmen, zu küssen und auch zu beten, wird unser Glaube zerstört. Dieses Dokument entsteht aus dem Glauben an Gott, der der Vater aller und der Vater des Friedens ist und der jede Zerstörung, jeden Terrorismus verurteilt, vom ersten Terrorismus der Geschichte an, von Kain an. Es ist ein Dokument, das über fast ein Jahr ausgearbeitet wurde, es wurde hin- und hergeschickt und es wurde viel gebetet … Aber so ist es gereift, im Verborgenen, um das Kind nicht vorzeitig zur Welt zu bringen, damit es reif wird."[379]

Gegenüber Kritik am Dokument betonte Papst Franziskus:

> „Ich möchte das noch einmal deutlich unterstreichen: Aus katholischer Sicht ist das Dokument nicht einen Millimeter vom Zweiten Vatika-

nischen Konzil abgerückt. Es wird auch an einigen Stellen zitiert. Das Dokument wurde im Geiste des Zweiten Vatikanischen Konzils verfasst."[380]

Der amtierende „Theologe des Päpstlichen Hauses", der polnische Dominikaner Professor Wojciech Giertych OP, habe das Dokument vor der Veröffentlichung offiziell geprüft und seine Zustimmung erteilt.[381] Das Dokument spiegelt nicht zuletzt den Geist der Erklärung *Nostra aetate* des Zweiten Vatikanischen Konzils, in der es u. a. heißt:

> „Wir können aber Gott, den Vater aller, nicht anrufen, wenn wir es ablehnen, uns gegenüber bestimmten Menschen, die nach dem Ebenbild Gottes geschaffen sind, brüderlich zu verhalten. Die Haltung des Menschen zu Gott, dem Vater, und die Haltung des Menschen zu den Menschenbrüdern sind so sehr verknüpft, dass die Schrift sagt: ‚Wer nicht liebt, kennt Gott nicht' (1 *Joh* 4,8)." (NA 5)

Im April 2018 schlugen die Vertreter der al-Azhar dem Vatikan vor, die Veröffentlichung und feierliche Unterzeichnung des Dokuments in Abu Dhabi durchzuführen, im Rahmen des „Jahres der Toleranz" in den VAE 2019.

Zum Inhalt

- Nach dem *Vorwort* folgt ein feierlicher *Anfangsteil*. Er beginnt – wie in der *Bismala*, der ersten Sure des Koran – mit der Formel „im Namen Gottes", wird fortgesetzt im Namen der Armen, der Gerechtigkeit, der Freiheit, der Geschwisterlichkeit usw. und mündet schließlich in die zusammenfassende feierliche Erklärung:

  > „Im Namen Gottes und all dieser erklären al-Azhar al-Sharif – mit den Muslimen von Ost und West – und die Katholische Kirche – mit den Katholiken von Ost und West – gemeinsam, dass sie die Kultur des Dialogs als Weg, die allgemeine Zusammenarbeit als Verhaltensregel und das gegenseitige Verständnis[382] als Methode und Maßstab annehmen wollen." (S. 199)

- Der *Hauptteil* setzt ein mit dem Aufruf zu einer Kultur der Toleranz, des Zusammenlebens und des Friedens, der sich spezifisch an Intellektuelle, Vertreter der Religionen, Medienverantwortliche und Kulturschaffende richtet.

  Es folgt eine Diagnose der Krise der modernen Welt: Ihre Hauptursache bestehe im „betäubten" menschlichen Gewissen, in der Entfremdung von religiösen Werten. Materielle Werte würden an die Stelle des „höchsten Prinzips" gestellt.

Es folgen zwölf thesenartige *Konkretisierungen und Bekräftigungen*:

(a) Das Dokument unterstreicht, wie wichtig die gemeinsame Verteidigung der „Gabe des Lebens ist" und verurteilt u. a. alle Genozide, terroristischen Akte, Zwangsumsiedlungen, Abtreibung, Euthanasie.

(b) Es hält in diesem Zusammenhang fest, „dass die Religionen niemals zum Krieg aufwiegeln und keine Gefühle des Hasses, der Feindseligkeit, des Extremismus wecken und auch nicht zur Gewalt oder zum Blutvergießen auffordern". All dies entspringe einem Missbrauch des Einflusses von Religion auf Menschen. Religiös begründeter Terrorismus basiere auf einer „falschen Interpretation der religiösen Texte". Der Text argumentiert normativ, indem er eine „wahre Religion" von Fehlformen abgrenzt.

(c) Die Bürgerrechte, unabhängig von der ethnischen, kulturellen oder religiösen Zugehörigkeit, werden anerkannt: „Ein jeder genießt Bekenntnis-, Gedanken-, Meinungs- und Handlungsfreiheit."

Das Dokument unterstreicht die Notwendigkeit, die vollen Bürgerrechte zu gewährleisten und ein normatives Konzept inklusiver Bürgerschaft umzusetzen, anstelle rein numerisch von „Mehrheit" und „Minderheiten" auszugehen:

> „Daher ist notwendig, sich dafür einzusetzen, dass in unseren Gesellschaften die Auffassung des *vollwertigen Bürgerrechts* festgelegt und auf eine diskriminierende Verwendung des Begriffs *Minderheiten* verzichtet wird. Diese bringt den Samen des Gefühls der Isolation und der Minderwertigkeit mit sich." (S. 203)

Mit dieser Forderung ist das Dokument Teil eines neuen Diskurses in muslimischen Ländern nach dem „Arabischen Frühling", in dem es darum geht, die modernen Konzepte der Bürgerschaft, des Pluralismus und religiöser Freiheit islamrechtlich zu übernehmen und zu begründen und die Behandlung von nichtmuslimischen Bevölkerungsgruppen als Bürgerinnen und Bürger zweiter Klasse zu überwinden.[383]

Im Kontext der Revolution in Ägypten am 25. Jänner 2011 und der Absetzung von Präsident Mubarak im Februar wurde auf Initiative des Scheichs der al-Azhar, Aḥmad al-Ṭayyib, von einigen Gelehrten der al-Azhar in Kooperation mit Intellektuellen aus dem nicht-religiösen Bereich ein Dokument zum Thema der Grundfreiheiten entwickelt. Am 8. Jänner 2012 erschien die „Stellungnahme zum System der fundamentalen Freiheiten" (*Bayān al-Azhar wa-l-muṯaqqafīn ʿan manẓūmat al-ḥurriyyāt al-asāsiyya*), unterzeichnet vom Scheich der al-Azhar Dr. al-Ṭayyib, als dritte einer Reihe von Stellungnahmen dieser Gruppe.[384] Es ist ein bemerkenswertes Dokument, dessen „ziviler und pluralistischer Inhalt auf kreative Weise Religion und die Werte inklusiver Bürgerschaft vereinte".[385] Ziel des Dokuments war, die grundlegenden bürgerlichen Freiheiten zu verteidigen, nämlich Glaubensfreiheit, Meinungsfreiheit, Wissenschaftsfreiheit, Freiheit der literarischen und künstlerischen Produktion.[386]

Im Jänner 2016 wurde die „Marrakesch-Erklärung" über „Die Rechte von religiösen Minderheiten in mehrheitlich muslimischen Gemeinschaften" veröffentlicht, getragen von einem breiten Konsens von Gelehrten, Politikern und Experten.[387] Die Erklärung rief zur Kooperation aller religiösen Gruppen auf:

> „Eine solche Zusammenarbeit muss über gegenseitige Toleranz und Respekt hinausgehen und den vollen Schutz der Rechte und Freiheiten aller religiösen Gruppen in einer zivilisierten Weise gewährleisten, die Zwang, Voreingenommenheit und Arroganz vermeidet."

Muslimische Gelehrte weltweit wurden aufgerufen, „eine Rechtsprechung zum Konzept der Bürgerschaft (arab. *muwāṭana,* franz. *citoyenneté,* engl. *citizenship)* zu entwickeln, die gegenüber verschiedenen Gruppen inklusiv ist".[388] Die Erklärung war eine Initiative von Abdallah Bin Bayyah, Vizepräsident des „Muslim Council of Elders" und Mitglied des Vorstands von „Religions for Peace".[389] 2017 wurde die Erklärung „Freiheit, Bürgerschaft, Diversität und Inklusion" bei einem gleichnamigen Treffen verabschiedet, das von der al-Azhar und dem „Muslim Council of Elders" organisiert wurde.[390] In der Erklärung bestätigten al-Azhar, der „Muslim Council of Elders" sowie die Spitzen von christlichen Kirchen die Bedeutung der Gleichheit zwischen Muslimen und Christen, was Rechte und Verantwortlichkeiten betrifft.

(d) Die Anerkennung der individuellen Freiheitsrechte und des religiösen Pluralismus wird theologisch begründet: Sie sind eine Konkretisierung der „Freiheit, die Gott allen Menschen geschenkt hat, als er sie frei geschaffen und mit dieser besonderen Würde ausgezeichnet hat." (Anfangsteil)

Die Vielfalt der Menschen und die Vielfalt der Religionen sei von Gott gewollt:

> „Der Pluralismus und die Verschiedenheit in Bezug auf Religion, Hautfarbe, Geschlecht, Ethnie und Sprache entsprechen einem weisen göttlichen Willen, mit dem Gott die Menschen erschaffen hat."

(e) Das Dokument ruft zur Anerkennung der Frauenrechte auf. Mit Rücksicht auf die gleiche Würde der Frau seien Frauen von allen „historischen und sozialen Zwängen zu befreien" und vor sexueller Ausbeutung zu schützen. Im Rahmen der Veranstaltungen zum Jahrestag der Unterzeichnung der Abu-Dhabi-Erklärung in den VAE im Februar 2022 unterstrich Leymah Gbowee, Mitglied des „Higher Committee for Human Fraternity": „Es kann absolut keine menschliche Geschwisterlichkeit geben ohne Frauen und Mädchen." Der erste konkrete Schritt, nämlich die Anerkennung dieser Tatsache, sei durch die beiden Religionsführer erfolgt.[391] Entscheidend ist die strukturelle Umsetzung der gleichen Rechte von Frauen, der Nichtdiskriminierung von Frauen, in den Institutionen, für die der Papst und der Großimam zuständig sind.

- *Abschließend* erfolgt die Selbstverpflichtung, das Dokument politischen und religiösen Verantwortungsträgern bekannt zu machen. Die Unterzeichner bitten darum, das Dokument zum Gegenstand von Forschung und Bildung, u. a. in den Schulen, zu machen.

Rezeption und Wirkung

Das Dokument hat eine bedeutende Dynamik entfaltet:

- Im Sommer 2019 wurde das „Higher Committee for Human Fraternity" eingesetzt, um die Umsetzung des Dokuments zu fördern. Generalsekretär des Gremiums ist Mohammad Abdulsalam. Das Komitee ist interreligiös zusammengesetzt und umfasst seit September 2019 auch Rabbiner M. Bruce Lustig (Washington D. C.), der nach 9/11 den ersten „Abrahamic Summit" von Juden, Christen und Muslimen in den USA initiierte.[392]
- Die Generalversammlung der Vereinten Nationen erklärte am 20. Dezember 2020 mit der Resolution A/RES/75/200 den 4. Februar zum „Internationalen Tag der Geschwisterlichkeit aller Menschen". Der Tag wurde zum ersten Mal am 4. Februar 2021 in Form einer Online-Veranstaltung begangen, an der Mitgliedsstaaten, religiöse Führungspersönlichkeiten und andere Vertreter und Vertreterinnen der Zivilgesellschaft teilnahmen.[393] Der internationale Tag steht im Kontext der „World Interfaith Harmony Week", die von der UN-Generalversammlung am 20. Oktober 2010 eingerichtet wurde und seither in der ersten Februarwoche begangen wird.
- In Würdigung des historischen Treffens von Papst Franziskus und Großimam Aḥmad al-Ṭayyib wurde der „Zayed Award for Human Fraternity"

eingerichtet und am 4. Februar 2019 zum ersten Mal an die beiden vergeben.

- In Abu Dhabi wird derzeit das „Abrahamic Family House“ errichtet: drei ähnlich aussehende, gleich große sakrale Gebäude – eine Moschee, eine Kirche, eine Synagoge –, die um einen gemeinsamen Platz angeordnet sind. Die drei Sakralräume sind verbunden mit einem Bildungszentrum. Der architektonische Entwurf dafür ging aus einem Wettbewerb hervor, stammt von David Adjaye Obe (Ghana/UK) und wurde am 20. September 2019 in New York präsentiert.[394]
- Das internationale Forum „Mediterranean Dialogues“ in Rom (Rome MED) 2020, organisiert vom italienischen Außenministerium und dem „Italian Institute for International Political Studies“ (ISPI), war u. a. dem Thema „Human Fraternity and Inclusive Citizenship“ gewidmet.[395] Die Veranstalter betrachten das religiöse Engagement für inklusive Bürgerschaft in Form des Dokuments und anderer Erklärungen aus der Perspektive der internationalen Politik als „neue interreligiöse Dynamik und Reifung positiver religiöser Modelle des religiösen Pluralismus“.[396]
- Die Abu Dhabi-Erklärung hat den christlich-muslimischen Dialog belebt und verstärkt. Im Geist des Dokuments finden zahlreiche lokale Initiativen der Verständigung und Kooperation auf der Ebene des Alltags statt. Ein Beispiel aus Italien ist das gemeinsame Essen zum abendlichen Fastenbrechen (*Iftar*) im Ramadan, das im Mai 2019 auf dem Platz vor der katholischen Kirche in Marzabotto (Diözese Bologna) durchgeführt und vom Erzbischof von Bologna Kardinal Matteo Zuppi besucht und unterstützt wurde. In einem Schreiben des erzbischöflichen Büros für Ökumene und Interreligiöser Dialog wurde bestätigt, dass diese Entscheidung dem Abu-Dhabi-Dokument entspreche.[397]

Literatur:

Abdulsalam, Mohammad: The Pope and the Grand Imam: A Thorny Path. A Testimony to the Birth of the Human Fraternity Document. Dubai/Abu Dhabi/London: Motivate Publishing, 2021.

Barbato, Mariano P.: Papal Dialogue with Islam: „A Long Way to Abu Dhabi, a Long Way to Peace“: E-International Relations, 2. Juni 2019, online unter https://www.e-ir.info/2019/06/02/papal-dialoguewith-islam-a-long-way-to-abu-dhabi-a-long-way-to-peace/ (Zugriff 21. Dezember 2022)

Borelli, John: „Being Honestly Pluralistically Religious“, in Lefebure, Leo D. (Hg.), Theol.ogy Without Borders. Essays in Honor of Peter C. Phan. Washington, DC: Georgetown University Press, 2022.

Catalano, Robert: „Is Interreligious Dialogue Changing the Church? The Significance of the *Document on Human Fraternity*", in: Chapman, Mark D./Latinovic, Vladimir (Hgg.), Changing the Church. Transformations of Christian Beliefs, Practice, and Life (Pathways for Ecumenical and Interreligious Dialogue). Cham: Palgrave Macmillan, 2021, 209–2015.

Güzelmansur, Timo: „‚Menschliche Brüderlichkeit'. Anmerkungen zur Papstreise nach Abu Dhabi und zum Dokument": CIBEDO Beiträge 2 (2019), 54–64.

Körner, Felix: „Das Dokument von Abu Dhabi. Eine politisch-theologische Debatte": Internationale Katholische Zeitschrift Communio 49 (2020), 312–326.

Körner, Felix: „Die Geschwisterlichkeit aller Menschen. Theologisch-islamwissenschaftlicher Kommentar zum Dokument von Abu Dhabi": Stimmen der Zeit, Heft 8 (August 2019), 605–618.

Middelbeck-Varwick, Anja: „Vom neuen Traum der Geschwisterlichkeit". *Fratelli tutti* als Stabilisator der katholisch-muslimischen Beziehungen", in: Nothelle-Wildfeuer, Ursula/Schmitt, Lukas (Hgg.): Unter Geschwistern? Die Sozialenzyklika „Fratelli tutti": Perspektiven – Konsequenzen – Kontroversen (Katholizismus im Umbruch, 14). Freiburg i. Br.: Herder, 2021, 34–44.

Petito, Fabio/Daou, Fadi/Driessen, Michael D. (Hgg.), Human Fraternity & Inclusive Citizenship. Interreligious Engagement in the Mediterranean. Milan: Ledizioni, 2021.

Specker, Tobias: „Dialog aus sozialer Verbundenheit. Zum interreligiösen Profil der Enzyklika Fratelli Tutti und der Erklärung von Abu Dhabi": ZMR 105 (2021), 195–202.

Vorwort

Der Glaube lässt den Gläubigen im anderen einen Bruder sehen, den man unterstützt und liebt. Aus dem Glauben an Gott, der das Universum, die Geschöpfe und alle Menschen – aufgrund seines Erbarmens – mit gleicher Würde erschaffen hat, ist der Gläubige gerufen, diese menschliche Geschwisterlichkeit zum Ausdruck zu bringen, indem er die Schöpfung und das ganze Universum bewahrt und jeden Menschen unterstützt, besonders die am meisten Bedürftigen und die Ärmsten.

Ausgehend von diesem transzendenten Wert haben wir uns in verschiedenen Begegnungen, die von einer Atmosphäre der Geschwisterlichkeit und Freundschaft geprägt waren, über die Freuden, Leiden und Probleme der heutigen Welt im Hinblick auf den wissenschaftlichen und technischen Fortschritt, die Errungenschaften in der Medizin, das digitale Zeitalter, die Massenmedien und Kommunikationsmittel ausgetauscht; über die Armut, die kriegerischen Auseinandersetzungen und das Leiden so vieler Brüder und Schwestern in verschiedenen Teilen der Welt, die hervorgerufen werden durch Wettrüsten, soziale Ungerechtigkeit, Korruption, Ungleichheit, moralischen Verfall, Terrorismus, Diskriminierung, Extremismus und viele weitere Ursachen.

Aus diesem geschwisterlichen und aufrichtigen Austausch, den wir hatten, und aus der Begegnung voller Hoffnung auf eine strahlende Zukunft für alle Menschen, entstand die Idee dieses „Dokuments über die *Geschwisterlichkeit al-*

ler Menschen". Das Dokument ist aufrichtig und sorgfältig durchdacht und soll eine gemeinsame Erklärung guten und aufrichtigen Willens sein, so dass es alle, die in ihren Herzen den Glauben an Gott und den Glauben an die *Geschwisterlichkeit aller Menschen* tragen, einlädt, sich zusammenzutun und gemeinsam daran zu arbeiten, und dass das Dokument so für die jungen Generationen zu einem Leitfaden einer Kultur des gegenseitigen Respekts wird, im Verständnis der großen göttlichen Gnade, die alle Menschen zu Geschwistern macht.

Dokument

Im Namen Gottes, der alle Menschen mit gleichen Rechten, gleichen Pflichten und gleicher Würde geschaffen hat und der sie dazu berufen hat, als Brüder und Schwestern miteinander zusammenzuleben, die Erde zu bevölkern und auf ihr die Werte des Guten, der Liebe und des Friedens zu verbreiten.

Im Namen der unschuldigen menschlichen Seele, die zu töten Gott verboten hat, wenn er sagt, dass jeder, der einen Menschen ermordet, so ist, als hätte er die ganze Menschheit getötet, und dass jeder, der einen Menschen rettet, so ist, als hätte er die ganze Menschheit gerettet.

Im Namen der Armen, Notleidenden, Bedürftigen und Ausgegrenzten, denen beizustehen nach Gottes Gebot alle verpflichtet sind, insbesondere alle vermögenden und wohlhabenden Menschen.

Im Namen der Waisen, Witwen, Flüchtlinge und aller, die aus ihren Häusern und Heimatländern vertrieben wurden, aller Opfer von Krieg, Verfolgung und Ungerechtigkeit; im Namen aller Schwachen, aller in Angst lebenden Menschen, der Kriegsgefangenen und der Gefolterten überall auf der Welt, ohne irgendeinen Unterschied.

Im Namen der Völker, die der Sicherheit, des Friedens und des gemeinsamen Zusammenlebens entbehren und Opfer von Zerstörung, Niedergang und Krieg wurden.

Im Namen der „*Geschwisterlichkeit aller Menschen*", die alle umfasst, vereint und gleich macht an Würde.

Im Namen dieser *Geschwisterlichkeit*, welche durch die politischen Bestrebungen von Integralismus und Spaltung sowie durch maßlos gewinnorientierte Systeme und abscheuliche ideologische Tendenzen, die die Handlungen und Schicksale der Menschen manipulieren, entzweit wird.

Im Namen der Freiheit, die Gott allen Menschen geschenkt hat, als er sie frei geschaffen und mit dieser besonderen Würde auszeichnet hat.

Im Namen der Gerechtigkeit und der Barmherzigkeit, den Grundlagen des Wohlstands und den Eckpfeilern des Glaubens.

Im Namen aller Menschen guten Willens an allen Orten der Welt.

Im Namen Gottes und all dieser erklären al-Azhar al-Sharif – mit den Muslimen von Ost und West – und die Katholische Kirche – mit den Katholiken von Ost und West – gemeinsam, dass sie die Kultur des Dialogs als Weg, die allgemeine Zusammenarbeit als Verhaltensregel und das gegenseitige Verständnis als Methode und Maßstab annehmen wollen.

Wir – die wir an Gott und an die endgültige Begegnung mit ihm und an sein Gericht glauben – verlangen ausgehend von unserer religiösen und moralischen Verantwortung mit diesem Dokument von uns selbst und den leitenden Persönlichkeiten in der Welt, von den Architekten der internationalen Politik und der globalen Wirtschaft, ein ernsthaftes Engagement zur Verbreitung einer Kultur der Toleranz, des Zusammenlebens und des Friedens; ein schnellstmögliches Eingreifen, um das Vergießen von unschuldigem Blut zu stoppen und Kriegen, Konflikten, Umweltzerstörung und dem kulturellen und moralischen Niedergang, den die Welt derzeit erlebt, ein Ende zu setzen.

Wir rufen die Intellektuellen, die Philosophen, die Vertreter der Religionen, die Künstler, die Medienleute und die Kulturschaffenden in der ganzen Welt auf, die Werte des Friedens, der Gerechtigkeit, des Guten, der Schönheit, der menschlichen Geschwisterlichkeit und des gemeinsamen Zusammenlebens wiederzuentdecken, um die Bedeutung dieser Werte als Rettungsanker für alle deutlich zu machen und sie möglichst überall zu verbreiten.

Ausgehend von einer tiefen Reflexion über unsere gegenwärtige Realität, in Achtung vor ihren Erfolgen und im Miterleben ihrer Leiden, ihrer Unglücke und Katastrophen, kommt diese Erklärung zu der Überzeugung, dass Hauptursachen für die Krise der modernen Welt ein betäubtes menschliches Gewissen und eine Entfremdung von religiösen Werten sowie die Dominanz von Individualismus und materialistischen Philosophien ist, die den Menschen vergöttlichen und weltliche wie auch materielle Werte an die Stelle der höchsten und transzendenten Prinzipien setzen.

In Anerkennung der positiven Entwicklung, die unsere moderne Zivilisation in den Bereichen der Wissenschaft, der Technologie, der Medizin, der Industrie und des Wohlstands insbesondere in den entwickelten Ländern genommen hat, betonen wir, dass mit diesen großen und geschätzten historischen Fortschritten auch ein Verfall der Ethik, die internationales Handeln prägt, sowie eine Schwächung der geistlichen Werte und des Verantwortungsbewusstseins einhergeht.

All dies trägt dazu bei, dass sich ein allgemeines Gefühl von Frustration, Einsamkeit und Verzweiflung ausbreitet, das viele dazu bringt, entweder in den Strudel des atheistischen und agnostischen Extremismus oder in einen religiösen Integralismus, Extremismus und blinden Fundamentalismus zu verfallen und so andere Menschen dazu führt, sich Formen der Abhängigkeit und der individuellen und kollektiven Selbstzerstörung zu ergeben.

Die Geschichte macht deutlich, dass religiöser wie nationaler Extremismus und Intoleranz in der Welt, sowohl im Westen als auch im Osten, etwas hervorgerufen haben, was man als Anzeichen eines *„stückweisen Dritten Weltkriegs"* bezeichnen könnte,[398] Anzeichen, die in verschiedenen Teilen der Welt und unter verschiedenen tragischen Bedingungen bereits ihr grausames Gesicht gezeigt haben; Situationen, von denen nicht genau bekannt ist, wie viele Opfer, Witwen und Waisen sie hervorgebracht haben. Darüber hinaus gibt es andere Bereiche, die dabei sind, sich zum Schauplatz neuer Konflikte zu entwickeln, in denen es Spannungsherde und Anhäufungen von Waffen und Munition gibt, und zwar in einer global von Unsicherheit, Enttäuschung, Zukunftsangst und von kurzsichtigen wirtschaftlichen Interessen geprägten Situation.

Wir bekräftigen auch, dass die heftigen politischen Krisen, die Ungerechtigkeit und das Fehlen einer gerechten Verteilung der natürlichen Ressourcen – von denen nur eine Minderheit Reicher auf Kosten der Mehrheit der Erdbevölkerung profitiert – eine enorme Anzahl an Kranken, Bedürftigen und Toten hervorgebracht haben und weiterhin hervorrufen und tödliche Krisen verursachen, denen mehrere Länder ausgesetzt sind, trotz des natürlichen Reichtums und der Ressourcen der jungen Generationen, die sie kennzeichnen. Angesichts dieser Krisen, die dazu führen, dass Millionen von Kindern an Hunger sterben, die aufgrund von Armut und Unterernährung bereits bis auf die Knochen abgemagert sind, herrscht ein inakzeptables internationales Schweigen.

In diesem Zusammenhang wird deutlich, wie wichtig die Familie als grundlegender Kern der Gesellschaft und der Menschheit ist, um Kinder zur Welt zu bringen, aufzuziehen, heranzubilden und ihnen eine solide Moral und familiären Schutz zu bieten. Die Institution der Familie anzugreifen, sie zu verachten oder an der Bedeutung ihrer Rolle zu zweifeln, ist eines der gefährlichsten Übel unserer Zeit.

Wir bestätigen auch die Wichtigkeit des Wiedererwachens des Sinns für das Religiöse und die Notwendigkeit, ihn in den Herzen der neuen Generationen durch die gesunde Erziehung und die Annahme der moralischen Werte und der rechten religiösen Lehren wiederzubeleben, um den individualistischen, egoistischen, konfliktbeladene Tendenzen, dem Radikalismus und dem blinden Extremismus in all seinen Formen und Erscheinungen entgegenzutreten.

Das erste und wichtigste Ziel der Religionen ist es, an Gott zu glauben, ihn zu ehren und alle Menschen dazu aufzurufen zu glauben, dass dieses Universum von einem Gott abhängig ist, der es führt, der der Schöpfer ist, der uns mit seiner göttlichen Weisheit geformt hat und uns die Gabe des Lebens geschenkt hat, um sie zu behüten. Niemand hat das Recht, diese Gabe wegzunehmen, zu bedrohen oder nach seinem Gutdünken zu manipulieren. Im Gegenteil müssen alle diese Gabe des Lebens von ihrem Anfang bis zu ihrem natürlichen Tod bewahren. Deshalb verurteilen wir alle Praktiken, die das Leben bedrohen, wie die Genozide, die terroristischen Akte, die Zwangsumsiedlungen, den Handel mit menschlichen Organen, die Abtreibung und die Euthanasie sowie die politischen Handlungsweisen, die all dies unterstützen.

Ebenso erklären wir mit Festigkeit, dass die Religionen niemals zum Krieg aufwiegeln und keine Gefühle des Hasses, der Feindseligkeit, des Extremismus wecken und auch nicht zur Gewalt oder zum Blutvergießen auffordern. Diese Verhängnisse sind Frucht der Abweichung von den religiösen Lehren, der politischen Nutzung der Religionen und auch der Interpretationen von Gruppen von religiösen Verantwortungsträgern, die in gewissen Geschichtsepochen den Einfluss des religiösen Empfindens auf die Herzen der Menschen missbraucht haben: Die Gläubigen sollten dazu geführt werden, Dinge zu tun, die nichts mit der Wahrheit der Religion zu tun haben; sie sollten weltliche und kurzsichtige politische und wirtschaftliche Ziele verwirklichen. Deshalb bitten wir alle aufzuhören, die Religionen zu instrumentalisieren, um Hass, Gewalt, Extremismus und blinden Fanatismus zu entfachen. Wir bitten, es zu unterlassen, den Namen Gottes zu benutzen, um Mord, Exil, Terrorismus und Unterdrückung zu rechtfertigen. Wir bitten darum aufgrund unseres gemeinsamen Glaubens an Gott, der die Menschen nicht erschaffen hat, damit sie getötet werden oder sich gegenseitig bekämpfen, und auch nicht, damit sie in ihrem Leben und in ihrer Existenz gequält und gedemütigt werden. Denn Gott, der Allmächtige, hat es nicht nötig, von jemandem verteidigt werden; und er will auch nicht, dass sein Name benutzt wird, um die Menschen zu terrorisieren.

Dieses Dokument bekräftigt im Einklang mit den vorausgehenden *Internationalen Dokumenten*, die die Wichtigkeit der Rolle der Religionen im Aufbau des weltweiten Friedens hervorgehoben haben, das Folgende:

- Die feste Überzeugung, dass die wahren Lehren der Religionen dazu einladen, in den Werten des Friedens verankert zu bleiben; dass sie dazu anregen, die

Werte des gegenseitigen Kennens, der *Geschwisterlichkeit aller Menschen* und des allgemeinen Miteinanders zu vertreten; dass sie darauf hinwirken, dass die Weisheit, die Gerechtigkeit und die Nächstenliebe wiederhergestellt werden und der Sinn für die Religiosität unter den jungen Menschen wiedererweckt wird, um die neuen Generationen vor der Vorherrschaft des materialistischen Gedankenguts, vor der Gefahr der politischen Handlungsweisen der Gier nach maßlosem Gewinn und vor der Gleichgültigkeit zu schützen, die alle auf dem Gesetz der Kraft und nicht auf der Gesetzeskraft begründet sind.

- Die Freiheit ist ein Recht jedes Menschen: ein jeder genießt Bekenntnis-, Gedanken-, Meinungs- und Handlungsfreiheit. Der Pluralismus und die Verschiedenheit in Bezug auf Religion, Hautfarbe, Geschlecht, Ethnie und Sprache entsprechen einem weisen göttlichen Willen, mit dem Gott die Menschen erschaffen hat. Diese göttliche Weisheit ist der Ursprung, aus dem sich das Recht auf Bekenntnisfreiheit und auf die Freiheit, anders zu sein, ableitet. Deshalb wird der Umstand verurteilt, Menschen zu zwingen, eine bestimmte Religion oder eine gewisse Kultur anzunehmen wie auch einen kulturellen Lebensstil aufzuerlegen, den die anderen nicht akzeptieren.
- Die Gerechtigkeit, die auf der Barmherzigkeit gründet, ist der Weg, der beschritten werden muss, um zu einem Leben in Würde zu gelangen, auf das jeder Mensch Anspruch hat.
- Der Dialog, die Verständigung, die Verbreitung der Kultur der Toleranz, der Annahme des Anderen und des Zusammenlebens unter den Menschen würden beträchtlich dazu beitragen, viele wirtschaftliche, soziale, politische und umweltbezogene Probleme zu verringern, die einen großen Teil des Menschengeschlechts bedrängen.
- Der Dialog unter den Gläubigen bedeutet, sich im enormen Raum der gemeinsamen geistlichen, menschlichen und gesellschaftlichen Werte zu begegnen und diese zugunsten der höchsten moralischen Tugenden einzusetzen, die von den Religionen erweckt werden; er bedeutet auch, die unnützen Diskussionen zu vermeiden.
- Der Schutz der Gottesdienststätten – Tempel, Kirchen und Moscheen – ist eine von den Religionen, den menschlichen Werten, den Gesetzen und den internationalen Konventionen gewährleistete Verpflichtung. Jeder Versuch, die Gottesdienststätten anzugreifen oder sie durch Attentate oder Explosionen oder Zerstörungen zu bedrohen, ist eine Abweichung von den Lehren der Religionen sowie eine klare Verletzung des Völkerrechts.

- Der verdammenswerte Terrorismus, der die Sicherheit der Personen im Osten als auch im Westen, im Norden als auch im Süden bedroht und Panik, Angst und Schrecken sowie Pessimismus verbreitet, ist nicht der Religion geschuldet – auch wenn die Terroristen sie instrumentalisieren –, sondern den angehäuften falschen Interpretationen der religiösen Texte, den politischen Handlungsweisen des Hungers, der Armut, der Ungerechtigkeit, der Unterdrückung, der Anmaßung; deswegen ist es notwendig, die Unterstützung für die terroristischen Bewegungen durch Bereitstellung von Geldern, Waffen, Plänen oder Rechtfertigungen und auch durch die medizinische Versorgung einzustellen und all dies als internationale Verbrechen anzusehen, die die weltweite Sicherheit und Frieden bedrohen. Man muss einen derartigen Terrorismus in all seinen Formen und Erscheinungen verurteilen.
- Die Auffassung von Bürgerrecht fußt auf der Gleichheit der Rechte und Pflichten, unter deren Schutz alle die gleiche Gerechtigkeit genießen. Daher ist notwendig, sich dafür einzusetzen, dass in unseren Gesellschaften die Auffassung des *vollwertigen Bürgerrechts* festgelegt und auf eine diskriminierende Verwendung des Begriffs *Minderheiten* verzichtet wird. Diese bringt den Samen des Gefühls der Isolation und der Minderwertigkeit mit sich; sie bereitet der Feindseligkeit und dem Unfrieden den Boden und nimmt die Errungenschaften und die religiösen und zivilen Rechte einiger Bürger weg, während sie diese diskriminiert.
- Es ist unbestreitbar, dass die Beziehung zwischen dem Westen und dem Osten von gegenseitiger Notwendigkeit ist und weder ersetzt noch vernachlässigt werden kann, damit beide durch den Austausch und Dialog der Kulturen sich gegenseitig kulturell bereichern. Der Westen könnte in der Kultur des Ostens Heilmittel für einige seiner geistigen und religiösen Krankheiten finden, die von der Vorherrschaft des Materialismus hervorgerufen wurden. Und der Osten könnte in der Kultur des Westens viele Elemente finden, die ihm hilfreich sind, sich vor der Schwachheit, der Spaltung, dem Konflikt und vor dem wissenschaftlichen, technischen und kulturellen Abstieg zu retten. Es ist wichtig, den religiösen, kulturellen und historischen Unterschieden Aufmerksamkeit zu schenken, die ein wesentlicher Bestandteil in der Bildung der Persönlichkeit, der Kultur und der Zivilisation des Ostens sind. Es ist auch wichtig, die allgemeinen gemeinsamen Menschenrechte zu festigen, um dazu beizutragen, ein würdiges Leben für alle Menschen im Westen und im Osten zu gewährleisten, wobei der Rückgriff auf eine doppelte Politik vermieden werden muss.
- Es ist eine unabdingbare Notwendigkeit, das Recht der Frau auf Bildung, auf Arbeit und auf Ausübung der eigenen politischen Rechte anzuerkennen. Fer-

ner muss darauf hingearbeitet werden, die Frau von allen historischen und sozialen Zwängen zu befreien, die gegen die Grundsätze des eigenen Glaubens und der eigenen Würde stehen. Es ist ebenso notwendig, sie vor der sexuellen Ausbeutung zu beschützen wie auch davor, als Ware oder Mittel zum Vergnügen oder zum finanziellen Gewinn behandelt zu werden. Daher muss man alle unmenschlichen Praktiken und volkstümlichen Bräuche, welche die Würde der Frau erniedrigen, einstellen und dafür arbeiten, dass die Gesetze geändert werden, welche die Frauen daran hindern, ihre Rechte voll zu genießen.

- Der Schutz der Grundrechte der Kinder, in einer familiären Umgebung aufzuwachsen sowie Ernährung, Bildung und Beistand zu erhalten, ist eine Pflicht der Familie und der Gesellschaft. Diese Rechte müssen garantiert und geschützt werden, damit sie keinem Kind in keinem Teil der Welt fehlen oder verwehrt werden. Es muss jede Praxis verurteilt werden, welche die Würde der Kinder oder ihre Rechte verletzt. Desgleichen ist es wichtig, über die Gefahren zu wachen, denen sie – besonders im digitalen Bereich – ausgesetzt sind, und das Geschäft mit ihrer Unschuld und jede Verletzung ihrer Kindheit als Verbrechen anzusehen.
- Der Schutz der Rechte der älteren Menschen, der Schwachen, der Menschen mit Behinderung und der Unterdrückten ist eine religiöse und soziale Forderung; er muss durch eine strenge Gesetzgebung und die Anwendung der diesbezüglichen internationalen Konvention gewährleistet und verteidigt werden.

Zu diesem Zweck verkünden und versprechen die Katholische Kirche und al-Azhar in gemeinsamer Zusammenarbeit, dieses Dokument den Verantwortungsträgern, den einflussreichen Führungskräften, den Religionsvertretern in aller Welt, den zuständigen Organisationen auf regionaler und internationaler Ebene, den Organisationen der Zivilgesellschaft, den religiösen Institutionen und den Meinungsführern zu bringen; sie verkünden und versprechen, sich dafür einzusetzen, die in dieser Erklärung enthaltenen Grundsätze auf allen regionalen und internationalen Ebenen zu verbreiten, indem sie dazu auffordern, diese Grundsätze in Politik, Entscheidungen, Gesetzestexten, Studienprogrammen und Kommunikationsmaterialen umzusetzen.

Al-Azhar und die Katholische Kirche bitten, dass dieses Dokument Forschungs- und Reflexionsgegenstand in allen Schulen, in den Universitäten und in den Erziehungs- und Bildungseinrichtungen werde, um dazu beizutragen, neue Generationen zu bilden, die das Gute und den Frieden bringen und überall das Recht der Unterdrückten und der Geringsten verteidigen.

Abschließend hoffen wir darauf dass:

diese Erklärung eine Einladung sei zur Versöhnung und zur Geschwisterlichkeit unter allen Glaubenden, besser noch unter Glaubenden und Nichtglaubenden sowie unter allen Menschen guten Willens;

dass sie ein Aufruf sei an jedes wache Gewissen, das sich von der abweichenden Gewalt und dem blinden Extremismus lossagt; ein Aufruf an den, der die Werte der Toleranz und Geschwisterlichkeit, die von den Religionen gefördert und unterstützt werden, liebt;

dass sie ein Zeugnis für die Größe des Glaubens an Gott sei, der die getrennten Herzen eint und den menschlichen Geist erhebt;

dass sie ein Symbol für die Umarmung zwischen Ost und West, Nord und Süd sowie zwischen allen, die glauben, dass Gott uns erschaffen hat, damit wir uns kennen, unter uns zusammenarbeiten und als Brüder und Schwestern leben, die sich lieben.

Das hoffen und suchen wir zu verwirklichen, um einen universalen Frieden zu erreichen, den alle Menschen in diesem Leben genießen können.

Abu Dhabi, am 4. Februar 2019

Seine Heiligkeit	Großimam von al-Azhar
Papst Franziskus	Aḥmad al-Ṭayyib

„Es geht darum, sich gegenseitig von der Verschiedenheit bereichern zu lassen." **Nr. 35**

Ansprache bei der Begegnung mit dem marokkanischen Volk, den Vertretern der Regierung, der Zivilgesellschaft und dem Diplomatischen Korps (Auszug)

Esplanade vor dem Hassan-Turm, Rabat (Marokko), 30. März 2019

EINLEITUNG: Von 30. bis 31. März 2019 besuchte Papst Franziskus auf Einladung von König Mohammed VI. Marokko – sein erster Besuch des Maghreb. Dessen Vater Hassan II. (1929–1999) hatte Johannes Paul II. im August 1985 empfangen, der als erster Papst nach Marokko gereist war und im Stadion von Casablanca vor 80.000 jungen Muslimen eine bedeutende Rede über die christlich-muslimischen Beziehungen gehalten hatte.[399] Die Reise erfolgte zwei Wochen nach dem verheerenden Terroranschlag auf zwei Moscheen in Christchurch (Neuseeland) während des Freitagsgebets am 15. März 2019, bei der ein rechtsextremer Attentäter 51 Menschen tötete.[400]

In seiner Rede knüpfte Papst Franziskus an das „Dokument über die menschliche Geschwisterlichkeit" an, das er im Vormonat zusammen mit dem Scheich der al-Azhar veröffentlicht hatte. Darin wird die „Bekenntnisfreiheit" als Menschenrecht anerkannt. In der Ansprache stellte Papst Franziskus klar, dass Gewissens- und Religionsfreiheit über Kultusfreiheit hinausgeht und das Recht auf einen Religionswechsel einschließt.

(...) Dieser Besuch ist für mich Anlass zur Freude und zur Dankbarkeit, vor allem weil er mir gestattet, die Reichtümer Ihres Landes, Ihres Volkes und Ihrer Traditionen zu entdecken. Diese Dankbarkeit bietet eine wichtige Gelegenheit, den interreligiösen Dialog und die gegenseitige Kenntnis unter den Gläubigen unserer beiden Religionen zu fördern, während wir der historischen Begegnung zwischen dem heiligen Franz von Assisi und Sultan al-Malik al-Kamil vor achthundert Jahren gedenken. Dieses prophetische Ereignis zeigt, dass der Mut, einander zu begegnen und die Hände zu reichen, dort ein Weg des Friedens und der Harmonie für die Menschheit ist, wo Extremismus und Hass Spaltung und Zerstörung bewirken. Darüber hinaus hoffe ich, dass die Wertschätzung, die Achtung und die Zusammenarbeit unter uns dazu beitragen, unsere Bande aufrichtiger Freundschaft zu vertiefen, damit unsere Gemeinschaften den neuen Generationen eine bessere Zukunft bereiten können.

Hier in diesem Land, einer natürlichen Brücke zwischen Afrika und Europa, möchte ich die Notwendigkeit bekräftigen, unsere Anstrengungen zu vereinen, um dem Aufbau einer solidarischeren Welt neuen Impuls zu geben; einer Welt, die sich im aufrichtigen, mutigen und unverzichtbaren Bemühen um einen respektvollen Dialog der Reichtümer und der Besonderheiten jedes Volkes und jeder Person stärker engagiert. Das ist eine Herausforderung, die wir alle annehmen müssen, vor allem in dieser Zeit, in der man Gefahr läuft, Unterschiede und fehlende gegenseitige Kenntnis zum Vorwand für Rivalität und Spaltung zu nehmen.

Für eine Teilnahme am Aufbau einer offenen, pluralen und solidarischen Gesellschaft ist es somit wesentlich, die Kultur des Dialogs als zu gehender Weg sowie die Zusammenarbeit als Verhaltensregel und das gegenseitige Verständnis als Methode und Maßstab beständig und ohne Nachlassen fortzuentwickeln und zu übernehmen (vgl. Dokument über die menschliche Geschwisterlichkeit, Abu Dhabi, 4. Februar 2019). Dies ist der Weg, den wir unermüdlich beschreiten sollen, damit wir gemeinsam die Spannungen und das Unverständnis, die Masken und die Klischees überwinden können, die stets zu Angst und Konfrontation führen; und so soll einem Geist fruchtbarer und respektvoller Zusammenarbeit der Weg eröffnet werden. Es ist in der Tat unverzichtbar, dem Fanatismus und Fundamentalismus die Solidarität aller Glaubenden entgegenzusetzen. Hierbei haben wir als unschätzbare Bezugspunkte für unser Handeln die Werte, die uns gemeinsam sind. In dieser Hinsicht ist es mir eine Freude, in Kürze das *Institut Mohammed VI. für Imame, Prediger und Predigerinnen* besuchen zu dürfen, das nach dem Wunsch Eurer Majestät eine angemessene, gesunde Ausbildung gegen alle Formen von Extremismus anbieten soll. Denn diese führen oft zu Gewalt und Terrorismus und stellen in jedem Fall eine Beleidigung der Religion und Gottes selbst dar. Wir wissen, wie sehr eine angemessene Vorbereitung der künftigen religiösen Verantwortungsträger vonnöten ist, wenn wir den wahren religiösen Sinn in den Herzen der neuen Generationen wiederbeleben wollen.

Daher lädt uns ein authentischer Dialog ein, nicht zu unterschätzen, wie wichtig der religiöse Faktor ist, um zwischen den Menschen Brücken zu bauen und die zuvor erwähnten Herausforderungen erfolgreich anzugehen. In der Tat führt uns der Glaube an Gott unter Achtung unserer Unterschiede dazu, die herausragende Würde jedes Menschen wie auch seine unveräußerlichen Rechte anzuerkennen. Wir glauben, dass Gott die Menschen in Bezug auf Rechte, Pflichten und Würde gleich erschaffen hat und dass er sie berufen hat, als Geschwister zu leben und die Werte des Guten, der Liebe und des Friedens zu verbreiten. Deshalb ist die Gewissens- und Religionsfreiheit – die sich nicht auf die Kultusfreiheit allein beschränkt, sondern jedem erlauben muss, entsprechend der eigenen religiösen Überzeugung zu leben – untrennbar mit der menschlichen Würde verbunden. In diesem Geist ist es immer nötig, dass wir von der einfachen Toleranz zur Achtung und Wertschätzung der anderen gelangen. Denn es geht darum, den anderen in der Besonderheit seines Glaubens zu entdecken und anzunehmen wie auch sich gegenseitig von der Verschiedenheit bereichern zu lassen. Dies geschieht in einer Beziehung, die vom Wohlwollen und von der Suche nach dem, was wir gemeinsam tun können, gekennzeichnet ist. So verstanden muss das Bauen von Brücken zwischen den Menschen unter dem Gesichtspunkt des interreligiösen Dialogs im Zeichen des Zusammenlebens, der Freundschaft und noch mehr der Geschwisterlichkeit erfolgen.

Die im Januar 2016 in Marrakesch abgehaltene internationale Konferenz über die Rechte der religiösen Minderheiten in der islamischen Welt hat sich mit dieser Frage beschäftigt. Und ich freue mich, dass diese Konferenz es möglich gemacht hat, jeden instrumentalisierenden Gebrauch einer Religion zur Diskriminierung oder Aggression gegen andere Religionen zu verurteilen, während die Notwendigkeit herausgestellt wurde, über den Begriff der religiösen Minderheit hinaus zum Konzept der Bürgerschaft und der Anerkennung des Wertes der Person zu gelangen, die in jeder Rechtsordnung eine zentrale Rolle einnehmen muss.

Ich betrachte auch die im Jahr 2012 auf Initiative von Katholiken und Protestanten in Marokko erfolgte Schaffung des Ökumenischen Instituts Al Mowafaqa in Rabat als prophetisches Zeichen; dieses Institut will zur Förderung der Ökumene wie auch zum Dialog mit der Kultur und dem Islam beitragen. Diese lobenswerte Initiative bringt die Sorge und den Willen der in diesem Land lebenden Christen zum Ausdruck, Brücken zu bauen, um die menschliche Geschwisterlichkeit sichtbar zu machen und ihr zu dienen.

Dies sind alles Wege, die unterbinden werden, „die Religionen zu instrumentalisieren, um Hass, Gewalt, Extremismus und blinden Fanatismus zu entfachen, und der Verwendung des Namens Gottes, um Mord, Exil, Terrorismus und Unterdrückung zu rechtfertigen, ein Ende bereiten werden" (vgl. Dokument über die menschliche Geschwisterlichkeit, Abu Dhabi, 4. Februar 2019). (...)

Nr. 36 *„Jerusalem als Ort der Begegnung und als Symbol friedlichen Miteinanders bewahren"*

Appell seiner Majestät König Mohammed VI. und Seiner Heiligkeit Papst Franziskus zu Jerusalem/Al Qods als Heiliger Stadt und Ort der Begegnung

Rabat (Marokko), 30. März 2019

Einleitung: Im Rahmen seiner Reise nach Marokko (30.–31. März 2019) verabschiedete Papst Franziskus zusammen mit dem marokkanischen König am 30. März in Rabat einen Appell, die Heilige Stadt Jerusalem als Ort der Begegnung von Juden, Christen und Muslimen zu erhalten. Hintergrund bildeten Befürchtungen, dass der Status Jerusalems als heiliger Ort aller drei abrahamitischen Traditionen unterminiert werden könnte. In einer Erklärung vom 6. Dezember 2017 hatte Präsident Donald Trump Jerusalem offiziell als Hauptstadt Israels anerkannt und angekündigt, die US-Botschaft von Tel Aviv nach Jerusalem zu verlegen, was im Mai 2018 erfolgte. Immer wieder kommt es für Christen und Muslime zu periodischen Beschränkungen des Zugangs zu ihren jeweiligen heiligen Orten.[401]

Aus Anlass des Besuches im Königreich Marokko veröffentlichen Seine Heiligkeit Papst Franziskus und Seine Majestät König Mohammed VI. in Anerkennung der Einzigartigkeit und Sakralität Jerusalems/Al Qods Acharifs und im Anliegen seiner geistlichen Bedeutung und seiner besonderen Berufung als Stadt des Friedens gemeinsam folgenden Appell:

„Wir halten es für wichtig, die Heilige Stadt Jerusalem/Al Qods Acharif als gemeinsames Erbe der Menschheit und vor allem für die Gläubigen der drei monotheistischen Religionen als Ort der Begegnung und als Symbol friedlichen Miteinanders zu bewahren, wo gegenseitiger Respekt und Dialog gepflegt werden.

Dazu müssen der spezifisch multi-religiöse Charakter, die geistliche Dimension und die besondere kulturelle Identität Jerusalems/Al Qods Acharifs bewahrt und gefördert werden.

Wir erhoffen uns daher, dass in der Heiligen Stadt die vollständige Freiheit des Zugangs für die Gläubigen der drei monotheistischen Religionen und das Recht einer jeden auf freie Religionsausübung garantiert wird, auf dass sich in Jerusalem/Al Qods Acharif das Gebet ihrer Gläubigen zu Gott, dem Schöpfer aller, für eine Zukunft in Frieden und Geschwisterlichkeit auf Erden erheben möge."

Rabat, am 30. März 2019

S. M. König Mohammed VI.
Amir al Mouminine

S. H. Papst Franziskus

Nr. 37 *„Aufbau einer Kultur des Mitgefühls, der Geschwisterlichkeit und Begegnung"*

Grußwort beim Treffen mit dem Obersten Buddhistischen Patriarchen Thailands, Wat Ratchabophit Sathit Maha Simaram-Tempel

Bangkok (Thailand), 21. November 2019

EINLEITUNG: Im Rahmen der Reise nach Thailand und Japan (19.–26. November 2019) traf Papst Franziskus das Oberhaupt der Buddhisten Thailands, den seit 2017 amtierenden 20. Obersten Patriarchen, Somdet Phra Ariyavongsagatanana IX. (Amborn Ambaro), im königlichen Tempel Wat Ratchabophit in Bangkok. Als Zeichen des Respekts zog der Papst beim Eingang des Tempels die Schuhe aus. Der 92-jährige Patriarch empfing den Papst am Eingang des Tempels – nicht auf dem Thron im Tempel sitzend, wie sein Vor-Vorgänger bei der Begegnung mit Johannes Paul II. im Jahr 1984.[402] Bei einer herzlichen Begrüßung hielten beide einander lange die Hände – ein Ausdruck des Brückenschlags zwischen den beiden Religionen.[403]

Heiligkeit,
ich danke Ihnen für Ihre liebevollen Begrüßungsworte. Zu Beginn meines Besuchs in diesem Land freue ich mich, in diesem Königlichen Tempel zu weilen, der ein Symbol für die Werte und Lehren darstellt, die dieses geschätzte Volk auszeichnen. Die meisten Thailänder haben aus den Quellen des Buddhismus geschöpft, was ihre Art der Verehrung des Lebens und ihrer Ältesten geprägt hat wie auch die Führung eines nüchternen Lebensstils, der auf Kontemplation, Loslösung, harter Arbeit und Disziplin basiert (vgl. Nachsynodales Apostolisches Schreiben *Ecclesia in Asia*, 6); dies sind Eigenschaften, aus denen sich euer ganz besonderes Kennzeichen ergibt: ihr werdet als das „lächelnde Volk" angesehen.

Unsere Begegnung möchte ein weiterer Schritt auf dem Weg gegenseitiger Wertschätzung und Anerkennung sein, der von unseren Vorgängern begonnen wurde. Ihren Spuren möchte ich mit diesem Besuch folgen, um nicht nur die Achtung, sondern auch die Freundschaft zwischen unseren Gemeinschaften weiter wachsen zu lassen. Fast fünfzig Jahre sind vergangen, seit der siebzehnte Oberste Patriarch Somdej Phra Wanarat (Pun Punnasiri) zusammen mit einer

Gruppe bedeutender buddhistischer Mönche Papst Paul VI. im Vatikan besuchte, was einen sehr wichtigen Meilenstein in der Entwicklung des Dialogs zwischen unseren beiden religiösen Traditionen darstellte; dieser sorgsam gepflegte Dialog ermöglichte Papst Johannes Paul II. später den Besuch in diesem Tempel beim Obersten Patriarchen, Seiner Heiligkeit Somdej Phra Ariyavongsagatanana (Vasana Vasano). Dann hatte ich die Ehre, vor kurzem eine Delegation von Mönchen aus dem Tempel Wat Pho zu empfangen, die mir als Geschenk eine Übersetzung einer alten buddhistischen Handschrift überreichten, die in der Sprache Pali geschrieben ist und nun in der Vatikanischen Bibliothek aufbewahrt wird. Solche kleinen Schritte helfen zu bezeugen, dass eine *Kultur der Begegnung* möglich ist, nicht nur in unseren Gemeinschaften, sondern auch in unserer Welt mit ihrer starken Tendenz, Spaltung und Ausgrenzung hervorzubringen und zu propagieren. Wenn wir die Möglichkeit haben, uns auch in unseren Unterschieden gegenseitig kennen und schätzen zu lernen (vgl. Apostolisches Schreiben *Evangelii gaudium*, 250), schenken wir der Welt ein Wort der Hoffnung, das in der Lage ist, denjenigen Mut und Halt zu geben, die immer stärker unter den Konflikten leiden. Möglichkeiten wie diese erinnern uns daran, wie wichtig es ist, dass die Religionen, insofern sie Förderer und Garanten der Geschwisterlichkeit sind, sich immer mehr als Leuchttürme der Hoffnung erweisen.

Deshalb danke ich diesem Volk, denn seit der Ankunft des Christentums in Thailand vor etwa viereinhalb Jahrhunderten haben die Katholiken, obwohl sie eine Minderheit sind, die Freiheit der Religionsausübung genossen und über viele Jahre in Harmonie mit ihren buddhistischen Brüdern und Schwestern gelebt.

Auf diesem Weg des gegenseitigen Vertrauens und der Geschwisterlichkeit möchte ich mein persönliches Engagement und das der ganzen Kirche zur Stärkung eines offenen und respektvollen Dialogs im Dienste des Friedens und des Wohlergehens dieses Volkes bekräftigen. Dank des akademischen Austausches, der ein größeres gegenseitiges Verständnis ermöglicht, sowie der Ausübung von Kontemplation, Barmherzigkeit und Unterscheidung – die unseren Traditionen weitgehend gemeinsam sind – können wir einen Stil guter „Nachbarschaft“ entwickeln und darin wachsen. Wir können unter den Gläubigen unserer Religionen die Entwicklung neuer karitativer Projekte fördern, die dazu in der Lage sind, konkrete Initiativen auf dem Weg der Geschwisterlichkeit zu entwickeln und zu verstärken, besonders zugunsten der Ärmsten und im Hinblick auf unser vielfach so schlecht behandeltes *gemeinsames Haus*. Auf diese Weise werden wir hier und in anderen Teilen der Welt zum Aufbau einer Kultur des Mitgefühls, der Geschwisterlichkeit und der Begegnung beitragen (vgl. *ebd.*). Ich bin sicher, Heiligkeit, dass dieser Weg auch in Zukunft überreiche Frucht bringen wird.

Noch einmal danke ich Seiner Heiligkeit für diese Begegnung. Ich bitte um allen göttlichen Segen für Ihre Gesundheit und Ihr persönliches Wohlergehen sowie für Ihre hohe Verantwortung, die buddhistischen Gläubigen auf Wegen des Friedens und der Eintracht zu führen. Danke!

„Die Logik der Begegnung und des gegenseitigen Dialogs als Weg“

Nr. 38 Ansprache bei der Begegnung mit den christlichen Religionsführern und denen anderer Religionen (Auszug)

Chulalongkorn-Universität, Bangkok, 22. November 2019

EINLEITUNG: Die Reise nach Thailand (19.–23. November 2019) stand unter dem Motto „Christ's Disciples, Missionary Disciples“, anlässlich der 350-jährigen Wiederkehr der Errichtung des Apostolischen Vikariats von Siam im Jahr 1669, die den offiziellen Beginn des Christentums in Thailand markiert. Am zweiten Tag des Besuchs fand ein Treffen mit Vertretern und Vertreterinnen der christlichen Ökumene, der Religionen sowie Lehrenden und Studierenden der Universität unter dem Titel „Building Bridges of Peace and Understanding“ im großen Saal der Chulalongkorn-Universität in Bangkok statt, an dem etwa 1500 Menschen teilnahmen.[404]

(…) Die Notwendigkeit der gegenseitigen Anerkennung und Wertschätzung wie auch die Zusammenarbeit unter den Religionen ist für die heutige Menschheit dringender denn je; die Welt von heute steht vor komplexen Problemstellungen wie der wirtschaftlich-finanziellen Globalisierung und ihren schwerwiegenden Konsequenzen für die Entwicklung der jeweiligen Gesellschaften. Neben den raschen Fortschritten, die scheinbar eine bessere Welt fördern, bestehen tragischer Weise zivile Konflikte fort: Konflikte im Zusammenhang mit der Migration, Flüchtlingen, Hungersnöten und kriegerischen Auseinandersetzungen; daneben gibt es ebenso Umweltschäden und die Zerstörung unseres gemeinsamen Hauses. All diese Situationen mahnen uns und erinnern uns daran, dass keine Region oder kein Bereich unserer Menschheitsfamilie in der Meinung leben oder die Zukunft gestalten kann, als ob man den anderen gegenüber isoliert und immun wäre. All diese Situationen wiederum verlangen von uns den Mut, neue Formen zum Aufbau der heutigen Geschichte zu ersinnen, ohne dabei andere herabzusetzen oder zu schmähen. Die Epochen sind vorbei, in denen das Denken einer zeitlich-räumlichen Abschottung vorherrschen und sich als wirksamer Mechanismus zur Lösung von Konflikten behaupten konnte. Heute ist es an der Zeit, sich kühn Folgendes vorzustellen: die Logik der Begegnung und des gegenseitigen Dialogs als Weg; die gemeinsame Zusammenarbeit als Verhaltensregel und das gegenseitige Kennenlernen als Methode und Kriterium. Und auf diese Weise muss ein neues Muster zur Lösung der Konflikte angeboten, zum Verständnis zwischen den Personen beigetragen und die Schöpfung bewahrt werden. Ich denke, dass in diesem Bereich die Religionen wie auch die Universitäten viel beizusteuern und anzubieten haben, ohne dabei ihre eigenen Merkmale und besonderen Gaben aufgeben zu müssen; alles, was wir in diesem Sinn tun, ist ein bedeutender Schritt, um den jüngeren Generationen ihr Recht auf die Zukunft zu gewährleisten, und wird auch ein Dienst für die Gerechtigkeit und den Frieden sein. Nur so werden wir ihnen die notwendigen Werkzeuge bereitstellen, damit sie selbst die zentralen Personen bei der Gestaltung nachhaltiger und inklusiver Lebensstile seien. (...)

„Wir bitten den Höchsten, dass es nach dieser Zeit der Prüfung nicht mehr ‚die anderen', sondern ein großes, vielfältiges ‚Wir' gibt." **Nr. 39**

Ansprache und Friedensappell beim Internationalen interreligiösen Gebetstreffen für den Frieden „Niemand rettet sich allein. Frieden und Geschwisterlichkeit" (Auszug)

Kapitolsplatz, Rom, 20. Oktober 2020

Einleitung: Sieben Monate nachdem die Weltgesundheitsorganisation die COVID-19-Pandemie offiziell deklariert hatte (11. März 2020) und zwei Wochen nach dem Erscheinen der Enzyklika *Fratelli tutti* (3. Oktober 2020) fand das 34. Internationale interreligiöse Friedensgebet in Rom statt.[405] Es wird von der Gemeinschaft Sant' Egidio seit dem historischen Weltgebetstag der Religionen, zu dem Johannes Paul II. am 27. Oktober 1986 nach Assisi eingeladen hatte, jährlich in verschiedenen Städten organisiert.

Am Nachmittag fanden Gebete der einzelnen Religionsgemeinschaften an verschiedenen Orten in Rom statt, danach erfolgte die gemeinsame Versammlung auf dem Kapitolsplatz. Im Unterschied zum Friedensgebet 1986 in Assisi fand kein gemeinsames multireligiöses Gebet statt, sondern es erfolgten verschiedene Ansprachen.[406] Danach erfolgte die Ansprache des Papstes, der jedoch nicht die gesamte schriftlich vorliegende Rede vortrug.

(...) Im Geiste des vom heiligen Johannes Paul II. im Jahr 1986 einberufenen Treffens von Assisi begeht die Gemeinschaft Sant' Egidio jedes Jahr in einer anderen Stadt diesen Moment des Gebets und Dialogs für den Frieden zwischen den Angehörigen verschiedener Religionen.

Diese Friedensvision trug einen prophetischen Samen in sich, der mit Gottes Gnade nach und nach durch neu entstandene Treffen, Friedensaktionen und ein neues Denken der Geschwisterlichkeit herangereift ist. Denn rückblickend dürfen wir, obschon es in den vergangenen Jahren leider schmerzliche Ereignisse wie Konflikte, Terrorismus oder Radikalismus zuweilen auch im Namen der Religion gab, doch fruchtbare Schritte im Dialog zwischen den Religionen erkennen. Das ist ein Zeichen der Hoffnung, das uns ermutigt, als Brüder und Schwestern zusammenzuarbeiten – als Brüder und Schwestern. So gelangten wir zu dem wichtigen *Dokument über die menschliche Geschwisterlichkeit für den Weltfrieden und das Zusammenleben*, das ich 2019 zusammen mit dem Großimam von al-Azhar Aḥmad al-Ṭayyib unterzeichnet habe.

In der Tat ist „das Gebot des Friedens [tief in die] religiösen Traditionen eingeschrieben" (Enzyklika *Fratelli tutti*, 284). Die Gläubigen haben verstanden, dass die Religionsverschiedenheit keine Rechtfertigung für Gleichgültigkeit oder Feindschaft ist. Im Gegenteil, vom Glauben her können wir zu „Handwerkern" des Friedens werden und bleiben nicht länger träge Zuschauer des Übels von Krieg und Hass. Die Religionen dienen dem Frieden und der Geschwisterlichkeit. Aus diesem Grund ermutigt auch das heutige Treffen die Religionsführer und alle Gläubigen, beharrlich für den Frieden zu beten, sich niemals mit Krieg abzufinden und mit der sanften Kraft des Glaubens zu handeln, um den Konflikten ein Ende zu setzen. (...)

Die Geschwisterlichkeit, die aus der Gewissheit erwächst, dass wir alle der einen Menschheit angehören, muss das Leben der Völker, die Gemeinschaften,

Regierenden und internationalen Vereinigungen durchdringen. Auf diese Weise wird sie das Bewusstsein fördern, dass wir uns nur gemeinsam retten, wenn wir nämlich einander begegnen, miteinander verhandeln, aufhören uns gegenseitig zu bekämpfen, uns versöhnen, die Sprache der Politik und der Propaganda mäßigen und konkrete Wege zum Frieden entwickeln (vgl. Enzyklika *Fratelli tutti*, 231).

Wir sind heute Abend zusammengekommen, um als Menschen unterschiedlicher religiöser Traditionen eine Botschaft des Friedens auszusenden. So wird deutlich, dass die Religionen keinen Krieg wollen, sondern vielmehr alle, die die Gewalt religiös zu verklären suchen, Lügen strafen; sie bitten alle, für die Versöhnung zu beten und entsprechend zu handeln, damit die Geschwisterlichkeit neue Pfade der Hoffnung eröffnet. Denn mit Gottes Hilfe ist es möglich, eine Welt des Friedens aufzubauen und so, liebe Brüder und Schwestern, gemeinsam Rettung zu erlangen. Danke!

„Es wird keinen Frieden geben, solange die anderen als sie bezeichnet werden und nicht als wir."

Nr. 40

Ansprache bei der interreligiösen Begegnung, Ebene von Ur (Irak)

6. März 2021

EINLEITUNG: 2020 musste der Papst wegen der COVID-19-Pandemie seine Reisetätigkeit aussetzen – es fand nur eine Reise am 23. Februar 2020 nach Bari statt. Nach 15-monatiger Reisepause trat Franziskus von 5. bis 8. März 2021 trotz der anhaltenden Pandemie und der Sicherheitsrisiken seine historische Reise in den Irak an. Der Sprecher des Vatikans Matteo Bruni verteidigte die Reise inmitten der Pandemie, indem er sie als „Akt der Liebe für dieses Land, seine Menschen und seine Christen" bezeichnete.[407] Es war die erste Reise eines Papstes in das Land und damit die erste Reise eines Papstes in ein Land mit schiitischer Mehrheit. Sie erfolgte mit massiven Sicherheitsmaßnahmen; zum ersten Mal befolgte der Papst den Rat der gastgebenden Regierung und verwendete einen gepanzerten Wagen.[408]

Zu seiner Absicht, den Irak zu besuchen, hatten u. a. das Buch „The Last Girl“ der jesidischen Menschenrechtsaktivistin Nadia Murad und die Treffen mit ihr 2018 beigetragen.[409]

In seiner Ansprache an Präsident Barham Salih, die Vertreter der Regierung und der Zivilgesellschaft am ersten Tag des Besuchs (5. März) im Präsidentenpalast in Bagdad ging der Papst auf den Umgang mit Unterschieden und ethnisch-religiöser Vielfalt ein – vor dem Hintergrund der Kriege und des Terrors im Irak in den letzten Jahrzehnten – und hob dabei v. a. die Barbarei gegenüber der jesidischen Bevölkerung hervor. Er unterstrich die Notwendigkeit, allen die gleichen Grundrechte zu garantieren, unabhängig von der kulturellen, religiösen und sozialen Zugehörigkeit.[410]

Treffen mit Großayatollah al-Sistani

Am 6. März morgens traf Franziskus den wichtigsten schiitischen Gelehrten im Irak, den 90-jährigen Großayatollah Sayyid Ali al-Sistani. Der Papst erwies dem älteren schiitischen Führer Respekt, indem er eigens nach Nadschaf reiste, um al-Sistani in seinem dortigen Haus einen 40-minütigen privaten Höflichkeitsbesuch abzustatten. Die Begegnung ist Teil der Kontakte des Vatikans mit dem schiitischen Islam, die bereits über Jahrzehnte zurückgehen: Bereits einige Jahre vor der Islamischen Revolution im Iran 1979 hatte eine schiitische Delegation unter der Leitung von Seyyed Hossein Nasr das damalige Sekretariat für Nichtchristen – den Vorläufer des Päpstlichen Rats für den Interreligiösen Dialog – besucht. Seit 1994 finden regelmäßige Kolloquien in Rom und in Teheran statt, mit der „Organisation für Islamische Kultur und Beziehungen“ (ICRO) des iranischen Kulturministeriums, zu der ein Zentrum für interreligiösen Dialog gehört.[411]

Über Jahrzehnte hatte der Vatikan an einem solchen Treffen mit al-Sistani gearbeitet, unter den Vorgängern von Franziskus war es nicht zustande gekommen.[412] Al-Sistani ist eine der höchsten schiitischen Autoritäten. Während der terroristischen Verfolgung der Jesiden durch den IS im Irak unterstrich er immer wieder die Verantwortung der Muslime, die jesidische Minderheit zu schützen, indem er erklärte, sie seien „unsere eigenen Brüder und Schwestern“.

Der Ayatollah „bekräftigte sein Interesse daran, dass die christlichen Bürger wie alle Iraker in Frieden und Sicherheit leben und dabei alle ihre verfassungsmäßigen Rechte bewahren“. Kardinal Louis Raphael Sako, Oberhaupt der chaldäisch-katholischen Kirche in Bagdad, unterstrich die Bedeutung dieser Stellungnahme, vor allem wegen ihrer Wirkung auf die allgemeine Bevölkerung. Er betonte aber auch, dass nun konkrete Handlungen nötig seien, um die vollen Bürgerrechte für alle zu gewährleisten.[413]

Interreligiöse Begegnung in Ur

Am gleichen Tag erfolgte eine interreligiöse Begegnung in der Wüste im Südirak, neben den Ruinen der sumerischen Stadt Ur (heute Tell el-Muqayyar), die als Geburtsort Abrahams gilt.[414] An dem Treffen nahmen nicht nur Muslime und Christen teil, sondern Vertreter und Vertreterinnen aller religiösen Gruppen im Irak: Jesiden, sabäisch-mandäischen Gemeinschaften, Kaka'i (Anhänger des Yarsanismus), Bahá'í und Zoroastrier. Am Ende des Treffens wurde das „Gebet der Kinder Abrahams" auf Arabisch vorgetragen.

Liebe Brüder und Schwestern,
dieser gesegnete Ort führt uns zurück zu den Anfängen, zu den Quellen des göttlichen Werkes, zum Ursprung unserer Religionen. Hier, wo unser Vater Abraham lebte, scheint es uns, als würden wir nach Hause zurückkehren. Hier hörte er den Ruf Gottes, von hier aus brach er zu einer Reise auf, die die Geschichte verändern sollte. Wir sind die Frucht dieses Rufs und dieser Reise. Gott forderte Abraham auf, zum Himmel hinaufzusehen und die Sterne zu zählen (vgl. *Gen* 15,5). In diesen Sternen sah er die Verheißung seiner Nachkommenschaft, sah er uns. Und heute ehren wir – Juden, Christen und Muslime – gemeinsam mit den Brüdern und Schwestern anderer Religionen unseren Vater Abraham, indem wir es ihm gleichtun: *Wir sehen zum Himmel hinauf und gehen unseren Weg auf Erde. Wir sehen zum Himmel hinauf.* Wenn wir nach tausenden Jahren den gleichen Himmel betrachten, erscheinen dieselben Sterne. Sie erhellen die dunkelsten Nächte, weil sie *gemeinsam* leuchten. Auf diese Weise gibt uns der Himmel eine Botschaft der Einheit: Der Allerhöchste über uns lädt uns ein, uns niemals von unserem Bruder, unserer Schwester neben uns zu trennen. Das „*Über*" Gottes verweist uns auf das „*Andere*" des Bruders, der Schwester. Wenn wir aber die Geschwisterlichkeit bewahren wollen, dürfen wir den Himmel nicht aus den Augen verlieren. Wir, Nachkommen Abrahams und Vertreter verschiedener Religionen, fühlen, vor allem diese Aufgabe zu haben: unseren Brüdern und Schwestern zu helfen, ihren Blick und ihr Gebet zum Himmel zu erheben. Wir alle benötigen das, denn nur wir selbst genügen nicht. Der Mensch ist nicht allmächtig, allein kann er es

nicht schaffen. Und wenn er Gott ausschließt, betet er am Ende irdische Dinge an. Aber die Güter der Welt, welche viele Gott und die anderen vergessen lassen, sind nicht der Grund für unsere irdische Reise. Wir richten unseren Blick zum Himmel, um uns aus den Niederungen der Eitelkeit zu erheben; wir dienen Gott, um aus der Sklaverei des Ichs herauszukommen, denn Gott drängt uns zur Liebe. Das ist wahre Religiosität: Gott anbeten und den Nächsten lieben. In der Welt von heute, die den Allerhöchsten oft vergisst oder ein verzerrtes Bild von ihm bietet, sind die Gläubigen aufgerufen, seine Güte zu bezeugen und seine Väterlichkeit durch die Geschwisterlichkeit sichtbar zu machen.

Von diesem Quellort des Glaubens aus, vom Land unseres Vaters Abraham aus bekräftigen wir: *Gott ist barmherzig* und die größte Beleidigung und Lästerung ist es, seinen Namen zu entweihen, indem man den Bruder oder die Schwester hasst. Feindseligkeit, Extremismus und Gewalt entspringen nicht einer religiösen Seele – sie sind Verrat an der Religion. Und wir Gläubigen dürfen nicht schweigen, wenn der Terrorismus die Religion missbraucht. Im Gegenteil, es liegt an uns, Missverständnisse durch Klarheit aufzulösen. Lassen wir nicht zu, dass das Licht des Himmels von den Wolken des Hasses verdeckt wird! Über diesem Land brauten sich die dunklen Wolken des Terrorismus, des Krieges und der Gewalt zusammen. Alle ethnischen und religiösen Gemeinschaften haben darunter gelitten. Ich möchte insbesondere an die jesidische Gemeinschaft erinnern, die den Tod vieler Männer zu beklagen hatte und mit ansehen musste, wie tausende Frauen, Mädchen und Kinder entführt, als Sklaven verkauft sowie körperlicher Gewalt und Zwangskonvertierungen unterworfen wurden. Heute beten wir für alle, die solche Leiden erfahren haben, für alle, die immer noch vermisst und entführt sind, dass sie bald nach Hause zurückkehren. Und wir beten dafür, dass die Gewissensfreiheit und die Religionsfreiheit überall respektiert und anerkannt werden: Dies sind Grundrechte, denn sie machen den Menschen frei, den Himmel zu betrachten, für den er geschaffen wurde.

Als der Terrorismus im Norden dieses werten Landes wütete, zerstörte er auf barbarische Weise einen Teil des wunderbaren religiösen Erbes, darunter Kirchen, Klöster und Gebetsstätten verschiedener Gemeinschaften. Aber selbst in diesem dunklen Moment leuchteten Sterne. Ich denke an die jungen muslimischen Freiwilligen von Mosul, die bei der Wiederinstandsetzung von Kirchen und Klöstern geholfen und so auf den Trümmern des Hasses geschwisterliche Freundschaften aufgebaut haben, und an die Christen und Muslime, die heute gemeinsam Moscheen und Kirchen restaurieren. Professor Ali Thajeel hat uns auch von der Rückkehr der Pilger in diese Stadt erzählt. Es ist wichtig, zu den heiligen Orten zu pilgern: Es ist das schönste Zeichen der Sehnsucht nach dem Himmel auf Erden. Die heiligen Stätten zu lieben und zu hüten ist daher eine existenzielle Notwendigkeit im Gedenken an unseren Vater Abraham, der an verschiedenen Orten Altäre für den Herrn gen Himmel errichtete (vgl. *Gen* 12,7.8; 13,18; 22,9). Der große Patriarch helfe uns, die heiligen Orte eines jeden zu einer Oase des Friedens und der Begegnung für alle zu machen! Durch seine Treue zu Gott wurde er zum Segen für alle Völker (vgl. *Gen* 12,3); dass wir uns heute hier auf seinen Spuren befinden, dies möge ein Zeichen des Segens und der Hoffnung sein für den Irak, für den Nahen Osten und für die ganze Welt. Der Himmel ist der Erde nicht müde geworden: Gott liebt jedes Volk, jede seiner Töchter und jeden seiner Söhne! Lasst uns nie müde werden, *zum Himmel hinaufzusehen*, diese Sterne zu betrachten, dieselben Sterne, die schon unser Vater Abraham zu seiner Zeit betrachtete.

Wir gehen unseren Weg auf Erden. Der Blick zum Himmel lenkte Abraham nicht davon ab, sondern ermutigte ihn, seinen Weg auf Erden zu gehen, sich auf eine Reise zu begeben, die durch seine Nachkommen alle Jahrhunderte und Orte umfassen sollte. Doch alles begann hier, mit dem Herrn, der ihn „aus Ur (...) herausgeführt hat" (*Gen* 15,7). Seine Reise war also *ein Aufbruch*, der mit Opfern verbunden war: Er musste Land, Haus und Familie verlassen. Indem er aber seine Familie aufgab, wurde er zum Vater einer Familie von Völkern. Etwas Ähnliches geschieht auch mit uns: Auf unserem Weg sind wir aufgerufen, die Bindungen und Formen von Anhänglichkeit hinter uns zu lassen, die uns in unseren eigenen Gruppen einschließen und daran hindern, Gottes grenzenlose Liebe anzunehmen und in den anderen unsere Brüder und Schwestern zu sehen. Ja, wir müssen aus uns herausgehen, denn *wir brauchen einander*. Die Pandemie hat uns bewusstgemacht, dass „niemand sich allein rettet" (Enzyklika *Fratelli tutti*, 54). Die Versuchung, zu den anderen auf Abstand zu gehen, kommt jedoch immer wieder. „Das ‚Rette sich wer kann' wird schnell zu einem ‚Alle gegen alle', und das wird schlimmer als eine Pandemie sein" (*ebd.*, 36). In den Stürmen, die wir gerade durchleben, wird uns die Abschottung nicht retten, ebenso wenig wie der Rüstungswettlauf und die Errichtung von Mauern; dies wird uns vielmehr immer weiter entfernen und mit Wut erfüllen. Es wird uns nicht die Vergötzung des Geldes retten, die uns verschließt und Abgründe der Ungleichheit hervorbringt, in welche die Menschheit versinkt. Es wird uns nicht der Konsumismus retten, der den Verstand betäubt und das Herz lähmt.

Der Weg, den der Himmel für unsere Reise angibt, ist ein anderer, nämlich der *Weg des Friedens*. Dieser erfordert, besonders im Sturm, dass wir auf der gleichen Seite gemeinsam rudern. Es ist unwürdig, dass jemand gierig an seine Geschäfte denkt, während wir alle von der Krise der Pandemie heimgesucht werden, speziell hier, wo Konflikte so viel Elend verursacht haben. Es wird keinen Frieden geben ohne Teilen und Aufnahme, ohne eine Gerechtigkeit, welche die Gleichheit und Förderung aller, angefangen bei den Schwächsten, gewährleistet. Es wird keinen Frieden geben ohne Völker, die anderen Völkern die Hand reichen. Es wird keinen Frieden geben, solange die anderen als sie bezeichnet werden und nicht als *wir*. Es wird keinen Frieden geben, solange Bündnisse gegen jemanden bestehen, denn Bündnisse der einen gegen die anderen verstärken nur die Spaltungen. Frieden erfordert weder Sieger noch Besiegte, sondern Brüder und Schwestern, die trotz der Missverständnisse und Wunden der Vergangenheit den Weg vom Konflikt zur Einheit gehen. Bitten wir darum im Gebet für den ganzen Nahen Osten, und ich denke dabei besonders an das gepeinigte Nachbarland Syrien.

Der Patriarch Abraham, der uns heute in Einheit versammelt, war Prophet des Allerhöchsten. Eine alte Prophezeiung sagt, die Völker werden „ihre Schwerter zu Pflugscharen umschmieden und ihre Lanzen zu Winzermessern" (*Jes* 2,4). Diese Prophezeiung hat sich nicht verwirklicht, aus Schwertern und Lanzen sind vielmehr Raketen und Bomben geworden. Wo kann dann der Weg des Friedens beginnen? Beim Verzicht, Feinde zu haben. Wer den Mut hat, die Sterne zu betrachten, wer an Gott glaubt, der hat keine Feinde, die er bekämpfen muss. Er hat nur einen Feind, dem er entgegentreten muss, der nämlich an der Tür seines Herzens steht und anklopft, um einzutreten: die *Feindschaft*. Während einige eher danach trachten, Feinde zu haben, als Freunde zu sein, während viele ihren eigenen Vorteil auf Kosten anderer suchen, kann derjenige, der die Sterne der Verheißungen betrachtet, der den Wegen Gottes folgt, nicht *gegen* jemanden sein, sondern nur *für* alle. Er kann keine Form von Zwang, Unterdrückung und Missbrauch rechtfertigen, er kann sich nicht auf aggressive Weise gebärden.

Liebe Freunde, ist all das möglich? Unser Vater Abraham, der gegen alle Hoffnung zu hoffen wusste (vgl. *Röm* 4,18), ermutigt uns. In der Geschichte haben wir oft allzu irdische Ziele verfolgt und sind jeder für sich eigene Wege gegangen, aber mit Gottes Hilfe können wir uns zum Besseren verändern. Es liegt an uns Menschen heute und vor allem an uns Gläubigen jeder Religion, die Werkzeuge des Hasses in Werkzeuge des Friedens zu verwandeln. Es liegt an uns, die Verantwortlichen der Nationen nachdrücklich aufzufordern, dass die zunehmende Verbreitung von Waffen der Verteilung von Nahrung für alle weicht. Es liegt an uns, die gegenseitigen Beschuldigungen zum Schweigen zu bringen, um dem Schrei der Unterdrückten und Ausgestoßenen auf dem Planeten eine Stimme zu geben: Zu viele sind ohne Brot, Medizin, Bildung, Rechte und Würde! Es liegt an uns, Licht in die zwielichtigen Machenschaften rund um das Geld zu bringen und mit Nachdruck einzufordern, dass das Geld nicht immer nur dem maßlosen Wohlstand einiger weniger dient. Es liegt an uns, das gemeinsame Haus vor unseren räuberischen Absichten zu schützen. Es liegt an uns, die Welt daran zu erinnern, dass das menschliche Leben das wert ist, was es ist, und nicht, was es hat, und dass das Leben der Ungeborenen, der alten Menschen, der Migranten, der Männer und Frauen jeder Hautfarbe und Nationalität immer heilig ist und wie das aller anderen zählt! Es liegt an uns, den Mut zu haben, *den Blick zu erheben und die Sterne zu betrachten*, die Sterne, die unser Vater Abraham gesehen hat, die Sterne der Verheißung.

Der Weg Abrahams war ein Segen voll Frieden. Aber es war nicht einfach: Er musste sich Auseinandersetzungen und unvorhergesehenen Ereignissen stellen. Auch wir haben einen holprigen Weg vor uns, aber wir müssen, wie der große Patriarch, *konkrete Schritte* tun, auf der Suche nach dem Gesicht des anderen unterwegs sein sowie Erinnerungen, Blicke und Schweigen, Geschichten und Erfahrungen teilen. Mich hat das Zeugnis von Dawood und Hasan, einem Christen und einem Muslim, berührt. Ohne sich von den Unterschieden entmutigen zu lassen, haben sie gemeinsam studiert und gearbeitet. Gemeinsam haben sie ihre Zukunft aufgebaut und entdeckt, dass sie Brüder sind. Um vorwärts zu gehen, müssen auch wir gemeinsam Gutes und Konkretes tun. Das ist der Weg, vor allem für die jungen Menschen. Es darf nicht sein, dass sie ihre Träume von den Konflikten der Vergangenheit zerstört sehen! Es ist dringend notwendig, sie zur Geschwisterlichkeit zu erziehen, sie dazu zu erziehen, die Sterne zu betrachten. Dies ist eine regelrechte Notwendigkeit; es wird der wirksamste Impfstoff für ein friedliches Morgen sein. Denn ihr, liebe junge Menschen, seid unsere Gegenwart und unsere Zukunft!

(...) Gerade durch die Gastfreundschaft, ein charakteristisches Merkmal dieser Region, erhielt Abraham den Besuch Gottes und das schon nicht mehr erhoffte Geschenk eines Sohnes (vgl. *Gen* 18,1–10). Wir, Brüder und Schwestern verschiedener Religionen, haben uns hier – zu Hause – eingefunden, und von hier aus wollen wir uns gemeinsam für die Verwirklichung des Traumes Gottes einsetzen: dass die Menschheitsfamilie für alle ihre Kinder gastfreundlich und aufnahmebereit werde; dass wir mit dem Blick zum selben Himmel in Frieden unseren Weg auf der gleichen Erde gehen.

Gebet der Kinder Abrahams

Allmächtiger Gott, unser Schöpfer, du liebst die Menschheitsfamilie und auch sonst alles, was deine Hände vollbracht haben. Wir, die Söhne und Töchter Abrahams, die dem Judentum, dem Christentum und dem Islam angehören, danken dir zusammen mit anderen Gläubigen und allen Menschen guten Willens, dass du uns Abraham, einen berühmten Sohn dieses edlen und geschätzten Landes, als gemeinsamen Vater im Glauben geschenkt hast.

Wir danken dir für das Beispiel dieses gläubigen Mannes, der dir bis zum Äußersten gehorchte und seine Familie, seinen Stamm und seine Heimat verließ, um in ein Land zu gehen, das er nicht kannte.

Wir danken dir auch für das Beispiel an Mut, Durchhaltevermögen, Seelenstärke, Großzügigkeit und Gastfreundschaft, das uns unser gemeinsamer Vater im Glauben gegeben hat.

Wir danken dir insbesondere für seinen heroischen Glauben, den er bewies, als er bereit war, seinen Sohn zu opfern, um deinem Befehl zu gehorchen. Wir wissen, dass dies eine äußerst schwierige Prüfung war, aus der er dennoch als Sieger hervorging, weil er dir ohne Vorbehalt traute, der du barmherzig bist und immer neue Wege für einen Neubeginn eröffnest.

Wir danken dir, denn dadurch, dass du unseren Vater Abraham gesegnet hast, hast du ihn zu einem Segen für alle Völker gemacht.

Wir bitten dich, du Gott unseres Vaters Abraham und unser Gott: Schenke uns einen starken Glauben, der sich für das Gute einsetzt, einen Glauben, der unsere Herzen für dich und für alle unsere Brüder und Schwestern öffnet, und eine Hoffnung, die sich nicht unterdrücken lässt und überall die Treue deiner Verheißungen zu erkennen vermag.

Mache jeden von uns zu einem Zeugen deiner liebenden Sorge für alle, besonders für die Flüchtlinge und Vertriebenen, die Witwen und Waisen, die Armen und Kranken.

Öffne unsere Herzen, schenke uns die Bereitschaft, einander zu vergeben und mache uns zu Werkzeugen der Versöhnung, zu Erbauern einer gerechteren und geschwisterlicheren Gesellschaft.

Nimm alle Verstorbenen, besonders die Opfer von Gewalt und Krieg, auf in dein Reich des Lichtes und des Friedens.

Steh den Verantwortlichen darin bei, die Entführten zu suchen und zu finden und vor allem Frauen und Kinder zu schützen.

Hilf uns für den Planeten Sorge zu tragen, das gemeinsame Haus, das du uns allen in deiner Güte und Großzügigkeit gegeben hast.

Komm uns beim Wiederaufbau dieses Landes zu Hilfe und gib uns die Kraft, die wir brauchen, um denen zu helfen, die ihre Heimat und ihr Land verlassen mussten, so dass sie sicher und in Würde zurückzukehren und ein neues Leben in Frieden und Wohlstand beginnen können. Amen.

„Das Gesetz schenkt jedoch nicht das Leben." **Nr. 41**

Katechese über den Galaterbrief, Generalaudienz

Audienzhalle, 11. August 2021

Einleitung: Von 23. Juni bis 10. November 2021 hielt Papst Franziskus bei den wöchentlichen Generalaudienzen einen Zyklus von Katechesen zum Brief des Paulus an die Galater.

Am 11. August 2021 sprach der Papst über die paulinische Lehre zur Rolle des mosaischen „Gesetzes" für nichtjüdische Christen (*Gal* 3,19–22). Der Apostel habe den Heidenchristen von Galata versichert, sie seien nicht an das jüdische „Gesetz" gebunden: Das Gesetz sei nicht die Grundlage des Bundes. Diese Position richtete sich gegen eine Gruppe von als Juden geborenen Christen, die die Einhaltung bestimmter jüdischer Gesetze von Christen verlangten, um das Heil erlangen zu können, u. a. die Beschneidung und kein Essen zusammen mit „unreinen" Heiden. Paulus sei nicht gegen das mosaische „Gesetz" gewesen, er habe in seinen Briefen dessen göttlichen Ursprung betont. Aber, so erläuterte der Papst weiter:

> „Das Gesetz schenkt jedoch nicht das Leben, es bietet nicht die Erfüllung der Verheißung, denn es ist nicht in der Lage, sie umzusetzen. (...) Wer das Leben sucht, muss auf die Verheißung und auf ihre Erfüllung in Christus schauen."

Rabbiner Rasson Arousi, Vorsitzender der Kommission des Oberrabbinats in Israel für den Dialog mit dem Heiligen Stuhl, schrieb darauf am 12. August einen kurzen Brief an Kardinal Koch, den Präsidenten der Kommission für die religiösen Beziehungen mit den Juden: Die verstörenden Aussagen des Papstes würden dem Dokument der Kommission „Denn unwiderruflich sind Gnade und Berufung" (Dezember 2015), Abschnitt 3, widersprechen.[415]

In der gleichen Sache hatte am 24. August auch Rabbiner David Sandmel, stellvertretender Vorsitzender des „International Jewish Committee for Interreligious Consultations“ mit Sitz in New York, an Koch geschrieben.[416] Ebenso nahm der römische Oberrabbiner Riccardo Di Segni mit deutlichen Worten in der italienischen Tageszeitung *La Repubblica* Stellung:

> „Die erneute Darstellung alter Streitigkeiten in vereinfachter Form birgt die Gefahr, feindselige Stereotypen zu bestätigen, in diesem speziellen Fall das des Judentums als abgeschaffte und formalistische Religion – nur Pflichten, ohne Geist – oder einfach als Vorbereitung, ‚Pädagogik‘ für den neuen Glauben. Der Umgang mit diesen Fragen erfordert Aufmerksamkeit und eine Abschätzung der Folgen.“[417]

Nach Rücksprache mit Franziskus antwortete Kardinal Koch den Rabbinern Arousi und Sandmel am 3. September: Der Papst habe ausdrücklich klargemacht, dass Paulus die Tora achtete, er habe deren göttlichen Ursprung und Rolle in der Heilsgeschichte betont.

> „Die feste christliche Überzeugung ist, dass Jesus Christus der neue Weg der Erlösung ist. Dies bedeutet jedoch nicht, dass die Tora herabgemindert oder nicht länger als ‚Weg der Erlösung für Juden‘ anerkannt wird.“

Der Papst führte bei der Generalaudienz am 29. September 2021 seine Katechese zum Galaterbrief weiter. Der Apostel Paulus habe durch seine Damaskus-Erfahrung erkannt: Wir werden nicht durch unsere Anstrengungen, durch die genaue Befolgung der Vorschriften des religiösen „Gesetzes“ gerechtfertigt, sondern durch Gnade. Franziskus stellte aber klar:

> „Wir dürfen jedoch nicht daraus schließen, dass das mosaische Gesetz für Paulus keinen Wert mehr hätte. Im Gegenteil: Es ist auch weiterhin ein unwiderrufliches Geschenk Gottes. Es ist – so schreibt der Apostel – ‚heilig‘ (*Röm* 7,12). Auch für unser geistliches Leben ist es wesentlich, die Gebote zu halten, aber auch in dieser Hinsicht dürfen wir nicht auf unsere Kräfte zählen: Grundlegend ist die Gnade Gottes, die wir in Christus empfangen – jene Gnade, die wir aus der Rechtfertigung erhalten, die Christus, der bereits für uns bezahlt hat, uns geschenkt hat.“[418]

Literatur:

Cunningham, Philip A.: „ICCJ Backgrounder – Pope Francis’ Catecheses on the Letter to the Galatians“, 26. August 2021. Quelle: https://ccjr.us/dialogika-resources/themes-in-today-s-dialogue/catholic-law/iccj-2021aug26 (Zugriff 21. Dezember 2022).

Brüder und Schwestern, guten Tag!
„Warum gibt es dann das Gesetz?" (*Gal* 3,19). Das ist die Frage, die wir, indem wir dem heiligen Paulus folgen, heute vertiefen wollen, um die Neuheit des vom Heiligen Geist beseelten christlichen Lebens zu erkennen. Wenn aber der Heilige Geist da ist, wenn Jesus da ist, der uns erlöst hat, warum gibt es dann das Gesetz? Darüber müssen wir heute nachdenken. Der Apostel schreibt: „Wenn ihr euch aber vom Geist führen lasst, dann steht ihr nicht unter dem Gesetz" (*Gal* 5,18). Die Verleumder des Paulus behaupteten dagegen, dass die Galater dem Gesetz hätten folgen müssen, um erlöst zu werden. Sie gingen zurück. Sie hatten gleichsam Nostalgie nach anderen Zeiten, nach den Zeiten vor Jesus Christus. Der Apostel ist gar nicht einverstanden. Er hatte sich nicht in diesem Sinne mit den anderen Aposteln in Jerusalem verständigt. Er erinnert sich gut an die Worte des Petrus, als dieser sagte: „Warum stellt ihr also jetzt Gott auf die Probe und legt den Jüngern ein Joch auf den Nacken, das weder unsere Väter noch wir tragen konnten?" (*Apg* 15,10). Die Weisungen, die aus jenem „ersten Konzil" hervorgegangen waren – das erste ökumenische Konzil war das von Jerusalem, und die Weisungen, die aus jenem Konzil hervorgingen, waren sehr deutlich. Sie lauteten: „Der Heilige Geist und wir haben beschlossen, euch keine weitere Last aufzuerlegen als diese notwendigen Dinge: Götzenopferfleisch, Blut, Ersticktes und Unzucht zu meiden" (*Apg* 15,28–29). Einige Dinge betrafen den Gottesdienst, die Götzenverehrung, und sie betrafen auch das Verständnis des Lebens in jener Zeit.

Wenn Paulus vom Gesetz spricht, dann bezieht er sich gewöhnlich auf das mosaische Gesetz, auf das Gesetz des Mose, auf die Zehn Gebote. Es stand in Verbindung mit dem Bund, den Gott mit seinem Volk geschlossen hatte: ein Weg zur Vorbereitung dieses Bundes. Verschiedenen Texten des Alten Testaments zufolge ist die Tora – dies ist der hebräische Begriff für das Gesetz – die Sammlung all jener Gebote und Satzungen, die die Israeliten beachten müssen, kraft des Bundes mit Gott. Eine eindrückliche Zusammenfassung dessen, was die Tora ist, kann man in jenem Text des Buches Deuteronomium finden, wo es heißt: „Der Herr wird sich, wie er sich an deinen Vätern gefreut hat, auch an dir wieder freuen. Er wird dir Gutes tun. Denn du hörst auf die Stimme des Herrn, deines Gottes, und bewahrst seine Gebote und Satzungen, die in dieser Urkunde der Weisung einzeln aufgezeichnet sind, und kehrst zum Herrn, deinem Gott, mit ganzem Herzen und mit ganzer Seele zurück" (30,9–10). Die Beachtung des Gesetzes garantierte dem Volk die Wohltaten des Bundes, und sie garantierte die besondere Verbindung mit Gott. Dieses Volk, diese Menschen sind mit Gott verbunden und zeigen diese Vereinigung mit Gott in der Erfüllung, in der Beachtung des Gesetzes. Als Gott den Bund mit Israel schloss, hatte er ihm die Tora, das Gesetz, gegeben, damit es seinen Willen verstehen und gerecht leben konnte. Denken wir darüber nach, dass es zu jener Zeit eines solchen Gesetzes bedurfte: Es war ein großes Geschenk, das Gott seinem Volk gemacht hat. Warum? Weil es zu jener Zeit überall das Heidentum, überall die Götzenverehrung gab und jene menschlichen Verhaltensweisen, die von der Götzenverehrung herkommen. Und darum ist das große Geschenk, das Gott seinem Volk gemacht hat, das Gesetz, um voranzugehen. Mehrmals, vor allem in den Büchern der Propheten, begegnet man der Tatsache, dass die Nichtbeachtung der Vorschriften des Gesetzes einen wahren Verrat am Bund darstellte und als Reaktion den Zorn Gottes hervorrief. Die Verbindung zwischen Bund und Gesetz war so eng, dass die beiden Wirklichkeiten nicht voneinander zu trennen waren. Das Gesetz ist der Ausdruck dafür, dass ein Mensch, ein Volk im Bund mit Gott steht.

Im Licht all dessen ist unschwer zu verstehen, wieso jene Missionare, die sich bei den Galatern eingeschlichen hatten und behaupteten, dass die Treue zum Bund auch die Beachtung des mosaischen Gesetzes – so wie es zu jener Zeit war – mit sich brachte, leichtes Spiel hatten. Wir können jedoch gerade in diesem Punkt die geistliche Intelligenz des heiligen Paulus erkennen und die tiefen Einsichten, die er zum Ausdruck gebracht hat, gestützt von der für seine Evangelisierungssendung empfangenen Gnade.

Der Apostel erklärt den Galatern, dass der Bund mit Gott und das mosaische Gesetz in Wirklichkeit nicht untrennbar miteinander verbunden sind. Das erste Element, das er sich zunutze macht, ist die Tatsache, dass der von Gott mit Abraham geschlossene Bund auf dem Glauben an die Erfüllung der Verheißung gründete und nicht auf der Beachtung des Gesetzes, das es noch nicht gab. Abraham machte sich Jahrhunderte vor dem Gesetz auf den Weg. Der Apostel schreibt: „Damit sage ich: Das Testament, dem Gott [gegenüber Abraham] zuvor Gültigkeit verliehen hat, wird durch das 430 Jahre später [gegenüber Mose] erlassene Gesetz nicht ungültig, sodass die Verheißung aufgehoben wäre. Würde sich das Erbe nämlich aus dem Gesetz herleiten, dann eben nicht mehr aus der Verheißung. Gott hat aber durch die Verheißung Abraham Gnade erwiesen" (*Gal* 7,17–18). Die Verheißung kam vor dem Gesetz, die Verheißung gegenüber Abraham, dann kam das Gesetz 430 Jahre später. Das Wort „Verheißung" ist sehr wichtig: Das Gottesvolk, wir Christen, gehen durch das Leben, indem wir auf eine Verheißung blicken; die Verheißung ist es, die uns anzieht, die uns anzieht weiterzugehen zur Begegnung mit dem Herrn.

Mit dieser Argumentation hat Paulus ein erstes Ziel erreicht: Das Gesetz ist nicht die Grundlage des Bundes, weil es später gekommen ist. Es war notwendig und richtig, aber vorher gab es die Verheißung, den Bund.

Eine solche Argumentation bringt jene ins Abseits, die behaupten, dass das mosaische Gesetz fester Bestandteil des Bundes sei. Nein, der Bund besteht vorher, er ist der Ruf, der an Abraham ergeht. Die Tora, also das Gesetz, gehört nicht zur Verheißung, die an Abraham ergeht. Dies vorausgeschickt, darf man nicht meinen, dass der heilige Paulus gegen das mosaische Gesetz war. Nein, er beachtete es. Mehrmals verteidigt er in seinen Briefen dessen göttlichen Ursprung und sagt, dass es in der Heilsgeschichte eine ganz bestimmte Rolle spielt. Das Gesetz schenkt jedoch nicht das Leben, es bietet nicht die Erfüllung der Verheißung, denn es ist nicht in der Lage, sie umzusetzen. Das Gesetz ist ein Weg, der dich voranbringt zur Begegnung. Paulus gebraucht ein sehr wichtiges Wort: Das Gesetz ist der „Erzieher" auf Christus hin, der Erzieher auf den Glauben an Christus hin, also der Lehrmeister, der dich an der Hand zur Begegnung führt. Wer das Leben sucht, muss auf die Verheißung und auf ihre Erfüllung in Christus schauen.

Meine Lieben, diese erste Darlegung des Apostels an die Galater stellt die radikale Neuheit des christlichen Lebens dar: Alle, die an Jesus Christus glauben, sind aufgerufen, im Heiligen Geist zu leben, der vom Gesetz befreit und es gleichzeitig zur Erfüllung bringt, gemäß dem Liebesgebot. Das ist sehr wichtig: Das Gesetz bringt uns zu Jesus. Aber jemand von euch könnte zu mir sagen: „Aber Vater, eine Sache: Bedeutet das, dass ich, wenn ich das Glaubensbekenntnis bete, die Gebote nicht beachten muss?" Nein die Gebote sind in dem Sinne aktuell, dass sie „Erzieher" sind, die dich zur Begegnung mit Jesus bringen. Wenn du jedoch die Begegnung mit Jesus beiseitelässt und den Geboten wieder mehr Bedeutung geben willst, dann ist das nicht gut. Und gerade das war das Problem dieser fundamentalistischen Missionare, die sich unter die Galater gemischt haben, um sie orientierungslos zu machen. Der Herr möge uns helfen, auf dem Weg der Gebote zu gehen, aber indem wir auf die Liebe zu Christus blicken, auf die Begegnung mit Christus hin, in dem Wissen, dass die Begegnung mit Jesus wichtiger ist als alle Gebote.

Nr. 42 *„Helfen wir uns gegenseitig mit konkreten Worten und Gesten, um dem Hass entgegenzutreten, der die Menschheitsfamilie zu spalten sucht."*

Botschaft an die Teilnehmer des interreligiösen G20-Forums 2021

Bologna, 7. September 2021

Einleitung: Das „G20 Interfaith Forum" (IF20) ist eine internationale Plattform, auf der sich religiöse Netzwerke, Institutionen und Initiativen mit globalen Themen beschäftigen – gegenwärtig vor allem mit der Umsetzung der „Sustainable Development Goals" (SDG) der UNO – und ein hochrangiger Dialog mit Vertreterinnen und Vertretern von Regierungen und der Zivilgesellschaft geführt wird. Die Tätigkeit des Forums erfolgt primär in Form von ständigen Arbeitsgruppen, u. a. zu den Themen Armutsbekämpfung, Bildung, Umwelt, Migration, humanitäre Hilfe, Kinder und Jugend. Die jährliche Konferenz wird jeweils in dem Land durchgeführt, in dem der G20-Gipfel stattfindet, zum ersten Mal 2014 in Australien.[419]

Beim „G20 Interfaith Forum" von 11. bis 14. September 2021 in Bologna zum Thema „A Time to Heal" trafen sich über 730 religiöse Führungspersönlichkeiten, Wissenschaftler und Wissenschaftlerinnen, Aktivisten und Aktivistinnen und Regierungsvertreter und -vertreterinnen aus der ganzen Welt.

Ich grüße die Teilnehmer des Interreligiösen G20-Forums, das dieses Jahr in Bologna stattfindet, ganz herzlich. Ich erinnere mich lebhaft an meinen Besuch in der Stadt, die sich unter anderem durch die alte Universität auszeichnet, „die sie immer offen gemacht hat, indem sie die Bürger der Welt ausbildet und daran erinnert, dass die Identität, der man angehört, die des gemeinsamen Hauses, der *universitas* ist" (Treffen mit Studenten und der akademischen Welt, 1. Oktober 2017). Es ist gut, dass Sie mit der konkreten Absicht zusammengekommen sind, Partikularismen zu überwinden und Ideen und Hoffnungen zu teilen: Gemeinsam, religiöse Autoritäten, politische Führer und Vertreter der Welt der Kultur, führen Sie einen Dialog, um den Zugang zu den Grundrechten, vor allem zur Religionsfreiheit, zu fördern und den Sauerteig der Einheit und Versöhnung dort zu kultivieren, wo Krieg und Hass Tod und Lüge gesät haben.

Dabei ist die Rolle der Religionen in der Tat wesentlich. Ich möchte noch einmal betonen, dass wir den Himmel nicht aus den Augen verlieren dürfen, wenn wir die Geschwisterlichkeit auf der Erde bewahren wollen. Aber wir müssen uns gegenseitig helfen, den Horizont des Heiligen von den dunklen Wolken der Gewalt und des Fundamentalismus zu befreien, indem wir uns in der Überzeugung bestärken, dass „die Andersartigkeit Gottes uns auf die anderen, auf unsere Brüder und Schwestern hinweist" (Ansprache beim Interreligiösen Treffen, Ur, 6. März 2021). Ja, wahre Religiosität besteht darin, Gott anzubeten und den Nächsten zu lieben. Und wir Gläubigen können uns diesen wesentlichen religiösen Entscheidungen nicht entziehen: Wir sind nicht dazu aufgerufen, etwas zu demonstrieren, sondern die väterliche Gegenwart des Gottes des Himmels durch unsere Harmonie auf Erden zu zeigen.

Heute scheint dies jedoch leider ein ferner Traum zu sein. Vielmehr scheint im religiösen Bereich ein schädlicher „Klimawandel" stattzufinden: Zu den schädlichen Veränderungen, die die Gesundheit der Erde, unseres gemeinsamen Hauses, beeinträchtigen, kommen weitere hinzu, die „den Himmel bedrohen". Es ist, als würde die „Temperatur" der Religiosität ansteigen. Man denke nur an den Ausbruch von Gewalt, die das Heilige ausbeutet: In den letzten 40 Jahren gab es fast 3000 Anschläge und etwa 5000 Morde in verschiedenen Gotteshäusern, also in Räumen, die als Oasen der Heiligkeit und Geschwisterlichkeit geschützt werden sollten. Diejenigen, die den heiligen Namen Gottes durch die Verfolgung ihrer Brüder und Schwestern lästern, haben es allzu leicht, sich zu finanzieren. Auch die aufrührerischen Predigten derjenigen, die im Namen eines falschen Gottes zum Hass aufstacheln, verbreiten sich oft unkontrolliert. Was können wir in Anbetracht all dessen tun?

Als religiöse Führungspersönlichkeiten müssen wir meiner Meinung nach zuallererst der Wahrheit dienen und das Böse anprangern, wenn es böse ist, ohne Furcht oder Verstellung, auch und gerade wenn es von denen begangen wird, die behaupten, demselben Glauben anzuhängen wie wir. Wir müssen uns auch gegenseitig und gemeinsam helfen, das religiöse Analphabetentum zu bekämpfen, das alle Kulturen durchdringt: eine weit verbreitete Unwissenheit, die die Erfahrung des Glaubens auf rudimentäre Dimensionen des Menschlichen reduziert und verletzliche Seelen dazu verführt, sich fundamentalistischen Parolen anzuschließen. Wir müssen vor allem aufklären und eine gerechte, solidarische und ganzheitliche Entwicklung fördern, die die Möglichkeiten für Schulbildung und Ausbildung verbessert, denn wo Armut und Unwissenheit unkontrolliert herrschen, kann fundamentalistische Gewalt leichter Fuß fassen.

Der Vorschlag, in jeder Gebetsstätte eine gemeinsame Gedenkstätte für die Getöteten einzurichten, ist sicherlich zu befürworten. In der Bibel kam als Antwort auf den Hass Kains, der an Gott glaubte und dennoch seinen Bruder tötete, so dass die Stimme seines Blutes von der Erde aufstieg, die Frage vom Himmel: „Wo ist dein Bruder?“ (*Gen* 4,9). Die authentische religiöse Antwort auf den Brudermord ist die Suche nach dem Bruder. Bewahren wir gemeinsam das Gedenken an unsere Brüder und Schwestern, die Gewalt erlitten haben, helfen wir uns gegenseitig mit konkreten Worten und Gesten, um dem Hass entgegenzutreten, der die Menschheitsfamilie zu spalten sucht!

Die Gläubigen können ihn nicht mit Waffengewalt bekämpfen, die nur noch mehr Gewalt erzeugt, in einer endlosen Spirale von Vergeltung und Rache. Stattdessen ist das, was ihr in diesen Tagen bekräftigen wollt, fruchtbar: „Wir werden einander nicht töten, wir werden einander helfen, wir werden einander vergeben.“ Dies sind Verpflichtungen, die Bedingungen erfordern, die nicht einfach sind – es gibt keine Abrüstung ohne Mut, keine Hilfe ohne freies Geben, keine Vergebung ohne Wahrheit –, die aber den einzig möglichen Weg zum Frieden darstellen. Ja, denn der Weg zum Frieden liegt nicht in den Waffen, sondern in der Gerechtigkeit. Und wir Religionsführer müssen die ersten sein, die diese Prozesse unterstützen und bezeugen, dass die Fähigkeit, das Böse zu bekämpfen, nicht in Proklamationen, sondern im Gebet liegt; nicht in der Rache, sondern in der Eintracht; nicht in Abkürzungen, die durch die Anwendung von Gewalt diktiert werden, sondern in der geduldigen und konstruktiven Kraft der Solidarität. Denn nur diese ist des Menschen wirklich würdig. Und weil Gott nicht der Gott des Krieges ist, sondern der Gott des Friedens.

Frieden, ein Schlüsselwort im aktuellen internationalen Szenario. Ein Wort, dem gegenüber „wir nicht gleichgültig oder neutral sein können“. Ich wiederhole: nicht neutral, sondern für den Frieden eintreten! Deshalb berufen wir uns auf das *ius pacis*, als das Recht aller Menschen, Konflikte ohne Gewalt zu lösen. Deshalb wiederholen wir: Nie wieder Krieg, nie wieder gegen andere, nie wieder ohne andere! Mögen die oft undurchsichtigen Interessen und Machenschaften derer, die Gewalt fabrizieren, das Wettrüsten anheizen und den Frieden durch Geschäfte mit Füßen treten, ans Licht kommen“ (Meeting, cit.). Frieden: ein „viertes P“, das wir zu People, Planet, Prosperity hinzufügen wollen, in der Hoffnung, dass die Agenda des nächsten G20-Gipfels es in einer möglichst breiten und gemeinsamen Perspektive berücksichtigt, denn nur gemeinsam können wir die Probleme angehen, die in der heutigen Vernetzung nicht mehr „jemanden“, sondern alle betreffen. Ich denke dabei auch an das Klima und die Migration. Es ist wirklich nicht mehr die Zeit für Allianzen der einen gegen die anderen, sondern für die gemeinsame Suche nach Lösungen für die Probleme, denen wir alle gegenüberstehen. Die jungen Menschen und die Geschichte werden uns daran messen. Und Sie, liebe Freunde, sind aus diesem Grund zusammengekommen. So danke ich euch von Herzen und ermutige euch, indem ich euch mit meinem Gebet begleite und den Segen des Allerhöchsten auf jeden von euch herabrufe.

„Eine Familie von Geschwistern, die sich achten, sich lieben und zusammenarbeiten“ **Nr. 43**

Ansprache bei der Begegnung mit der jüdischen Gemeinschaft in der Slowakei (Auszug)

Rybné námestie-Platz, Bratislava, 13. September 2021

EINLEITUNG: Aus Anlass der Abschlussmesse des 52. Internationalen Eucharistischen Weltkongresses, der seit 1881 durchgeführt wird, trat Papst Franziskus am 12. September 2021 seine 34. Auslandsreise nach Ungarn an. Vor der Freiluft-Messe auf dem Heldenplatz in Budapest traf er den ungarischen Präsidenten, den Premierminister sowie Vertreter und Vertreterinnen der ungarischen Ökumene und der jüdischen Gemeinschaften im Museum der Schönen Künste. Am gleichen Tag reiste der Papst nach Bratislava weiter. Im Rahmen des Besuchs der Slowakei (12.–15. September 2021) fand auf Initiative des Papstes auch eine Begegnung mit rund 180 Vertretern und Vertreterinnen der slowakischen jüdischen Gemeinschaft statt.

Liebe Brüder und Schwestern, guten Abend!
Ich danke euch für eure Begrüßungsworte und für die Zeugnisse, die ihr uns geschenkt habt. Ich bin als Pilger hier, um diesen Ort zu berühren und berührt zu werden. Der Platz, auf dem wir uns befinden, ist für eure Gemeinschaft sehr bedeutungsvoll. Er hält die Erinnerung an eine reiche Vergangenheit wach: Er ist über Jahrhunderte Teil des jüdischen Viertels gewesen; hier hat der berühmte Rabbiner Chatam Sofer gearbeitet. Hier gab es eine Synagoge, genau neben der Kathedrale. Die Architektur brachte, wie bereits gesagt, das friedliche Zu-

sammenleben der zwei Gemeinschaften zum Ausdruck, als seltenes Zeichen von großer aussagekräftiger Tragweite, als wunderbares Zeichen der Einheit im Namen des Gottes unserer Väter. Wie viele von ihnen verspüre auch ich hier das Bedürfnis, „die Schuhe abzulegen“, weil ich mich an einem Ort befinde, der durch die Geschwisterlichkeit der Menschen im Namen des Höchsten gesegnet ist.

Später aber ist der Name Gottes verunehrt worden: im hasserfüllten Wahn wurden während des Zweiten Weltkriegs mehr als hunderttausend slowakische Juden ermordet. Und als man dann die Spuren der Gemeinschaft auslöschen wollte, wurde hier die Synagoge zerstört. Es steht geschrieben: „Du sollst den Namen des Herrn nicht missbrauchen“ (*Ex* 20,7). Der göttliche Name, also seine personale Wirklichkeit selbst, wird missbraucht, wenn man die einzigartige und unwiederholbare Würde des Menschen verletzt, der nach seinem Bild geschaffen wurde. Hier wurde der Name Gottes verunehrt, weil die schlimmste Gotteslästerung, die man ihm zufügen kann, darin besteht, ihn für seine eigenen Zwecke zu benutzen, anstatt für die Achtung und die Liebe zu den anderen. Hier, angesichts der Geschichte des jüdischen Volkes, die von dieser tragischen und unsagbaren Schmähung gezeichnet wurde, schämen wir uns zuzugeben: Wie oft ist der unaussprechliche Name des Höchsten für unbeschreibliche Akte der Unmenschlichkeit benutzt worden! Wie viele Unterdrücker haben erklärt: „Gott ist mit uns“; aber sie waren es, die nicht mit Gott waren.

Liebe Brüder und Schwestern, eure Geschichte ist unsere Geschichte, eure Schmerzen sind unsere Schmerzen. Für einige von euch ist dieses Mahnmal der *Shoah* der einzige Ort, wo ihr das Gedächtnis eurer Lieben ehren könnt. Auch ich verbinde mich mit euch. Auf dem Mahnmal steht auf Hebräisch „*Zachor*“: „Erinnere dich!“ Das Gedächtnis kann und darf dem Vergessen nicht Platz machen, weil es keine dauerhafte Morgenröte der Geschwisterlichkeit geben kann, ohne vorher die Dunkelheit der Nacht geteilt und zerstreut zu haben. Auch für uns ertönt die Frage des Propheten: „Wächter, wie lang ist noch die Nacht?“ (*Jes* 21,11). Dies ist für uns die Zeit, in der das Bild Gottes, das im Menschen erstrahlt, nicht verdunkelt werden kann. Helfen wir uns gegenseitig dabei. Denn auch heute fehlt es nicht an leeren und falschen Götzen, die den Namen des Höchsten verunehren. Es sind die der Macht und des Geldes, die sich gegen die Würde des Menschen durchsetzen, die der Gleichgültigkeit, die wegschaut, der Manipulationen, die die Religion instrumentalisieren, indem sie sie zu einer Frage der Vorherrschaft machen oder sie in die Bedeutungslosigkeit versinken lassen. Und weiter sind diese Götzen das Vergessen der Vergangenheit, die Unkenntnis, die alles rechtfertigt, die Wut und der Hass. Wir sind – ich betone es – vereint in der Verurteilung jeglicher Gewalt, jeder Form des Antisemitismus und im Einsatz dafür, dass das Bild Gottes im menschlichen Geschöpf nicht geschändet wird.

Aber dieser Platz, liebe Brüder und Schwestern, ist auch ein Ort, wo das Licht der Hoffnung erstrahlt. Hier kommt ihr jedes Jahr her, um das erste Licht auf dem Kerzenleuchter *Chanukkah* anzuzünden. So erscheint in der Dunkelheit die Botschaft, dass nicht die Zerstörung und der Tod das letzte Wort haben, sondern die Erneuerung und das Leben. Und wenn auch die Synagoge an dieser Stelle niedergerissen wurde, so ist die Gemeinschaft immer noch da. Sie ist lebendig und offen für den Dialog. Hier treffen unsere Geschichten wieder aufeinander. Hier bekräftigen wir gemeinsam vor Gott unseren Willen, auf dem Weg der Annährung und der Freundschaft fortzufahren.

In diesem Zusammenhang bewahre ich die Begegnung mit Vertretern eurer jüdischen und christlichen Gemeinschaften in Rom im Jahr 2017 in lebendiger Erinnerung. Ich freue mich, dass im Anschluss eine Kommission für den Dialog mit der katholischen Kirche eingesetzt wurde und dass ihr gemeinsam wichtige Dokumente veröffentlicht habt. Es ist gut, das, was uns verbindet, zu teilen und mitzuteilen. Und es ist gut, in der Wahrheit und in Ehrlichkeit auf dem geschwisterlichen Weg der Reinigung des Gedächtnisses voranzuschreiten, um die Wunden aus der Vergangenheit zu heilen, wie auch voranzuschreiten in der Erinnerung an das Gute, das man empfangen hat und das gegeben wurde. Gemäß dem Talmud zerstört jemand, der einen einzigen Menschen zerstört, die ganze Welt, und der, der einen einzigen Menschen rettet, rettet die ganze Welt. Jeder einzelne zählt und das, was ihr durch euer wertvolles Miteinander tut, zählt sehr viel. Ich danke euch für die Türen, die ihr auf beiden Seiten geöffnet habt.

Die Welt bedarf offener Türen. Sie sind Zeichen des Segens für die Menschheit. Gott sprach zum Vater Abram: „Durch dich sollen alle Sippen der Erde Segen erlangen" (*Gen* 12,3). Das ist wie ein Refrain, der dem Leben der Väter den Takt angibt (vgl. *Gen* 18,18; 22,18; 26,4). Zu Jakob, also zu Israel, sprach Gott: „Deine Nachkommen werden zahlreich sein wie der Staub auf der Erde. Du wirst dich nach Westen und Osten, nach Norden und Süden ausbreiten und durch dich und deine Nachkommen werden alle Sippen der Erde Segen erlangen" (*Gen* 28,14). Hier, auf slowakischem Boden, der Boden der Begegnung zwischen Osten und Westen, zwischen Nord und Süd ist, möge die Familie der Söhne Israels weiterhin diese Berufung pflegen, den Ruf dazu, Zeichen des Segens für alle Familien der Erde zu sein. Der Segen des Allerhöchsten ergießt sich über uns, wenn er eine Familie von Geschwistern sieht, die sich achten, sich lieben und zusammenarbeiten. Es segne euch der Allmächtige, auf dass ihr inmitten all der Zwietracht, die unsere Welt verschmutzt, gemeinsam immer Zeugen des Friedens sein könnt. *Shalom*!

Nr. 44 *„Träumen wir von Schwesterreligionen und Brudervölkern!"*

Ansprache beim Friedenstreffen der Religionen

Kolosseum in Rom, 7. Oktober 2021

Einleitung: Von 6. bis 7. Oktober 2021 führte die Gemeinschaft Sant' Egidio das 35. Internationale Friedenstreffen in Rom durch, unter dem Titel „Popoli fratelli, terra futura. Religione e culture in dialogo" (Geschwisterlichkeit der Völker, Zukunft der Erde. Religionen und Kulturen im Dialog).[420] Am 7. Oktober nachmittags fanden jeweils Gebete der Religionsgemeinschaften um Frieden an unterschiedlichen Orten beim Kolosseum statt. Bei der Abschlusszeremonie sprachen der Gründer der Gemeinschaft Sant' Egidio Professor Andrea Riccardi sowie die deutsche Kanzlerin Angela Merkel.[421] Vertreter und Vertreterinnen der Weltreligionen trugen vor der Kulisse des Kolosseums Friedensbotschaften vor, u. a. der Scheich der al-Azhar, Aḥmad al-Ṭayyib, der Repräsentant des japanischen Soto-Zen-Buddhismus Shoten Minegishi und die Präsidentin des „Hindu Forum of Europe" Lakshmi Vyas.

In seiner Rede setzte Franziskus mehrere Gesten der Verständigung, vor allem gegenüber den sunnitischen und schiitischen Muslimen, indem er beispielsweise den Großimam der al-Azhar als „lieben Bruder" anredete oder den ersten Imam der Schiiten Ali zitierte.

Liebe Brüder und Schwestern!
Ich grüße Sie und danke Ihnen allen, den Oberhäuptern der Kirchen, den Politikern und den Vertretern der großen Weltreligionen. Es ist schön, dass wir hier zusammen sind – im Herzen Roms – und dabei die Menschen, die unserer Fürsorge anvertraut sind, im Herzen tragen. Besonders wichtig ist es, dass wir beten und uns

hinsichtlich unserer Sorgen um Gegenwart und Zukunft unserer Welt offen und beherzt austauschen. Viele Gläubige sind in diesen Tagen zusammengekommen und haben gezeigt, dass das Gebet jene demütige Kraft ist, die Frieden schenkt und die Herzen von Hass befreit. Bei verschiedenen Treffen wurde auch die Überzeugung geäußert, dass wir die Beziehungen zwischen den Völkern und zwischen den Völkern und der Erde ändern müssen. Denn hier und heute träumen wir gemeinsam von einer *Geschwisterlichkeit unter den Völkern* und *der Zukunft der Erde*.

Geschwisterlichkeit unter den Völkern. Wir sagen dies vor dem Hintergrund des Kolosseums. Dieses Amphitheater war vor langer Zeit ein Ort brutaler Massenunterhaltung: Kämpfe zwischen Menschen oder zwischen Mensch und Tier. Ein Spektakel wie ein Bruderkrieg, ein tödliches Spiel mit dem Leben vieler Menschen. Aber auch heute erleben wir Gewalt und Krieg, Brüder und Schwestern, die einander töten, fast so, als wäre es ein Spiel, das wir aus der Ferne beobachten, gleichgültig und in der Überzeugung, dass es uns nie betreffen wird. Der Schmerz der anderen drängt nicht zur Eile. Ebenso wenig wie das Leid der Gefallenen, der Migranten, der in Kriege hineingezogenen Kinder, die der Unbeschwertheit einer spielerischen Kindheit beraubt sind. Aber mit dem Leben von Völkern und mit dem Leben von Kindern kann man nicht spielen. Man kann nicht gleichgültig bleiben. Im Gegenteil, wir müssen Empathie zeigen und die Nöte, Kämpfe und Schwächen der Menschengemeinschaft, der auch wir angehören, anerkennen. Wir sollten so denken: „Das alles betrifft mich, das hätte auch hier passieren können, auch mir." Heute, in einer globalisierten Gesellschaft, die den Schmerz zwar zum Spektakel macht, aber kein Mitleid zeigt, müssen wir *„Mitgefühl aufbauen"*. Den Mitmenschen anhören, seine Leiden zu unseren eigenen machen, sein Gesicht kennen. Das ist der wahre Mut, der *Mut des Mitgefühls*, der uns befähigt, über ein beruhigtes Leben hinauszugehen, über ein *Das-ist-nicht-mein-Problem* und ein *Das-geht-mich-nichts-an*. Wir dürfen nicht zulassen, dass das Leben der Völker zu einem Spiel der Mächtigen wird. Nein, das Leben der Menschen ist kein Spiel, es ist ernst und geht alle an; es darf nicht den Interessen einiger weniger oder parteiischen und nationalistischen Bestrebungen überlassen bleiben.

Der Krieg treibt sein Spiel mit Menschenleben. Ebenso die Gewalt, der tragische und immer blühende Waffenhandel, der sich oft im Verborgenen abspielt und von unterirdischen Geldströmen gespeist wird. Ich möchte bekräftigen: „Krieg ist ein Versagen der Politik und der Menschheit, eine beschämende Kapitulation, eine Niederlage gegenüber den Mächten des Bösen" (Enzyklika *Fratelli tutti*, 261). Wir müssen aufhören, den Krieg aus der distanzierten Perspektive einer Reportage zu akzeptieren, und uns bemühen, ihn mit den Augen der Menschen zu sehen. Vor zwei Jahren haben wir uns in Abu Dhabi zusammen mit unserem lieben Bruder, dem Großimam von al-Azhar, „im Namen der Völker, die der Sicherheit, des Friedens und des gemeinsamen Zusammenlebens entbehren und Opfer von Zerstörung, Niedergang und Krieg wurden“ für die Geschwisterlichkeit aller Menschen und ein friedliches Zusammenleben ausgesprochen (Dokument über die menschliche Geschwisterlichkeit für den Weltfrieden und das Zusammenleben, 4. Februar 2019). Als Vertreter der Religionen sind wir aufgerufen, nicht den Verlockungen der weltlichen Macht nachzugeben, sondern zur Stimme derer zu werden, die keine Stimme haben, zur Stütze für die Leidenden, zu Anwälten der Unterdrückten, der Opfer des Hasses, die von den Menschen auf der Erde verworfen werden, aber wertvoll sind vor dem, der im Himmel wohnt. Heute haben sie Angst, weil in zu vielen Teilen der Welt anstelle von Dialog und Zusammenarbeit die militärische Konfrontation als entscheidendes Durchsetzungsinstrument wieder an Stärke gewinnt.

Ich möchte daher die Mahnung wiederholen, die ich in Abu Dhabi ausgesprochen habe. Die Religionen haben „in dieser heiklen geschichtlichen Situation eine Aufgabe, die nicht mehr aufgeschoben werden kann: einen aktiven Beitrag zur *Entmilitarisierung des menschlichen Herzens* zu leisten“ (Ansprache beim Interreligiösen Treffen, 4. Februar 2019). Es liegt in unserer Verantwortung, liebe Brüder und Schwestern im Glauben, dazu beizutragen, dass der Hass aus den Herzen verschwindet und jede Form von Gewalt verurteilt wird. Mit klaren Worten ermutigen wir dazu, die Waffen niederzulegen, die Militärausgaben zu reduzieren, um humanitäre Bedürfnisse zu befriedigen und Werkzeuge des Todes in Werkzeuge des Lebens zu verwandeln. Dies sollen keine leeren Worte sein, sondern eindringliche Forderungen gegen Krieg und Tod, die wir um unserer Brüder willen und im Namen dessen stellen, der der Friede und das Leben ist. Weniger Waffen und mehr Lebensmittel, weniger Heuchelei und mehr Transparenz, mehr gerecht verteilte Impfstoffe und weniger unbedacht verkaufte Waffen. Die Zeiten verlangen von uns, dass wir unsere Stimme für viele Gläubige erheben, einfache und wehrlose Menschen, die der Gewalt überdrüssig sind, auf dass diejenigen, die Verantwortung für das Gemeinwohl tragen, sich nicht nur dafür einsetzen, Kriege und Terrorismus zu verurteilen, sondern auch die Voraussetzungen dafür schaffen, dass sie nicht wieder aufflammen.

Damit die Völker geschwisterlich zusammenleben, muss das Gebet unaufhörlich zum Himmel steigen, und ein Wort muss auf der Erde immer weiter erklingen: *Frieden*. Der heilige Johannes Paul II. träumte von einem gemeinsamen Weg der Gläubigen, der sich von diesem Ereignis an in die Zukunft hinein fortsetzen sollte. Liebe Freunde, wir sind auf diesem Weg, jeder mit seiner eigenen religiösen Identität, um im Namen Gottes den Frieden zu kultivieren, indem wir uns als Brüder und Schwestern anerkennen. Papst Johannes Paul II. wies uns auf diese Aufgabe hin und sagte: „Der Frieden wartet auf seine Propheten. Der Friede wartet auf seine Erbauer" (Ansprache des Papstes zum Abschluss des Weltgebetstags der Religionen für den Frieden in Assisi, 27. Oktober 1986). Manchen erschien das wie leerer Optimismus. Doch im Laufe der Jahre wuchs das gegenseitige Verständnis, und es kam zu Dialogprozessen zwischen den verschiedenen religiösen Welten, die dann Wege des Friedens eröffneten. Dies ist der wahre Weg. Wenn es auch diejenigen gibt, die spalten und Konflikte heraufbeschwören wollen, glauben wir daran, dass es wichtig ist, gemeinsam für den Frieden zu kämpfen: miteinander, nie wieder gegeneinander.

Brüder und Schwestern, unser Weg verlangt von uns eine fortwährende Reinigung des Herzens. Franz von Assisi forderte die Seinen auf, in den Anderen Geschwister zu sehen, „insofern sie von dem einen Schöpfer geschaffen sind", und er empfahl: „Wenn ihr mit dem Mund den Frieden verkündet, so versichert euch, ob ihr ihn auch, ja noch mehr, in eurem Herzen habt" (Dreigefährtenlegende, XIV, 5). Frieden ist nicht in erster Linie eine Vereinbarung, die man aushandelt, oder ein Wert, über den man spricht, sondern in erster Linie eine Herzenshaltung. Sie wird aus der Gerechtigkeit geboren, sie wächst in der Geschwisterlichkeit, sie lebt von der Unentgeltlichkeit. Sie treibt uns an, „der *Wahrheit zu dienen* und ohne Furcht und ohne Verstellung das Böse anzuprangern, wenn es böse ist, auch und gerade dann, wenn es von denen begangen wird, die sich zu demselben Glauben bekennen wie wir" (Botschaft an die Teilnehmer G20 Interfaith Forum 2021, 7. September 2021). Bitte, lasst uns im Namen des Friedens in jeder religiösen Tradition die fundamentalistische Versuchung entschärfen, jede Neigung, den Bruder zum Feind zu machen. Während viele in Feindseligkeiten, Spaltung und parteipolitische Spiele verwickelt sind, wollen wir uns an den Ausspruch von Imam Ali halten: „Es gibt zwei Arten von Menschen: entweder sind sie deine Brüder und Schwestern im Glauben oder sie sind deine Mitmenschen." Es gibt keine weitere Unterscheidung.

Geschwisterlichkeit unter den Völkern heißt vom Frieden zu träumen. Aber dieser Traum vom Frieden ist heute mit einem anderen Traum verbunden, nämlich dem von der *Zukunft der Erde*. Es geht um die Verpflichtung zur Bewahrung der Schöpfung und des gemeinsamen Hauses, das wir den jungen Menschen hinterlassen werden. Die Religionen, die eine kontemplative und nicht ausbeuterische Haltung kultivieren, sind aufgerufen, auf das Stöhnen der Mutter Erde zu hören, die Gewalt erleidet. Unser lieber Bruder, Patriarch Bartholomäus, der hier anwesend ist, hat uns geholfen, ein Bewusstsein dafür zu entwickeln, dass ein Verbrechen gegen die Natur ein Verbrechen gegen uns selbst und eine Sünde gegen Gott ist (vgl. Rede in Santa Barbara, 8. November 1997, zitiert in der Enzyklika *Laudato si'*, 8).

Ich möchte noch einmal bekräftigen, was uns die Pandemie gezeigt hat, nämlich, dass wir in einer kranken Welt nicht dauerhaft gesund bleiben können. In letzter Zeit sind viele an *Vergesslichkeit erkrankt*, an Vergesslichkeit gegenüber Gott und gegenüber den Brüdern und Schwestern. Dies hat zu einem ungezügelten Wettlauf um individuelle Unabhängigkeit geführt, der aufgrund unersättlicher Gier entgleist ist, deren Narben die Erde, auf der wir herumtrampeln, trägt, während die Luft, die wir atmen, voller giftiger Stoffe und arm an Solidarität ist. So haben wir die Verschmutzung unseres Herzens auf die Schöpfung übertragen. In diesem geschädigten Klima ist es tröstlich zu wissen, dass dieselben Anliegen und das gleiche Engagement in vielen Religionen heranreifen und zum gemeinsamen Erbe werden. Das Gebet und das Handeln können den Lauf der Geschichte umlenken. Nur Mut, liebe Brüder und Schwestern! Wir haben eine Vision vor Augen, die sich mit derjenigen vieler junger Leute und vieler anderer Menschen guten Willens deckt: die Erde als gemeinsames Haus, das bewohnt wird von Menschen, die sich als Brüder und Schwestern verstehen. Ja, träumen wir von Schwesterreligionen und Brudervölkern! Schwesterreligionen, die den Völkern helfen, Brüder im Frieden zu sein, versöhnte Hüter des gemeinsamen Hauses der Schöpfung. Danke.

Nr. 45 *„Buddha und Jesus haben die Notwendigkeit verstanden, den Egoismus zu überwinden."*

Ansprache an eine buddhistische Delegation aus Thailand

Vatikan, 17. Juni 2022

Einleitung: Im Juni 2022 empfing Papst Franziskus im Vatikan eine große buddhistische und katholische Delegation aus Thailand, anlässlich des 50. Jahrestags des ersten offiziellen Treffens eines Papstes mit einem Buddhisten, nämlich zwischen dem 17. Obersten buddhistischen Patriarchen Thailands Somdej Phra Wannarat und Papst Paul VI. am 5. Juni 1972.

Die buddhistische Delegation umfasste 33 Mönche und 60 Laien und wurde von Somdet Phra Maha Theerajarn geleitet, dem Abt des Wat Phra-Chetuphon-Tempels (Wat Pho) im Zentrum der Altstadt von Bangkok. Zum ersten Mal kamen Vertreter der Theravada und der Mahayana-Tradition aus Thailand gemeinsam zu einem offiziellen Besuch in den Vatikan.[422]

Sehr geehrte Herren!
Es ist mir eine große Freude, Ihre Delegation aus Thailand willkommen zu heißen, zusammengesetzt aus 33 führenden buddhistischen Mönchen der Theravada- und der Mahayana-Schule, die gemeinsam mit 60 buddhistischen Laien und verschiedenen Vertretern der katholischen Kirche Thailands gekommen sind.

Die Absicht Ihres Besuchs ist das Gedenken an den 50. Jahrestag der historischen Begegnung zwischen dem Hochverehrten Somdej Phra Wannarat, dem 17. Buddhistischen Generalpatriarchen Thailands, und dem heiligen Papst Paul VI. am 5. Juni 1972. Ich möchte dem Obersten Patriarchen Somdej Phra Sri Ariyavongsagatanana IX. und dem Oberhaupt des Obersten Sangha von Thailand meinen tief empfundenen Dank dafür aussprechen, dass sie Somdej Phra Maha Theerajarn und die thailändische Delegation in den Vatikan gesandt haben, um unsere Bande der Freundschaft und der gegenseitigen Zusammenarbeit zu erneuern.

Bei diesem Anlass möchte ich die von Papst Paul VI. bei der Begegnung mit der thailändischen Delegation vor 50 Jahren zum Ausdruck gebrachten Empfindungen erneuern: „Mit tiefer Wertschätzung betrachten wir die geistlichen, sittlichen und gesellschaftlich-kulturellen Güter, mit denen ihr durch eure kostbaren Traditionen ausgestattet seid. Wir erkennen die Werte an, deren Hüter ihr seid, und wir teilen mit euch das Verlangen, dass sie erhalten und gepflegt werden. Wir hoffen, dass zwischen den Traditionen, die ihr repräsentiert, und der katholischen Kirche immer mehr ein freundlicher Dialog und eine enge Zusammenarbeit zustande kommt."[423]

Im Lauf dieser 50 Jahre haben wir ein stufenweises kontinuierliches Wachstum des freundschaftlichen Dialogs und der engen Zusammenarbeit zwischen unseren beiden religiösen Traditionen erlebt. Ich erinnere an den Besuch der thailändischen Delegation am 16. Mai 2018, mit der Übersetzung eines alten buddhistischen Manuskripts in der Sprache Pali, das in der Vatikanbibliothek aufbewahrt wird. Und ich denke mit Freude an meinen Besuch in Ihrem geliebten Land vom 20. bis 23. November 2019 zurück und an den wunderbaren Empfang und die Gastfreundschaft, die mir entgegengebracht wurde. Ich schätze auch Ihre Freundschaft und den geschwisterlichen Dialog mit den Mitgliedern des Dikasteriums für den Interreligiösen Dialog sowie mit der katholischen Gemeinschaft in Thailand.

In einer Zeit, in der die Menschheitsfamilie und die Erde zahlreiche Bedrohungen zu bewältigen haben, sind ein freundschaftlicher Dialog und eine enge Zusammenarbeit umso notwendiger. Leider hören wir von überall den Schrei einer verletzten Menschheit und einer gepeinigten Erde. Buddha und Jesus haben die Notwendigkeit verstanden, den Egoismus zu überwinden, der Krieg und Gewalt verursacht. Das *Dhammapada* fasst Buddhas Lehre wie folgt zusammen: „Kein Unrecht tun und immer nach dem Guten trachten, sein Denken läutern: das ist Buddhas Lehre“ (183). Jesus sagt zu seinen Jüngern: „Ein neues Gebot gebe ich euch: Liebt einander! Wie ich euch geliebt habe, so sollt auch ihr einander lieben“ (*Joh* 13,34). Es ist heute unsere Pflicht, unsere Gläubigen zu einem lebendigeren Bewusstsein jener Wahrheit zu führen, dass wir alle Brüder und Schwestern sind. Und das schließt ein, dass wir zusammenarbeiten sollten, um das Mitleid und die Gastfreundschaft gegenüber allen Menschen zu pflegen, besonders gegenüber den Armen und Ausgegrenzten.

In diesem Geist ermutige ich Ihre Bemühungen zur Vertiefung und Ausweitung des Dialogs und der Zusammenarbeit mit der katholischen Kirche. Ich danke Ihnen nochmals für Ihre freundliche Geste, in den Vatikan zu kommen, um an die denkwürdige Begegnung zwischen unseren verehrten Vorgängern zu erinnern. Ich wünsche Ihnen einen angenehmen Aufenthalt in Rom und bringe Ihnen meine guten Wünsche für die Konferenz zum Ausdruck, die heute Nachmittag an der Päpstlichen Universität Urbaniana stattfinden wird und den Titel trägt: „Freundschaft zwischen Buddhisten und Christen für eine Kultur der Begegnung“.

Auf Sie und alle Bewohner Ihres edlen Landes rufe ich die Fülle des himmlischen Segens herab. Danke.

„Ich bitte demütig um Vergebung für das Böse, das von so vielen Christen an den indigenen Bevölkerungen begangen wurde.“

Nr. 46

Ansprache bei der Begegnung mit den indigenen Bevölkerungen der First Nations, der Métis und der Inuit

Maskwacis (Kanada), 25. Juli 2022

EINLEITUNG: Die Reise nach Kanada (25.–30. Juli 2022) folgte der Begegnung von Papst Franziskus mit Delegationen der verschiedenen indigenen Bevölkerungen Kanadas, die im Frühjahr (28. März – 1. April 2022) im Vatikan stattgefunden hatte – im Zusammenhang mit den Funden von Massengräbern von Kindern rund um die „Residential Schools“ 2021. Diese 139 Internate, die großteils von der katholischen Kirche geführt wurden, waren Teil der Assimilierungspolitik des kanadischen Staates gegenüber der indigenen Bevölkerung im 19. und 20. Jahrhundert.

Die erste Etappe der Reise bildete Maskwacis (Alberta), wo beim Friedhof der ehemaligen Residential School eine Begegnung mit rund 2000 Angehörigen der First Nations, Métis und Inuit stattfand. Der Papst wurde begrüßt von Chief Wilton Littlechild („Usow-Kihew“) vom Volk der Cree, der die lokale Ermineskin Indian Residential School besucht hatte und Mitglied der nationalen „Wahrheits- und Versöhnungskommission“ (TRC) war.[424] Die Kommission hatte im Dezember 2015 einen sechsbändigen Bericht zu den Indian Residential Schools auf Basis von 6500 Zeugnissen ehemaliger Schülerinnen und Schüler vorgelegt, in dem das System der Residential Schools als „Genozid“ bezeichnet wurde.[425] Unter den Forderungen des Berichts war auch eine päpstliche Vergebungsbitte auf indigenem Territorium. Nach der Rede setzte Chief Littlefield dem Papst als traditionelles Zeichen des Respekts einen Federschmuck auf.

Vertreter der indigenen Bevölkerung Kanadas unterstrichen, dass die Vergebungsbitte nicht genug sei, sondern dass die katholische Kirche konkrete Schritte setzen müsse, u. a. die Aufhebung der „Doktrin der Eroberung“, die von mehreren päpstlichen Bullen im 15. Jahrhundert formuliert wurde, etwa der Bulle „*Inter Caetera*“ von Papst Alexander VI. (1493), mit der die spanische koloniale Inbesitznahme der Neuen Welt legitimiert wurde. In einer Stellungnahme der kanadischen „Assembly of First Nations“ (AFN) vom

Jänner 2018 unter dem Titel „Dismantling the Doctrine of Discovery“ wurde abschließend die Hoffnung ausgedrückt, dass der Papst bei seinem Besuch in Kanada öffentlich diese Doktrin widerrufen würde.[426] Bei der Pressekonferenz während des Rückflugs nach Rom wurde der Papst danach gefragt, er ging aber nicht direkt auf die Forderung ein.[427]

Frau Generalgouverneurin,
Herr Premierminister,
liebe indigene Bevölkerungen von Maskwacis und dieses kanadischen Bodens,
liebe Brüder und liebe Schwestern!
Ich habe darauf gewartet, zu euch zu gelangen. Von hier aus, von diesem traurig stimmenden Ort, möchte ich mit dem beginnen, was ich innerlich beabsichtige: eine Bußwallfahrt. Ich komme in eure Heimat, um euch persönlich zu sagen, dass ich voller Kummer bin, und um Gott um Vergebung, Heilung und Versöhnung zu bitten, um euch meine Nähe zu zeigen, um mit euch und für euch zu beten.

Ich erinnere mich an die Begegnungen, die vor vier Monaten in Rom stattgefunden haben. Damals waren mir zwei Paar Mokassins als Pfand überreicht worden, die Zeichen für das Leid der indigenen Kinder sind, insbesondere derjenigen, die aus den *Residential Schools* leider nicht mehr nach Hause zurückkehrten. Man hatte mich gebeten, die Mokassins bei meiner Ankunft in Kanada zurückzugeben; ich habe sie mitgebracht und werde dies am Ende dieser Ansprache tun, bei der ich dieses Symbol als Ausgangspunkt nehmen möchte, das in mir in den letzten Monaten Schmerz, Empörung und Scham hervorgerufen hat. Die Erinnerung an diese Kinder erfüllt uns mit Trauer und ruft zum Handeln auf, damit jedes Kind mit Liebe, Würde und Respekt behandelt wird. Aber diese Mokassins erzählen uns auch von einer Reise, einem Weg, den wir gemeinsam beschreiten wollen. Gemeinsam gehen, gemeinsam beten, gemeinsam arbeiten, damit die Leiden der Vergangenheit einer Zukunft der Gerechtigkeit, Heilung und Versöhnung Platz machen.

Deshalb findet die erste Etappe meiner Pilgerreise unter euch in dieser Region statt, in der seit jeher die indigenen Bevölkerungen anwesend sind. Es ist ein Gebiet, das zu uns spricht, das uns gestattet, *zu gedenken*.

Gedenken: Brüder und Schwestern, ihr lebt seit Tausenden von Jahren auf diesem Boden mit einer Lebensweise, die die Erde selbst respektiert und die ihr von früheren Generationen geerbt habt und für künftige Generationen bewahrt. Ihr habt sie als ein Geschenk des Schöpfers behandelt, das mit anderen geteilt und in Harmonie mit allem, was existiert, geliebt werden soll, in einer lebendigen Verbindung zwischen allen Lebewesen. So habt ihr gelernt, einen Familien- und Gemeinschaftssinn zu pflegen und starke Bindungen zwischen den Generationen zu entwickeln, indem ihr die älteren Menschen ehrt und euch um die Kleinen sorgt. Wie viele gute Bräuche und Lehren, die sich auf die Aufmerksamkeit für die anderen und die Liebe zur Wahrheit, auf Mut und Respekt, auf Demut und Ehrlichkeit, auf Lebensweisheit stützen!

Aber wenn dies die ersten Schritte in diesen Gebieten waren, führt uns das Gedächtnis leider zu den nachfolgenden. Der Ort, an dem wir uns jetzt befinden, ruft in mir einen Schmerzensschrei hervor, einen unterdrückten Schrei, der mich in diesen Monaten begleitet hat. Ich denke an die Tragödie, die so viele von euch, eure Familien, eure Gemeinschaften erlitten haben; an das, was ihr mir über das Leid, das ihr in den *Residential Schools* ertragen musstet, erzählt habt. Dies sind traumatische Erfahrungen, die in gewisser Weise jedes Mal wieder durchlebt werden, wenn sie in Erinnerung gerufen werden, und ich bin mir bewusst, dass auch unsere heutige Begegnung Erinnerungen wachrufen, Wunden aufreißen kann und dass viele von euch Schwierigkeiten haben könnten, während ich spreche. Aber es ist richtig, zu gedenken, denn Vergessen führt zu Gleichgültigkeit, und, wie gesagt wurde, „das Gegenteil der Liebe ist nicht der Hass, sondern die Gleichgültigkeit ... das Gegenteil des Lebens ist nicht der Tod, sondern die Gleichgültigkeit gegenüber dem Leben oder dem Tod" (Elie Wiesel, 12. April 1999). Das Gedenken an die verheerenden Erfahrungen in den *Residential Schools* macht uns betroffen, empört uns, schmerzt uns, aber es ist notwendig.

Es ist notwendig, daran zu erinnern, dass die Politik der Assimilierung und Entrechtung („*enfranchisement*"), zu der auch das System der *Residential Schools* gehörte, für die Menschen in diesen Gebieten verheerend war. Als die ersten europäischen Siedler dort ankamen, bot sich die große Chance, eine fruchtbare Begegnung von Kulturen, Traditionen und Spiritualität zu entwickeln. Dies ist jedoch größtenteils nicht geschehen. Und ich erinnere mich erneut an eure Berichte: wie die Assimilationspolitik dazu führte, dass die indigenen Völker systematisch an den Rand gedrängt wurden; wie auch durch das System der *Residential Schools* eure Sprachen und eure Kulturen verunglimpft und unterdrückt wurden; und wie Kinder körperlich und verbal, psychologisch und spirituell misshandelt wurden; wie sie von klein auf von zu Hause weggeholt wurden und wie dies die Beziehung zwischen Eltern und Kindern, Großeltern und Enkeln unauslöschlich gezeichnet hat.

Ich danke euch, dass ihr all das in mein Herz habt eintreten lassen, dass ihr die schweren Bürden, die ihr tragt, hervorgeholt habt, dass ihr dieses blutende Gedächtnis mit mir geteilt habt. Ich bin heute hier, auf diesem Boden, der neben einem alten Gedächtnis die Narben noch offener Wunden trägt. Ich bin hier, weil der erste Schritt dieser Bußpilgerfahrt unter euch darin besteht, meine Bitte um Vergebung zu erneuern und euch von Herzen zu sagen, dass ich zutiefst betrübt bin: Ich bitte um Verzeihung für die Art und Weise, in der leider viele Christen die Mentalität der Kolonialisierung der Mächte unterstützt haben, die die indigenen Völker unterdrückt haben. Ich bin schmerzlich betrübt. Ich bitte um Vergebung, insbesondere für die Art und Weise, in der viele Mitglieder der Kirche und der Ordensgemeinschaften, auch durch Gleichgültigkeit, an den Projekten der kulturellen Zerstörung und der erzwungenen Assimilierung durch die damaligen Regierungen mitgewirkt haben, die im System der *Residential Schools* ihren Höhepunkt fanden.

Obgleich die christliche Nächstenliebe zugegen war und es nicht wenige vorbildliche Fälle der Einsatzbereitschaft für die Kinder gab, waren die Folgen der mit den *Residential Schools* verbundenen Politik insgesamt katastrophal. Der christliche Glaube sagt uns, dass dies ein verheerender Fehler war, der mit dem Evangelium von Jesus Christus unvereinbar ist. Es schmerzt, zu wissen, dass der feste Boden der Werte, der Sprache und der Kultur, der euren Bevölkerungen einen unverfälschten Sinn für die Identität verliehen hat – das schmerzt, zu wissen – ausgehöhlt wurde und dass ihr weiterhin den Preis dafür zahlt. Angesichts dieses empörenden Übels kniet die Kirche vor Gott nieder und bittet um Vergebung für die Sünden ihrer Kinder.[428] Ich möchte dies mit Beschämung und Klarheit wiederholen: Ich bitte demütig um Vergebung für das Böse, das von so vielen Christen an den indigenen Bevölkerungen begangen wurde.

Liebe Brüder und Schwestern, viele von euch und euren Vertretern haben gesagt, dass die Abbitte nicht ein Zielpunkt ist. Ich stimme voll und ganz zu: Sie stellt nur den ersten Schritt dar, den Ausgangspunkt. Ich bin mir auch bewusst: „Wenn wir auf die Vergangenheit blicken, ist es nie genug, was wir tun, wenn wir um Verzeihung bitten und versuchen, den entstandenen Schaden wiedergutzumachen. Schauen wir in die Zukunft, so wird es nie zu wenig sein, was wir tun können, um eine Kultur ins Leben zu rufen, die in der Lage ist, dass sich solche Situationen nicht nur nicht wiederholen, sondern auch keinen Raum finden" (*Schreiben an das Volk Gottes*, 20. August 2018). Ein wichtiger Teil dieses Prozesses ist, eine ernsthafte Suche nach der Wahrheit über die Vergangenheit durchzuführen und den Überlebenden der *Residential Schools* zu helfen, Heilungswege von den erlittenen traumatischen Erfahrungen zu beschreiten.

Ich bete und hoffe, dass die Christen und die Gesellschaft in diesem Land in ihrer Fähigkeit wachsen, die Identität und Erfahrung der indigenen Bevölkerungen anzunehmen und zu achten. Ich wünsche mir, dass konkrete Wege gefunden werden, sie kennen und schätzen zu lernen, wobei alle lernen müssen, miteinander zu gehen. Meinerseits werde ich weiterhin zum Einsatz aller Katholiken für die indigenen Völker ermutigen. Ich habe dies bei anderen Gelegenheiten und an verschiedenen Orten getan, durch Begegnungen, Appelle und auch durch ein Apostolisches Schreiben. Ich weiß, dass all dies Zeit und Geduld erfordert: Es handelt sich um Prozesse, die in die Herzen eintreten müssen, und meine Anwesenheit hier und das Engagement der kanadischen Bischöfe sind ein Zeugnis für den Willen, auf diesem Weg voranzuschreiten.

Liebe Freunde, diese Pilgerreise erstreckt sich über mehrere Tage und wird weit voneinander entfernte Orte erreichen. Dennoch wird es mir nicht möglich sein, den vielen Einladungen nachzukommen und Zentren wie Kamloops, Winnipeg, verschiedene Orte in Saskatchewan, im Yukon und in den Gebieten des Nordwestens zu besuchen. Auch wenn das nicht möglich ist, sollt ihr wissen, dass ich mit meinen Gedanken und meinem Gebet bei euch bin. Ihr sollt wissen, dass ich die Leiden, die traumatischen Erfahrungen und die Herausforderungen der indigenen Völker in allen Regionen dieses Landes kenne. Meine Worte, die ich auf diesem Weg der Buße gesprochen habe, richten sich an alle indigenen Gemeinschaften und Personen, die ich von Herzen umarme.

In dieser ersten Phase wollte ich Raum für das Gedächtnis schaffen. Heute bin ich hier, um an die Vergangenheit zu erinnern, um mit euch zu weinen, um in Stille auf die Erde zu blicken, um an den Gräbern zu beten. Lassen wir es zu, dass die Stille uns allen helfe, die Trauer zu verinnerlichen. Schweigen. Und Gebet: Beten wir angesichts des Bösen zum Herrn des Guten; beten wir angesichts des Todes zum Gott des Lebens. Der Herr Jesus Christus hat aus einem Grab, der Endstation der Hoffnung, angesichts dessen sich alle Träume aufgelöst hatten und nur noch Trauer, Schmerz und Resignation zurückblieben, aus einem Grab hat er den Ort der Neugeburt, der Auferstehung gemacht, von dem aus eine Geschichte des neuen Lebens und der universalen Versöhnung ausgegangen ist. Unsere Bemühungen genügen nicht, um zu heilen und zu versöhnen, es bedarf seiner Gnade: Es bedarf der milden und starken Weisheit des Geistes, der Zärtlichkeit des Trösters. Möge er derjenige sein, der die Erwartungen der Herzen erfüllt. Möge er uns an die Hand nehmen. Möge er derjenige sein, der uns gemeinsam gehen lässt.

Ansprache bei der Begegnung mit den Mitgliedern des Muslimischen Ältestenrats

Moschee des Al-Sakhir Palasts in Awali (Bahrain), 4. November 2022

Einleitung: Im November 2022 unternahm Papst Franziskus seine 39. Reise außerhalb Italiens, in das Königreich Bahrain – der erste Papstbesuch in diesem Land. Anlass war das interreligiöse „Bahrain Forum for Dialogue: East and West for Human Coexistence" (3.–6. November 2022). Die Einladung erfolgte durch König Hamad bin Isa Al Khalifa, der die Patronanz über das Forum übernahm. Er hatte bereits bei seinem Besuch im Vatikan am 19. Mai 2014 die Hoffnung ausgedrückt, der Papst werde Bahrain besuchen. Bei dieser Gelegenheit kündigte der König an, eine große Kirche für die katholische Gemeinschaft zu bauen.[429] Die Kathedrale „Our Lady of Arabia" in Awali wurde im Dezember 2021 eröffnet.

Das Forum ist eine Initiative des „Muslim Council of Elders" unter dem Vorsitz des Großimams der al-Azhar Dr. Aḥmad al-Ṭayyib, in dem sich 2014 Gelehrte aus 16 islamischen Ländern zusammengeschlossen haben, um sich für Frieden und Dialog zwischen den muslimischen Richtungen und zwischen dem Islam und anderen Religionen einzusetzen. Das Forum in Bahrain bildete die sechste Runde eines Dialogs zwischen Afrika, Naher Osten, Asien und dem „Westen" (USA, Europa), mit dem 2015 gestartet wurde. Themen des Forums waren u. a.: die Bedeutung des interreligiösen Dialogs, Erfahrungen bei der Förderung globaler Koexistenz und menschlicher Geschwisterlichkeit, die Rolle religiöser Verantwortlicher bei den Herausforderungen Klimawandel und Nahrungsmittelkrise.[430]

Am Vormittag des 4. November sprachen Großimam al-Ṭayyib und der Papst beim Abschluss des „Bahrain Forum". Am Nachmittag fand ein Treffen mit dem „Muslim Council of Elders" statt.

Lieber Bruder, Doktor Aḥmad al-Ṭayyib, Großimam von al-Azhar,
liebe Mitglieder des Muslim Council of Elders, liebe Freunde,
As-salāmu alaikum!
Ich grüße euch herzlich und wünsche, dass der Friede des Allerhöchsten auf jeden von euch herabkommen möge: auf euch, die ihr euch für die Versöhnung

einsetzen wollt, um Spaltungen und Konflikte in den muslimischen Gemeinschaften zu vermeiden; auf euch, die ihr im Extremismus eine Gefahr seht, die die wahre Religion zersetzt; auf euch, die ihr euch bemüht, Fehlinterpretationen auszuräumen, welche durch Gewaltanwendung ein religiöses Bekenntnis missverstehen, instrumentalisieren und beschädigen. Möge der Friede auf euch herabkommen und euch erhalten bleiben, die ihr ihn verbreiten wollt, indem ihr den Herzen die Werte des Respekts, der Toleranz und der Mäßigung einflößt; auf euch, die ihr freundschaftliche Beziehungen, gegenseitigen Respekt und gegenseitiges Vertrauen gegenüber denjenigen fördern wollt, die wie ich einem anderen religiösen Glauben anhängen; auf euch, Brüder und Schwestern, die ihr bei den jungen Menschen eine moralische und intellektuelle Erziehung befördern wollt, die sich allen Formen des Hasses und der Intoleranz entgegenstellt. As-salāmu alaikum!

Gott ist Quelle von Frieden. Er gebe, dass wir überall Kanäle seines Friedens sind! Vor euch möchte ich noch einmal betonen, dass der Gott des Friedens niemals zum Krieg anleitet, niemals zum Hass aufstachelt und niemals Gewalt unterstützt. Und wir, die wir an ihn glauben, sind aufgerufen, den Frieden zu fördern durch Instrumente des Friedens wie die Begegnung, geduldige Verhandlungen und den Dialog, der der Sauerstoff des Zusammenlebens ist. Eines eurer Ziele ist die Verbreitung einer Kultur des Friedens, die auf Gerechtigkeit beruht. Ich möchte euch sagen, dass dies der Weg, ja der einzige Weg ist, denn der Friede „ist Werk der Gerechtigkeit (Gaudium et spes, 78). Er entspringt also der Geschwisterlichkeit, wächst durch den Kampf gegen Ungerechtigkeit und Ungleichheit und wird aufgebaut, indem man den anderen die Hand reicht“ (Ansprache anlässlich der Verlesung der Abschlusserklärung und des Abschlusses des VII. „Congress of Leaders of World and Traditional Religions“, 15. September 2022). Es reicht nicht, Frieden bloß zu verkünden, er muss auch verwurzelt werden. Und dies ist möglich, wenn Ungleichheit und Diskriminierung, die zu Instabilität und Feindseligkeit führen, beseitigt werden.

Ich danke euch für euer Engagement in diesem Sinne sowie für den Empfang, den ihr mir bereitet, und die Worte, die ihr geäußert habt. Ich komme zu euch als Gottgläubiger, als ein Bruder und Pilger des Friedens. Ich komme zu euch, um mit euch gemeinsam unterwegs zu sein, im Geiste von Franz von Assisi, der zu sagen pflegte: „Wie ihr mit dem Mund den Frieden verkündet, so, und noch mehr, sollt ihr ihn in eurem Herzen festhalten“ (Dreigefährtenlegende, XIV,5: FF 1469). Es hat mich berührt zu sehen, dass es in diesen Ländern hier Brauch ist, beim Willkommenheißen eines Gastes nicht nur dessen Hand zu ergreifen, sondern die Hand als Zeichen der Zuneigung auch zum eigenen Herzen zu führen. Wie um zu sagen: Deine Person bleibt mir nicht fern, sie tritt in mein Herz ein, in mein Leben. Auch ich führe die Hand mit respektvoller Zuneigung zum Herzen, schaue jeden von euch an und lobe den Allerhöchsten dafür, dass dieses Treffen möglich wurde.

Ich glaube, dass wir es immer nötiger haben, einander zu begegnen, uns kennenzulernen und unsere Herzen füreinander zu öffnen, die Wirklichkeit vor die Ideen zu stellen und die Menschen vor die Meinungen, das Offensein für den Himmel vor die Entfernungen auf der Erde: eine Zukunft der Geschwisterlichkeit vor eine Vergangenheit der Feindseligkeit, indem wir Vorurteile und Missverständnisse aus der Geschichte im Namen dessen überwinden, der die Quelle des Friedens ist. Wie werden sonst die Gläubigen verschiedener Religionen und Kulturen zusammenleben, sich gegenseitig annehmen und wertschätzen können, wenn wir uns einander fremd bleiben? Lassen wir uns von dem Ausspruch Imam Alis leiten: „Es gibt zwei Arten von Menschen: entweder sind sie deine Brüder im Glauben oder deine Mitmenschen"; und fühlen wir uns gerufen, uns um all jene zu kümmern, die uns die göttliche Vorsehung in dieser Welt an die Seite gestellt hat. Ermahnen wir uns gegenseitig dazu, „das Vergangene beiseite zu lassen, sich aufrichtig um gegenseitiges Verstehen zu bemühen und gemeinsam einzutreten für Schutz und Förderung der sozialen Gerechtigkeit, der sittlichen Güter und nicht zuletzt des Friedens und der Freiheit für alle Menschen" (Nostra aetate, 3). Dies sind Aufgaben, die uns, den religiösen Führern, zukommen: Angesichts einer zunehmend verwundeten und zerrissenen Menschheit, die unter dem Gewand der Globalisierung mit Sorge und Angst atmet, müssen die großen Glaubensbekenntnisse das Herz sein, das die Glieder des Leibes vereint, die Seele, die den höchsten Bestrebungen Hoffnung und Leben verleiht.

In diesen Tagen habe ich von der Kraft des Lebens gesprochen, die in den trockensten Wüsten überdauert, indem sie aus dem Wasser der Begegnung und des friedlichen Miteinanders schöpft. Gestern habe ich mich dabei von dem verblüffenden „Baum des Lebens" inspirieren lassen, der hier in Bahrain zu finden ist. Die biblische Erzählung, die wir gehört haben, stellt den Baum des Lebens in den Mittelpunkt des Ursprungsgartens, in das Zentrum von Gottes wunderbarem Plan für den Menschen, einem harmonischen Entwurf, der die gesamte Schöpfung umfasst. Der Mensch hat sich jedoch von seinem Schöpfer und der von ihm geschaffenen Ordnung entfernt. Daraus ergaben sich Probleme und Schieflagen, die in der biblischen Erzählung einander Schlag auf Schlag folgen: Streit und Mord unter Brüdern (vgl. *Gen* 4), Durcheinander und Verwüstungen in der Umwelt (vgl. *Gen* 6-9), Stolz und Konflikte in der menschlichen Gesellschaft (vgl. *Gen* 11) ... Eine Flut des Bösen und des Todes ist, kurz gesagt, aus dem Herzen des Menschen hervorgebrochen, aus dem bösen Funken, den das Böse, das an der Tür seines Herzens lauert, ausgelöst hat (vgl. *Gen* 4,7), um den harmonischen Garten der Welt in Brand zu setzen. Doch all dieses Böse hat seine Wurzel in der Ablehnung Gottes und des Bruders: darin, den Urheber des Lebens aus den Augen zu verlieren und sich nicht mehr als Hüter der Brüder zu sehen. Deshalb bleiben die beiden Fragen, die wir gehört haben, immer gültig und stellen über das Glaubensbekenntnis hinaus jede Existenz und jedes Zeitalter vor die Frage: „Wo bist du?" (*Gen* 3,9); „Wo ist (...) dein Bruder?" (*Gen* 4,9).

Liebe Freunde, Brüder in Abraham, Gläubige an den einzigen Gott: die sozialen und internationalen, die wirtschaftlichen und persönlichen Übel sowie die dramatische Umweltkrise, die diese Zeit kennzeichnet und über die wir hier heute nachgedacht haben, kommen letztlich von unserer Entfremdung von Gott und dem Nächsten her. Wir haben also eine einzigartige, unbedingt erforderliche Aufgabe, nämlich die, zu helfen, dass diese vergessenen Quellen des Lebens wiederentdeckt werden, dass die Menschheit wieder aus dieser alten Weisheit schöpft, dass sich die Gläubigen wieder der Anbetung des Gottes des Himmels sowie den Menschen nähern, für die er die Erde geschaffen hat.

Und auf welche Weise? Unsere Mittel sind im Wesentlichen zwei: das Gebet und die Geschwisterlichkeit. Dies sind unsere Waffen, bescheiden und wirksam. Wir dürfen uns nicht von anderen Mitteln verleiten lassen, von Abkürzungen, die des Allerhöchsten unwürdig sind, dessen Friedensname von denen beleidigt wird, die an die Argumente der Stärke glauben, die die Gewalt, den Krieg und das Waffengeschäft fördern, den „Handel mit dem Tod", der durch immer größere Geldsummen unser gemeinsames Haus in ein einziges Waffenlager verwandelt. Wie viele dunkle Intrigen und wie viele schmerzhafte Widersprüche stecken hinter all dem! Denken wir zum Beispiel daran, wie viele Menschen gezwungen sind, ihre Heimat zu verlassen aufgrund von Konflikten, die durch den billigen Kauf veralteter Waffen genährt werden, nur um dann an anderen Grenzen durch immer ausgefeiltere militärische Ausrüstung erkannt und abgewiesen zu werden. Und so wird die Hoffnung zweimal getötet! Angesichts dieser tragischen Szenarien, in denen die Welt den Trugbildern von Stärke, Macht und Geld nachjagt, sind wir aufgerufen, uns mit der Weisheit der Ältesten und der Väter daran zu erinnern, dass Gott und der Nächste vor allem anderen kommen, dass nur die Transzendenz und die Geschwisterlichkeit uns retten. Es liegt an uns, diese Quellen des Lebens wieder freizulegen, ansonsten wird die Wüste der Menschheit immer trockener und tödlicher werden. Vor allem uns kommt es zu, mehr mit Taten als mit Worten zu bezeugen, dass wir daran glauben, an diese beiden Wahrheiten. Wir tragen eine große Verantwortung vor Gott und vor den Menschen, und wir müssen beispielhaft vorleben, was wir predigen, nicht nur in unseren Gemeinschaften und bei uns zu Hause – das reicht nicht mehr aus –, sondern in der vereinten und globalisierten Welt. Uns, die wir von Abraham, dem Vater des Glaubens der Völker, abstammen, dürfen nicht nur „die Unseren" am Herzen liegen, sondern wir müssen uns immer geeinter an die gesamte menschliche Gemeinschaft richten, die die Erde bewohnt.

Denn alle stellen sich, zumindest im Inneren des Herzens, die gleichen großen Fragen: Wer ist der Mensch, warum das Leid, das Böse, der Tod, die Ungerechtigkeit, was kommt nach diesem Leben? Bei vielen, die durch einen praktischen Materialismus und einen lähmenden Konsumismus betäubt sind, schlummern diese Fragen, während sie bei anderen durch die unmenschlichen Plagen des Hungers und der Armut zum Schweigen gebracht werden. Schauen wir auf den Hunger und die Armut von heute. Zu den Gründen für das Vergessen dessen, worauf es ankommt, darf jedoch nicht gehören, dass wir selbst nachlässig sind oder der Skandal, dass wir uns mit anderem beschäftigen und nicht mit der Verkündigung des Gottes, der dem Leben Frieden gibt, sowie des Friedens, der den Menschen Leben verleiht. Brüder und Schwestern, bestärken wir uns gegenseitig darin, lasst uns an unser heutiges Treffen weiter anknüpfen, lasst uns gemeinsam unterwegs sein! Wir werden vom Allerhöchsten gesegnet sein und von den kleinsten und schwächsten Geschöpfen, die er bevorzugt: von den Armen, den Kindern und den jungen Menschen, die nach so vielen dunklen Nächten den Anbruch einer Morgendämmerung von Licht und Frieden erwarten. Danke.

Anmerkungen

1 Francesco Gioia (Hg.): *Interreligious Dialogue. The Official Teaching*, Nr. 263.

2 Pontifical Council for Interreligious Dialogue: *Recognize the Spiritual Bonds that Unite Us. 16 years of Christian-Muslim dialogue,* Vatican City 1994, 15.

3 Für den Text der gesamten Rede siehe: www.vatican.va/content/benedict-xvi/de/speeches/2005/august/documents/hf_ben-xvi_spe_20050820_meeting-muslims.html (Zugriff 21. Dezember 2022).

4 http:/www.vatican.va/holy_father/Francesco/speeches/2013/march/documents/papa_francesco (Zugriff 21. Dezember 2022).

5 http:/www.vatican.va/holy_father/Francesco/speeches/2013/march/documents/papa-francesco_20130322_corpo-diplomatico_en.html (Zugriff 21. Dezember 2022).

6 Papst Franziskus: Ansprache bei der Pfingstvigil mit den kirchlichen Bewegungen, 18. Mai 2013. – Zum Schlüsselkonzept „Kultur der Begegnung" (*La cultura del encuentro*) von Papst Franziskus siehe die Website des Projekts der Georgetown University „Culture of Encounter", https://cultureofencounter.georgetown.edu; sowie das Buch seines langjährigen Freundes, des argentinischen Jesuiten Diego Fares SJ: The Heart of Pope Francis. How a New Culture of Encounter is Changing the Church and the World (orig. 2014). With a Foreword by Antonio Spadaro SJ. Translated by Robert H. Hopcke, New York: Herder & Herder, 2015; Catalano, Roberto: „Pope Francis' Culture of Dialogue as Pathway to Interfaith Encounter: A Special Focus on Islam": Religions 13 (März 2022), 1–22.

7 Die deutschen Übersetzungen auf der Website des Vatikans verwenden in der Regel die Begriffe „Brüderlichkeit" und analog „Brüder", „brüderlich". Die offizielle Ausgabe der Enzyklika *Fratelli tutti* der Deutschen Bischofskonferenz übersetzt dagegen *„fraternità/fraternity"* etc. mit dem im Deutschen vorhandenen, inklusiven Wort „Geschwisterlichkeit". Der Band folgt durchgängig dieser Übersetzung (analog „Geschwister", „geschwisterlich").

8 Eigene Übersetzung aus dem italienischen Original. Die deutsche Übersetzung auf der Website des Vatikans übersetzt das italienische *„perché ci sia una grande fratellanza"* mit: „damit ein großes Miteinander herrsche".

9 Die deutsche Übersetzung des Titels des Dokuments auf der Website des Vatikans lautet: „Dokument über die Brüderlichkeit aller Menschen für ein friedliches Zusammenleben in der Welt". Die Übersetzung des Titels folgt in diesem Band dagegen dem englischen Titel des Dokuments: „Document on Human Fraternity for World Peace and Living Together", der international gebräuchlich ist, und verwendet den inklusiven Ausdruck „Geschwisterlichkeit": „Dokument über die menschliche Geschwisterlichkeit für den Weltfrieden und das Zusammenleben".

10 Zayed-Sports-City-Stadion, Abu Dhabi, 5. Februar 2019. In diesem Band S. 184ff, Nr. 33

11 Heydar-Aliyev-Moschee, Baku (Aserbeidschan), 2. Oktober 2016.

12 Großayatollah Sayyid Ali al-Sistani am 6. März 2021 in dessen Haus in Nadschaf (Irak). In diesem Band S. 215ff, Nr. 40.

13 Boaventura de Sousa Santos: The End of the Cognitive Empire: The Coming of Age of Epistemologies of the South. Durham, NC: Duke University Press, 2018.

14 Boaventura de Sousa Santos: *El futuro comienza ahora. De la pandemia a la utopía* („Die Zukunft beginnt jetzt. Von der Pandemie zur Utopie"). Madrid: Ediciones Akal, 2021, 12.

15 Ansprache bei der Audienz für die Medienvertreter, 16. März 2013.

16 Zu seiner Namenswahl s. LS 10.

17 Vgl. Augustine Thompson: Francis of Assisi. A New Biography, Ithaca: Cornell University Press, 2012, 66f.

18 Eine solche kritische Sicht vertritt John Tolan: Le Saint chez le Sultan: La rencontre de Francois d'Assise et de l'islam, Paris: Seuil, 2007. Englische Ausgabe: Saint Francis and the Sultan: The Curious History of a Christian-Muslim Encounter, Oxford: Oxford University Press, 2009.

19 Eine wichtige Grundlage für eine solche Interpretation sind franziskanische Primärquellen: Das 16. Kapitel der „Früheren Regel" über „jene, die unter die Sarazenen und andere Nichtgläubige gehen" nennt zwei Wege für die Brüder: „Ein Weg ist, sich nicht auf Argumente oder Streitigkeiten einzulassen"; ein anderer Weg sei, „das Wort Gottes zu predigen" und die Nichtgläubigen zur Taufe zu führen – unter der Voraussetzung, dass „es Gott gefällt", d. h. ohne dass es dem grundlegenden Auftrag der Brüder, Frieden zu bringen, entgegenläuft (kritische Edition der „Regel": Francesco Paolazzi, Lettura degli Scritti di Francesco d'Assisi, Milano: Edizione Biblioteca Francescana, 2015, 264–266). Siehe dazu Gerard Pieter Freeman: „Francis of Assisi and the Sultan. Deviance and Normalization": Religion & Theology 23, Iss.1–2 (2016), 57–75; Paul Moses: The Saint and the Sultan. The Crusades, Islam and Francis of Assisi's Mission of Peace, London: Doubleday, 2009.

20 Enzyklika FT 3.

21 Siehe dazu u. a. Ansprache beim Treffen mit Priestern, Ordensleuten, Personen des geweihten Lebens und dem Ökumenischen Kirchenrat, Kathedrale von Rabat, 31. März 2019.

22 „Frieden schaffen als Baumeister mit offenem Herzen". Ansprache bei der Generalaudienz am 28. Mai 2014: OR dt. Nr. 23, 6. Juni 2014, 2.

23 Vgl. Veronica Oelsner: „Die Europäische Einwanderung in Argentinien 1810–1914. Politikkonzepte, staatliche Förderung und Auswirkungen auf die argentinische Arbeitswelt": Themenportal Europäische Geschichte, 2007.

24 Vgl. José C. Moya: „The Jewish Experience in Argentina in a Diasporic Comparative Perspective", in: Brodsky, Adriana/Rein, Raanan (Hgg.), The New Jewish Argentina. Facets of Jewish Experiences in the Southern Cone (Jewish Latin America, 2). Leiden/Boston: Brill, 2013, 7–30, hier 17.

25 Vgl. Moya: „Jewish Experience in Argentina", 7. – 1887 wurden beim Zensus in Buenos Aires nur 366 Juden gezählt (ibid., 8), bei einer Bevölkerung von rund 430.000 Menschen, beim Zensus 1904 bereits 6065, bei einer Gesamtbevölkerung von rund 951.000 Personen.

26 Rosenswaike, Ira: „The Jewish Population of Argentina", in: Census and Estimate, 1887–1947, Jewish Social Studies, Vol. 22, Nr. 4 (Okt. 1960), Indiana University Press, 205.

27 Vgl. Esquivel, Juan Cruz/Mallimaci, Fortunato: „Religious Beliefs and Practices in Argentina: An Approach from Quantitative Data", in: Grim, Brian J./Johnson, Todd M./Skirbekk, Vegard/Zurlo, Gina A.: Yearbook of International Religious Demography 2016. Leiden/Boston: Brill, 2016, 97–106, hier 98.

28 Papst Franziskus: „Mit Frieden gewinnt man alles". Im Gespräch mit Dominique Wolton über Politik und Gesellschaft (orig. *Politique et société. Rencontres avec Dominique Wolton*, 2017). Aus dem Französischen von Gabriele Stein. Freiburg/Basel/Wien: Herder, 2019, 166.

29 Vgl. Papst Franziskus: Über Himmel und Erde. Jorge Bergoglio im Gespräch mit dem Rabbiner Abraham Skorka. Herausgegeben von Rosemberg, Diego F. (orig. *Sobre el cielo y la tierra*, 2010). Aus dem Spanischen von Silke Kleemann und Matthias Strobel. München: Riemann, 2013, 199.

30 Dokumentiert in: Fürlinger, Ernst (Hg.): „Der Dialog muss weitergehen". Ausgewählte vatikanische Dokumente zum interreligiösen Dialog (1964–2008). Freiburg i. Br.: Herder, 2008, 420–433.

31 Vgl. Allen Jr., John L.: All the Pope's Men. The Inside Story How the Vatican Really Thinks. New York: Doubleday, 2004, 221.

32 Siehe seine Darstellung der Entwicklung des jüdisch-katholischen Dialogs: „Cincuenta años de relaciones positivas con el Judaismo", in: Stofenmacher, Ariel/Skorka, Abraham (Hgg.), El Concilio Vaticano II y los Judíos. Buenos Aires: Seminario Rabínico Latinoamericano, 2015.

33 Eine Beschreibung gibt der Vorsitzende der Internationalen Wallenberg-Stiftung Eduardo Eunerkian: „A unique monument pays tribute to the victims of the AMIA bombing": MercoPress, 18. Juli 2019, https://en.mercopress.com/2019/07/18/a-unique-monument-pays-tribute-to-the-victims-of-the-amia-bombing (Zugriff 21. November 2022).

34 Zum Folgenden siehe Echikson, Bill: „A Politician and Rabbi to the Pope: Sergio Bergman" (Webinar): Website European Union of Progressive Judaism, https://eupj.org/a-politician-and-rabbi-to-the-pope-sergio-bergman/(Zugriff 9. November 2022).

35 Video von seiner Ansprache bei der Buchpräsentation auf YouTube: „Palabras del Papa Francisco sobre libro de Sergio Bergman (sub. ingles)", hochgeladen 18. März 2013, https://www.youtube.com/watch?v=5qAXW5Bsmqc (Zugriff 21. November 2022). Siehe Blasbalg, Cecilia: „The Rabbi Who Became an Environment Minister and Calls the Pope His ‚Rav'": Haaretz, 29. Dezember 2015, https://www.haaretz.com/jewish/2015-12-29/ty-article/.premium/the-rabbi-who-became-a-minister-and-calls-the-pope-his-rav/0000017f-f615-d887-a7ff-fef517c40000 (Zugriff 21. November 2022).

36 WUPJ Latinamerica Newsletter, Issue 68, March 2013/Nissan 5773.

37 Echikson: „A Politician and Rabbi to the Pope: Sergio Bergman" (Webinar): Website European Union of Progressive Judaism, https://eupj.org/a-politician-and-rabbi-to-the-pope-sergio-bergman/(Zugriff 9. November 2022).

38 Ibid.

39 Ibid.

40 Vgl. „Jewish friend who influenced Pope John Paul II": The Telegraph, 2. Jänner 2012. Quelle: https://www.telegraph.co.uk/news/religion (Zugriff 21. November 2022).

41 Siehe dazu Ivereigh, Austen: The Great Reformer. Francis and the Making of a Radical Pope. New York: Picador/Henry Holt & Co. 2015, 323ff.

42 Vgl. Fredericks, James L.: „Francis's interreligious friendships: soccer and lunch, followed by dialogue": Commonweal 141, Nr. 13 (2014), 13–16, hier 13, https://digitalcommons.lmu.edu/theo_fac/36/(Zugriff 21. November 2022).

43 Mitteilung Rabbiner Abraham Skorka (E-Mail, 26. Jänner 2022).

44 Ibid.

45 Vgl. Papst Franziskus: Über Himmel und Erde, 226.

46 Dokumentiert auf YouTube „Jorge Bergoglio (Papst Franziskus) und Rabbiner Abraham Skorka im interreligiösen Dialog" (Original mit deutschen Untertiteln), https://www.youtube.com/watch?v=5havDRcN7LE (Zugriff 21. November 2022).

47 Papst Franziskus: Über Himmel und Erde, 14f.

48 Elijah Interfaith Institute, Serie „Make Friends", 14. Juni 2017, „Pope Francis/Rabbi Abraham Skorka", https://www.youtube.com/makefriends (Zugriff 9. November 2022).

49 Ansprache bei der Begegnung mit den beiden Oberrabbinern Israels, 26. Mai 2014.

50 Vgl. Hofmann SDB, Norbert: „Aufwind im jüdisch-katholischen Dialog durch Papst Franziskus": FrRu NF 21 (2014) Nr. 2, 124.

51 Für die folgenden Informationen danke ich Rabbiner Ale Avruj (E-Mail 3. Dezember 2022).

52 Siehe Ivereigh: Great Reformer, 305.

53 Rabbiner Ale Avruj, E-Mail 3. Dezember 2022.

54 Ibid.

55 Modino, Luis Miguel: „Luis Liberman: ‚Bergoglio para mí es un maestro inspirador'": Website REPAM – Red Eclesial Panamazonica, 15. Juli 2020, https://redamazonica.org/2020/07/luis-liberman-bergoglio-para-mi-es-un-maestro-inspirador/ (Zugriff 9. November 2022).

56 Website Cátedra del Diálogo y La Cultura del Encuentro, https://www.encuentromundi.org/en (Zugriff 21. Dezember 2022).

57 Persönliche Mitteilung Prof. Luis Liberman (E-Mail, 11. Juli 2022).

58 Vgl. Montenegro, Silvia: „Institutionalizing Islam in Argentina. Comparing Community and Identity Configurations", in: Logroño Narbona, Maria del Mar/Pinto, Paulo G./Karam, John Tofik (Hgg.), Crescent over Another Horizon. Islam in Latin America, the Caribbean, and Latino USA. Austin: University of Texas Press, 2015, 85–106, hier 85.

59 Zur Rolle des CIRA für den interreligiösen Dialog in Argentinien siehe López-Brenes, Manuel Enrique/Marín-Guzmán, Roberto: „Interreligious Dialogue in Ar-

gentina in the Twentieth Century Up to the Pontificate of John Paul II. A Search for Peace, Understanding, and Tolerance", in: Baisotti, Pablo Alberto/Esquivel, Ricardo Martínez (Hgg.), Modernity of Religiosities and Beliefs: A New Path in Latin America from the Nineteenth to the Twenty-First Century. Lanham/Boulder/New York: Lexington Books, 2021, 123ff.

60 Vgl. López-Brener/Matín-Guzmán: „Interreligious Dialogue", 136.

61 Vgl. López-Brener/Matín-Guzmán: „Interreligious Dialogue", 126.

62 Vgl. Ivereigh: The Great Reformer, 321f.

63 López Dusil, Ricardo (Hg.): Todos bajo un mismo cielo: Diálogos entre la cultura católica, judía y musulmana. Buenos Aires: Edhasa, 2005.

64 Mitteilung Prof. Luis Liberman (E-Mail 11. Juli 2022).

65 Vgl. Website World Jewish Congress, 16. Jänner 2014, https://www.worldjewishcongress.org/en/news/pope-francis-hosts-argentine-jewish-leaders-for-kosher-lunch (Zugriff 21. November 2022).

66 Zitiert nach O'Connell, Gerard: „Pope Francis and Rabbi Skorka make history in the Vatican": La Stampa, 29. September 2013, https://www.lastampa.it/vatican-insider/en/2013/09/29/news/pope-francis-and-rabbi-skorka-make-history-in-the-vatican-1.35984471 (Zugriff 21. November 2022).

67 „Claudio Epelman: ‚Interreligious coexistence is possible and Argentina is proof of this'": Website KAICIID, 27. Juni 2016, https://www.kaiciid.org/news-events/news/claudio-epelman-"interreligious-coexistence-possible-and-argentina-proof-" (Zugriff 21. November 2022).

68 Siehe z. B. Ansprache in der Moschee in Baku. In diesem Band S. 154ff, Nr. 24.

69 Ansprache an die Delegation der „Anti-Defamation"-Liga, 9. Februar 2017.

70 Siehe dazu Fares: Heart, Kap. 2. – Jorge Bergoglio ging 1986 nach Deutschland, um seine Dissertation über Romano Guardini fertigzustellen.

71 Romano Guardini: Brief an Jacob Laubach vom 21. November 1967. Zitiert nach Borghesi: Catholic Discordance, 30.

72 Massimo Borghesi: The Mind of Pope Francis: Jorge Mario Bergoglio's Intellectual Journey. Transl. Barry Hudock. Collegeville, MN: Liturgical Press, 2018; ders.: „The Polarity Model. The Influences of Gaston Fessard and Romano Guardini on Jorge Mario Bergoglio", in: Brian Y. Lee/Thomas L. Knoebel (eds.), Discovering Pope Francis. The Roots of Jorge Mario Bergoglio's Thinking. Collegeville, MN: Liturgical Press, 2019, Kap. 5.

73 Pope Francis in conversation with Austen Ivereigh: Let Us Dream: The Path to a Better Future. New York: Simon & Schuster, 2020, 78.

74 Ibid., 79.

75 Fares: Heart, 50.

76 Jorge Mario Bergoglio: „Educating in the Culture of Encounter". Positionspapier über Bildung am Hauptsitz des Christlichen Unternehmensverbands, 1. September 1999. In: In Your Eyes I See My Words, Vol. 1, 17–26. Eigene Übersetzung.

77 Bergoglio: Educating in the Culture of Encounter, 18.

78 Ibid., 19.

79 Ibid.

80 Bergoglio: Educating in the Culture of Encounter, 20.

81 Ibid.

82 Ibid.

83 Ivan Illich: „Philosophy – Artifacts – Friendship". Vortrag bei der 70. Jahrestagung der American Catholic Philosophy Association am 23. März 1996 in Los Angeles, https://www.aislingmagazine.com/aislingmagazine/articles/TAM28/Artifacts.html (Zugriff 2. Dezember 2022). Für den Hinweis auf den Vortrag danke ich Franz Tutzer („Radikale Kritik der Moderne": Furche 48, 1. Dezember 2022, 9).

84 Z. B. beim Treffen mit dem Obersten Buddhistischen Patriarchen von Thailand im November 2019. In diesem Band S. 210ff, Nr. 37.

85 Siehe Papst Franziskus: „Mit Friede gewinnt man alles", S. 170f.

86 Siehe S. 152ff, Nr. 23.

87 Zum Beispiel das Essen mit dem Großimam der al-Azhar Dr. al-Ṭayyib im November 2017 in Rom, bei dem die Idee für das „Dokument über die menschliche Geschwisterlichkeit" entstand (siehe Einleitung zu Text Nr. 34, S. 190ff).

88 Vgl. Aguilar, Mario I.: Pope Francis. His Life and Thought. Cambridge: Lutterworth Press, 2014, 158ff.

89 Vgl. Hofmann SDB, Norbert: „Der Aufwind im jüdisch-katholischen Dialog durch Papst Franziskus": FrRu NF 21 (2014), Nr. 2, 123–127, hier 123.

90 Kasper, Walter Kardinal (im Gespräch mit Raffaele Luise): Das Feuer des Evangeliums. Mein Weg mit Papst Franziskus. Aus dem Italienischen übersetzt von Gabriele Stein. Ostfildern: Patmos, 2016, 207f.

91 Vgl. Dupuis, Jacques: Toward a Christian Theology of Religious Pluralism. Maryknoll, NY: Orbis, 1997, 193ff.

92 Vgl. Aguilar: Pope Francis, 161.

93 Vgl. Ivereigh: Great Reformer, 330.

94 Vgl. Catalano, Roberto: „Pope Francis' Four Words to Meet the Challenge of Migrations: Welcoming, Protecting, Promoting and Integrating", in: Dias, Darren J./Skira, Jaroslav Z./Attridge, Michael S./Mannion, Gerard (Hgg.), The Church, Migration, and Global (In)Difference (Pathways for Ecumenical and Interreligious Dialogue). Cham: Palgrave Macmillan, 2021, 223–240, hier 225.

95 Vgl. „Global Religious Leaders Issue Joint Declaration for Eradication of Modern Slavery": Website White House/President Barack Obama, 5. Dezember 2014, https://obamawhitehouse.archives.gov/blog/2014/12/05/global-religious-leaders-issue-joint-call-eradication-modern-slavery (Zugriff 21. November 2022). – Ich danke Scheich Mohammed al-Hilli (Direktor, „Noor Islamic Education", UK) für die Zusendung des Gruppenfotos von der Veranstaltung (E-Mail 20. April 2022).

96 Ansprache bei der Begegnung mit den Bischöfen Asiens im Heiligtum von Haemi (Südkorea), 17. August 2014.

97 Vgl. Brunelli, Lucio: „Cattolici e Guerra: una nuova seta: Eco I christianistic": Vita, 26. Oktober 2001. Zitiert nach Borghesi, Massimo: Catholic Discordance. Neocon-

servativism vs. the Field Hospital Church of Pope Francis. Transl. by Barry Hudock. Collegeville, Minnesota: Liturgical Press Academic, 2021, 17.

98 Goubet, Guillaume/Maillard, Sébastian: „Interview with Pope Francis by La Croix“: La Croix, 26. Dezember 2016, https://international.la-croix.com/news/religion/interview-with-pope-francis-by-la-croix/3184 (Zugriff 21. November 2022).

99 Körner SJ, Felix: „Humanität als Identität, Alterität und Authentizität. Zur Kriteriologie des Religionsdialogs bei Papst Franziskus“, in: Eckholt, Margit/El Mallouki, Habib/Etzelmüller, Gregor (Hgg.), Religiöse Differenzen gestalten. Hermeneutische Grundlagen des christlich-muslimischen Gesprächs. Freiburg/Basel/Wien: Herder, 2020, 249–267, hier 252.

100 Ansprache bei der interreligiösen Begegnung, Founder's Memorial, Abu Dhabi (VAE), 4. Februar 2019.

101 Roberts, Stephen B.: „Is the Pope Catholic?“, in: Kasimov/Race (Hgg.), Pope Francis and Interreligious Dialogue, 134f.

102 Siehe z. B. Egnell, Helene: „Is Pope Francis an Anonymous Feminist?“, in: Kasimov/Race (Hgg.), Pope Francis and Interreligious Dialogue, 113–128, hier 121f.

103 Vgl. Moyaert, Marianne: Fragile Identities. Towards a Theology of Interreligious Hospitality. Amsterdam: Editions Rodopi, 2011, 280.

104 Berger, Peter: „Pluralism, Uncertainty, and Interreligious Dialogue“: Inculturation 6, no. 2 (1991), 4.

105 Ibid.

106 Elijah Interfaith Institute, Serie „Make Friends“, https://elijah-interfaith.org/addressing-the-world/make-friends (Zugriff 21. Dezember 2022).

107 Predigt bei der hl. Messe in Santa Marta, 8. Mai 2013: OR dt. Nr. 20, 17. Mai 2013, 8; vgl. Benedikt XVI.: Homilie bei der Eucharistiefeier zur Eröffnung der V. Generalkonferenz der Bischöfe von Lateinamerika und der Karibik, Aparecida, 13. Mai 2007. – Franziskus zitiert die Aussage u. a. in seiner Ansprache an die Bischöfe Asiens in Südkorea (17. August 2014) und in seiner Ansprache in Rabat (31. März 2019).

108 Scalfari, Eugenio: „The Pope: how the church will change“: La Repubblica, 1. Oktober 2013, https://www.repubblica.it/cultura/2013/10/01/news/pope_s_conversation_with_scalfari_english-67643118/(Zugriff 21. November 2022).

109 Siehe zu diesem Thema auch die Pressekonferenz beim Rückflug von Mauritius, 10. September 2019.

110 Ansprache an die Teilnehmer der Vollversammlung des Päpstlichen Rats für den Interreligiösen Dialog, 28. November 2013; vgl. zu diesem Thema die Ansprache bei der Begegnung mit Priestern, Ordensleuten und dem Ökumenischen Rat der Kirchen, Kathedrale von Rabat, 31. März 2019.

111 Ansprache an die Teilnehmer des internationalen Friedenstreffens der Gemeinschaft Sant'Egidio, Clementina-Saal, 30. September 2013. Siehe auch den Aufruf zum Frieden beim Angelus, Petersplatz, 1. September 2013.

112 Bamat, Tom/Bolton, Nell/Leguro, Myla/Omer, Atalia (Hgg.): Interreligious Action for Peace. Studies in Muslim-Christian Cooperation. Baltimore: Catholic Relief

Services, 2017; Catholic Relief Services: Learning Brief „Advancing Interreligious Peacebuilding“ (4. Februar 2019), https://www.crs.org/sites/default/files/tools-research/aip_learning_brief_1_feb2019.pdf (Zugriff 21. November 2022).

113 Co-Direktor des Centre for Interreligious Dialogue der Fokolare-Bewegung, Rocca di Papa, Rom.

114 Catalano, Roberto: „Pope Francis' Culture of Dialogue as Pathway to Interfaith Encounter: A Special Focus on Islam“: Religions 13 (März 2022), 1–22, hier 4, https://www.mdpi.com/2077-1444/13/4/279 (Zugriff 21. November 2022).

115 Siehe dazu Zygmunt Bauman: Die Angst vor den anderen. Ein Essay über Migration und Panikmache. Aus dem Englischen übersetzt von Michael Bischoff. Berlin: Suhrkamp, 2016.

116 Z. B. die Fußwaschung am Gründonnerstag 2008 für Bewohner eines Zentrums für drogenabhängige Jugendliche, die in einer Kirche in einem Armenviertel von Buenos Aires stattfand. Foto im Artikel von Winters, Michael Sean: „Theology of the people critical to understanding Francis. Review: 'Pope Francis and the Theology of the People' by Rafael Luciani (Part 1)“: National Catholic Reporter, 12. Februar 2018, https://www.ncronline.org/news/opinion/distinctly-catholic/(Zugriff 7. Juli 2022).

117 Predigt bei der Abendmahlsfeier, Castelnuovo di Porto, 24. März 2016.

118 Siehe das Video von romereports.com: „Pope washes the feet of Muslim refugees: We are brothers, we all want to live in peace“, https://www.youtube.com/watch?v=aJiaZBRqoE (8. November 2022).

119 Papst Franziskus: „Mit Frieden gewinnt man alles“, 107f.; vgl. Ansprache an die Jugendlichen beim Weltjugendtag in Krakau, 30. Juli 2016.

120 Vgl. Phippen, J. Weston: „The Pope of the Poor in Ciudad Juarez“: The Atlantic, 18. Februar 2016, https://www.theatlantic.com/national/archive/2016/02/pope-mexico/463134/(Zugriff 8. November 2022).

121 Vgl. Yardley, Jim: „Pope Francis Takes 12 Refugees Back to Vatican After Trip to Greece“: New York Times, 16. April 2016, https://www.nytimes.com/2016/04/17/world/europe/pope-francis-visits-lesbos-heart-of-europes-refugee-crisis.html (Zugriff 8. November 2022).

122 Vgl. Giuffrida, Angela: „Pope's aide takes 33 refugees to Rome after visit to ‚shameful' Lesbos camp“: The Guardian, 5. Dezember 2019, https://www.theguardian.com/world/2019/dec/05/popes-aide-takes-33-refugees-to-rome-after-shameful-lesbos-visit (Zugriff 8. November 2022).

123 Es handelte sich nicht um ein interreligiöses Gebet im engeren Sinn, bei dem Gläubige verschiedener Tradition mit gemeinsam laut gesprochenen Worten beten. Siehe zum Thema Fürlinger, Ernst: „Interreligiöses Gebet in einer verwundeten Welt. Das Friedensgebet in Assisi 1986 – und ein Vorschlag für einen Weltgebetstag für den Frieden mit der Natur“, in: Delgado, Mariano/Leppin, Volker (Hgg.), Homo orans. Das Gebet im Christentum und in anderen Religionen (Studien zur christlichen Religions- und Kulturgeschichte 30). Basel/Stuttgart: Schwabe/Kohlhammer, 2022, 419–456, hier 440ff.

124 Pressekonferenz beim Rückflug von Panama nach Rom, 27. Jänner 2019.

125 Zum Hintergrund des Zitats und zum Einfluss von Samir Khalil auf Benedikt XVI.: Körner SJ, Felix, „Das Dialogverständnis der katholischen Kirche. Theologische Grundlegung“ in: Zeitschrift für Missionswissenschaft und Religionswissenschaft 101 (2017), 78–93, hier 83; Website Felix Körner SJ, https://www.felixkoerner.de/sites/default/files/2.56.pdf (Zugriff 22. November 2022).

126 Vgl. Valley, Paul: Pope Francis. Untying the Knots. The Struggle for the Soul of Catholicism. London/Oxford/New York et al.: Bloomsbury, 2. erw. Aufl. 2015, 8.

127 Ibid.

128 Vgl. Huus, Kari: „Let's start over. Muslim hopes Pope Francis will salvage relations“: NBC News, 21. März 2013, https://www.nbcnews.com/news/world/lets-start-over-muslims-hope-pope-francis-will-salvage-relations-flna1c8986259 (Zugriff 22. November 2022).

129 Ansprache an die Teilnehmer der 3. Internationalen Begegnung der Volksbewegungen, Vatikan, 5. November 2016. Er wiederholte die Aussage in seiner Botschaft zum Weltfriedenstag zum Thema „Gewaltlosigkeit“, 1. Jänner 2016.

130 Die strategische Analyse von sozialen, ökonomischen, politischen, kulturellen Ursachen von Gewalt ist der Kern der „strategischen Friedensbildung“ von R. Scott Appleby und John Paul Lederach: „Strategic Peacebuilding: An Overview“, in: Philpott, Daniel/Powers, Gerald (Hgg.), Strategies of Peace. Transforming Conflict in a Violent World. Oxford: Oxford University Press, 2010, 19–44. – Zu den sozialen, politischen, ökonomischen und ideologischen Bedingungen für das Entstehen dschihadistischer Bewegungen siehe auch Lohlker, Rüdiger: „Dschihadistischer Terrorismus“, in: Rothenberger, Liane/Krause, Joachim/Jost, Jannis/Frankenthal, Kira (Hgg.): Terrorismusforschung: Interdisziplinäres Handbuch für Wissenschaft und Praxis (ISPK-Studien zur Terrorismusforschung, 3). Baden-Baden: Nomos Verlag, 2022, 205–212; Smith, Tom/Solomon, Hussein (Hgg.): Exporting Global Jihad, vols. 1 and 2. London/New York/Oxford et al.: I.B. Tauris, 2020.

131 Botschaft aus Anlass des Treffens der Volksbewegungen in Modesto, Kalifornien, 16.–19. Februar 2017.

132 „Die große Revolution besteht in der Rückkehr zu den Wurzeln“. Interview mit Henrique Cymerman: La Vanguardia (Barcelona), 13. Juni 2014. Deutsche Übersetzung: OR dt. Nr. 28, 11. Juli 2014, 9f., hier 9.

133 Pressekonferenz beim Rückflug von Marokko, 31. März 2019.

134 *Misericordiae vultus.* Verkündigungsbulle des außerordentlichen Jubiläums der Barmherzigkeit, 11. April 2015, Nr. 23.

135 Pressekonferenz beim Rückflug von Polen nach Rom, 31. Juli 2016.

136 Vgl. Hofmann SDB, Norbert: „Der Aufwind im jüdisch-katholischen Dialog durch Papst Franziskus“: FrRu NF 21 (2014) Nr. 2, 123–127.

137 Klassen, William: „Peace“ in: A Dictionary of Jewish-Christian Relations, hg. Kessler, Edward/Wenborn, Neil. Cambridge: Cambridge University Press, 2005, 338.

138 Siehe Johannes Paul II.: „Die jüdische Religion ist für uns nicht etwas ‚Äußerliches‘, sondern gehört in gewisser Weise zum ‚Inneren‘ unserer Religion.“ (Ansprache beim Besuch der Großen Synagoge in Rom, 13. April 1986/4. Nissan 5746). Siehe dazu

Cunningham, Philip A.: Seeking Shalom. The Journey to Right Relationship between Catholics and Jews. Grand Rapids, Michigan/Cambridge, UK: William B. Eerdmans Publishing, 2015, 156.

139 Siehe z. B. Ansprache an die Delegation der „Anti-Defamation"-Liga, 9. Februar 2017; Ansprache an die Delegation der Bergjuden aus dem Kaukasus, 5. November 2018. In diesem Band S. 181ff, Nr. 32.

140 „Die große Revolution besteht in der Rückkehr zu den Wurzeln". Interview mit Henrique Cymerman: OR dt., 11. Juli 2014, 9f.

141 Siehe dazu Wolf, Hubert: „Die Öffnung der vatikanischen Archive zu Pius XII. – März 2020. Ein Dossier", in: Rolf Hochhuth. Der Stellvertreter. Ein christliches Trauerspiel. Hamburg 2021, 529–555.

142 Mayaki, Benedict: „Vatican opens archives on Pope Pius XII.": Vatican News, 2. März 2020, https://www.vaticannews.va/en/vatican-city/news/2020-03/holy-see-archives-pope-pius-xii-world-war-ii.html (Zugriff 8. November 2022).

143 Kommission für die religiösen Beziehungen zum Judentum: „Denn unwiderruflich sind Gnade und Berufung, die Gott gewährt" (*Röm* 11,29). Reflexionen zu theologischen Fragestellungen in den katholisch-jüdischen Beziehungen aus Anlass des 50-jährigen Jubiläums von „Nostra aetate" (Nr. 4), 10. Dezember 2015.

144 Elijah Interfaith Institute, Serie „Make Friends", 14. Juni 2017, „Pope Francis/Rabbi Abraham Skorka", https://www.youtube.com/makefriends (Zugriff 9. November 2022).

145 „To Do the Will of Our Father in Heaven: Toward a Partnership between Jews and Christians," 3. Dezember 2015.

146 Dokument „Zwischen Jerusalem und Rom. Gedanken zu 50 Jahren Nostra aetate". Deutsche Fassung: https://rabbifolger.net/2017/10/30/zwischen-jerusalem-und-rom-die-offizielle-deutsche-fassung/. Siehe dazu in diesem Band S. 166ff, Nr. 27 (Zugriff 21. Dezember 2022).

147 Siehe dazu z. B. Cunningham, Philip A.: Seeking Shalom. The Journey to Right Relationship between Catholics and Jews. Grand Rapids, Michigan/Cambridge, UK: William B. Eerdmans Publishing, 2015.

148 Greenberg, Eric/Fisher, Eugene: „A pope, two rabbis, and a new concern about supersessionism": Religion News Service, 17. September 2021, https://religionnews.com/2021/09/17/a-pope-two-rabbis-and-a-new-concern-about-supersessionism/ (Zugriff 8. November 2022).

149 „Mutter Erde" (*matre terra*) ist ebenso ein Ausdruck im „Sonnengesang" des Franz von Assisi.

150 Siehe dazu Kruip, Gerhard: „Buen Vivir – Gut leben im Einklang mit Mutter Erde: das kulturelle Erbe der Indigenen und die Suche nach einem anderen Fortschritt in Laudato si'": Amos international, Bd. 9 (2015), H. 4, 11–18, https://www.amosinternational.de/user/pages/02.magazine/issue-2015-4/amos_15-4-S11+Kruip.pdf?gcf07261c (Zugriff 22. November 2022).

151 Ansprache beim 2. Welttreffen der Volksbewegungen, Santa Cruz de la Sierra (Bolivien), 9. Juli 2015.

152 Homilie bei der Eucharistiefeier mit den indigenen Gemeinschaften von Chiapas, San Cristóbal de la Casas, 15. Februar 2016; vgl. die Aussagen über die indigenen Traditionen in der Ansprache bei der Begegnung mit den Bischöfen Kolumbiens, Kardinalspalast in Bogotá, 7. September 2017.

153 Dokumentation: Website Canadian Conference of Bishops, „Indigenous Delegation, March 28 to April 1, 2022 (Vatican City)", https://www.cccb.ca/indigenous-peoples/indigenous-delegation-march-28-to-april-1-2022-vatican-city/; Website Salt & Light Catholic Media Foundation, „A Journey Toward Healing & Reconciliation", https://slmedia.org/healing-reconciliation-journey; Glicksman, Kristina: „Understanding the Indigenous delegation to Rome: Some helpful resources", Website Salt & Light Catholic Media Foundation, 9. März 2022, https://slmedia.org/blog (Zugriff 22. November 2022).

154 Ansprache bei der Begegnung mit Vertretern der indigenen Völker in Kanada, 1. April 2022.

155 Peter C. Phan behauptet, Franziskus bezeichne die nichtchristlichen Religionen als „Kanäle" des Heiligen Geistes und baut seine Argumentation darauf auf („Pope Francis and Interreligious Encounter": Theological Studies 83,1 [2022], 25–47, hier 34). Der Text von EG bezieht allerdings den Ausdruck „Kanäle" (im spanischen Original *cauces*) auf die Zeichen und Riten der verschiedenen Religionen.

156 Predigt bei der Vesper am Fest der Bekehrung des Apostels Paulus, Basilika St. Paul vor den Mauern, 25. Jänner 2015.

157 Vgl. Dexinger, Ferdinand: „Samaritaner": TRE 29, 750–756, hier 752.

158 Vgl. Kasper: Das Feuer des Evangeliums, 212.

159 Deutsche Übersetzung: Dupuis, Jacques, Unterwegs zu einer christlichen Theologie des religiösen Pluralismus, hg. Ulrich Winkler (Salzburger Theologische Studien 38), Innsbruck/Wien: Tyrolia, 2010.

160 Vgl. Kongregation für die Glaubenslehre: Notifikation bezüglich des Buches von Jacques Dupuis „*Verso una teologia cristiana del pluralismo religioso*", 24. Jänner 2001.

161 Vgl. Knitter, Paul F.: „Nostra aetate: A Milestone in the History of Religions? From Competition to Cooperation", in: Cohen, Charles L./Knitter, Paul F./Rosenhagen, Ulrich (Hgg.), The Future of Interreligious Dialogue. A multi-religious conversation on Nostra aetate. Maryknoll, NY: Orbis Books, 2017, 45–58, hier 52.

162 Vgl. Phan, Peter C.: „Pope Francis and Interreligious Encounter": Theological Studies 83 (1) (2022), 25–47, hier: 31.

163 Knitter, Paul F.: „Pope Francis' Concern for Jews Is Genuine – But Until This Doctrine Is Abolished He'll Have Trouble Convincing Them": Religion Dispatches, 19. Oktober 2021, https://religiondispatches.org/pope-francis-concern-for-jews-is-genuine-but-until-this-doctrine-is-abolished-hell-have-trouble-convincing-them/ (Zugriff 22. November 2022).

164 Ansprache an die Teilnehmer und Teilnehmerinnen am Symposium, das die Organisation amerikanischer Staaten (OAS) und das Institut für den interreligiösen Dialog (IDI) in Buenos Aires organisiert haben, 8. September 2016.

165 Grußworte an eine Jugendpilgergruppe der Diözese Piacenza-Bobbio, 28. August 2013.

166 Ansprache bei der Begegnung mit den Bischöfen des Mittelmeerraums, Bari, 23. Februar 2020.

167 Zu dieser These nahm Rabbiner Abraham Skorka wie folgt Stellung: „Diese Frage war in unseren Gesprächen mit Papst Franziskus nie ein Thema. Ich stimme mit den Schlussfolgerungen Ihrer Analyse überein, aber Sie müssen dabei die besondere Beziehung des Christentums zum Judentum berücksichtigen, wie Sie in Evangelii gaudium sehen können." (E-Mail, 26. Mai 2022).

168 José Maria Vigil schreibt in diesem Zusammenhang über Papst Franziskus: „Sehr wahrscheinlich sieht er das Problem aus der Perspektive des päpstlichen Regierens, institutioneller Prioritäten und ‚politischer Vorsicht' (die ‚Kunst des Möglichen', nicht des Gebotenen oder Notwendigen)." Ders.: „‚Das christliche Zeugnis in einer multireligiösen Welt'. Eine kritische Analyse des Dokuments", in Krämer, Klaus/ Vellguth, Klaus (Hgg.), Christliches Zeugnis in einer multireligiösen Welt. Eine Einladung zum Dialog. Freiburg/Basel/Wien: Herder, 2020, 113–124, hier 124.

169 Ansprache beim ökumenischen und interreligiösen Treffen in Skopje, 7. Mai 2019.

170 Ibid.

171 Ansprache bei der Audienz für die Teilnehmer an der Begegnung der Päpstlichen Missionswerke, 9. Mai 2014: OR dt. Nr. 21, 23. Mai 2014, 7.

172 Amaladoss SJ, Michael: Interreligious Encounters: Opportunities and Challenges. Maryknoll, NY: Orbis Books, 2017, 147. – Der indische Theologe verbindet damit die Beobachtung: In Indien habe man sich zu eng auf den „Dialog der spirituellen Erfahrung" fokussiert und den Dialog des Lebens und Handelns vernachlässigt.

173 Päpstlicher Rat für den Interreligiösen Dialog, Kongregation für die Evangelisierung der Völker: Dialog und Verkündigung – Überlegungen und Orientierungen zum Interreligiösen Dialog und zur Verkündigung des Evangeliums Jesu Christi, 19. Mai 1991.

174 Siehe dazu auch das Dokument der Kommission für die religiösen Beziehungen zum Judentum: „Denn unwiderruflich sind Gnade und Berufung, die Gott gewährt" (10. Dezember 2015), Nr. 14, 15, 20.

175 Johannes Paul II.: Ansprache beim Besuch der römischen Synagoge, 13. April 1986.

176 Johannes Paul II.: Ansprache bei der Begegnung mit Vertretern der Jüdischen Gemeinde in Mainz, 17. November 1980.

177 Johannes Paul II.: Ansprache bei der Begegnung mit Vertretern der jüdischen Gemeinschaften in den USA, Miami, 11. September 1987.

178 Siehe z.B. Ansprache zum 50. Jahrestag der Eröffnung des Päpstlichen Instituts für arabische und islamische Studien in Rom, 24. Jänner 2015.

179 Die spanische Originalversion lautet: „*Los cristianos deberíamos acoger con afecto y respeto a los inmigrantes del Islam que llegan a nuestros países*" (Christen sollten die muslimischen Zuwanderer, die in unsere Länder kommen, mit Zuneigung und Respekt begrüßen).

180 Attaulah Siddiqui hat in Frage gestellt, ob die „Sprache der Reziprozität eine passende Basis für das Zusammenleben“ sei; vgl. „Pope Francis, Islam, and Dialogue“, in: Kasimow/Race (Hgg.), Pope Francis and Interreligious Dialogue, 175.

181 Eine religionstheologische Argumentation mit der sakramentalen Dimension anderer Religionen entfaltet Terrence Merrigan: „Towards an Incarnational Hermeneutics of Interreligious Dialogue“, in ders./Friday, John (Hgg.), The Past, Present, and Future of Interreligious Dialogue. Oxford: Oxford University Press, 2017, 17–27.

182 Laut dem damaligen Leiter des vatikanischen Presseamtes, P. Federico Lombardi SJ, sind „der spanische Originaltext und die italienische Übersetzung die Hauptreferenz des Schreibens“ (Pressekonferenz zur Präsentation des Schreibens am 26. November 2013). Für den Hinweis danke ich Frau Dr. Raphaela Pallin, Wien (E-Mail 6. Mai 2022).

183 Anm. d. Hg.: Dieser Satz ist ein Zitat aus der letzten Weihnachtsansprache von Papst Benedikt XVI. an die Mitglieder der Römischen Kurie am 21. Dezember 2012: „In der heutigen Situation der Menschheit ist der Dialog der Religionen eine notwendige Bedingung für den Frieden in der Welt und darum eine Pflicht für die Christen wie für die anderen Religionsgemeinschaften.“ Die Quelle ist hier nicht ausgewiesen.

184 Catholic Bishops’ Conference of India, Abschlusserklärung der XXX. Generalversammlung: The Church’s Role for a Better India, 8. März 2012, 8f.

185 Anm. d. Hg.: Die Formel von der gegenseitigen „Reinigung und Bereicherung“ im interreligiösen Dialog geht ursprünglich zurück auf das Dokument des vatikanischen Sekretariats für Nicht-Christen (ab 1988 Päpstlicher Rat für den interreligiösen Dialog) „Dialog und Mission“ (1984), Nr. 21.

186 Vgl. XIII. Ordentliche Vollversammlung der Bischofssynode unter dem Thema „Die neue Evangelisierung für die Weitergabe des christlichen Glaubens“ (7.–28. Oktober 2012), *Propositio* 53.

187 Johannes Paul II., Enzyklika *Redemptoris missio* (7. Dezember 1990), 56: *AAS* 83 (1991), 304.

188 Vgl. Benedikt XVI.: Ansprache an die Römische Kurie (21. Dezember 2012): *AAS* 105 (2013), 51; Zweites Vatikanisches Konzil, Dekret *Ad gentes* über die Missionstätigkeit der Kirche, 9; Katechismus der Katholischen Kirche, 856.

189 Anm. d. Hg.: Die offizielle deutsche Übersetzung auf der Website des Vatikans lautet „Angehörige des Islam“. Das spanische Original lautet: *„(los) creyentes del Islam“*.

190 Zweites Vatikanisches Konzil, Dogm. Konst. *Lumen gentium* über die Kirche, 16.

191 Internationale Theologenkommission: Das Christentum und die Religionen (1996), 72: *Ench. Vat.* 15, Nr. 1061.

192 Ibid.

193 Ibid., 81–87: *Ench. Vat.* 15, Nr. 1070–1076.

194 Dorff, Peter/Green, Arthur/Knobel, Peter et al. (2015): Rabbinic Letter on the Climate Crisis, https://theshalomcenter.org/civicrm/petition (Zugriff 22. November 2022).

195 Khalid, Fazlun: „Pope’s encyclical is a wake-up call to all religions“: The Tablet, 29. Juni 2015, https://www.thetablet.co.uk/blogs/1/669/pope-s-encyclical-is-a-wake-up-call-to-all-religions (Zugriff 22. November 2022).

196 Siehe zu den Reaktionen der Religionsgemeinschaften Heimbach-Steins, Marianne/ Stockmann, Nils: „Pope for Planet"? Laudato Si' als „dringliche Einladung zum Dialog" (LS 14) und das weltweite Echo auf die Enzyklika (Sozialethische Arbeitspapiere des Instituts für Christliche Sozialwissenschaften, 3). Münster, November 2015, 12f.

197 Knitter: „Nostra aetate: A Milestone in the History of Religions?", in: Cohen/Knitter/ Rosenhagen (Hgg.), Future of Interreligious Dialogue, 56f.

198 Ibid.

199 Website Interfaith Rainforest Initiative, https://www.interfaithrainforest.org.

200 Aufzeichnung des Webinars: Website Georgetown University, https://global.georgetown.edu/events/interreligious-responses-to-laudato-si (Zugriff 21. Dezember 2022).

201 Siehe dazu Fürlinger, Ernst: „The Threatened Symphony of Life: Towards a Social and Economic Practice of the Sanctity of the World": Religions (Doha), Issue 15 (January 2022), 68–97, https://www.researchgate.net/publication/357183687_The_Threatened_Symphony_of_Life_Towards_a_Social_and_Economic_Practice_of_the_Sanctity_of_the_World (Zugriff 21. Dezember 2022).

202 Vgl. Wilfred, Felix: „Die theologische Bedeutung von *Laudato Si'* in asiatischer Lektüre", in: Appel, Kurt/Deibl, Jakob Helmut (Hgg.), Barmherzigkeit und zärtliche Liebe. Das theologische Programm von Papst Franziskus. Freiburg/Basel/Wien: Herder, 2016, 305–322, hier 314.

203 Vgl. Godlas, Alan/Welle, Jason: „Another Note on a Footnote: ‚Alī al-Ḫawwāṣ revisited'": Islamochristiana 44 (2018), 269–273.

204 Siehe dazu Silber, Stefan: „‚Everything in the world is connected' (LS 16). Indigenous Knowledge in a Mission for Eco-justice", in: Kluj, Wojciech/Vellguth, Klaus/ Wijssen, Frans (Hgg.), Laudato si' and Mission (European Mission Studies 3). Warschau: UKSW, 2021, 69–86; Eleazar López Hernández: „Laudato Si'. Comentarios desde una perspectiva indígena": Voices (New Series) 39 (2016), No. 2, 105–116, https://www.academia.edu/30681390/VOICES_2016_2_Laudato_Si_and_Ecology (Zugriff 22. November 2022).

205 Josef Estermann: „La Filosofía Quechua", in: Enrique Dussel et al. (Hgg.), El Pensamiento filosófico latinoamericano del Caribe y „Latino", o. O., 2009, 38.

206 Für den Hinweis danke ich Dr. Josef Estermann (E-Mail 20. September 2022).

207 Carreras, Fernán Gustavo: „Sumak kawsay. Ein Modell aus der Peripherie für die Welt", in: Krämer, Klaus/Vellguth, Klaus (Hgg.), Schöpfung. Miteinander leben im gemeinsamen Haus (Theologie der Einen Welt 11). Freiburg/Basel/Wien: Herder, 2017, 246–265, hier 255.

208 „‚*Sarvaṁ sarvātmakam*' bedeutet, dass das Ganze in jedem Teil präsent ist, dass alles mit allem verbunden ist, dass alles aus allem gemacht ist." Bäumer, Bettina: Abhinavagupta's Hermeneutics of the Absolute. *Anuttaraprakriyā*. An Interpretation of his *Parātriśikā Vivaraṇa*. New Delhi: D.K. Printworld, 2011, 101.

209 Egnell, Helene: „Is Pope Francis an Anonymous Feminist?", in: Kasimow/Race (Hgg.), Pope Francis and Interreligious Dialogue, 113–128, hier 118.

210 Phan, Peter C.: The Joy of Religious Pluralism: A Personal Journey. Maryknoll: Orbis Books, 2017 (Epilogue).

211 Die spanische Fassung ist die Originalfassung. Siehe Sr. Bernadette Mary Reis: „Pope signs new Encycical ‚Fratelli tutti' on St. Francis's tomb in Assisi": Vatican News, 3. Oktober 2020. Für den Hinweis danke ich Dr. Raphaela Pallin.

212 Borelli, John: „Pope Francis and His Vision for Interreligious Dialogue", 8. September 2021. Quelle: https://paulist.org/the-conversation/pope-francis-and-his-vision-for-interreligious-dialogue/(Zugriff 4. November 2022).

213 Ibid.

214 Pressekonferenz beim Rückflug von Bagdad, 8. März 2021.

215 Zitiert in O'Connell, Gerard: „What Pope Francis' friendship with the Grand Imam of al-Azhar means for Muslim-Christian relations": America, 1. Dezember 2020, https://www.americamagazine.org/faith/2020/12/01/pope-francis-grand-imam-muslim-christian-relations-239368 (Zugriff 22. November 2022).

216 Middelbeck-Varwick, Anja: „Vom ‚neuen Traum der Geschwisterlichkeit'. *Fratelli tutti* als Stabilisator der katholisch-muslimischen Beziehungen", in: Nothelle-Wildfeuer/Schmitt (Hgg.): Unter Geschwistern?, 34–44, hier 38.

217 Siehe dazu Stemberger, Günter: Einleitung in Talmud und Midrasch. München: Beck, 9. Aufl. 2011, 28–31.

218 Stemberger: Einleitung in Talmud und Midrasch, 80. Siehe dazu Charlesworth, James H./Johns, Loren L. (Hgg.): Hillel and Jesus. Comparative Studies of two Major Religious Leaders. Minneapolis: Fortress Press, 1997.

219 Katholische Bischofskonferenz von Indien: Response of the Church in India to the present day Challenges, 9. März 2016.

220 Homilie in der heiligen Messe, Domus Sanctae Marthae, 17. Mai 2020.

221 Benedikt XVI.: Enzyklika *Caritas in veritate*, 29. Juni 2009, 19: *AAS* 101 (2009), 655.

222 Johannes Paul II.: Enzyklika *Centesimus annus*, 1. Mai 1991, 44: *AAS* 83 (1991), 849.

223 Ansprache an die Führer anderer Religionen und christlicher Konfessionen, Tirana, Albanien, 21. September 2014: OR (dt.), Jg. 44 (2014), Nr. 39, 26. September 2014, 7. In diesem Band S. 114ff, Nr. 11.

224 Dokument über die menschliche Geschwisterlichkeit für den Weltfrieden und das Zusammenleben, Abu Dhabi, Vereinigte Arabische Emirate, 4. Februar 2019: OR (dt.), Jg. 49 (2019), Nr. 7, 15. Februar 2019, 8. In diesem Band S. 190ff, Nr. 34.

225 Apostolisches Schreiben *Evangelii gaudium*, 24. November 2013, 256: *AAS* 105 (2013), 1123.

226 Benedikt XVI.: Enzyklika *Deus caritas est*, 25. Dezember 2005, 28: *AAS* 98 (2006), 240.

227 „Der Mensch ist ein Gemeinschaftswesen" [*zoon politikon*]: Aristoteles, *Politik* 1253a, 1–3.

228 Benedikt XVI.: Enzyklika *Caritas in veritate*, 29. Juni 2009, 11: *AAS* 101 (2009), 648.

229 Ansprache an die katholische Gemeinschaft, Rakovski, Bulgarien, 6. Mai 2019: OR (dt.), Jg. 49 (2019), Nr. 20/21, 17. Mai 2019, 8.

230 Homilie in der heiligen Messe, Santiago de Cuba, 22. September 2015: *AAS* 107 (2015), 1005.
231 Zweites Vatikanisches Ökumenisches Konzil: Erklärung *Nostra aetate* über das Verhältnis der Kirche zu den nichtchristlichen Religionen, 2.
232 Ansprache bei der ökumenischen Begegnung, Riga, Lettland, 24. September 2018: OR (dt.), Jg. 48 (2018), Nr. 41, 12. Oktober 2018, 8.
233 Lectio Divina an der Päpstlichen Lateran-Universität, 26. März 2019: OR (dt.), Jg. 49 (2019), Nr. 14, 5. April 2019, 10.
234 Paul VI.: Enzyklika *Ecclesiam suam*, 6. August 1964, 44: *AAS* 56 (1964), 650.
235 Begegnung mit Vertretern der Regierung und des öffentlichen Lebens Palästinas, Bethlehem, 25. Mai 2014: OR (dt.), Jg. 44 (2014), Nr. 22, 30. Mai 2014, 5.
236 Augustinus: *Enarrationes in Psalmos,* 130, 6: *PL* 37, 1707.
237 Gemeinsame Erklärung des Heiligen Vaters Papst Franziskus und des Ökumenischen Patriarchen Bartholomaios I., Jerusalem, 25. Mai 2014, 5: OR (dt.), Jg. 44 (2014), Nr. 22, 30. Mai 2014, 16.
238 Aus dem Film *Papst Franziskus – Ein Mann seines Wortes. Die Welt braucht Hoffnung* von Wim Wenders (2018).
239 Apostolisches Schreiben *Querida Amazonia*, 2. Februar 2020, 106.
240 Homilie in der heiligen Messe, Colombo, Sri Lanka, 14. Januar 2015: *AAS* 107 (2015), 139.
241 Dokument über die menschliche Geschwisterlichkeit für den Weltfrieden und das Zusammenleben, Abu Dhabi, Vereinigte Arabische Emirate, 4. Februar 2019: OR (dt.), Jg. 49 (2019), Nr. 7, 15. Februar 2019, 9. In diesem Band S. 190ff, Nr. 34.
242 Begegnung mit Vertretern der Regierung und des öffentlichen Lebens, Sarajevo, Bosnien-Herzegowina, 6. Juni 2015: OR (dt.), Jg. 45 (2015), Nr. 24, 12. Juni 2015, 7.
243 Ansprache anlässlich des von der Gemeinschaft Sant'Egidio organisierten Internationalen Friedenstreffens, 30. September 2013: OR (dt.), Jg. 43 (2013), Nr. 41, 11. Oktober 2013, 16.
244 „Dokument über die menschliche Geschwisterlichkeit für den Weltfrieden und das Zusammenleben".
245 Ibid.
246 Vgl. Charles de Foucauld: *Méditation sur le Notre Père*, 23. Januar 1897.
247 Ders.: *Lettre à Henry de Castries*, 29. November 1901.
248 Ders.: *Lettre à Madame de Bondy*, 7. Januar 1902. So nannte ihn auch der heilige Paul VI. und lobte sein Engagement: Enzyklika *Populorum progressio*, 26. März 1967, 12: *AAS* 59 (1967), 263.
249 „IJCIC, Representing World Jewry in Interreligious Dialogue, Elects Rabbi Noam Marans as Chair": https://www.ajc.org/news/ijcic-representing-world-jewry-in-interreligious-dialogue-elects-rabbi-noam-marans-as-chair (Zugriff 4. November 2022).
250 Vgl. Benedikt XVI.: Ansprache beim Besuch der römischen Synagoge, 17. Januar 2010.
251 Zur Geschichte der Aktivitäten des AJC im Bereich der Verständigung mit der ka-

tholischen Kirche siehe: American Jewish Committee, In Our Time. AJC and Nostra aetate: A Reflection after 50 Years (o.J.).

252 Vgl. Tanenbaum, Rabbi Marc H.: Manuskript „Jewish-Christian Relations. Heschel and Vatican Council II", 21. Februar 1983, 4, in: American Jewish Archives, MS-603: Rabbi Marc H. Tanenbaum Collection, 1945–1992.

253 Rabbiner Ale Avruj, E-Mail 3. Dezember 2022.

254 Ibid.

255 Beaumont, Peter: „Pope offers prayers at Israeli separation wall in Betlehem": Guardian, 25. Mai 2014, https://www.theguardian.com/world/2014/may/25/pope-francis-israeli-separation-wall-bethlehem (Zugriff 22. November 2022).

256 Ansprache vor Vertretern der Regierung und des öffentlichen Lebens Palästinas, 25. Mai 2014.

257 Benedikt XVI.: Ansprache am Internationalen Flughafen „Ben Gurion", Tel Aviv, 15. Mai 2009.

258 Ansprache beim Empfang am Internationalen Flughafen „Ben Gurion", Tel Aviv, 25. Mai 2014.

259 Ibid.

260 Pressekonferenz beim Rückflug von Tel Aviv nach Rom, 26. Mai 2014.

261 Gemeinsame Erklärung von Papst Franziskus und dem Ökumenischen Patriarchen Bartholomäus: OR dt. Nr. 22, 30. Mai 2014, 16.

262 Vgl. Beaumont, Peter: „Pope Francis makes unofficial stop at Israeli terrorism memorial": Guardian, 26. Mai 2014, https://www.theguardian.com/world/2014/may/26/pope-francis-unofficial-stop-israeli-terrorism-memorial (Zugriff 4. November 2022).

263 Vgl. Kohn, Rachael: „The embrace: Pope Francis and his friends, Abraham and Omar": ABC, 17. Juli 2015, www.cimer.org.au/wp-content/uploads/documents/Theembrace.pdf (Zugriff 22. November 2022).

264 „Pope visits Jerusalem holy sites on last day in Middle East": BBC News, 26. Mai 2014, https://www.bbc.com/news/world-middle-east-27571615 (Zugriff 4. November 2022).

265 Vgl. Beaumont: „Pope Francis", Guardian, 26. Mai 2014.

266 „Frieden schaffen als Baumeister mit offenem Herzen". Ansprache bei der Generalaudienz am 28. Mai 2014: OR dt. Nr. 23, 6. Juni 2014, 2.

267 UNO: „World Interfaith Harmony Week", https://www.un.org/en/observances/interfaith-harmony-week (Zugriff 21. Dezember 2022).

268 Omar, Majeda: „Promotion of the Amman Message in the Euro-Mediterranean Region": IEMed Mediterranean Yearbook 2017, https://www.iemed.org/publication/promotion-of-the-amman-message-in-the-euro-mediterranean-region/(Zugriff 22. November 2022).

269 Ibid.

270 Benedikt XVI.: Nachsynodales Apostolisches Schreiben *Ecclesia in Medio Oriente*, 26.

271 Vgl. Beaumont: „Pope Francis“, Guardian, 26. Mai 2014.

272 Yad Vashem/Die Besuche der Päpste: „Papst Franziskus begrüßt 6 Holocaustüberlebende“: https://www.yadvashem.org/de/about/pope-visits/francis/meetings.html (Zugriff 4. November 2022).

273 Tück, Jan-Heiner: „Wo bist du, Adam? Franziskus in Yad VaShem und die Frage nach dem Abgrund des Menschen“, in: Appel/Deibl (Hgg.), Barmherzigkeit und zärtliche Liebe, 386.

274 Ahrens, Jehoschua/Hofmann, Norbert Johannes: Geschwister auf einer gemeinsamen Suche. Aktuelle Chancen und Herausforderungen im jüdisch-katholischen Dialog. Mainz: Grünewald, 2021, 44f.

275 Grußwort bei der Begegnung mit den Religionsführern, Alte Kurie, Seoul, 18.August 2014.

276 Vgl. Benedikt XVI.: Homilie bei der Eucharistiefeier zur Eröffnung der V. Generalkonferenz der Bischöfe von Lateinamerika und der Karibik, Aparecida, 13. Mai 2007.

277 Pressekonferenz beim Rückflug von Sarajevo nach Rom, 6. Juni 2015.

278 Siehe Liveübertragung durch CTV/Vatican News, „Pope Francis in Tirana: Interreligious Meeting“, https://www.youtube.com/watch?v=CV96iH1KSOQ (Zugriff 4. November 2022).

279 Anm. d. Hg.: Diese Passage zitierte Franziskus in FT 171.

280 Pressekonferenz beim Rückflug nach Rom, 30. November 2014.

281 Videodokumentation: Nachrichtensendung PEO Norbert Johannes TV (Colombo), „Pope Francis in Sri Lanka: Visiting a Buddhist Temple“ (15. Juli 2020), https://www.youtube.com/watch?v=qLVL-9kYrTI (Zugriff 22. November 2022).

282 Pressekonferenz auf dem Flug von Colombo nach Manila, 15. Jänner 2015.

283 Ibid.

284 Website Conference of European Rabbis, https://rabbiscer.org/de/wer-wir-sind/geschichte/(Zugriff 22. November 2022).

285 Vgl. Ahrens/Hofmann: Geschwister auf einer gemeinsamen Suche, 86.

286 Vgl. Website Muslim Jewish Leadership Council, https://mjlc-europe.org/Mission (Zugriff 22. November 2022).

287 Dokumentation: Fernsehübertragung CTV mit englischem Kommentar: „Apostolic Journey to Sarajevo-Inter-religious meeting at the Franciscan International Study Center“, https://www.youtube.com/watch?v=rch_SDftRO0 (Zugriff 4. November 2022).

288 Website Council of Centers on Jewish-Christian Relations/News/Statements, https://ccjr.us/dialogika-resources/news (Zugriff 25. Jänner 2022).

289 Ansprache von Präsident Philip A. Cunningham: ibid.

290 „SJU Announces Details of Sculpture to Mark 50 Years of New Catholic-Jewish Relationship“: Website St. Joseph's University, 24. April 2015, https://www.sju.edu/news/sju-announces-details-sculpture-mark-50-years-new-catholic-jewish-relationship (Zugriff 7. November 2022).

291 Für das Foto der Skulptur und die Abdruckerlaubnis danke ich Professor Philip Cunningham (E-Mail 20.Jänner 2022).

292 Ansprache vor der UNO-Generalversammlung, New York, 25. September 2015.

293 Vgl. Boorstein, Michelle: „The story behind Pope Francis's interfaith service at ground zero“: Washington Post, 25. September 2015, https://www.washingtonpost.com/news/acts-of-faith/wp/2015/09/25/the-story-behind-pope-franciss-interfaith-service-at-ground-zero/(Zugriff 7. November 2022).

294 Liveübertragung: AFP Live, „Pope in US: Interreligious encounter at the Ground Zero memorial in New York“, https://www.youtube.com/watch?v=wpEvo7xFEHw (Zugriff 7. November 2022).

295 Website 9/11 Memorial & Museum, https://www.911memorial.org/visit/museum.

296 Predigt bei der Frühmesse in der Casa Santa Marta, November 2018. Zitiert in: Esteves, Junno Arocho, „Conference challenges negative stereotypes surrounding Pharisees“: America, 9. Mai 2019, https://www.americamagazine.org/faith/2019/05/09/conference-challenges-negative-stereotypes-surrounding-pharisees (Zugriff 7. November 2022).

297 Kessler, Edward: „‚The Church Also Is Enriched When She Receives the Values of Judaism.' Shared Faith Responses to Pope Francis and Interreligious Dialogue“, in: Kasimow/Race (Hgg.), Pope Francis and Interreligious Dialogue, 85–100, hier 92.

298 Vgl. Sievers, Joseph/Levine, Amy-Jill (Hgg.): The Pharisees. Grand Rapids, Michigan: William B. Eerdmans Publishing, 2021, x (epilogue).

299 Beitrag von Rabbiner David Rosen (American Jewish Committee) bei der Podiumsdiskussion „Will the Real Pharisees Please Stand Up?“ im Rahmen der internationalen Konferenz „Jesus and the Pharisees“, 8. Mai 2019. Videodokumentation (ab 20:55 Min.), https://www.jesusandthepharisees.org/Video (Zugriff 21. Dezember 2022).

300 Diese Einschätzung wird bestätigt von Rabbiner David Rosen (E-Mail 11. August 2022).

301 Siehe dazu den Bericht von Rabbiner Gilbert S. Rosenthal „A Conference Marking the Fiftieth Anniversary of Nostra aetate“: Website National Council of Synagogues (USA), https://nationalcouncilofsynagogues.org/wp-content/uploads/docs/(Zugriff 7. November 2022). Für Informationen zur Konferenz danke ich Rabbiner Rosenthal (E-Mail, 13. September 2022).

302 Dokumentation der Liveübertragung von CTV, „INTERRELIGIOUS General Audience 2015.10.28“, https://www.youtube.com/watch?v=JDChmjcB854 (Zugriff 7. November 2022).

303 Vgl. „Pope in Kenya: Addresses of Religious Kenyan Leaders during Ecumenical and Interreligious Meeting. Website Salt & Light Media, 26. November 2015, https://slmedia.org/blog/pope-in-kenya-addresses-of-religious-kenyan-leaders-during-ecumenical-and-interreligious-metting (Zugriff 7. November 2022).

304 Siehe dazu Chonka, Peter: „‚Globalized‘ Jihad, Political Conflict, and Conspiracy Theoretization Across a Fragmented Somalia“, in: Smith/Solomon (Hgg.): Exporting Global Jihad, Vol. 1, 13–36.

305 Sherwood, Harriet: „Pope Francis visits besieged mosque in Central African Republic“: The Guardian, 30. November 2015, https://www.theguardian.com/world/2015/nov/30/pope-francis-mosque-central-african-republic (Zugriff 7. November 2022).

306 Papst Franziskus: „Mit Frieden gewinnt man alles“, 32f.

307 Pew Research Center: The Future of World Religions: Population Growth Projections, 2010–2050, https://www.pewresearch.org/religion/2015/04/02/religious-projections-2010-2050/(Zugriff 22. November 2022). Zahlen von 2010.

308 Vgl. International Crisis Group, Central African Republic: From Armed Groups to Communal Violence, 21. September 2015, https://www.crisisgroup.org/fr/africa/central-africa/central-african-republic/central-african-republic-armed-groups-communal-violence (Zugriff 7. November 2022).

309 Vgl. Geneva Liaison Office of the World Evangelical Alliance, The contribution of the interfaith platform to the reconciliation process in the Central African Republic, June 2014. Quelle: UN Human Rights Office; Geneva Liaison Office of the World Evangelical Alliance, Making peace reality – the impact of the Interfaith Peace Platform on the peace process in the Central African Republic (April 2018). – Ich danke Herrn Albert Hengelaar (World Evangelical Alliance) für die Zusendung des Textes.

310 Vgl. Cusimano Love, Maryann: „Fratelli tutti, Lessons learned from interreligious action, and the Catholic Church“, in: Seiple, Chris/Hoover, Dennis R. (Hgg.), The Routledge Handbook of Religious Literacy, Pluralism, and Global Engagement. London/New York: Routledge, 2022.

311 Vgl. Hipple, J. Andreas: „Foreword“, in: Bamat et al. (Hgg.): Interreligious Action for Peace, vi; zum Konflikt in der Republik und dem Wirken der interreligiösen Plattform siehe Talla, Jean Baptiste: „Central African Republic: Platforms for Social Cohesion“, in: Bamat et al. (Hgg.): Interreligious Action for Peace, 45–57.

312 Dokumentation: Radio Vaticana/CTV, Live-Übertragung, „Visit to the Great Synagogue of Rome 2016.01.17“, https://www.youtube.com/watch?v=QbtWYOz8MhE (Zugriff 7. November 2022).

313 Jansen, Thomas: „Zu Gast bei den ‚älteren Brüdern‘“: Jüdische Allgemeine, 18. Jänner 2016, https://www.juedische-allgemeine.de/juedische-welt/zu-gast-bei-den-aelteren-bruedern/(Zugriff 22. November 2022).

314 Ibid.

315 Website Council of Centers on Jewish-Christian Relations: Addresses by Jewish Leaders to Pope Francis at Rome Synagogue, 17. Jänner 2016, https://ccjr.us/dialogika-resources/documents-and-statements/jewish/jewish-2016jan17 (Zugriff 22. November 2022).

316 Ibid. – Siehe dazu Magister, Sandro: „The ‚No‘ to Pope Francis from the Chief Rabbi of Rome“: Chiesa Espresso Online, 23. Jänner 2016, https://chiesa.espresso.repubblica.it/articolo/1351213bdc4.html?eng=y (Zugriff 22. November 2022).

317 Anm. d. Hg: hebr., „Vielen Dank“.

318 Anm. d. Hg.: Kommission für die religiösen Beziehungen mit den Juden: „Denn unwiderruflich sind Gnade und Berufung" (*Röm* 11,29). Reflexionen zu theologischen

Fragestellungen in den katholisch-jüdischen Beziehungen aus Anlass des 50-jährigen Jubiläums von *Nostra aetate*, 10. Dezember 2015 (Verlautbarungen des Apostolischen Stuhls Nr. 203). Hg. vom Sekretariat der Deutschen Bischofskonferenz, Bonn 2016.

319 Im Jänner 2019 wurde die Einrichtung von Innenminister Matteo Salvini geschlossen.

320 Vgl. „Papst wäscht und küsst Flüchtlingen die Füße": Die Zeit, 24. März 2016, https://www.zeit.de/gesellschaft/2016-03/franziskus-papst-fluechtlinge-waschung?utm_referrer=https%3A%2F%2Fwww.google.at%2F; „Pope washes feet of Muslim migrants": CBS News, 24. März 2016, https://www.cbsnews.com/news/pope-washes-feet-of-muslim-migrants/; Video von Romereports.com: „Pope washes the feet of Muslim refugees: we are brothers, we all want to live in peace": YouTube, hochgeladen 24. März 2016, https://www.youtube.com/watch?v=aJia-ZBRqoE (Zugriff 22. November 2022).

321 Über die Moschee siehe Website Mosqpedia, https://mosqpedia.org/ar/mosque/269 (Zugriff 22. November 2022).

322 Vgl. Pullella, Philip/Bagirova, Nailia: „No more violence in God's name, Pope says on visit to mosque": ABS-CBN News, 3. Oktober 2016, https://news.abs-cbn.com/overseas/10/03/16/no-more-violence-in-gods-name-pope-says-on-visit-to-mosque (Zugriff 22. November 2022).

323 Vgl. F. M. Dostojewski: Die Brüder Karamasow, XI, 4, 8f.

324 Website: https://adyanfoundation.org

325 Website Adyan Foundation, „Interfaith Audience with Pope Francis on Mercy", https://adyanfoundation.org/2016/11/interfaith-audience-with-pope-francis-on-mercy/(7. November 2022).

326 Website KAICIID, „Mercy is a Universal Value", 3. November 2016, https://www.kaiciid.org/news-events/news/%E2%80%9Cmercy-universal-value%E2%80%9D-leaders-different-religions-join-interreligious-audience (Zugriff 7. November 2022).

327 Vgl. Liveübertragung durch Vatican News mit deutschsprachigem Kommentar, unter dem Titel „Incontro con i Partecipanti alla Conferenza Internazionale sulla Pace" YouTube, 28. April 2017, https://www.youtube.com/watch?v=_ZtdYwufxIM (Zugriff 7. November 2022).

328 Ibid.

329 Ibid.

330 Johannes Paul II., Ansprache an die muslimischen Autoritäten, Kaduna (Nigeria), 14. Februar 1982.

331 Johannes Paul II., Ansprache bei der Begrüßungszeremonie, Kairo, 24. Februar 2000.

332 Sie waren „als immerwährendes und überall gültiges universales Sittengesetz in das menschliche Herz eingeschrieben." Sie bieten die „wahre Grundlage für das Leben des einzelnen Menschen, der Gesellschaften und der Nationen". Sie sind „allein die Zukunft der menschlichen Familie. Sie bewahren den Menschen vor der zerstörenden Macht des Egoismus, Hasses und der Verlogenheit. Sie zeigen ihm alle falschen

Götter, die ihn zum Sklaven machen: Gott ausschließende Eigenliebe, Machtgier und Vergnügungssucht, die die Rechtsordnung umstürzen und unsere menschliche Würde und die unseres Nächsten erniedrigen": Johannes Paul II., Homilie während des Wortgottesdienstes auf dem Berg Sinai, Katharinenkloster, 26.

333 Vgl. Ansprache in der Moschee von Koudoukou, Bangui (Zentralafrikanische Republik), 30. November 2015.

334 „Mehr vielleicht als je zuvor in der Geschichte ist die innere Verbindung zwischen einer aufrichtigen religiösen Haltung und dem großen Gut des Friedens allen deutlich geworden": Johannes Paul II., Ansprache an die Vertreter der christlichen Kirchen und kirchlichen Gemeinschaften und der Weltreligionen, Assisi, 27. Oktober 1986.

335 Vgl. Apostolisches Schreiben *Evangelii gaudium,* 251.

336 II. Vatikanisches Ökumenisches Konzil, Erklärung *Nostra aetate, 5.*

337 Anm. d. Hg.: Der Papst sagt hier verstärkend *„fratelli tutti"* (Brüder von allen). Die englische Fassung der Ansprache auf der Website des Vatikans übersetzt frei: „All are brothers and sisters."

338 II. Vatikanisches Ökumenisches Konzil, Pastoralkonstitution *Gaudium et spes*, 37––.

339 Eigene Übersetzung aus dem Englischen.

340 Veröffentlicht als Anzeige in der New York Times und in der Baltimore Sun, 10. September 2000. Als akademische Ergänzung veröffentlichten die Initiatoren und Verfasser den Band: Frymer-Kensky, Tikva/Novak, David/Ochs, Peter/Fox Sandmel, David/Signer, Michael A. (Hgg.), Christianity in Jewish Terms. Boulder: Westview Press, 2000.

341 „Den Willen unseres Vaters im Himmel tun": Website Jewish-Christian Relations, https://www.jcrelations.net/de/statements/statement/den-willen-unseres-vaters-im-himmel-tun-hin-zu-einer-partnerschaft-zwischen-juden-und-christen.html (Zugriff 7. November 2022).

342 Deutsche Fassung: Website Deutsche Bischofskonferenz, www.dbk.de/fileadmin/redaktion/diverse_downloads/presse_2015/Vatikandokument-50-Jahre-Nostra-aetate.pdf (Zugriff 21. Dezember 2022).

343 Offizielle englische Fassung: Website Jewish-Christian Relations, https://www.jcrelations.net; Website Rabbiner Arie Folger, „Zwischen Jerusalem und Rom – die offizielle deutsche Fassung", https://rabbifolger.net (Zugriff 21. Dezember 2022).

344 „Gott wirkt weiterhin im Volk des Alten Bundes." Eine Antwort der Deutschen Bischofskonferenz auf die Erklärungen aus dem orthodoxen Judentum zum Verhältnis von Judentum und katholischer Kirche (29. Januar 2019), in: Sekretariat der Deutschen Bischofskonferenz (Hg.): „Gott wirkt weiterhin im Volk des Alten Bundes" (Papst Franziskus). Texte zu den katholisch-jüdischen Beziehungen seit *Nostra aetate.* Arbeitshilfen Nr. 307 (Bonn 2019), 193–202.

345 Vgl. Folger, Rabbiner Arie: „Wie hat sich das jüdisch-katholische Verhältnis seit dem Zweiten Vatikanischen Konzil verändert?", in: Zwischen Jerusalem und Rom. Dokumentation der gemeinsamen Fachtagung der Deutschen Bischofskonferenz und

der Orthodoxen Rabbinerkonferenz Deutschland (ORD) am 3./4. November 2019 in Berlin (Deutsche Bischofskonferenz, Arbeitshilfen Nr. 314), 29. April 2020, 7–21, hier 11.

346 Ibid., 10.

347 Ansprache beim Treffen mit religiösen Führern, 18. August 2014.

348 Vgl. Winfield, Nicole: „Vatican defends Pope Francis against criticism over Rohingya stance“: America, 29. November 2017, https://www.americamagazine.org/politics-society/2017/11/29/vatican-defends-pope-francis-against-criticism-over-rohingya-stance (Zugriff 7. November 2022).

349 Vgl. O'Connell, Gerard: „In Peru, Pope Francis says the church stands with the peoples of the Amazon and the earth“: America, 19. Jänner 2018, https://www.americamagazine.org/faith/2018/01/19/peru-pope-francis-says-church-stands-peoples-amazon-and-earth (Zugriff 22. November 2022).

350 Petrini, Carlo: Terrafutura. Gespräche mit Papst Franziskus über Ökologie, Migration und soziale Gerechtigkeit (orig. *Terrafutura. Dialoghi con Papa Francesco sulléco-logia integrale*, Florenz/Mailand 2020). Aus dem Italienischen von Franziska Kristen. Zürich: Rotpunktverlag, 2021, 43.

351 Vgl. Enzyklika *Laudato si'*, 146.

352 Vgl. ibid., 531.

353 Vgl. Website „World Congress of Mountain Jews“, https://wcmj.org/en/(Zugriff 22. November 2022).

354 Vgl. Altshuler, Mordechai: „A History of the Mountain Jews“, in: Mikdash-Shamailov, Liya (Hg.), Mountain Jews: Customs and Daily Life in the Caucasus. Jerusalem: The Israel Museum, 2002, 17–26.

355 Vgl. S. Snyder, James: „Foreword“, in: Mikdash-Shamailov (Hg.), Mountain Jews, 7.

356 Ansprache bei der interreligiösen Begegnung mit dem Scheich und Repräsentanten der anderen Religionsgemeinschaften des Landes, Heydar-Aliyev-Moschee, Baku (Aserbeidschan), 2. Oktober 2016. In diesem Band S. 155ff, Nr. 24.

357 Ansprache beim Neujahrsempfang für das beim Heiligen Stuhl akkreditierte Diplomatische Korps, 7. Jänner 2019.

358 Kardinal Michael Fitzgerald, zitiert von O'Connell, Gerard: „Why Pope Francis is traveling to the ‚heartland of the Muslim world“ (Interview): America, 3. Februar 2019, https://www.americamagazine.org/faith/2019/02/03/why-pope-francis-traveling-heartland-muslim-world (Zugriff 7. November 2022).

359 Vgl. O'Connell, Gerard: „Pope leads largest ever Christian act of worship in the Arabian peninsula“. America, 5. Februar 2019, https://www.americamagazine.org/faith/2019/02/05/pope-francis-leads-largest-ever-christian-act-worship-arabian-peninsula (Zugriff 7. November 2022).

360 Website „Muslim Council of Elders“, https://www.muslim-elders.com/en (Zugriff 22. November 2022).

361 Vgl. Willi, Victor J.: The Fourth Ordeal. A History of the Muslim Brotherhood in Egypt, 1968–2018. Cambridge, UK: Cambridge University Press, 2021, 325.

362 Vgl. Website: https://www.muslim-elders.com/HumanFraternity/global-conference.html (Zugriff 22. November 2022).

363 Dokumentation: Liveübertragung Vatican News, „Pope Francis – Abu Dhabi – Interreligious meeting 2019-02-04", (englischer Kommentar), https://www.youtube.com/watch?v=1xBDlyKzB84 (Zugriff 7. November 2022).

364 Siehe dazu Gomes, Robin: „What do religious leaders think about Abu Dhabi interfaith meeting?" VaticanNews, 4. Februar 2019, https://www.vaticannews.va/en/church/news/2019-02/pope-francis-uae-interfaith-interview-ballin-younan-schudrich.htm (Zugriff 7. November 2022).

365 Benedikt XVI.: Ansprache an die neuen Botschafter beim Heiligen Stuhl, 16. Dezember 2010.

366 Botschaft zur Feier des Weltfriedenstages, 1. Januar 2015, 2.

367 Erklärung *Nostra aetate* über das Verhältnis der Kirche zu den nichtchristlichen Religionen, 5.

368 Vgl. Ansprache an die Teilnehmer an der Internationalen Friedenskonferenz, al-Azhar Conference Centre, Kairo, 28. April 2017.

369 F. M. Dostojewski: Die Brüder Karamasov, II, 2.

370 Interreligiöse Generalaudienz, 28. Oktober 2015.

371 Die deutsche Übersetzung des Titels in diesem Band weicht von der Übersetzung auf der Website des Vatikans ab; siehe dazu Endnote 4.

372 Catalano: „Pope Francis", 2.

373 Freise, Josef: „Ansätze einer dialogischen interreligiösen Friedenstheologie bei Papst Franziskus", in: Papst Franziskus: Mensch des Friedens. Zum friedenstheologischen Profil des aktuellen Pontifikats. Im Auftrag von pax christi Deutschland herausgegeben von Wahl, Stefanie A./Silber, Stefan/Nauerth, Thomas. Freiburg/Basel/Wien: Herder, 2022, 51–77, hier 56.

374 Abdulsalam, Mohammad: The Pope and the Grand Imam: A Thorny Path. A Testimony to the Birth of the Human Fraternity Document. Dubai/Abu Dhabi/London: Motivate Publishing, 2021.

375 Abdulsalam: The Pope and the Grand Imam; zitiert in O'Connell, Gerard: „An inside look at how Pope Francis and the Grand Imam of al-Azhar have revolutionized Catholic-Muslim relations": America Magazine, 13. April 2021, https://www.americamagazine.org/faith/2021/04/13/pope-francis-grand-imam-catholic-muslim-abdel-salam-240436 (Zugriff 22. November 2022).

376 Vgl. „Azhar Grand Imam leaves for Italy": Egypt today, 6. November 2017, https://www.egypttoday.com/Article/1/31219/Azhar-Grand-Imam-leaves-for-Italy (Zugriff 7. November 2022).

377 Zitiert in: O'Connell, Gerard: „What Pope Francis' friendship with the Grand Imam of al-Azhar means for Muslim-Christian relations": America. The Jesuit Review, 1. Dezember 2020, https://www.americamagazine.org/(Zugriff 22. Dezember 2021).

378 Papst Franziskus: „Mit Frieden gewinnt man alles", 111.

379 Pressekonferenz auf dem Rückflug von Abu Dhabi, 5. Februar 2019.

380 Ibid.

381 Ibid.

382 Im arabischen Text steht *taʿāruf* , „gegenseitiges Kennen(lernen)", was auf Koran 49,13 verweist (vgl. Felix Körner: „Die Geschwisterlichkeit aller Menschen. Theologisch-islamwissenschaftlicher Kommentar zum Dokument von Abu Dhabi": Stimmen der Zeit, Heft 8 (August 2019), 605–618, hier 608.

383 Zum „Neuen Islamischen Diskurs" sowie einer kritischen Darstellung der bestehenden Unzulänglichkeiten bei der Gewährung von gleichen Bürgerrechten, einschließlich Religionsfreiheit, am Beispiel Ägypten siehe al-Ourimi, Nejia: „Pluralism and Diversity in the New Islamic Discourse: Opportunities and Challenges for Basic Freedoms and Citizenship", in: Petito, Fabio/Daou, Fadi/Driessen, Michael D. (Hgg.), Human Fraternity & Inclusive Citizenship: Interreligious Engagement in the Mediterranean. Milan: Ledizioni LediPublishing, 2021, 143–157, v. a. 153ff. – www.ideo-cairo.org/wp-content/uploads/2021/06/Human-Fraternity-and-Inclusive-Citizenship-Interreligious-Engagement-in-the-Mediterranean.pdf (Zugriff 21. Dezember 2022).

384 Website al-Azhar, Sektion „Charters and Decisions", http://www.onazhar.com/page2home2.php?page=3&page1=5&page2=2&pageNum_Recordset1=3 (Zugriff 22. November 2022). Siehe dazu Parolin, Gianluca P.: „Al-Azhar (?) on Fundamental Freedoms": Islamochristiana 38 (2012), 117–127.

385 al-Ourimi, Nejia: „Pluralism and Diversity in the New Islamic Discourse", 149.

386 Stellungnahme der al-Azhar zu den Grundfreiheiten, 8. Jänner 2012. Englische Übersetzung der Stellungnahme: Website Free Speech Debate, https://freespeechdebate.com/discuss/al-azhars-bill-of-rights/(Zugriff 23. November 2022).

387 Siehe dazu al-Ourimi: „Pluralism and Diversity", 150f.

388 https://www.marrakeshdeclaration.org (Zugriff 22. November 2022).

389 Siehe dazu Barbato, Mariano: „Postsecular Plurality in the Middle East: Expanding the Postsecular Approach to a Power Politics of Becoming": Religions 11 (2020), 1–11, hier 8, https://www.mdpi.com/2077-1444/11/4/162 (Zugriff 22. November 2022).

390 Englische Übersetzung der Erklärung: „There Are No Minorities, only Citizens", Website OASIS, 13. April 2017; siehe dazu Fahmi, Georges: „Al-Azhar and the Path Towards Inclusive Citizenship in Egypt", in: Petito/Daou/Driessen (Hgg.), Human Fraternity, 158-170, hier 161f.

391 Francesca Merlo: „Nobel Prize activist: ‚No human fraternity without women and girls'": Vatican News, 3. Februar 2022, https://www.vaticannews.va/en/vatican-city/news/2022-02/international-day-human-fraternity-4-february-leymah-gbowee.html (Zugriff 8. November 2022).

392 „The Higher Committee of Human Fraternity Includes Rabbi M. Bruce Lustig as a Member": Website Cision (PR Newswire), 17. September 2019, htps://www.newswire.ca/news-releases/the-higher-committee-of-human-fraternity-includes-rabbi-m-bruce-lustig-as-a-member-837186211.html (Zugriff 23. November 2022).

393 Vgl. https://www.unaoc.org/, United Nations Alliance of Civilizations (UNAOC) (Zugriff 23. November 2022).

394 https://www.forhumanfraternity.org/abrahamic-family-house/(Zugriff 23. November 2022).

395 https://med.ispionline.it/agendareligions-forum-human-fraternity-and-inclusive-citizenship/(Zugriff 23. November 2022).

396 Ibid. – Siehe dazu Petito/Daou/Driessen (Hgg.): Fraternity & Inclusive Citizenship.

397 Ibid.

398 Anm. d. Hg.: 2014 meinte Papst Franziskus, dass man von einem „dritten Krieg" sprechen könne, „der ‚in Stücken' (*a pezzi*) geführt wird, mit Verbrechen, Massakern, Zerstörung", siehe: Predigt bei der militärischen Gedenkstätte Redipuglia anlässlich des 100. Jahrestags des Ausbruchs des Ersten Weltkriegs, 13. September 2014.

399 Dokumentiert in Fürlinger (Hg.): „Der Dialog muss weitergehen", 220–228.

400 Siehe dazu die Bemerkungen des Papstes beim Angelusgebet, 17. März 2019.

401 Vgl. O'Collins, Gerard: „Pope Francis and Moroccan king sign appeal urging that Jerusalem remain open to all faiths": America, 30. März 2019, www.americamagazine.org/faith/2019/03/30/pope-francis-and-moroccan-king-sign-appeal-urging-jerusalem-remain-open-all-faiths (Zugriff 23. November 2022).

402 „Cardinal Ayuso: Symbols behind the Pope's meeting with the Buddhist Patriarch": Vatican News, 21. November 2019, https://www.vaticannews.va/en/vatican-city/news/2019-11/cardinal-ayuso-video-message-pope-meeting-buddhist-patriarch.html (Zugriff 8. November 2022).

403 Dokumentation: Rome Reports, „Reciprocal affection between pope and Buddhist Supreme Patriarch of Thailand", 21. November 2019, https://www.youtube.com/watch?v=0ApQfIqsf_A (Zugriff 8. November 2022).

404 Videodokumentation: Vatican News, „Pope Francis-Bangkok- Meeting with Religious Leaders 2019-11-22", https://www.youtube.com/watch?v=HFb3zAc3Y5c (Zugriff 8. November 2022).

405 Live-Übertragung Sant' Egidio International, 20. Oktober 2020, „International Meeting of Prayer for Peace – „No one is saved alone – Peace and fraternity" (italienischer und englischer Kommentar), https://www.youtube.com/watch?v=n6rnsnrScmQ (Zugriff 8. November 2022).

406 Website Gemeinschaft Sant' Egidio, https://preghieraperlapace.santegidio.org/pageID/31256/langID/en/Rome-2020.html (Zugriff 8. November 2022).

407 Vgl. Winfield, Nicole: „Vatican defends pope's Iraq trip amid virus as ‚act of love'": AP News, 2. März 2021, https://apnews.com/article/vatican-defend-pope-francis-iraq-visit-amid-coronavirus-26c6deb201f60ded9698b52aa66f110c (Zugriff 8. November 2022).

408 Vgl. Cindy Wooden (Catholic News Service), die den Papst auf der Reise begleitet hatte. Quelle: Georgetown University, Berkley Center, Webinar „The Visit of Pope Francis in Iraq", 6. Mai 2021, https://berkleycenter.georgetown.edu/events/the-visit-of-pope-francis-to-iraq (Zugriff 23. November 2022).

409 Nadia Murad zusammen mit Jenna Krajeski: Ich bin eure Stimme: Das Mädchen, das

dem Islamischen Staat entkam und gegen Gewalt und Versklavung kämpft. München: Knaur, 2017.

410 Ansprache bei der Begegnung mit den Vertretern der Regierung, der Zivilgesellschaft und dem Diplomatischen Korps, 5. März 2021.

411 Vgl. Vortrag Kard. Michael Fitzgerald: „Visit of Pope Francis to Iraq", Georgetown University, Berkley Center, Webinar „The Visit of Pope Francis in Iraq", 6. Mai 2021.

412 Vgl. Qassim Abdul Zahra/Samya Kullab: Intense preparations before pontiff meets Iraqi ayatollah: AP, 3. März 2021, https://apnews.com/article/pope-ayatollah-meeting-preparation-iraq-6ebc225f98c0f711f4e86227df34d517 (Zugriff 8. November 2022).

413 Vgl. Vortrag Kard. Fitzgerald: „Visit of Pope Francis to Iraq".

414 Vatican Media/shalomworld.org: Liveübertragung mit englischem Kommentar. „Interreligious meeting at Ur", https://www.youtube.com/watch?v=XylKuEkb-bQ (Zugriff 8. November 2022).

415 Brief von Rabbiner Rasson Arousi an Kardinal Kurt Koch, 12. August 2021 (deutsche Übersetzung durch den Herausgeber). Website Council of Centers on Jewish-Christian Relations, Kategorie „Dialogika", https://www.ccjr.us/dialogika-resources/themes-in-today-s-dialogue/catholic-law/arousi-2021aug12 (Zugriff 23. November 2022).

416 Vgl. „Vatikan reagiert auf jüdische Kritik an Papstansprache zur Thora": Vatican News, 10. September 2021, https://www.vaticannews.va/de/vatikan/news/2021-09/kardinal-koch-rabbiner-kritik-katechese-papst-arussi-sandmel.html (Zugriff 8. November 2022).

417 Riccardo Di Segni: „*Torah*, una lezione di rispetto": La Repubblica, 2. September 2021. Nicht offizielle englische Übersetzung: „Torah: A Lesson in Respect", Website Council of Centers on Jewish-Christian Relations, Dialogika Resources, https://ccjr.us/dialogika-resources/themes-in-today-s-dialogue/catholic-law/torah-a-lesson-in-respect (Zugriff 23. November 2022).

418 Ansprache bei der Generalaudienz, 29. September 2021.

419 Vgl. G20 Interfaith Forum, https://www.g20interfaith.org/g20-interfaith-forum-about/(Zugriff 23. November 2022).

420 Programm, Texte, Videos des Treffens: https://preghieraperlapace.santegidio.org – Roma-2021_6-Ott-2021.html (Zugriff 23. November 2022).

421 Siehe Vatican News – Deutsch: „Gebet und Begegnung der Religionen, 7. Oktober 2021", https://www.youtube.com/watch?v=4-4DNjyL6XQ (Zugriff 8. November 2022).

422 Vgl. „Buddhist delegation meets with DID to celebrate significant anniversary": Dicastery for Interreligious Dialogue, 17. Juni 2022, https://www.dicasteryinterreligious.va/buddhist-delegation-meets-with-did-to-celebrate-significant-anniversary/ (Zugriff 8. November 2022).

423 *OR. dt.*, Nr. 25 (23. Juni 1972), 3.

424 Vgl. Zengarini, Lisa: „Pope says he is 'deeply sorry'to Inidgenous People in Canada":

Vatican News, 25. Juli 2022, https://www.vaticannews.va/en/pope/news/2022-07/canada-pope-reiterates-shame-for-indian-residential-schools.html (Zugriff 8. November 2022).

425 National Centre for Truth and Reconciliation, https://nctr.ca/(8. November 2022).

426 Vgl. Assembly of First Nations: „Dismantling the Doctrine of Discovery", 22. Jänner 2018, https://www.afn.ca/wp-content/uploads/2018/02/18-01-22-Dismantling-the-Doctrine-of-Discovery-EN.pdf (Zugriff 23. November 2022).

427 Pressekonferenz beim Rückflug nach Rom, 29. Juli 2022.

428 Vgl. Johannes Paul II: Bulle *Incarnationis mysterium,* 29. November 1998, 11: *AAS* 91 (1999), 140.

429 Vgl. Gerard O'Connell: „Pope Francis in Bahrain: What to know and expect": America, 2. November 2022, https://www.americamagazine.org/faith/2022/11/02/pope-francis-bahrain-interreligious-muslim-244081 (Zugriff 17. November 2022).

430 Website: https://bahraindialogue.bh/sessions/(Zugriff 17. November 2022).

Literaturverzeichnis

(a) Primärliteratur Papst Franziskus

Bergoglio, Jorge/Pope Francis: In your Eyes I See My Words: Homilies and Speeches from Buenos Aires. Vol. 1: 1999–2004, hg. Antonio Spadaro SJ. Transl. Marina A. Herrera. New York: Fordham University Press, 2019.

Bergoglio, Jorge Mario/Pope Francis: In Your Eyes I See My Words. Homilies and Speeches from Buenos Aires, Vol. 2: 2005–2008, hg. Antonio Spadaro SJ. Transl. Marina A. Herrera. New York: Fordham University Press, 2020.

Bergoglio, Jorge/Pope Francis: In your Eyes I See My Words: Homilies and Speeches from Buenos Aires. Vol. 3: 2009–2013, hg. Antonio Spadaro SJ. Transl. Marina A. Herrera. New York: Fordham University Press, 2021.

Papst Franziskus: „Und jetzt beginnen wir diesen Weg". Die ersten Botschaften des Pontifikats. Freiburg/Basel/Wien: Herder, 2013.

Papst Franziskus: Mein Leben, mein Weg. Die Gespräche mit Jorge Mario Bergoglio von Sergio Rubin und Francesca Ambrogetti (orig. *El Jesuita. Conversaciones con el cardenal Jorge Bergoglio SJ*, Buenos Aires 2010). Vorwort von Rabbi Abraham Skorka. Freiburg/Basel/Wien: Herder, 2013.

Papst Franziskus: Über Himmel und Erde. Jorge Bergoglio im Gespräch mit dem Rabbiner Abraham Skorka (orig. *Sobre el cielo y la terra*, 2010). Hg. Diego F. Rosemberg. Aus dem Spanischen übersetzt von Silke Kleemann und Matthias Strobel. München: Riemann, 2013.

Papst Franziskus: „Mit Frieden gewinnt man alles". Im Gespräch mit Dominique Wolton über Politik und Gesellschaft (orig. *Politique et société. Rencontres avec Dominique Wolton*, 2017). Aus dem Französischen von Gabriele Stein. Freiburg/Basel/Wien: Herder, 2019.

Papst Franziskus: Wage zu träumen! Mit Zuversicht aus der Krise (orig. *Let Us Dream: The Path to a Better Future. Pope Francis in conversation with Austen Ivereigh*, New York 2020). München: Kösel, 2020.

Petrini, Carlo: Terrafutura. Gespräche mit Papst Franziskus über Ökologie, Migration und soziale Gerechtigkeit (orig. *Terrafutura. Dialoghi con Papa Francesco sullécologia integrale*, Florenz/Mailand 2020). Aus dem Italienischen von Franziska Kristen. Zürich: Rotpunktverlag, 2021.

Piqué, Elisabetta: „We Must reach out": America 212 (1) (6. Jänner 2015) (spanische Originalfassung des Interviews: *La Nacion*, 7. Dezember 2014).

(b) Sekundärliteratur Papst Franziskus

Aguilar, Mario I.: Pope Francis. His Life and Thought. Cambridge: Lutterworth Press, 2014.

Appel, Kurt/Deibl, Jakob Helmut (Hgg.), Barmherzigkeit und zärtliche Liebe. Das theologische Programm von Papst Franziskus. Freiburg/Basel/Wien: Herder, 2016.

Batlogg SJ, Andreas R.: Der evangelische Papst. Hält Franziskus, was er verspricht? München: Kösel, 2018.

Boff, Leonardo: Franziskus aus Rom und Franz von Assisi. Ein neuer Frühling in der Kirche (orig. *Francisco de Assis e Francisco de Roma*, 2013). Übersetzt von Bruno Kern. Kevelaer: Butzon & Bercker, 2014.

Boff, Leonardo: Universale Geschwisterlichkeit. Gesellschaftsordnung der Zukunft (orig. *Habitar a terra. Qual o caminho para a fraternidade universal?*, Petrópolis, 2021). Übersetzt von Bruno Kern. Münsterschwarzach: Vier-Türme-Verlag, 2022.

Borghesi, Massimo: The Mind of Pope Francis. Jorge Mario Bergoglio's Intellectual Journey. Transl. Barry Hudock (orig. Jorge Mario Bergoglio: *Una biografia intellettuale,* Milano 2017). Collegeville: Liturgical Press Academy, 2018.

Borghesi, Massimo: Catholic Discordance. Neoconservatism vs. the Field Hospital Church of Pope Francis (orig. *La Chiesa tra ideologia teocon e ‚ospedale da campo'*, Milan 2021). Translated by Barry Hudock. Collegeville, Minnesota: Liturgial Press Academic, 2021.

Deckers, Daniel: Papst Franziskus. Wider die Trägheit des Herzens. Eine Biographie. München: Beck, 2014.

Fares, Diego SJ: The Heart of Pope Francis. How a New Culture of Encounter is Changing the Church and the World (orig. 2014). With a Foreword by Antonio Spadaro SJ. Translated by Robert H. Hopcke. New York: Herder & Herder, 2015.

Ivereigh, Austen: The Great Reformer. Francis and the Making of a Radical Pope. New York: Picador/Henry Holt & Co., first edition 2014; with updated epilogue 2015.

Ivereigh, Austen: Wounded shepherd: Pope Francis and the struggle to convert the Catholic Church. New York: Henry Holt and Company, 2019.

Kasper, Walter Kardinal (im Gespräch mit Raffaele Luise): Das Feuer des Evangeliums. Mein Weg mit Papst Franziskus (orig. *Testimone della Mise-*

ricordia, 2015). Aus dem Italienischen übersetzt von Gabriele Stein. Ostfildern: Patmos, 2016.
Lee, Brian Y./Knoebel, Thomas L. (Hgg.): Discovering Pope Francis. The Roots of Jorge Mario Bergoglio's Thinking. Foreword by Pope Francis. Collegeville, MN: Liturgical Press, 2019.
Luciani, Rafael: Pope Francis and the Theology of the People (orig. *La Teología del Pueblo y el Papa Francisco*, Madrid 2016). Maryknoll: Orbis, 2017.
Mendes, Vitor Hugo: Liberación, un balance histórico a la luz de Aparecida y Laudato si. El aporte latinoamericano de Francisco („Befreiung, eine historische Bilanz unter dem Einfluss von Aparecida und Laudato si'. Der lateinamerikanische Beitrag von Franziskus"). Vol. 1 und 2. Curitiba: Editora Appris, 2021.
Piqué, Elisabetta: Pope Francis: life and revolution. A biography of Jorge Bergoglio (orig. *Francisco: Vida y revolución*, 2013). Foreword by Cardinal Seán Patrick O'Malley, O.F.M.Cap. Transl. Anna Mazzotti/Lydia Collins. Chicago: Loyola Press, 2014.
Riccardi, Andrea: Franziskus: Papst der Überraschungen. Krise und Zukunft der Kirche (orig. *La Sorpresa di Papa Francesco*, Milano 2013). Würzburg: Echter, 2014.
Scannone, Juan Carlos: „Pope Francis and the Theology of the People": Theological Studies 77, no. 1 (2016), 118–135.

(c) Sekundärliteratur Interreligiöser Dialog und Papst Franziskus

Amaladoss SJ, Michael: „Epilogue: Pope Francis and Dialogue", in: ders., Interreligious Encounters: Opportunities and Challenges. Maryknoll, NY: Orbis Books, 2017, 143–148.
Borelli, John: „Pope Francis and His Vision for Interreligious Dialogue", 8. September 2021. Quelle: www.paulist.org/the-conversation (Zugriff 21. Dezember 2022).
Borelli, John: „The Dialogue of Fraternity. Evangelii Gaudium and the Renewal of Ecumenical and Interreligious Dialogue", in: Mannion, Gerard (Hg.), Pope Francis and the Future of Catholicism: *Evangelii Gaudium* and the Papal Agenda. Cambridge: Cambridge University Press, 2017, 221–243.
Catalano, Roberto: „Pope Francis' Four Words to Meet the Challenge of Migrations: Welcoming, Protecting, Promoting and Integration", in: Dias, Dar-

Church, Migration, and Global (In)Difference (Pathways for Ecumenical and Interreligious Dialogue). Cham, Switzerland: Palgrave Macmillan, 2021, 223–240.

Catalano, Roberto: „Pope Francis' Culture of Dialogue as Pathway to Interfaith Encounter: A Special Focus on Islam“: Religions 13 (März 2022), 1–22.

Fredericks, James L.: „Francis's interreligious friendships: soccer and lunch, followed by dialogue“: Commonweal 141, no. 13 (2014), 13–16.

Freise, Josef: „Ansätze einer dialogischen interreligiösen Friedenstheologie bei Papst Franziskus“, in: Papst Franziskus: Mensch des Friedens. Zum friedenstheologischen Profil des aktuellen Pontifikats. Im Auftrag von pax christi Deutschland herausgegeben von Wahl, Stefanie A./Silber, Stefan/Nauerth, Thomas. Freiburg/Basel/Wien: Herder, 2022, 51–77.

Impagliazzo, Marco: „Pope Francis and Islam“, in: Volder, Jan De (Hg.), The Geopolitics of Pope Francis. Leuven/Paris/Bristol: Peeters, 2019, 151–167.

Kasimov, Harold/Race, Alan (Hgg.), Pope Francis and Interreligious Dialogue. Religious Thinkers Engage with Recent Papal Initiatives (Pathways for Ecumenical and Interreligious Dialogue). Cham, Switzerland: Palgrave Macmillan, 2018.

Körner, Felix: „Offen in Wahrheit und Liebe. Evangelii Gaudium und der katholisch–muslimische Dialog“: CIBEDO-Beiträge 1/2014, 4–13.

Körner, Felix: „Das Dialogverständnis der katholischen Kirche. Eine theologische Grundlegung“: Zeitschrift für Missionswissenschaft und Religionswissenschaft 101 (2017), 78–93.

Körner, Felix: „Humanität als Identität, Alterität und Authentizität. Zur Kriteriologie des Religionsdialogs bei Papst Franziskus“, in: Eckholt, Margit/Etzelmüller, Gregor/Mallouki, Habib El (Hgg.), „Kon-kurrenz“. Hermeneutische Grundlagen des christlich-muslimischen Gesprächs. Freiburg: Herder, 2020, 250–268.

Phan, Peter C.: „Pope Francis and Interreligious Encounter“: Theological Studies 83 (1) (2022), 25–47.

Marans, Noam E.: „The Pope Francis Effect and Catholic-Jewish Relations“: Studies in Christian-Jewish Relations, Bd. 10, Ausgabe 1 (2015), 1–11.

Merrigan, Terrence: „Between Doctrine and Discernment. Pope Francis on Interreligious Dialogue“, in: Volder, Jan De (Hg.), The Geopolitics of Pope Francis (Annua Nuntia Lovaniensia LXXVII). Leuven/Paris/Bristol: Peeters, 2019, 127–150.

Register